아메리칸 인디언, 끝나지 않은 문명의 여정

서사로 기록된 생존과 부활의 디아스포라

The Origins and Evolution of Prehistoric Cultures in the Americas

**아메리칸 인디언,
끝나지 않은
문명의 여정**

지은이 | 최정필
펴낸이 | 최병식
펴낸날 | 2025년 9월 11일
펴낸곳 | 주류성출판사 www.juluesung.co.kr
　　　　　서울특별시 서초구 강남대로 435 주류성빌딩 15층
　　　　　　TEL | 02-3481-1024(대표전화) · FAX | 02-3482-0656
　　　　　　e-mail | juluesung@daum.net

값 26,000원

잘못된 책은 교환해 드립니다.

ISBN 978-89-6246-561-7 03900

아메리칸 인디언, 끝나지 않은 문명의 여정

서사로 기록된 생존과 부활의 디아스포라

최정필 지음

The Origins and Evolution of
Prehistoric Cultures
in the Americas

책을 시작하며 • 8

I. 유럽인들이 신대륙에 도착했을 때 • 15

II. 인류의 대장정과 베링지아 : 얼어붙은 바다 위의 길 • 27
    1. 서로 닮은 유전자의 흔적 : 형질 인류학적 견해 • 37

III. 초기 원주민들의 흔적(고고학적 유적지) • 43
    1. 알래스카와 유콘 지역 • 45
    2. 가장 오래된 바위그늘 집터 : 메도우크로프트 락쉘터 • 53
    3. 호숫가에 남겨진 발자국 : 화이트 샌즈 국립공원의 고대 흔적 • 65
    4. 최초의 정착 마을, 몬테 베르데 • 70

IV. 초기 원주민과 수렵-채집 사회 : 자연과 더불어 살아간 사람들 • 81
    1. 초기 북미원주민과 고古 인디언 문화전통 • 90
    2. 활과 화살의 등장 : 인간 기술의 오래된 혁신 • 98

V. 농경 문화의 탄생 : 옥수수, 감자, 고구마, 호박의 이야기 • 107

   1. 신의 선물, 옥수수 : 멕시코에서 시작된 위대한 농업혁명 • 112

   2. 원주민과 토기의 탄생 • 129

VI. 신대륙 문명의 탄생 • 143

   1. 노르테 치코 문명과 카랄-수페 : 신대륙 문명의 첫걸음 • 149

   2. 세계적인 도시 : 테오티우아칸 • 170

     1) 태양의 피라미드 • 175

     2) 달의 피라미드 • 180

     3) 신비로운 성채 : 테오티우아칸의 비밀을 품은 공간 • 183

   3. 중앙 아메리카 문명의 전개와 마야 문명의 출현 • 204

     1) 새로운 마야의 중심, 티칼(서기 90년?~800년) • 221

     2) 팔렌케 마야 왕국(서기 431년~800년) • 231

     3) 신과 인간이 만나는 그곳, 마야 문명의 찬란한 예술과 지성의 정수 • 239

     4) 마야 문명의 쇠락 : 신비한 문명의 그림자 • 250

5) 말기 고전기와 고전기 후기의 마야 : 치첸 이트자(서기 600년~1200년)
• 257

6) 치첸 이트자의 몰락과 마야판의 출현 : 마야의 암흑기 • 276

4. 아즈텍 제국(서기 1428년~1521년)의 출현 • 283

1) 테노치티틀란 : 우주를 닮은 도시의 질서와 상징 • 290

2) 우주와 종교관 • 296

3) 스페인 정복자의 출현 : 전설이 역사를 만나다 • 302

5. 고대 안데스 문명의 전개와 잉카 문명의 출현 • 307

6. 잉카제국(1438~1533) • 319

1) 제국의 수도 쿠스코 • 324

2) 마추픽추 : 잃어버린 도시 • 333

7. 미시시피의 선물 : 북미대륙 복합사회의 탄생 • 349

1) 옥수수의 약속 : 미시시피 문화의 느린 혁명 • 351

2) 태양의 도시, 카호키아(서기 1050년~1350년) • 353

3) 미시시피 문화의 삶과 죽음 • 358

Ⅶ. 푸에블로 족, 바람과 흙, 그리고 오래된 마을의 이야기 • 365

1. 메사 베르데 : 절벽 속에 지은 고대 연립주택 • 375
2. 차코 캐니언 : 사막 위에 세운 문명의 기적 • 386
3. 푸에블로 : 아나사지의 뒤를 잇는 삶의 방식 • 402

책을 끝맺으며 • 418
참고 및 추천도서 • 424
사진·그림목록 • 428

▎책을 시작하며

사라진 이름들, 지워진 이야기들

아메리칸 인디언이라는 말은 낯설고도 익숙하다. 하지만 우리가 알고 있는 그 익숙함은 대부분 영화나 책 속 이미지에서 비롯된 것이다. 말을 타고 활을 쏘며 질주하는 야만적 전사들, 불타는 마을, 쫓고 쫓기는 싸움, 그리고 결국 사라지는 사람들. 서부극이 반복해온 이 장면들은 신대륙 원주민을 하나의 이미지로 고정시켰고, 오랫동안 그들의 역사와 문화를 왜곡해왔다. 그러나 낡고 잘못된 이미지 뒤에는, 우리가 잘 알지 못했던 또 다른 서사가 존재한다.

우리가 흔히 인디언 혹은 *네이티브 아메리칸*이라 부르는 이들의 기원이, 사실 동북아시아와 깊은 연관을 맺고 있다는 사실을 알고 있는가? 이러한 통찰은 단순한 가설이 아니라, 수십 년간 축적된 고고학, 인류학, 지질학, 유전학의 연구 결과들이 빚어낸 과학적 이야기다. 그럼에도 불구하고, 이런 이야기는 여전히 많은 이들에게 낯설고 생경하다.

나는 이와 같은 주제를 반세기 넘게 연구해온 학도로서, 독자와 함께 인류사의 가장 긴 여정의 발자취를 따라가고자 한다. 만약 당신이 네이티브 아메리칸의 얼굴에서, 그들의 신화와 공동체 안에서 어디선가 본 듯한 우리의 흔적을 느낀 적이 있다면, 그것은 단순한 착각이 아닐지도 모른다.

이제 마음속에 세계지도를 펼쳐보자. 이야기의 출발점은 아시아 대륙의 동쪽 끝자락이다. 그곳에서 혹독한 기후의 베링 해협을 건너 북미 대륙에 이르는 여정과 이주·생존의 기록은, 문화적 정체성과 뿌리를 향한 인간 본연의 질문을 되살리게 한다.

이 책은 그렇게 잊혀온 이름들을 다시 불러내고, 지워진 이야기들을 되살리려는 시도다. 우리가 너무 오랫동안 무심히 지나쳐온 그들의 삶, 그리고 우리가 놓쳐온 인간다움에 대해 다시 묻는다.

나와 아메리칸 인디언과의 인연은 고등학교 시절로 거슬러 올라간다. 한 서양 신사가 경주의 신라 유산을 답사하던 중, 형님의 안내를 받아 아버님을 만나러 우리 집에 들렸고, 대화를 나눈 뒤 인디언 역사에 관한 책 한 권을 선물로 남겼다. 그는 뉴멕시코 주립박물관 관장이자 미국 원주민 미술의 권위자였다. 그날의 짧은 만남은 나에게 하나의 운명 같은 시작이었다.

대학을 졸업하고 유학길에 오른 후, 나는 원주민의 기원을 규명하는 발굴현장에서 조사원으로 참여하게 되었다. 직접 흙을 파고, 유물을 만지며, 나는 그들의 삶과 문화에 점점 더 빠져들어가 원주민들의 역사와 문화에 본격적인 관심을 기울이기 시작했다. 이후 중앙아메리카 유적 조사에 장기간 참여하면서 더욱 신비롭고 경이로운 문명세계에 몰입하게 되었고, 중미 고고학을 부전공으로 삼기도 했다.

그 감동의 흔적에서 비롯된 여정은, 근년에 와서 더욱 깊어졌다. 북아메리카 남서부의 붉은 대지를 따라 지난 십여 년 동안 여섯 차례 넘게 차코 캐니언Chaco Canyon과 메사 베르데를 비롯한 원주민 조상들의 유적지를 찾았다. 때로는 신대륙에서 가장 오래되고도 거대한 공동주거지, 이른바 *차코인들의 아파트*라 불리는 유적 앞에 멈춰 서서, 그들이 남긴 삶의 자취 속으로 깊이 잠기기도 했다. 그 순간, 시간은 선형이 아니라 겹겹이 쌓인 층처럼 느껴졌고, 나는 그 시간의 층 속을 걷는 여행자가 되었다.

타오스 푸에블로의 단단한 흙집들, 700년을 버텨온 삶터는 묘한 떨림을 안겨주었다. 거센 바람이 붉은 먼지를 실어 얼굴을 때릴 때면, 그 땅을 지켜낸 사람들의 숨결이 더욱 선명하게 다가왔다. 이슬레타 푸에블로의 작은 교회 앞, 문틈 사이로 흘러나오던 성가에 문득 걸음을 멈췄다. 믿음의 모양은 달라도, 그 조용한 울림 속에서 오래된 공동체의 힘을 느꼈다. 이 여정은 그 감동의 흔적을 따라가며, 나를 새로운 세계로 이끌었다.

    우리는 여전히 인디언이라는 말을 들으면 무의식적으로 "야만인"을 떠올리곤 한다. 그러나 그것은 식민주의의 시선이 만들어낸 오래된 허상에 불과하다.

    미국 뉴멕시코의 주도 산타페는 유럽의 정복자들과 원주민들이 치열하게 맞섰던 역사의 격전지이자, 오늘날에는 수많은 박물관과 미술관이 들어선 문화의 중심지로 자리하고 있다. 그 중심 광장 한복판에는 전쟁 기념비가 서 있다. 한때 이 기념비에는 "남북전쟁과 *야만인 인디언*과의 전투에서 목숨을 바친 영웅들을 기려" 세워졌다는 문구가 새겨져 있었다. 아이러니하게도, 광장 한 켠에서는 원주민들이 전통 공예품과 기념품을 펼쳐놓고 관광객들과 마주하고 있었다. 나는 비문 속 야만인이라는 표현을 머릿속에서 떨쳐낼 수 없었다. 오히려, 기념비를 세운 이들이야말로 진정한 역사 속의 야만인이 아니었는가 하는 생각이 머릿속을 맴돌았다.

    하지만 최근 다시 이곳을 찾았을 때, 그 문장 속 야만인이라는 표현은 마침내 삭제되어 있었다. 비로소 우리는 야만의 이름이 아닌, 인간의 얼굴로 그들을 다시 바라보기 시작한 것이다. 아메리칸 인디언은 결코 야만인이 아니다. 그들 역시 인류 보편의 문화 진화 단계를 걸어온 사람들이며, 우리와 다를 바 없는 존엄한 인간이다. 오히려 어떤 경우에는 유럽의 정복자들보다 더 정교하고 풍요로운 문화를 발전시킨 이들도 있었다.

    이 책은 우리가 외면해온 인간성과 역사에 대한 성찰을 되찾기 위한 여정의 출발점이다. 그런데 우리는 지금, 너무나 본능적이고도 단순한 질문 하나를 잊고 살아가고 있는지도 모른다. 기계의 굉음도, 속세의 율법도, 정복자의 군화도 아직 땅에 닿지 않았던 그 시절을 떠올리며, 만약 아메리카 원주민, 특히 북미 사회에서 내가 살았다면 삶은 어땠을까? 무엇을 먹고 살았고, 어떻게 다투고 화해했으며, 어떤 가치를 따랐을지 궁금하다.

이 물음은 과거를 그리기 위함이 아니라, 인간이 전혀 다른 방식으로도 살아갈 수 있었다는 가능성을 다시 떠올리기 위함이다. 자연과 하나 되어 살아가고, 나눔과 조화를 삶의 중심에 두었던 이들의 공동체는, 어쩌면 우리가 잊어버린 인간다움의 또 다른 모습일지 모른다.

이 책은 이런 질문에서 출발한다. "신대륙에 인간은 어떤 연유로 살기 시작했으며, 다양한 문화는 어떻게 형성되고 발전했을까?" 그리고 이어지는 또 하나의 질문은 "신대륙의 원주민으로 살아간다는 것은 어떤 경험이었을까?" 나는 오랜 시간 이 주제를 좇아왔다. 아시아의 동쪽 끝에서 베링 해협을 건너 북미 대륙에 이르기까지의 긴 여정은 인간 존재의 또 다른 가능성을 보여주는 발자취였다. 그들의 삶을 따라가다 보면, 우리가 잊고 지낸 어떤 삶의 방식과 다시 마주하게 된다.

이 시대를 살아가는 나이 든 사람들은 가끔 현실 너머의 상상에 마음을 빼앗기기도 한다. 무의미하고 지루한 노년의 시간은 조용히, 그러나 무겁게 흘러간다. 해야 할 일도, 누군가 간절히 나를 필요로 하는 순간도 점점 줄어들고, 어제와 다르지 않은 오늘은 특별할 것 없는 내일로 이어진다. 그런 반복 속에서 마음엔 무기력이 서서히 스며든다. 하루하루를 버텨내기 벅찰수록, 그런 상상은 잠시 숨을 돌리게 해주는 작은 쉼표처럼 느껴지기도 한다.

이 책도 바로 그런 무기력함과 반복의 틈 사이에서 떠오른 상상과 호기심에서 시작되었다. 어쩌면 조금 무모한 일이었을지도 모른다. 때로는 그것이 막연한 만용이었던 건 아닐지, 혹은 감당하기 벅찬 욕심이었는지 스스로 되묻게 된다.

처음에는 오래된 대학원 강의 자료와 최근 특강 원고를 정리하는 작업이었다. 그런데 어느 날, 외국에서 잠시 귀국한 딸들이 이왕 정리하는 김에 최근 자료를 보완해 책으로 엮어보는 것이 어떻겠냐요라며 간곡히 권유했다. 그 말을 계기로 오랜 시간 쌓인 강의 내용을 다시 꺼내고, 새로 발표된 자료를 덧붙여 지금의 원고를 완성할 수 있었다.

이 책은 전문 연구서를 목표로 한 것이 아니다. 고고학에 대한 배경지식이 없어도 누구나 흥미롭게 읽을 수 있도록 내용을 최대한 평이하게 풀어 썼다. 전문용어는 알기 쉽게 설명했고, 내용도 역사적 흐름에 얽매이지 않고 구성했다. 또한, 내용이 주제별로 작성되었기 때문에, 관심 가는 부분부터 펼쳐 읽어도 무방하다. 과거와 현재를 잇는 이 느슨한 기록이 누군가의 호기심을 자극하는 작은 출발점이 되기를 바란다.

끝으로, 보잘것없는 이 책의 출판을 흔쾌히 허락해 주신 주류성 최병식 회장님께 깊이 감사드린다.

아울러, 명예와 세속적인 이재를 돌아보지 않으시고 신라 문화유산의 보존과 발굴에 일생을 헌신하신 아버님(석당 최남주)께, 그리고 미국 남서부 원주민의 역사와 문화를 연구하시다 이른 나이에 유명을 달리하신 형님께 이 책을 바친다.

2025년 7월
최정필

I.
유럽인들이 신대륙에 도착했을 때

15세기 말, 콜럼버스를 비롯한 유럽 탐험가들이 *신대륙*이라 부른 아메리카 대륙에 첫 발을 디뎠을 때, 그곳은 결코 비어 있는 땅이 아니었다. 이미 이 대륙에는 적게는 5천만, 많게는 8천만 명에 이르는 원주민들이 대략 20,000여 년에 걸쳐 삶의 터전을 이루고 있었다. 이들은 약 1,000여 개의 다양한 종족으로 구성되어 있었고, 사용된 언어만 해도 1,500개를 넘을 정도로 문화적으로도 매우 풍부했다.
　거주 방식과 사회 조직 역시 지역에 따라 큰 차이를 보였다. 남아메리카의 안데스 산맥과 중앙아메리카 일대에는 잉카와 아즈텍 제국처럼 고도로 발달한 도시 문명과 중앙집권적 정치 구조가 존재했다. 반면, 북미 대륙에서는 보다 분산된 형태의 소규모 부족들이 각자의 방식으로 공동체를 꾸리고 살아갔다. 이들은 서로 다른 언어, 신화, 문화를 지녔지만, 대체로 자연과 조화를 이루며 살아가는 삶의 철학을 공유하고 있었다.

그러나 유럽인의 등장은 곧 갈등과 충돌의 시작이었다. 북미에서는 영국과 프랑스의 정착민들이 원주민의 끈질긴 저항을 무릅쓰고 점차 영토를 확장해 나갔고, 그 과정에서 원주민들은 삶의 터전에서 쫓겨나 백인 사회와 철저히 분리되었다. 중미와 남미에서는 스페인과 포르투갈의 침략이 더 직접적이고 파괴적인 형태로 나타났다. 원주민들은 노예처럼 동원되어 강제노역에 시달렸고, 때로는 대규모 학살의 대상이 되기도 했다. 동시에 기독교로의 개종과 유럽식 문화로의 동화가 강요되었고, 이 과정에서 유럽인과 원주민 사이에 태어난 혼혈인들은 메스티소Mestizo라는 새로운 정체성으로 분류되며 식민지 사회의 복잡한 위계 구조 속에 자리잡게 되었다.

이러한 폭력적인 식민 지배와 함께, 유럽인들은 원주민들을 부르는 명칭마저 자신들의 시각에서 일방적으로 붙였다. 초기 유럽인들은 북미의 원주민들을 아메리칸 인디언American Indian, 중남미의 원주민들을 인디오Indio라 불렀다. 하지만 오늘날에는 이러한 표현들이 식민주의적 편견과 오해를 담고 있다는 점에서 비판을 받고 있으며, 대신 아메리카 원주민Native Americans이라는 보다 존중하는 명칭이 사용되고 있다.

그렇다면 인디언이라는 말은 어떻게 시작된 것일까? 이는 단순한 말실수가 아니라, 당시 유럽인들이 가지고 있던 세계 지리 인식의 오류에서 비롯되었다. 15세기 말 유럽에서는 인도와 동남아시아가 향신료와 금은보화가 넘치는 신비한 땅으로 여겨졌고, 많은 사람들이 서쪽 바다를 건너 항해하면 곧바로 인도에 도달할 수 있을 것이라고 믿었다.

1492년, 크리스토퍼 콜럼버스는 이런 믿음을 안고 서쪽으로 항해에 나섰고, 현재의 중미 바하마 제도 근처에 도착했다. 그는 이 땅을 인도 근처의 섬으로 착각했고, 그곳에 살고 있던 사람들을 *인도 사람들 Indians*이라 불렀다. 이렇게 해서, 신대륙의 원주민들은 지리적 오해와 유럽 중심의 인식 속에서 *인디언*이라는 이름으로 불리게 된 것이다.

잊힌 무덤, 살아 있는 흔적
: 원주민 역사에 눈뜨기 시작한 미국

오랜 시간 동안 미국 사회는 이 땅의 원주민들이 쌓아온 역사와 문화에 무관심하거나, 의도적으로 외면해왔다. 그러나 시간이 흐르면서 일부 지식인들은 서서히 질문을 던지기 시작했다. 이 광활한 대륙의 과거는 과연 누구의 것이며, 지금 그 흔적은 어디에 남아 있는가? 그 시작점에 있었던 인물 중 한 명이 바로 토머스 제퍼슨(1743~1826)이었다. 미국의 제3대 대통령이자 헌법의 기초를 설계한 지도자로 알려진 그는, 동시에 고대 원주민 유적에 깊은 관심을 가졌던 선구적 고고학자이기도 했다. 그는 버지니아와 오하이오 일대에서 발견된 거대한 흙으로 쌓아 올린 무덤들, 이른바 마운드mound에 주목했고, 직접 발굴에 나섰다.

제퍼슨은 이 무덤들이 같은 시기에 만들어진 것이 아니라, 오랜 세월동안 여러 세대에 걸쳐 축조된 것이라는 사실을 알아냈다. 그는 서로 다른 지층에서 출토된 유물들을 세심히 비교·관찰한 끝에, 고대 무덤의 주인공이 바로 북미 원주민 조상들이라는 점을 밝혀냈다. 이들이 남긴 도구들은 후대에 사용되던 것들과 유사했으며, 이는 북미 대륙 선사 문화를 바라보는 새로운 관점을 열어주었다. 그의 연구는 지층을 고려한 최초의 과학적 발굴로 평가받으며, 미국 고고학의 기초를 다지는 데 큰 역할을 했다.

하지만 제퍼슨의 이 같은 통찰은 동시대의 사회와 정치로부터 그리 환영받지 못했다. 오히려 다수의 정치인과 일부 학자들은, 이처럼 정교한 무덤을 만든 이들이 원주민일 리 없다는 편견을 고수했다. 그들은 무덤의 주인을 *잃어버린 종족Lost Tribes*이라 부르며, 성경 속 이스라엘 10지파가 아시리아 침공을 피해 신대륙까지 도망쳐 왔다는 전설과 연결 지었다. 이 신화적 해석은 학문이라 하기보다 일종의 신념으로 받아들여졌고, 결국 원주민들이 미신대륙의 정통한 주인이 아니라는 주장을 강화하는 데 악용되는 사례가 빈번했다.

이러한 역사 왜곡은 단순한 오해를 넘어 식민주의의 논리를 뒷받침하는 데 이용되었다. 잃어버린 유대인의 후손이라는 설정은, 원주민들의 영토를 빼앗고 자원을 수탈하는 행위를 정당화하는 논거가 되었다. 역사를 조작한 것은 결국 현실의 권력을 위한 도구였던 셈이다.

19세기 중반, 중미에서 더욱 뚜렷한 문명의 흔적이 발견되면서 분위기는 달라지기 시작했다. 정글 깊숙이 잠든 고대 도시, 마야 문명의 유적들이 세상에 모습을 드러낸 것이다. 미국 출신 변호사이자 탐험가였던 존 스티븐스John Lloyd Stephens(1805~1852)는 멕시코의 유카탄과 페탄 일대의 마야 유적을 직접 탐사한 뒤, 1841년 *중앙 아메리카, 유카탄 여행기*를 출간해 학계와 대중의 주목을 받았다. 스티븐스는 유적들이 단절된 고대 문명의 잔재가 아닌, 오늘날까지 이어지는 마야인의 조상들이 남긴 삶의 기록임을 강조했다. 그의 저술은 고대 유적은 유럽인의 흔적이 아니라, 이 땅에서 태어나 자란 토착 문명의 유산이라는 인식을 대중에게 각인시켰고, 아메리카 대륙의 원주민 역사를 바라보는 시각에 근본적인 변화를 가져왔다.

또한 아즈텍 제국의 수도 테노치티틀란과 페루 고원의 잉카 수도 쿠스코가 정복되면서 이들 문명에 대한 기록과 유물이 다시 주목받기 시작했고, 점차 자료가 정리·공개되면서 미주 대륙의 다양한 원주민 사회에 대한 학문적 관심도 깊어졌다.

이와 같은 흐름은 19세기 중엽, 자연과 인간에 대한 새로운 과학적 패러다임의 등장과 맞물려 더욱 가속화된다. 1859년, 찰스 다윈이 *종의 기원*을 통해 생물 진화론을 발표하자, 인류의 기원과 문화 발전에 대한 시각도 근본적인 전환을 맞았다. 이러한 생물진화론적 사고와는 별개로 신대륙의 원주민 사회를 분석한 인류학자 루이스 헨리 모건 Lewis Henry Morgan(1818~1881)과 에드워드 타일러Edward Tylor(1832~1917)는 인간의 문화 역시 일정한 단계를 거치며 진화한다고 주장했다. 이른바 *문화진화론*이다.

이를 통해 학계는 미주 대륙의 원주민들이 단일한 문화의 집단이 아니라, 각기 다른 생태환경에 적응하며 고유한 방식으로 사회를 구성해온 복합적인 문화 집단이라는 사실에 주목하게 된다. 일부는 사냥과 채집, 어로에 기반한 생계 방식을 유지하며 자연과 조화를 이루는 삶을 살았고, 반면 아즈텍과 잉카처럼 고도로 조직화된 중앙집권적 제국을 이룬 사례도 있었다. 이렇게 문화의 다양성과 적응 양상을 이해하는 과정은, 원주민 사회를 단순한 "야만"이나 "원시"의 틀에서 벗어나 보다 정교하게 바라보는 전환점이 되었다.

하지만 당시 많은 학자들은 원주민 사회를 분리하여 연구할 뿐, 이를 전체적인 역사 속에서 조망하지 않았다. 그들은 원주민 사회를 야만 또는 미개한 사회로 구분하고, 북미의 거대한 고분 문화나 멕시코·과테말라 지역의 마야 및 테오티우아칸 문화를 원주민의 역사와는 별개로 여겼다. 특히, 마야 유적에서 발견된 석조 구조물과 피라미드, 멕시코 고원지대에 세워진 태양과 달의 피라미드 같은 거대한 도시 유적을 두고, 일부 학자들은 고대 이집트에서 이주한 사람들이 신대륙에 피라미드 문화를 전파했다는 가설을 제기하기도 했다.

구대륙 문화의 전파 가설배경에는 성경의 기록과 유럽 사회에 퍼져 있던 전설이 큰 영향을 미쳤다. 예를 들어, 성경 속 노아의 방주 이야기에서 일부 사람들은 대홍수 이후 방주에 탑승한 이들이 신대륙으로 이주하여 고대 문명을 남겼다고 믿었다. 또 다른 가설로는 고대 그리스 철학자 플라톤의 *아틀란티스* 전설이 있었다. 플라톤은 한때 풍부한 천연자원을 바탕으로 번성했던 아틀란티스 문명이 지나친 사치와 타락으로 인해 몰락하고, 거대한 해일과 지진으로 바닷속에 가라앉았다고 기록했다. 이후 일부 연구자들은 신대륙의 고대 유적이 바로 이 아틀란티스의 흔적일지도 모른다는 주장을 펼쳤다.

이러한 믿음은 유럽인들이 원주민들을 야만적인 존재로 바라보는 데 영향을 미쳤다. 당시 많은 유럽인은 신대륙 곳곳에서 발견되는 수준 높은 고대 문명이 원주민들에 의해 창조될 수 없다고 생각했다. 아틀란티스 전설은 현대에도 여전히 많은 이들의 호기심을 자극하며, 일부 연구자들은 잃어버린 문명의 실체를 찾기 위해 탐사를 계속하고 있다.

한편, 원주민의 역사와 관련된 다양한 가설이 논의되는 동안, 고고학과 형질인류학 연구도 발전하기 시작했다. 미국의 형질 인류학자 사무엘 모턴Samuel G. Morton(1799~1851)은 북미 오하이오주의 여러 고분에서 출토된 고대 인간의 두개골과 원주민의 두개골을 비교 분석했다. 그는 두개골의 용량을 측정한 결과, 두 집단이 동일한 특성을 가지고 있다는 결론을 내렸다. 참고로, 현대 인간의 평균 두개골 용량은 성별과 체격에 따라 차이가 있지만, 약 1300㏄ 정도로 알려져 있다.

모턴은 세계 각지에서 발견된 약 1,000여 개의 두개골을 수집하고 계측치를 분석해, 지구상의 인종을 유럽계 백인Caucasian, 아시아계 황인Mongolian, 동남아시아 및 남태평양계 말레이인Malay, 신대륙 원주민American Indian, 아프리카계 흑인Negro 다섯 가지로 분류했다. 모턴은 이 다섯 인종이 공통 조상에서 진화한 것이 아니라 각각 독립적으로 기원을 달리한다고 주장했다. 또한, 그는 백인의 두개골 용량이 가장 크다고 분석하며, 두개골 용량이 클수록 지능이 높아지고, 더 우수한 문화를 창출할 수 있다고 믿었다. 후에 그는 인종 분류를 수정하여, 신대륙의 원주민이 생물학적으로 몽골 인종(황인종)에서 파생되었으며, 아시아에서 이주해 온 후손이라고 결론지었다. 모턴은 형질인류학적 연구를 통해 백인 우월주의 개념을 최초로 체계화한 학자로 평가받는다.

그러나 시간이 지나면서 그의 연구는 많은 비판을 받았다. 피부색에 따른 인류의 다지역 기원설과 백인 우월론은 과학적 근거가 없다는 점이 밝혀졌으며, 그가 측정한 두개골 용량과 지능지수 간의 상관관계도 부정확한 표본으로 인해 오류가 있던 것으로 드러났다. 현대 인류는 모두 같은 조상에서 진화한 호모 사피엔스이며, 지능적으로 우수한 인종이나 열등한 인종은 존재하지 않는다. 그러나 모턴의 연구가 남긴 중요한 성과 중 하나는 신대륙의 고대 문명은 원주민의 조상과 관련이 있으며, 이들이 아시아에서 이주해 왔다는 사실을 밝힌 점이다.

모턴의 원주민 두개골 연구 이후, 미국 고고학의 창시자로 알려진 사무엘 해이븐Samuel Haven(1806~1881)도 북미 대륙의 유적지에서 출토된 유물을 체계적으로 연구·분석하였다. 그는 이를 바탕으로 *미국의 고고학*Archaeology of United States을 집필하였으며, 원주민들이 동북 시베리아에서 기원했다는 설을 보다 구체적으로 펼쳐 놓았다. 또한, 초기 인류학자들은 북미 원주민 사회를 직접 관찰하고 문화를 연구하면서 인류의 역사가 야만 사회 → 미개 사회 → 문명 사회로 진화한다는 *문화진화론*을 정립하였다. 이 이론을 주장한 학자들은 유럽 문화를 문명 사회로 간주하며, 원주민 문화는 여전히 야만 또는 미개 사회에 머물러 있다고 보았다.

이처럼, 19세기 이후 고고학과 인류학의 발전은 미주 대륙의 원주민 사회에 대한 새로운 이해를 가져왔지만, 여전히 유럽 중심의 시각에서 벗어나지 못한 해석도 많았다. 그러나 이후 지속적인 연구를 통해, 원주민들이 독자적인 문명을 형성하며 오랜 역사 속에서 발전해왔다는 사실이 점차 밝혀지고 있었다. 그리고 문화진화론과 문화전파론이 확산되면서 원주민들이 아시아에서 이주해 왔다는 학설이 자리 잡았다. 하지만 학계에서는 새로운 의문이 제기되었다. 즉, 원주민들은 언제, 어떤 경로로 신대륙에 도착했는가에 대한 논의가 활발해졌다.

위의 의문은 인류의 이주 경로에 대한 두 가지 상반된 시각을 낳았다. 첫 번째는 육로 *이주설*로, 수천 년 전 빙하기 동안 해수면이 낮아져 아시아와 북미 사이에 형성된 육지(베링 육교)를 통해 사람들이 이동했다는 이론이다. 반면 두 번째는 *해상 이주설*로, 원주민들이 바다를 건너 카누나 원시 선박을 이용해 신대륙의 해안선에 도달했다는 주장을 담고 있다.

이 두 가설은 단순한 이동 경로를 넘어, 인류가 자연을 어떻게 극복하며 대륙을 건너왔는지에 대한 상상력을 자극하며, 고고학과 인류학, 유전학 등의 다양한 학문 분야에서 활발한 논의를 불러일으키고 있다.

이주 시기에 대한 명확한 답은 나오지 않았지만, 이주 경로와 관련해서는 빙하기 동안 북미 대륙 북부가 빙하로 덮여 베링 해협이 육지로 연결되었다는 설이 주목받았다. 이후, 빙하기에 살았던 맘모스와 마스토돈Mastodon의 뼈가 석기 도구와 함께 여러 지역에서 발견되면서, 원주민들의 이주 역사가 당시 학자들이 예상했던 것보다 훨씬 오래되었음을 뒷받침해 주었다. 그러나 원주민들의 정확한 이주시기를 과학적으로 입증하기 위해서는 물리학적 연대 측정 기술이 필요했다. 이러한 기술은 미국 학자 윌러드 리비Willard Libby가 1949년 발명한 탄소연대 측정법을 통해 가능해졌고, 1950년대부터 고고학 연구에 적용되었다. 후에 밝혀진 사실은, 현재의 베링 해협은 홍적세 빙하기 동안 여러 차례 육지로 연결된 적이 있었다는 것이다.

그동안 행해진 고고학적 조사 결과에 의하면, 원주민들은 약 20,000~25,000년 전 동북아시아에서 알래스카 지역으로 이주를 시작한 것으로 나타났다. 이후 남쪽으로 계속 이동하여 약 19,000년 전에는 미국 펜실베이니아 지역, 그리고 14,500년 전에는 남미 칠레 남부 지역에 도달한 것으로 보인다. 고대 원주민들의 이주는 크게 세 차례에 걸쳐 오랜 세월 동안 동북아시아에서 이루어진 것으로 추정된다.

II. 인류의 대장정과 베링지아
: 얼어붙은 바다 위의 길

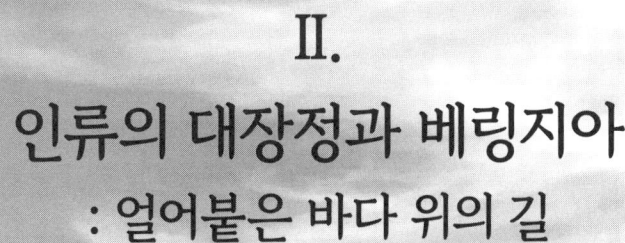

당신은 인류의 고향이 아프리카라는 사실을 알고 있는가? 약 600만 년 전, 그곳에서 초기 인류가 두 발로 걷기 시작하며 인류의 역사는 첫 장을 열었다. 오랜 진화 과정을 거쳐 약 250만 년 전, 호모 계열의 첫 번째 종인 호모 하빌리스*Homo habilis*가 등장했다. 이들은 인류 최초로 목적을 가지고 석기를 제작해 사냥을 시작한 것으로 알려져 있다. 그 뒤를 이은 호모 에렉투스*Homo erectus*는 불을 다루고, 언어의 기초를 형성했으며, 마침내 아프리카 대륙을 떠나 유럽과 아시아로 퍼져 나갔다. 이들의 발자취는 약 60~70만 년 전 동북아시아의 혹한 지역에까지 이르렀고, 약 30만 년 전에는 한반도 북부에서도 그 흔적이 발견된다.

　그렇다면 우리가 속한 호모 사피엔스*Homo sapiens*는 언제 모습을 드러냈을까? 현생 인류는 약 30만 년 전 아프리카에서 출현해, 적어도

10만 년 전에는 중동과 유럽에 도달했으며, 약 5만 년 전에는 동북아시아에 발을 디뎠다. 최근의 미토콘드리아 DNA 연구에 따르면, 이 과정에서 일부 집단은 호모 네안데르탈렌시스Homo neanderthalensis나 호모 데니소바Homo denisova와 유전적으로 교류한 것으로 나타난다. 이 유전적 교류는 중앙아시아와 시베리아 지역에서 이루어졌으며, 인류 진화의 복잡성과 다양성을 보여주는 중요한 단서다.

이렇듯 인류는 아프리카를 떠나 광활한 대지와 혹독한 기후, 자연의 장벽을 하나씩 넘어왔다. 그런데 오늘날의 세계 지도를 떠올려 보면, 한 가지 경이로운 사실에 마주하게 된다. 인류는 어떻게 바다로 가로막힌 북미 대륙에까지 도달할 수 있었을까?

그 대장정의 마지막 관문, 그 비밀의 열쇠는 북극의 냉혹한 바람이 휘몰아치는 베링 해협, 바로 그 한복판에 존재했던 얼어붙은 육지 *베링지아*Beringia에 있다. 지금은 차가운 바닷물 아래에 잠긴 이 길 위로, 약 20,000년 전 사람들과 짐승들은 마치 단단한 땅을 걷듯 걸어서 북

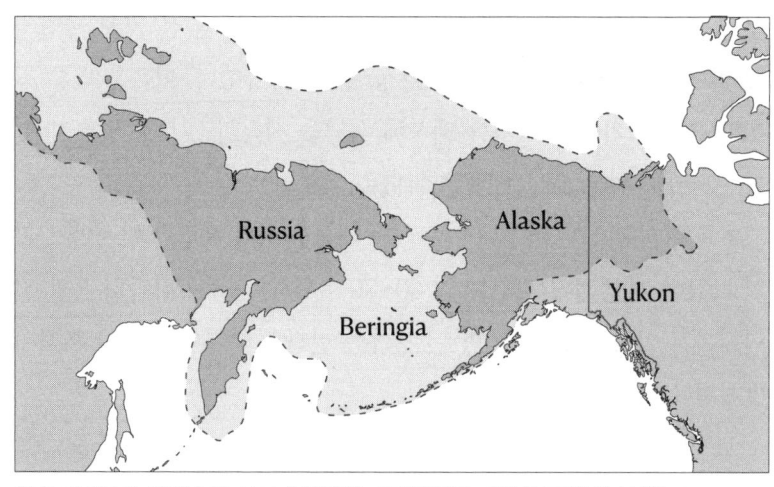

동북아시아와 알래스카 사이에 위치한 베링해협과 베링육교(점선 부분)

아메리카 대륙에 첫발을 디뎠다.

툰드라를 넘은 사람들 : 동북아에서 아메리카 신대륙으로

이렇듯 베링지아를 통해 북미 대륙에 진입한 인류의 발자취는, 그 이전의 동북아시아와 시베리아 지역을 가로지르는 장대한 여정 위에 놓여 있다. 그 이동 경로를 보여주는 중요한 고고학적 증거들이 최근 하나둘씩 발견되고 있다. 2024년에 발표된 중국 산시성 시유峙峪遺址 유적지에서는 창의 촉Point, 다듬어진 돌 칼날Blade, 흑요석, 동물 뼈 도구 등 다양한 유물이 출토되었다. 흑요석은 주변 지역에서는 산출되지 않기 때문에, 원거리 교역을 통해 유입된 것으로 추정되며 이는 당시 사회적 연계망이 존재했음을 보여준다. 특히 양면으로 정교하게 다듬어진 석기들은 석기 제작 기술의 수준과 문화적 전통을 잘 나타낸다. 탄소연대 측정 결과, 이 유적은 약 45,000년 전으로, 시베리아 및 알타이 지역의 후기 구석기 시대 유적들과 비교하면 비슷하거나 더 오래된 시기를 나타낸다. 한편, 신대륙 인간 이주의 논의에서 자주 언급되었던 시베리아 듀크타이Dyuktai 동굴 유적은 최근(2022년) 수정 연구에 따라 연대는 28,600±670 B.P.로 평가되고 있다.

인류의 이동은 계속 동북쪽으로 이어졌으며, 약 30,000년 전에는 내몽고의 수이동고우 유적지水洞沟遺址 일대와 두만강 그리고 흑룡강 유역을 지나 동북 시베리아 야나Yana강 하류 지역까지 도달했다. 이곳에서 발견된 유적은 영구 동토층 9m 아래에서 출토되어 탁월한 보존 상태를 유지하고 있으며, 다양한 석기와 맘모스 상아, 동물 뼈 등은 당시 생계 방식과 자연환경을 복원하는 데 중요한 단서를 제공한다. 탄소연대는 약 31,000년 전으로 측정된다.

특히 야나 유적지에서 발견된 두 남자 어린이의 유치에 대한 유전체genome 분석은 주목할 만하다. 분석 결과, 이들은 시베리아 서부의 다른 구석기 인류와 유전적으로 구별되며, 오랜 기간 외부와 단절된 채 혹독한 환경에 적응해온 독자적 집단으로 보인다. 이후 두만강과 송화강유역을 포함하는 동북아시아에서 이주한 집단과 유전적으로 섞이면서, 이동하는 동물을 따라 베링지아를 거쳐 신대륙으로 이동한 최초의 아메리카 원주민 조상이 된 것으로 보인다.

또한, 최근 연구에 따르면 이 초기 원주민들 가운데 일부는 베링지아를 건너간 후 다시 알래스카에서 시베리아 방향으로 역이주한 흔적도 확인되고 있다. 이는 인류의 이동이 단방향이 아닌, 보다 복잡하고 다층적인 경로를 따라 이루어졌음을 시사한다.

자연환경의 변화는 인류의 진화와 문화적 변화에 큰 영향을 미쳤다. 앞서 언급했듯이, 아프리카에서 호모Homo 계열의 인류가 등장한 이후, 여러 차례의 빙하기를 거치면서 호모 사피엔스는 동북아시아로 이동했다. 지질학적으로 약 260만 년 전부터 12,000년 전까지 지속된 시기를 홍적세Pleistocene라고 한다. 이 기간 동안 지구는 네 번에서 여섯 번의 빙기와 간빙기를 주기적으로 겪었으며, 현재 우리는 따뜻한 간빙기인 충적세Holocene에 살고 있다.

신대륙과 관련된 인류의 동북아시아 이동은 마지막 빙하기Last Glacial Maximum 동안, 특히 50,000년 전후, 또는 25,000년 전후에 이루어진 것으로 보인다. 그렇다면 빙하기 동안의 자연환경은 어떠했을까?

그동안 행해진 조사에 의하면, 빙기 동안 지구의 평균 기온은 현재보다 약 4~7℃ 낮았으며, 이로 인해 지형과 생태계에 큰 변화가 나타났다. 북반구와 남반구의 넓은 지역, 그리고 높은 고원지대에는 대규모 빙하가 형성되었다. 반면, 열대 및 아열대 지역은 빙하의 영향을 받지 않았지만, 전체적으로 기온이 낮아졌다. 동북아시아와 한반도 북부는 지금보다 훨씬 춥고 건조한 기후를 보였으며, 현재의 남부 시베리아 및 알래스카와 유사한 툰드라 지대로 변화했다.

빙하기는 해안선의 변화에도 큰 영향을 미쳤다. 당시 해수면은 지금보다 120~130m 낮았으며, 이로 인해 대륙붕의 많은 부분이 바다 위로 드러나 새로운 육지가 형성되었다. 예를 들어, 한반도의 서해는 존재하지 않았고, 일본 열도와 한반도 사이에 여러 섬이 형성되어 인간이 이동하기 보다 쉬웠다.

베링 해협과 인류의 신대륙 이동

빙하기 동안 기후 변화는 베링 해협Bering Strait에도 큰 영향을 미쳤다. 오늘날 베링 해협의 폭은 약 80㎞로, 중앙에는 두 개의 섬이 있다. 이 중 미국 영토에 속한 섬에는 약 3,000년 전부터 이누이트(에스키모)들이 거주해 왔다. 베링 해협은 대륙붕 위에 형성된 얕은 바다로, 수심이 평균 50m 정도밖에 되지 않는다. 연구에 따르면, 마지막 빙하기 동안 해수면이 낮아지면서 베링 해협이 육지로 변했으며, 이를 *베링 육교Beringia*라고 부른다. 이 육로를 통해 인간과 동물들이 신대륙으로 이동할 수 있었다. 그러나 약 12,000년 전부터 빙하가 녹기 시작하면서, 해수면이 점차 상승했고 결국 현재의 베링 해협이 형성되었다. 그렇다면, 인류는 빙하기 동안 육지를 통해 신대륙으로 이동했을까, 아니면 빙하기 이후 배를 타고 해협을 건넜을까? 이에 대한 학계의 논쟁은 여전히 이어지고 있다.

한편, 오스트레일리아는 마지막 빙하기 동안에도 대륙과 연결된 적

빙하기 베링해협 이주 장면
(그림 제작 : 비디오앤스로프 주식회사(Videoanthrop Inc., 몬트리올) / M. 프랑수아 지라르.
소장처 : 캐나다역사박물관, I-A-40,S95-23503)

이 없었지만, 약 50,000년 전부터 인간이 거주하기 시작했다. 이는 후기 구석기 시대의 호모 사피엔스가 발달된 항해술을 갖추고 동남아시아에서 섬과 섬을 통해 뉴기니와 오스트레일리아까지 항해했음을 보여주는 중요한 증거다.

베링 해협의 환경은 남태평양과 달리 혹독한 추위와 바다에 유빙이 많아 항해에 불리했을 것이다. 따라서, 인류가 신대륙으로 이동할 수 있었던 시기는 육지가 드러났을 때로 제한되었을 가능성이 크다. 지질학적 연구에 따르면, 베링 육교는 최소 두 차례 형성된 것으로 보인다.

학자들은 첫 번째 노출 시기를 약 75,000년 전, 두 번째를 약 25,000년~14,000년 전으로 추정한다. 하지만 첫 번째 노출기에 해당하는 구석기 유적이 발견되지 않아, 이 시기에 인간이 신대륙으로 이

빙하기에 동북아시아와 베링지아에 서식했던 대형동물

동했을 가능성은 낮아 보인다.

  당시 베링 육교와 알래스카 지역은 툰드라와 초원으로 이루어져 있었으며, 마스토돈(고대 코끼리과 동물), 맘모스, 들소, 코뿔소, 야생마 같은 대형 동물Megafauna이 서식하고 있었다. 이들은 무리를 지어 이동했기 때문에, 사냥이 비교적 수월했다. 인간은 계절에 따라 이동하는 동물을 따라다니며 사냥했고, 사냥감이 풍부한 계절에는 고기를 말려 보관해 혹독한 겨울을 대비했다. 또한, 동물의 뼈와 가죽을 움집과 의복 제작에 활용하고, 야생 딸기, 견과류, 열매, 씨앗 등의 식물성 식량도 섭취했다.

  이들은 대체로 20명에서 50명 규모의 무리를 이루어 살아갔으며, 일정한 거처에 정착하기보다는 먹이를 찾아 이동하는 유목적 삶을 영위하였다. 식량이 풍부한 계절에는 한 지역에 장기간 머물며 공동체를 이루었지만, 겨울처럼 사냥감이 줄어드는 시기에는 보다 소규모의 집단으로 나뉘어 흩어져 이동하곤 했다. 한편, 수산 자원이 풍부한 지역에서는 비교적 오랜 기간 동안 한 곳에 정착하여 살아가는 집단이 많았다. 이러한 생존 양식은 20세기 초반까지도 근대 문명과 거의 접촉하지 않았던 알래스카 및 캐나다 북부의 원주민 사회에서도 관찰된다.

 신대륙 이주의 또 다른 중요한 요인은 캐나다 지역을 뒤덮고 있던 거대한 빙하 장벽이었다. 이 빙하는 위스콘신 빙기Wisconsin Glaciation 동안 형성되었으며, 약 70,000년 전부터 10,000년 전까지 지속되었다. 북미 대륙의 북부지역 대부분이 두꺼운 얼음층으로 덮였기 때문에, 신대륙으로 도착한 인류가 남쪽으로 이동하는 것이 쉽지 않았다. 빙하는 약 25,000년 전에 가장 넓게 퍼졌고, 14,000년 전부터 점차 후퇴하기 시작해, 10,000년 전에는 대부분 사라졌다. 하지만 최근 연구에 따르면, 과거 캐나다 지역의 빙하 사이에 툰드라 형태의 식생이 형성된 통로가 존재했을 가능성이 제기되고 있다. 만약 이러한 통로가 실제로 존재했다면, 인류는 빙하 장벽에 가로막히지 않고 신대륙 남부로 이동할 수 있었을 것이다. 반대로 이 통로가 없었다면, 알래스카에 도달한 인류는 북미 동부가 아니라 서부 태평양 연안을 따라 남쪽으로 이동했을 가능성이 높다.

 현재까지의 연구를 종합해보면, 신대륙으로의 인류 이동은 한 번에 이루어진 것이 아니라, 여러 차례에 걸쳐 지속된 과정이었다. 그리고 미국 대륙으로 향한 남진은 북서부 해안과 캐나다 빙하 사이에 형성된 통로를 이용하여 이루어진 것으로 간주된다. 앞으로도 새로운 고고학적 발견이 이어진다면, 인류의 대장정에 대한 보다 명확한 그림이 그려질 것이다. 인류의 신대륙 이동은 오랜 시간에 걸쳐 이루어졌다.

1
서로 닮은 유전자의 흔적
: 형질 인류학적 견해

겉모습만 보면 동북아시아 인과 아메리카 대륙의 원주민, 이른바 *네이티브 아메리칸*이 같은 뿌리를 가졌다고 상상하기는 쉽지 않다. 언어나 문화는 물론 생김새에서도 차이가 뚜렷해 보이기 때문이다. 하지만 형질 인류학의 관점에서 이들을 살펴보면 이야기는 달라진다.

표현 방식은 다를지라도, 두 집단 사이에는 분명한 유전적 연결고리가 존재한다. 과거에는 피부색, 얼굴 생김새, 혈액형 등 외형적 특징을 근거로 이들의 관계를 설명하려 했지만, 오늘날에는 과학 기술의 발전으로 더 정밀한 분석이 가능해졌다. 치아 구조나 눈꺼풀 형태 같은 미세한 신체 형질은 물론, 유전체 분석을 통해 두 대륙을 잇는 인류의 연관성이 점점 더 뚜렷하게 밝혀지고 있다. 동북아시아 인과 아메리카 원주민이 공통 조상에서 갈라졌다는 사실은 현대 인류학과 유전학이 밝힌 중요한 진실 중 하나다. 언뜻 보면 닮지 않은 두 집단 사이

몽고주름 : 위쪽 눈꺼풀과 아래쪽 눈꺼풀이 만나는 지점이 포개져 있다.

동북아시아 이외 지역의 인종들은 포개지지 않고 쌍꺼풀이 형성되어 있다.

동북아시아와 신대륙 원주민 소녀들과 젊은 여성들의 눈에 형성된 몽고주름 Epicanthic fold

에서 전문가들은 어떤 단서를 찾아냈을까?

 형질 인류학자들은 동북아시아 여성과 아메리카 원주민 여성에게 공통적으로 나타나는 얼굴 특징에 주목한다. 두 집단 모두 쌍꺼풀이 뚜렷하지 않고, 눈꺼풀 위아래가 눈 안쪽에서 겹쳐지는 몽고주름 *Epicanthic fold*이라는 독특한 형태를 지닌다. 일부 학자들은 이 같은 특징이 고대 동북아시아 인들이 빙하기의 혹독한 기후에 적응하며 형성된 결과라고 본다. 그리고 이들이 베링 육교를 건너 아메리카로 이주하면서 같은 신체 구조가 전달되었을 가능성이 제기된다. 비록 이러한 이론이 고고학적으로 입증되기는 어렵지만, 환경에 따라 인체 구조가 진화할 수 있다는 점은 매우 흥미로운 통찰을 제공한다.

 눈꺼풀보다 더 결정적인 단서는 치아 구조다. 치아는 뼈나 다른 조직보다 음식이나 자연환경의 영향을 덜 받으며, 유전적인 특성이 비교적 뚜렷하게 남는 부위다. 연구에 따르면, 동북아시아 인과 아메리카 원주민은 공통적으로 *부삽형 앞니*를 가지고 있다. 위턱 앞니의 안쪽 면이 숟가락처럼 깊게 파인 이 형태는 후천적으로 바뀌기 어려운 유전

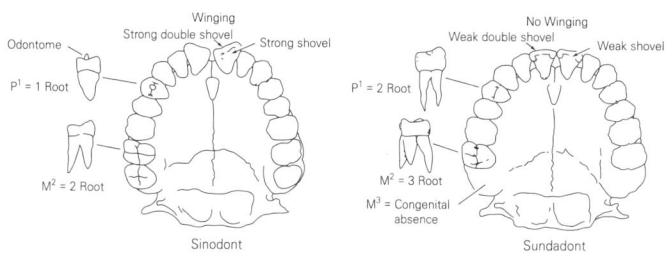

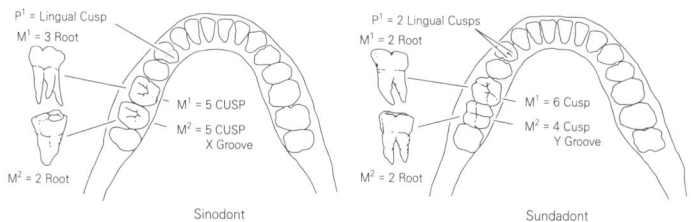

치아 구조
(출처 : The Great Journey, Brian M. Fagan, 93p 재편집)

적 특성이다.

뿐만 아니라, 이들은 어금니 뿌리의 구조에서도 유사성을 보인다. 위턱 첫 번째 작은 어금니(P^1)의 뿌리는 하나, 두 번째 큰 어금니(M^2)는 두 개의 뿌리를 가지며, 아래턱의 첫 번째 큰 어금니는 세 개의 뿌리, 두 번째는 두 개로 구성되어 있다. 이 같은 치아 구조는 백인이나 흑인은 물론, 같은 황인종 중에서도 동남아시아 인들에게는 거의 나타나지 않는 희귀한 특징이다. 이는 이들 집단이 아주 오래전부터 같은 조상을 공유하고 있음을 말해준다

오늘날 유전학은 이러한 형질적 유사성을 분자 생물학 수준에서 뒷받침해주고 있다. 특히 미토콘드리아 DNA 분석은 모계를 통해 유전

되기 때문에 인류의 기원과 이동 경로를 추적하는 데 매우 유용하다. 연구 결과, 동북아시아 인과 아메리카 원주민은 특정 유전자 변이를 공유하고 있으며, 이는 두 집단이 약 20,000~25,000년 전 같은 조상으로부터 갈라져 나왔음을 보여준다.

이와 더불어 부계 유전 정보를 담고 있는 Y염색체 분석에서도 동일한 유사성이 확인된다. 이러한 분석 결과는 고고학적 발굴 자료에서 추정된 신대륙 이주의 시기와도 일치하며, 아메리카 원주민의 뿌리가 동북아시아에 있다는 주장을 강하게 지지한다. 흥미롭게도, 언어 계통 연구 역시 이들의 유전적 연관성을 뒷받침하는 유사성을 보여준다.

이러한 연구를 뒷받침하는 고고학적 증거는 한반도 북동단에서도 발견된다. 1960년, 두만강 유역에서 발굴된 후기 구석기 시대 유적은 학계의 주목을 받았고, 연구자들은 이 지역과 러시아 연해주 일부를 포함한 영역을 두만강 유역의 *굴포리 문화권*으로 정의했다. 이 문화는 시베리아 동북부의 고대 문화와도 일정한 유사성을 보인다. 만약 양 지역의 사람들이 실제로 교류했거나 하나의 집단으로 융합되었다면, 이들이 훗날 베링 해협을 건너 아메리카 대륙으로 이주한 초기 원주민 집단의 일부였을 가능성도 완전히 배제할 수는 없다. 굴포리 문화권의 존재를 뒷받침하는 증거는 인근 부포리 지역뿐 아니라, 일제강점기 당시 함경북도 종성 동관진 유적에서 발굴된 코뿔소와 맘모스의 뼈, 그리고 후기 구석기 시대의 석기 도구들에서도 확인된다.

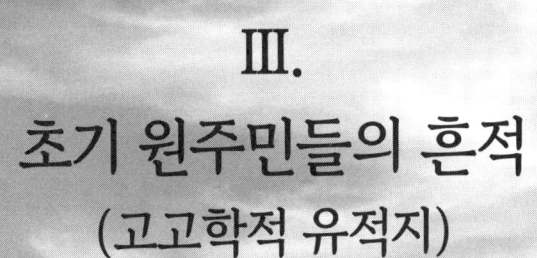

III.
초기 원주민들의 흔적
(고고학적 유적지)

1
알래스카와 유콘 지역
Alaska, Yukon Territory

 알래스카와 캐나다 북서부 유콘 지역에서 인류가 처음으로 남긴 흔적을 찾는 일은 쉽지 않다. 초기 정착민들은 소규모로 흩어져 이동하며 살았고, 주로 사냥과 채집을 기반으로 생활했기 때문에 일정한 거주지를 남기지 않았다. 게다가 유적지들은 오랜 세월 동안 자연 퇴적물과 섞여 있어 그 흔적을 찾아내는 것은 더욱 어려운 일이었다. 그러나 고고학자들의 끈질긴 연구 끝에 여러 초기 유적지가 발견되었고, 이를 통해 원주민들의 이동 경로를 어느 정도 파악할 수 있게 되었다.

 신대륙에서 원주민들의 기원을 추적하려면, 가장 먼저 그들이 처음 정착했던 알래스카 지역의 유적지를 살펴볼 필요가 있다. 이 책에서는 기존 학계에서 정의했던 "고 인디언 시기 Paleo-Indian period(약 13,000~ 8,000년 전)" 이전의 원주민들을 초기 원주민으로 본다. 현재까지 알래스카와 유콘 지역에서는 10개 이상의 초기 유적지가 보고되었으며,

그중에서도 고 인디언 시기보다 더 오래된 것으로 보이는 곳이 몇 군데 있다. 대표적인 예로 올드 클로Old Crow Flats, 블루피시 동굴Bluefish Cave, 그리고 최근 재조사가 이루어진 스완 포인트Swan Point Archaeological Site 등이 있다. 특히 올드 클로 유적지는 1960년대 중반에 처음 발굴되었으며, 방사성 탄소연대 측정 결과 약 37,000년 전으로 추정된다는 연구가 발표되면서 학계와 일반인들의 큰 관심을 받았다. 물론 현재 학계에서는 위의 연대에 대해 많은 의문을 제기해 왔다.

오늘날 우리가 고고학적 유적지의 연대를 측정하는 가장 대표적인 방법이 방사성 탄소연대 측정법이다. 이 방법은 1949년에 개발되었고, 1950년대 초반부터 북미 대륙의 고고학 연구에 본격적으로 도입되었다. 예를 들어, 학자들이 미국 남서부 지역에서 발굴한 클로비스Clovis와 폴섬Folsom 유적지에서는 각각 약 13,000년 전과 11,000년 전으로 간주된 석기들과 잘 다듬어진 창의 촉이 발견되었다. 이러한 연구 결과를 바탕으로, 미국 고고학계는 원주민의 역사가 이전에 생각했던 것보다 훨씬 오래되었으며, 최소 13,000년 전까지 거슬러 올라간다는 사실을 확인했다. 그리고 이 시기의 문화를 고 인디언 시대로 정의하게 되었다.

올드 클로 유적지와 새로운 가설들

올드 클로 유적지에서 방사성 탄소연대가 37,000년 이상으로 나왔다는 발표가 나오자, 일부 학자들은 원주민들이 약 50,000년 전부터 아시아에서 신대륙으로 이주했을 가능성을 제기하기 시작했다. 이들은 원주민이 1차 빙하기(약 70,000~40,000년 전) 동안 형성된 육교인 *베링지아*Beringia를 통해 신대륙으로 넘어왔을 것이라고 주장했다.

그러나 1970년대 이후 올드 클로 유적지에 대한 추가 발굴과 정밀 연구가 진행되면서 논란이 일기 시작했다. 유물이 출토된 퇴적층을 면밀히 조사한 결과, 층위가 교란되었을 가능성이 제기된 것이다. 더구나 유적지에서 발견된 동물 뼈의 흔적이 인간이 도구로 가공한 흔적이 아니라, 포식 동물의 이빨 자국이거나 자연적인 이동 과정에서 생긴 손상이라는 연구 결과도 발표되었다. 이러한 분석을 바탕으로, 한때 약 50,000년 전 인류의 존재를 주장했던 일부 학자들은 점차 그 가설에서 물러나기 시작했다. 그럼에도 불구하고, 여전히 몇몇 연구자들은 추가 유적 발굴을 통해 그 가능성을 계속 탐색하고 있다. 특히 2017년에는 인근의 블루피시 유적지에서 약 23,000년 전으로 추정되는 인류 활동의 흔적이 공식적으로 보고되면서, 한때 논란 속에 묻혔던 초기 정착 연대에 다시금 학계의 관심이 쏠리고 있다.

신대륙 초기 원주민의 기원 : 논쟁과 검증

논쟁은 단순히 연대 측정을 둘러싼 문제가 아니라, 신대륙 원주민의 기원과 관련된 더 큰 역사적 질문으로 이어졌다. 일부 학자들은 북미와 남미에서 발견된 석기 도구의 변천 과정과 캘리포니아 라구나 해안Laguna Beach에서 출토된 인골의 아미노산 연대 측정을 근거로, 원주민의 역사가 200,000년 전까지 거슬러 올라갈 수도 있다고 주장했다. 특히 세계적으로 유명한 영국의 고인류학자 루이스 리키Louis Leakey는 북미 원주민의 역사가 적어도 200,000년 이전일 가능성이 있다고 발표하면서 학계에 큰 반향을 일으켰다. 리키는 아프리카의 올두바이 고지Olduvai Gorge에서 초기 인류 화석을 발굴한 연구자로, 그의 발언은 많은 학자들의 관심을 끌었다.

하지만 이후 보다 정밀한 측정이 이루어지면서 많은 가설들이 수정되었다. 예를 들어, 캘리포니아 라구나 해안에서 출토된 인골의 아미노산 연대는 처음에는 80,000년 전으로 발표되었지만, 이후 더 정밀한 AMS 탄소연대 측정법으로 재분석한 결과 6,000년 전으로 수정되었다.

또한, 멕시코와 캘리포니아 지역의 일부 유적지에서는 40,000년 이상 된 연대가 검출되었지만, 연구가 진행될수록 퇴적층이 교란되었을 가능성이 높다는 의견이 나오면서 이 가설은 점차 힘을 잃어갔다.

초기 원주민들의 역사를 밝히는 일은 여전히 진행 중이다. 우리가 알고 있는 것보다 훨씬 오래전에 인류가 신대륙으로 이주했을 가능성도 있지만, 이를 입증하려면 더욱 정밀한 연구가 필요하다. 고고학은 과거를 밝히는 과학이지만, 새로운 발견이 있을 때마다 기존의 이론이 수정되거나 때로는 뒤집히기도 한다. 원주민들이 언제, 어떻게 신대륙에 도착했는지를 완전히 이해하는 데는 앞으로도 오랜 시간이 걸릴 것이다. 하지만 그 과정 속에서 우리는 과거의 인류가 어떻게 살아왔는지를 더 깊이 이해할 수 있을 것이다.

블루피쉬 동굴 유적지 : 새로운 발견과 원주민의 역사

올드 클로 유적지에서 약 64km 떨어진 유콘지역의 블루피쉬 동굴 Bluefish Cave에서는 엄청난 양의 맘모스 뼈가 발견되었다. 일부 동물 뼈에는 살점을 제거할 때 사용된 예리한 석재 도구의 흔적이 선명하게 남아 있었다. 이는 당시 인간이 직접 사냥과 정육 작업을 했다는 강력한 증거였다.

하지만 과거에는 이 유적지가 상대적으로 낮은 연대로 추정되거나,

연구 결과가 명확하지 않다는 이유로 학계에서 큰 주목을 받지 못했다. 그러나 2017년, 새로운 연구가 발표되면서 상황이 완전히 바뀌었다.

고고학자들은 블루피쉬 동굴에서 출토된 유물의 방사성 탄소연대를 분석한 결과, 이 유적지가 약 23,000년 전으로 거슬러 올라간다는 사실을 밝혀냈다. 이 연구 결과는 언론의 큰 관심을 끌었을 뿐만 아니라, 학계에서도 커다란 반향을 일으켰다. 기존에는 알래스카에서 20,000년 이전에 원주민이 존재했을 가능성에 대한 증거가 부족했기 때문에, 이 이론은 충분한 지지를 받지 못했다. 그러나 블루피쉬 동굴의 연구 결과가 나오면서 신대륙 원주민 이주 시기가 더욱 앞당겨질 가능성이 커졌다.

석기 도구가 말하는 역사

블루피쉬 동굴에서 발견된 대표적인 석기 유물로는 양면 끝이 다듬어진 석기, 찌르개, 새기개, 돌 칼날, 칼날, 좀 돌날, 등이 있다. 흥미로운 점은 이들 석기 제작 기법이 동북아시아에서 발견되는 도구와 매우 유사하다는 것이다. 이는 원주민들이 아시아에서 신대륙으로 이주하는 과정에서 문화와 기술을 함께 전파했을 가능성을 시사한다.

한편, 스완 포인트Swan Point 유적지에서는 빙하기 맘모스와 마스토돈의 뼈, 털과 함께 당시 원주민들이 살았던 집자리 흔적이 발견되었다. 여기에 동북아시아 전통의 석재 도구들도 출토되면서, 이곳이 단순한 사냥터가 아니라 실제로 사람들이 거주했던 생활 공간이었다는 점이 밝혀졌다. 그렇다면 왜 알래스카와 캐나다 북부에서는 기원전 20,000년 이전의 유적지를 더 많이 찾을 수 없는 걸까? 이 질문에 대한 열쇠는 바로 혹독한 북극의 자연환경 속에 숨어 있다.

먼저, 당시 이 지역을 건넌 초기 이주 집단의 규모는 매우 작았다. 이들은 몇몇 가족 단위로 무리를 지어 움직이며, 눈에 띄는 정착지를 남길 여유조차 없었다. 무엇보다 중요한 점은 그들의 삶의 방식이다. 당시 사람들은 특정한 땅에 머무는 것이 아니라, 사냥감의 이동 경로를 따라 끊임없이 자리를 옮겨 다녔다. 계절마다 달라지는 환경 속에서, 한곳에 집을 짓고 오래 머물 여건이 없었던 것이다. 이처럼 유목에 가까운 생활방식은 오랜 시간이 흐른 뒤, 그들의 존재를 증명해줄 물리적 흔적들이 남지 않도록 만들었다. 설령 어떤 흔적이 남았다 하더라도, 그것은 눈과 얼음, 바람과 시간에 깎이고 묻혀, 오늘날의 고고학적 발굴로는 접근하기 어려운 깊은 지층 속 어딘 가에 숨어 있을 가능성이 크다. 결국, 알래스카와 캐나다 북부의 초기 원주민 유적이 드문 이유는 생존을 위해 자연과 함께 움직였던 사람들의 지혜와 그 흔적을 지워버린 자연의 혹독함이 맞물린 결과인 셈이다.

혈액형이 말해주는 원주민의 기원

흥미롭게도, 원주민들의 혈액형 분포를 보면 초기에 작은 규모의 집단이 동북아시아로부터 벨링지아를 통해 이주해 왔다는 사실을 간접적으로 확인할 수 있다.

지역별 원주민 혈액형 분포 요약

지역	혈액형 분포 특징
동북아시아 북동부	O형 비율이 높음
알래스카 원주민	대부분 O형, 일부 A형 존재, B형은 거의 없음
미국 본토 원주민	대부분 O형 (예: 나바호족, 수족 → O형 75~95%)
중남미 원주민 (아마존)	O형이 절대적, 일부 부족은 거의 100% O형

혈액형 분포를 살펴보면, 지역 간의 미세한 차이는 존재하지만 아메리카 대륙의 원주민들 사이에서 O형 혈액이 압도적인 비율을 차지하고 있다는 점이 눈에 띈다. 반면 A형, B형, AB형은 극히 드물게 나타난다. 이러한 경향은 유전학에서 말하는 *유전적 부동Genetic Drift* 이론과 깊은 관련이 있다.

즉, 동북아시아의 넓은 지역 중에서도 특히 O형의 비율이 높았던 일부 소규모 집단이 외부와의 접촉 없이 고립된 상태로, 수천 년에 걸쳐 베링지아Beringia를 통해 아메리카로 이주했다는 것이다. 이처럼 제한된 수의 *창시자 집단founder group*에서 비롯된 유전적 특성은 이후 세대에 그대로 이어지며, 현재 아메리카 원주민 사회의 혈액형 단순성으로 나타난다.

오늘날 북미 대륙에서 발견되는 소수의 A형, B형, AB형은 주로 이누이트(에스키모)나 유럽인과의 후기 혼혈에서 비롯된 것으로 보인다. 이러한 혈액형의 분포는 아메리카 대륙으로의 이주가 대규모가 아닌 소규모 집단에 의해 이루어졌으며, 이주 이후 오랜 시간 동안 외부와의 접촉이 거의 없는 고립된 환경에서 유전적 다양성이 제한적으로 유지되었음을 보여준다.

이처럼 단순해 보이는 혈액형 통계 속에는, 사실상 인류 대이동의 흔적과 고립된 진화의 궤적이 고스란히 담겨 있는 셈이다. 이러한 유전적 증거들은 인류가 언제, 어떻게 신대륙에 발을 디뎠는지에 대한 단서를 제공한다.

이와 같은 자료들을 종합해볼 때, 초기 원주민들은 약 20,000년 전, 소규모의 집단으로 여러 차례에 걸쳐 알래스카를 거쳐 대형동물들을 쫓아가던 중 아메리카 대륙에 도달했을 가능성이 크다. 그들은 찌르개, 끌개, 돌 칼날, 좀 돌날, 새기개, 양면의 끝이 다듬어진 석기문화를 바탕으로 삶을 꾸려 나가며, 차츰 신대륙의 깊은 내륙으로 이동해갔을 것이다.

앞으로 더 많은 유적이 발굴된다면, 신대륙 원주민의 기원과 이동 경로에 대한 보다 정밀한 사실들이 밝혀질 것이며, 그 속에서 우리는 오래전부터 미 신대륙을 누비며 살아온 인류의 또 다른 이야기를 조금씩 되찾아갈 수 있다고 생각한다.

2

가장 오래된 바위그늘 집터
: 메도우크로프트 락쉘터
Meadowcroft Rockshelter

저자는 오랫동안 이 유적지의 발굴과 유물 분석에 직접 참여했다. 따라서 원주민의 역사에 관심 있는 독자들에게 보다 친숙하고 쉽게 이곳을 소개하고자 한다.

메도우크로프트 락쉘터는 미국 동북부 펜실베이니아주 피츠버그 근교에 자리한 바위그늘 집터로, 약 19,000년 전부터 초기 원주민과 그 후손들이 계절에 따라 거주했던 곳이다. 바위 아래 자연적으로 형성된 그늘진 공간을 이용한 이 유적지는, 북미에서 가장 오래된 거주 흔적 중 하나로 평가받고 있다.

이곳의 본격적인 발굴은 1973년부터 1978년까지 피츠버그 대학교 인류학과의 여름 발굴학교 프로그램을 통해 이루어졌으며, 저자는 대학원생 시절 3년 동안 현장 발굴팀으로 참여했다. 발굴 과정에는 고고학자, 형질인류학자, 지질학자, 고생물학자 등 다양한 전문가들이 협

업했고, 최신 과학 장비를 갖춘 실험실이 현장에 설치되어 보다 체계적인 연구가 진행되었다. 당시 발굴과 연구에 투입된 비용은 6억 원(당시 미국 내 단일 유적지 조사 비용 중 최고 금액)이었으며, 최종 보고서가 완성되기까지 무려 8년이 걸렸다.

유적지의 위치와 환경

메도우크로프트 락셸터는 피츠버그 시에서 남서쪽으로 약 48km 떨어진 워싱턴 카운티, 오하이오 강 지류 근처의 언덕에 자리 잡고 있다. 유적지는 강 수면으로부터 약 15m 높이, 그리고 해발 259m 지점에 위치해 있으며, 남서향으로 열려 있어 햇빛이 장시간 들고 바람이 잘 통하며, 주변 경관이 아름다워 발굴 전까지는 야영지로 인기가 많았다.

바위그늘 집터의 크기는 폭 15m, 깊이 6m, 천장의 높이는 약 5m로, 현재 남아 있는 공간만 보아도 상당히 넓다. 하지만 지난 20,000년 동안 자연적인 퇴적 과정이 지속되었기 때문에, 원주민들이 처음 이곳에 정착했을 당시에는 지금보다 훨씬 넓었을 것으로 추정된다.

지질학적으로 살펴보면, 이곳은 고생대 후반기에 형성된 석회암과 퇴적암이 주를 이루고 있다. 연구 결과, 이 지역은 빙하기 동안에 빙하의 영향을 어느정도 받았던 것으로 밝혀졌다. 특히 유적지 근처에는 빙하기 동안 자연적인 침식과 퇴적 작용에 의해 형성된 두 개의 단구 terrace가 선명하게 남아 있다. 첫 번째 단구는 현재 강 수면에서 약 60에서 90m 위에 있으며, 약 130,000년에서 170,000년 전 일리노이 빙기Illinoian Stage에 형성된 것으로 알려져 있다. 두 번째 단구는 이보다 낮은 39m 높이에 위치하며, 약 75,000~11,000년 전 위스콘신 빙기

Wisconsin Glaciation 시기에 형성되었다.

약 19,000년 전 원주민들이 이 지역에 처음 정착했을 당시, 강 수위는 현재보다 5~10m 높았기 때문에 물고기나 조개를 쉽게 채집할 수 있었다. 인근의 넓은 평야와 야산은 사냥과 식물 채집에 적합한 환경을 제공했다.

발굴과 유물 층위

여섯 차례에 걸친 발굴 작업을 통해, 연구팀은 11개의 자연 층위를 기반으로 한 유물층을 확인하였고, 총 20,000여 점의 유물과 47개의 방사성 탄소 연대 측정 결과를 확보했다. 지층은 가장 아래부터 Ⅰ층, 가장 위쪽 표토층을 Ⅺ층으로 구분했다. 또한 Ⅰ층과 Ⅱ층은 서로 다른 연대를 지닌 유물층이 겹쳐 있는 것이 확인되어 각각 Ⅰa, Ⅰb 및 Ⅱa, Ⅱb로 다시 세분되었다.

메도우크로프트 락쉘터 Meadowcroft Rockshelter 발굴 장면
(출처 : University of Pittsburgh, The Department of Anthropology)

이 지역의 퇴적층은 원래 사암 절벽에서 떨어진 바위와 점토가 오랜 세월에 걸쳐 쌓이면서 형성되었다. 바위 절벽에서 떨어진 자갈과 모래들이 비가 많이 오는 계절마다 점진적으로 유적지 안으로 흘러 들어 오면서 바닥이 점점 높아졌던 것이다. 이 과정에서 다양한 유물과 함께 붕적층colluvial pile이 형성되었고, 이러한 지질학적 변화가 유적지의 보존 상태에 중요한 역할을 했다.

발굴 결과, 각 층위는 비교적 두껍고 불규칙한 퇴적층으로 이루어져 있으며, 원주민들의 생활 흔적이 선명하게 남아 있었다. 이 유적지에서 출토된 도구와 유기물들은 북미 대륙에서 인간이 어떻게 정착하고 생활했는지를 연구하는 데 있어 매우 중요한 단서를 제공한다.

유구와 유물 : 초기 원주민들의 흔적을 따라

우리가 과거를 연구할 때, 흔히 유물과 유구라는 두 가지 개념을 마주하게 된다. 유물은 사람들이 행위를 가해서 만들어지거나 사용했던 물건을 의미하는 반면, 유구는 인간이 만든 구조물이나 흔적이 남아 땅에서 움직일 수 없는 것을 뜻한다. 쉽게 말해, 유구는 건축물의 기초, 저장고, 화덕, 무덤 같은 땅에 붙어 있는 구조물이고, 유물은 유적지와 연관되어서 발견되는 도구나 생활에 필요한 용품 등, 움직일 수 있는 물질을 의미한다.

미국에서 가장 오래된 원주민 유적지로 알려진 메도우크로프트 락쉘터 유적에서는 11개의 문화층이 발견되었다. 이곳에서는 화덕, 저장고, 석기 제작소, 무덤 등의 유구가 확인되었으며, 약 20,000점이 넘는 유물이 출토되었다. 유물에는 석기뿐만 아니라, 동물의 뼈나 뿔로 만든 도구, 바구니 조각, 토기 파편 등이 포함되어 있었다. 물론 이들

메도우크로프트 락쉘터 출토 유물 : 밀러 창촉, 돌 칼날blades
(출처 : University of Pittsburgh, The Department of Anthropology)

유물은 층위를 달리하여 출토되었다.

가장 아래층인 Ⅰa층에서는 유물이 출토되지 않았지만, 목탄이 발견되었다. 방사성 탄소연대 측정법을 사용한 결과, 그 연대는 약 30,760년 전으로 밝혀졌다. 한 층 위인 Ⅰb층에서는 더욱 흥미로운 발견이 있었다. 이 층에서 석기를 만드는 과정에서 떨어진 석재 조각(격지)과 직접 사용된 석기 7점이 출토되었다. 하지만 가장 주목할 만한 유물은 크기 5×7.5㎝의 나무껍질처럼 생긴 물체였다. 연구진이 정밀 분석한 결과, 이것은 사람 손으로 짠 바구니 조각임이 밝혀졌다. 바구니 조각이 발견된 곳에는 불에 탄 목탄이 집중적으로 모여 있어 화덕의 흔적도 확인되었다.

이 바구니 조각에서 채취한 목탄을 연대 측정한 결과, 약 19,150년 전의 것으로 나타났다. 즉, 이 유적지에서 생활하던 원주민들은 전 세계에서 가장 이른 시기에 바구니를 제작했던 사람들이었던 것이다. 이전까지 학자들은 이스라엘과 북아프리카, 그리고 미국 네바다주의 스피릿 동굴Spirit Cave에서 발견된 약 9,000~10,000년 전의 바구니가 가장 오래된 것이라 생각했지만, 메도우크로프트 락쉘터 유적지는 그보다 약 10,000년 더 앞선 역사를 가지고 있다.

한층 위인 IIa층에서는 13점의 석제 도구와 400여 점의 석기제작 과정에서 떨어져 나온 격지가 발견되었다. 이 도구들은 원시적인 형태의 찍개, 긁개뿐만 아니라, 보다 정교하게 다듬어진 긴 창촉, 돌 칼날blade, 돌 칼날을 제작하는 몸돌, 양면이 다듬어진 석기biface, 새기개engraver, 톱니 모양의 날을 을 가진 밀개까지 포함되어 있었다.

특히, 나뭇잎 모양으로 양면이 정교하게 다듬어진 창촉(찌르개)은 주목할 만한 유물이다. 흥미롭게도, 이 창촉은 동북아시아와 미국 남서부 지역의 클로비스 유적Clovis site에서 발견된 것과 형태가 다소 달랐다. 클로비스 창촉은 줄기에 홈이 파여 있는 것이 특징이지만, 메도우크로프트 락쉘터 유적의 창촉은 이러한 홈이 없고 크기가 더 작은 단순한 형태다.

이 층에서는 총 6개의 탄소연대가 측정되었으며, 연대는 주로 15,000년 전을 중심으로 분포했고, 가장 오래된 것은 16,225±975년 전으로 나타났다.

새로운 역사의 장을 여는 유적

오랫동안 학자들은 미국 뉴멕시코주의 클로비스 유적지에서 출토된 창촉을 기준으로 삼아, 아메리카 원주민의 기원을 약 13,000년 전으로 보아왔다. 이른바 클로비스 이론이라 불리는 이 통설에 따르면,

원주민들은 동북 시베리아에서 베링 해협을 건너와 신대륙에 정착했고, 그들과 함께 석기 제작 기술이 퍼졌다는 것이 일반적인 해석이었다.

그러나 이 정설에 처음으로 도전장을 던진 장소가 바로 메도우크로프트 락쉘터 유적지다. 이곳에서 발굴된 유물은 기존 통설보다 훨씬 오래된, 무려 19,000년 전의 역사를 가리키고 있다. 단순한 사냥 도구뿐 아니라, 정교한 바구니 제작 기술까지 갖춘 흔적은 우리가 알고 있던 초기 원주민의 모습이 결코 원시적이지 않았음을 웅변한다.

이 발견은 '*언제, 어떻게, 누구에 의해*' 아메리카에서 삶이 시작되었는가 하는 근본적인 질문에 다시 답을 구해야 한다는 학문적 전환의 신호탄이다.

그리고 그날, 고고학 발굴 현장에서 잊을 수 없는 순간이 찾아왔다. 조심스럽게 흙을 걷어내던 발굴단의 손끝에서, 바구니 조각과 창 촉이 모습을 드러냈을 때, 모두가 숨을 멈췄다. 짜릿한 기쁨과 흥분 속에 저자를 비롯한 발굴팀은 한자리에 모여 그 순간을 기념했다. 그 장면은 지금도 저자의 눈앞에 생생하다.

이 유적지는 처음 발견한 탐사팀이 학계에 보고하면서 본격적으로 알려지기 시작했다. 그리고 유물 가운데 하나인 독특한 형태의 창 촉은, 당시 이 땅의 소유주였던 엘버트 밀러Albert Miller의 이름을 따서 *밀러 창촉Miller Lanceolate Point*이라 명명되었다.

돌 칼날 제작 기법과 그 독창성

Ⅱa층에서 발견된 석기들은 정밀한 공정을 거쳐 제작된 것이었다. 특히, 좀 돌날micro-blade로 분류되는 칼날공작blade industry 기술이 주

목할 만하다. 이 과정은 강변에서 조약돌cobble을 채집한 후, 가장 넓고 긴 면을 다듬어 타격면을 만든 다음, 이를 순차적으로 타제하여 정교한 소형 돌 날을 만드는 방식이다.

이러한 기법은 동북아시아나 신대륙의 다른 지역에서 볼 수 있는 쐐기형 또는 원뿔형 코어를 이용한 제작 방식과 어느정도 유사하지만 다른 점도 많았다. 다시 말해, 메도우크로프트 락쉘터 유적지의 돌 칼날blade 제작법은 정형화되어 있지 않았으며, 동북아시아의 기본적인 칼날 기술을 그대로 따르기보다는 원주민들이 자신들만의 지역화 된 석기 제작 기술을 개발하고 활용한 결과로 보인다.

다음 문화층인 Ⅱb에서는 유물의 수가 상대적으로 적었지만, 당시 사람들의 삶을 엿볼 수 있는 다양한 동물 뼈와 조개껍질이 출토되었다. 통계에 따르면 발견된 동물 뼈 중 90% 이상이 불에 그을린 채로 남아 있었으며, 이 중 약 30%는 종류를 식별할 수 있었다. 주로 발견된 동물로는 노루, 사슴, 곰, 너구리, 토끼 등이 있었으며, 대부분의 뼈는 잘게 부서진 상태였다. 이러한 흔적들은 원주민들이 사냥한 동물을 가공해 식량으로 활용했음을 보여준다. 특히, 탄소연대 측정 결과 Ⅱb층에서 발견된 가장 오래된 유물의 연대는 $11,350 \pm 700$년 전(B.P.)으로 분석되었다.

초기 원주민들이 펜실베이니아 남부 지역으로 이동했을 때, 이곳은 빙하의 영향으로 인해 툰드라 환경이 조성되어 있었다. 당시에는 마스토돈Mastodon과 같은 대형 동물Megafauna이 서식하고 있었지만, 흥미롭게도 메도우크로프트 락쉘터 유적지에서는 대형 동물의 뼈가 전혀 발견되지 않았다. 이러한 점을 고려하면, 원주민들은 대형 동물 사냥보다는 주변 환경에서 얻을 수 있는 야생 식물, 견과류, 어패류, 그리고 소형 동물을 주된 식량원으로 삼았을 가능성이 크다. 또한, 바위 그늘집은 계절에 따라 사람들이 머무는 거처로 사용되었으며, 다양한 자연 환경의 혜택을 누릴 수 있는 최적의 장소였을 것이다.

메도우크로프트 락쉘터 유적지는 초기 원주민들의 생활 방식과 생태계 변화 속에서의 적응 과정을 이해하는 중요한 단서를 제공한다. 이들이 남긴 도구와 유물은 수천 년 전 그들의 삶을 오늘날 우리에게 생생하게 전해주고 있다.

탄소연대와 유적의 편년

메도우크로프트 락쉘터 바위그늘집터에서 발굴된 약 70여 개의 목탄은 화덕과 주거지 바닥에서 채집되었으며, 이를 스미소니언 Smithsonian 박물관 부설 방사성 생물실험실에서 탄소연대 측정을 의뢰한 결과, 층위의 순서에 따라 47개의 연대가 밝혀졌다. 이 연대에 따르면, 이곳은 약 19,000년 전부터 초기 원주민들이 거주하기 시작한 이후, 사람들의 발자취가 끊이지 않고 이어져 18세기까지 지속되었던 것으로 나타났다.

탄소연대 측정 결과는 각 층위별로 일정한 순서를 유지하며 검출되었기 때문에, 이 유적지는 북미 대륙에서 가장 오랜 기간 인간이 살아온 곳으로 평가된다. 다만, 일부 연구자들 사이에서 Ⅰb층과 Ⅱa층에서 검출된 탄소연대가 오염되었을 가능성이 제기되었으나, 이는 지질학적 층위를 충분히 이해하지 못한 상태에서 나온 주장이다. 실제로 Ⅰb층과 Ⅱa층 사이의 노출부에서는 석탄가루가 발견되었으며, 이 두 층 사이에는 매우 얇은 유기질vitrinite층이 깔려 있었던 것이 확인되었다. 그러나 발굴 당시 이 유기질층은 Ⅱa층과 Ⅱb층에서 완전히 분리된 상태였으며, 이 층과 위의 문화층 사이에는 약 30㎝의 불순물이 섞이지 않은 퇴적물이 존재하고 있었다. 특히, 발굴 종료 후 확인된 유기질 층은 발굴 과정에서 유적지 표면을 청소하면서 형성된 것으로 밝혀졌다.

화학적 반응을 고려할 때, 석탄을 구성하는 주요 유기물질은 강력한 현대 화학제품의 시제가 아니라면 쉽게 녹아 땅속 깊이 스며들지 않는다. 따라서 비트리나이트 층과 석탄가루는 물의 삼투작용에 의해 나중에 침투한 것이며, 이곳을 덮고 있는 두껍고 단단한 지층이 존재하는 한, 유물층까지 깊숙이 스며들 가능성은 낮다고 전문가들은 평가한다.

메도우크로프트 락쉘터 유적에서 검출된 탄소연대는 층위 순서, 목탄의 채집 과정, 그리고 측정 절차를 종합적으로 고려했을 때, 신뢰할 수 있는 결과로 보아야 한다. 만약 목탄이 오염되었다면 연대 측정값이 뒤섞여 층위와 일치하지 않았을 것이나, 측정 결과는 이러한 문제를 보이지 않는다. 특히, 19,000년 전으로 기록된 두 개의 탄소연대는 동일한 문화층에서 검출된 것으로, 하나는 목탄, 다른 하나는 탄화 되지 않은 바구니 조각이었다. 이 시료들은 각각 다른 화학 성분을 가지고 있기 때문에, 만약 오염이 있었다면 서로 상이한 연대 결과가 나왔어야 한다. 그러나 실제로는 모두 같은 시기를 가리키고 있어, 연대 측정 결과의 신뢰성을 높여준다.

또한 2017년과 2024년에 발표된 연구에 따르면, 논란이 되었던 동일한 층에서 '퇴적 큐브 샘플Sediment cube sample'을 채취해 흙의 입자와 꽃가루 등 유기물질을 분석한 결과, 해당 지층은 교란되지 않았고 탄소연대도 과거 측정값 16,225±975년 전과 일치하는 것으로 나타났다. 탄소연대 측정값인 16,225년을 나무 나이테, 해양 퇴적물, 빙하 코어 연대 등을 기준으로 보정하면, 실제 연대는 약 19,000년 전으로 추정된다.

　퇴적 큐브 샘플 분석은 지층의 연속성, 수평 구조, 입자 구성을 3차원적으로 보여주기 때문에, 자연적인 층위가 훼손되었는지를 비교적 명확하게 판단할 수 있다. 이러한 분석 방법은 고고학 발굴에서 퇴적층을 이해하는 데 널리 사용된다. 따라서 이 유적지는 원주민들이 신대륙으로 언제, 어떤 경로를 통해 이주했는지를 밝혀내는 데 결정적인 단서를 제공하는 자료이다.

　유적지에서는 원주민들의 경제생활을 보여주는 다양한 유물도 출토되었다. 동물의 뼈, 어패류, 식물의 씨앗, 석재 도구 등이 발견되었으며, 대부분 부식이 심해 정확한 통계를 내기는 어렵지만, 주로 가을과 겨울, 그리고 이른 봄철에 거주하며 수렵·채집 경제를 유지했을 가능성이 크다. 즉, 이들은 추운 겨울철을 중심으로 바위 그늘 집터에 거주하면서, 계절에 따라 식량을 찾아 이동하는 생활을 했던 것으로 추정된다. 이 유적의 발굴을 통해, 신대륙에는 클로비스 문화가 시작된 13,000년 전 이전에 존재했던 문화가 있었다는 사실이 입증되었다.

　클로비스 양식의 창 촉이 발견되지 않았음에도, 유적의 바닥층에서 출토된 석기 제작 기법은 오레곤 Oregon주의 포트 락 Fort Rock 동굴이나 애리조나주의 벤타나 Ventana 동굴에서 출토된 유물과 유사한 특징을 보인다. 또한, 밀러 란스레이트 Miller Lanceolate 형태의 나뭇잎 모양 창의 촉은 버지니아주의 세인트 알반즈 St. Albans와 뉴저지주의 플렌지 Plenge 유적에서도 발견되었다. 하지만, 이들 유적은 메도우크로프트 락쉘터보다 후대의 것으로 평가되므로, 미 동부 지역에서는 메도우크로프트 락쉘터가 창날 제작의 선행문화를 형성한 것으로 볼 수 있다.

　약 20,000년 전의 미 동부 지역 자연환경은 당시 동북 시베리아, 알래스카, 캐나다와는 다른 생태계를 이루고 있었다. 메도우크로프트 락쉘터 유적지는 빙하의 영향을 받아 대부분 툰드라 지대를 형성했으나, 남부 지역에는 산림지대도 존재했다. 반면, 알래스카와 북부 캐나다 지역은 툰드라tundra-saiga 기후로 인해 찬 공기가 형성되었으며, 넓은 초원이 펼쳐져 맘모스, 마스토돈, 순록 등이 무리를 지어 서식하기에 적합한 환경이었다. 이런 차이로 인해, 메도우크로프트 락쉘터 원주민 문화는 당시 동북 시베리아와 알래스카에서 유행했던 긴 창날과 쐐기형 핵석기 문화의 영향을 받지 않고, 지역의 다양한 환경에 적응하며 독자적인 발전을 이루었다. 산림지대에서는 몸집이 크고 무리를 지어 다니는 동물보다, 개별적으로 활동하는 작은 동물들이 서식하기에 더 적합한 환경이었으며, 이에 따라 사냥과 채집 방식도 자연스럽게 달라졌을 것이다.

또한, 메도우크로프트 락쉘터보다 남쪽에 위치한 버지니아주의 칵투스 힐Cactus Hill 유적에서도 클로비스 문화 이전의 존재를 뒷받침하는 증거가 발견되었다. 가장 최근 연구에 따르면, 이곳에서 출토된 격지와 양면이 다듬어진 석기가 포함된 층위의 절대 연대는 16,600년 전으로 나타났다. 특히, 칵투스 힐 유적의 가장 중요한 점은, 클로비스 문화층(약 13,000년 전)보다 아래에서 유물이 출토되어, 절대연대가 검출되었다는 것이다. 이는 북미 대륙에서 클로비스 문화 이전에도 다양한 문화가 존재했음을 보여주는 중요한 단서가 된다.

현재 메도우크로프트 락쉘터 바위그늘 집터 유적지는 국가 사적지로 지정되어 있으며, 인근 역사 마을에서 관리하고 있다. 또한, 일반 방문객들에게 개방되어 있어, 누구나 이 유적지를 직접 탐방하며 북미 원주민의 오랜 역사를 느낄 수 있도록 조성되어 있다. 처음 발굴을 이끌었던 어드베지오James Advasio 교수는 2025년 후반기부터 이 유적지에 대한 추가 발굴 조사를 진행할 예정이다.

3
호숫가에 남겨진 발자국
: 화이트 샌즈 국립공원의 고대 흔적

　미국 남서부 뉴멕시코주의 남부 지역은 건조 또는 반건조 기후로, 식물이 자라는 사막 지형이 흔하게 나타난다. 이곳은 2차 세계대전 당시 원자폭탄이 처음으로 개발되고 실험되었던 역사적인 장소이기도 하다. 그러나 원자탄 실험장소에서 자동차로 약 한 시간가량 이동하면, 마치 눈밭처럼 펼쳐진 광활한 흰 모래 벌판이 나타난다. 이곳이 바로 화이트 샌즈 국립공원White Sands National Park이다. 눈부시게 하얀 사막의 가장자리에서 약 20,000년 전, 초기 원주민들과 거대한 동물들이 남긴 발자국이 발견되었다. 그 흔적 속에서 초기 인류와 마스토돈, 맘모스 등 대형 포유류가 이곳을 오가며 살아갔던 장면을 상상할 수 있다. 이제, 이 흰 모래 벌판이 형성된 과정과 그 위에 새겨진 발자국들의 이야기를 살펴보자.

　2009년, 공원의 생태계를 관찰하던 한 관리원이 공원의 남동쪽, 과거 호수가 존재했던 지역에서 인간과 동물들의 화석화 된 발자국을 발견했다. 이곳은 과거 물이 차 있던 오테로 호수Lake Otero의 일부로, 지금도 석고 성분이 강하게 남아 있는 지질학적으로 중요한 장소다.

화이트 샌즈 국립공원의 땅은 원래 수천만 년 전, 얕은 바다였다. 바닷물이 증발하면서 석고 퇴적물이 쌓였고, 이 퇴적층은 지각 운동으로 인해 다시 지상으로 노출되었다. 이후 비와 바람이 이곳의 석고암을 침식시켰고, 그 석고 성분이 빗물에 녹아 분지로 흘러 들어가면서 오테로 호수를 형성했다. 그러나 약 10,000~12,000년 전, 빙하기가 끝나면서 호수는 점차 말라갔다. 호수 바닥에 남아 있던 석고 입자들은 바람에 의해 이동하며 쌓였고, 결국 세계적으로도 드문 거대한 흰 모래 벌판과 언덕이 탄생하게 되었다.

고대 원주민과 동물들의 흔적

화이트 샌즈가 형성되기 전, 이곳에는 넓은 호수가 자리하고 있었다. 호수를 중심으로 마스토돈, 맘모스, 들소 같은 대형 포유류뿐만 아니라 작은 동물들도 서식했다. 견과류를 비롯한 식물성 먹이가 풍부한 이곳은 초기 원주민들에게도 이상적인 정착지였을 것이다.

이런 환경을 반영하듯, 호수 주변에서는 수백 개의 인간과 동물 발자국 화석이 발견되었다. 인간 발자국은 크기가 다양해 성인 남성과 여성, 그리고 어린이들의 흔적으로 나뉜다. 특히, 발자국의 형태를 분석한 결과, 어린이를 안고 걸어간 듯한 흔적과 사냥의 흔적이 확인되었다. 어떤 발자국은 빠르게 뛰어간 모습으로 남아 있고, 일부는 무거운 물건을 짊어진 채 깊게 찍힌 흔적도 발견되었다.

또한, 사람과 동물의 발자국이 서로 엉켜 있는 모습도 관찰되었는

화이트 샌즈 국립공원에 남겨진 초기 원주민 발자국
(출처 : NPR)

데, 이는 원주민들이 사냥을 했거나 동물을 몰아가는 과정에서 남긴 흔적으로 보인다. 이 발자국들은 오랜 세월 동안 퇴적층에 묻혀 있다가 자연 침식으로 노출되었고, 2009년 공원 관리원이 발견하면서 학계에 알려지게 되었다.

발자국이 남겨졌을 당시, 이곳의 토양은 물기가 있는 석고 성분의 진흙이었고, 이후 퇴적층 아래에 묻히면서 보존되었다. 오랜 시간이 지나면서 토양이 점차 침식되었고, 그제서야 이 발자국들이 지표면으로 드러나기 시작했다.

발자국은 여러 곳에 분산되어 있었기 때문에 육안으로는 쉽게 구별하기 어려웠다. 그러나 드론을 이용한 항공 촬영을 통해, 발자국이 퇴적층과 색상 및 질감이 다르다는 점이 뚜렷하게 드러났다. 이를 바탕으로 본격적인 발굴이 진행되었고, 발견된 유기물질을 바탕으로 2021년 방사성 탄소 연대를 측정한 결과, 발자국이 약 21,000~23,000년 전에 만들어졌다는 사실이 확인되었다.

이는 북미 원주민 역사를 다시 써야 할 중요한 발견이었다. 이전까지 학계에서는 고 인디언기Paleo-Indian Period를 약 13,000~8,000년 전으로 설정해 왔다. 그러나 화이트 샌즈 국립공원의 발자국이 2만 년 이전의 것으로 확인되면서, 북미 대륙에 인류가 정착한 시기가 훨씬 더 오래되었을 가능성이 제기되었다. 이후 2023년, 연구진은 발자국이 다수 발견된 지역에서 식물 씨앗을 채취해 보다 정밀한 연대 측정을 실시했다. 그 결과, 이전과 동일한 23,000년 전이라는 연대가 확인되면서, 초기 원주민들이 2만 년 이전부터 뉴멕시코 남부에 거주했을 가능성이 더욱 커졌다. 최근(2025년) 발표된 새로운 조사에서는 나무로 만든 썰매형 운반도구의 자국이 인간의 발자국과 함께 발견되었고, 이로 인해 검출된 탄소연대도 위의 주장을 뒷받침 해주는 것으로 나타났다.

현재 화이트 샌즈 국립공원은 독특한 지질학적 가치를 인정받아 국립공원으로 지정되었으며, 많은 방문객들이 이곳을 찾고 있다. 공원의 생태계와 유적지는 국립공원관리공단의 전문가들에 의해 보호 및 관

화이트 샌즈 호숫가 원주민과 대형동물
(Davide Bonadonna © Bournemouth University)

리되고 있다.

    저자는 2020년 화이트 샌즈 국립공원을 방문하여 이 역사적인 유적지를 직접 찾았으나, 현재 발자국이 있는 구역은 추가 조사와 보호를 위해 일반인 출입이 제한된 상태였다. 앞으로 진행될 연구를 통해 더 많은 유물과 유적이 발견되어, 20,000년 전 원주민들의 삶을 더욱 생생하게 밝혀줄 수 있기를 기대한다.

4
최초의 정착 마을, 몬테 베르데 Monte Verde

남미로 이동한 초기 원주민들

약 13,000년 전, 북미 대륙의 남서부 지역에서는 클로비스Clovis라 불리는 석기 문화가 등장하며 고고학계의 주목을 받았다. 그러나 최근의 연구들은 이보다 훨씬 앞선 시기에 이미 초기 원주민들이 아시아에서 건너와 북미를 지나, 해안과 내륙을 따라 남쪽으로 이동했음을 보여준다. 이들은 최소 14,500년 전에 오늘날 칠레 중남부 지역까지 이르렀으며, 그 여정을 생생히 증언해주는 장소가 바로 몬테 베르데 Monte Verde 유적지다.

유적지는 태평양 연안에서 멀지 않은 곳에 위치해 있으며, 원주민들이 클로비스 문화보다 일찍 남미 대륙 남단에 도달한 흔적을 간직하고 있다. 흥미롭게도, 몬테 베르데의 연대는 북미 내륙의 많은 유적지보다 오히려 이르다. 이러한 사실은 초기 인류가 대륙 내부를 관통하기보다는, 신대륙의 서해안을 따라 남하했을 가능성을 뒷받침해 준다. 학계는 점차, 해안가의 풍부한 자원과 비교적 온화한 기후가 이들의 이동 경로를 결정짓는 중요한 요인이었을 것이라는 데 의견을 모으고 있다. 이처럼 몬테 베르데 유적은 인류의 대이동 경로에 대한 기존의 통념을 뒤흔들며, 새로운 역사적 상상력을 가능하게 하는 결정적인 단서를 제공한다. 유적의 핵심 지역은 칠레 남부의 하천 인근, 태평양에서 약 13km 떨어진 내륙에 자리하고 있으며, 이곳에는 초기 거주지와 다양한 유물들이 집중되어 있다. 주변은 작은 하천과 습지가 어우러지고, 습하고 냉한 온대 우림이 펼쳐진 풍요로운 자연 환경을 이루고 있다. 이러한 환경 덕분에 초기 거주민들은 농경에 의존하지 않고도 사계절 내내 안정적으로 식량을 확보할 수 있었던 것으로 보인다.

또한, 오랜 세월 동안 이 지역은 습지와 늪으로 변화했다가 다시 말라가는 과정을 반복하며, 식물성 유기물과 미세한 토양 입자들이 쌓여 습한 이탄층을 형성했다. 고고학자들은 이탄층을 발견하면 기대감을 갖는다. 이탄층은 선사 시대 사용되었던 유기물질들이 썩지 않고 잘 보존될 가능성이 크기 때문이다. 실제로 몬테 베르데 유적에서도 당시 원주민들의 생활을 보여주는 다양한 유기물 유물들이 많은 출토되었다.

몬테 베르데 유적지 발굴에서 노출된 집자리
(사진 : Tom Dillehay / Vanderbilt University)

복원된 몬테 베르데 연립주택

　1976년, 고고학자들이 몬테 베르데에서 발굴을 시작했다. 첫 번째 지역(Ⅰ구역)에서 초기 원주민들이 남긴 흔적이 발견되었으며, 이후 1978년과 1981년, 그리고 2007~2008년에 발굴이 확장되면서 Ⅱ구역, Ⅲ구역, Ⅳ구역까지 조사되었다. 발굴 결과, 이 유적에서는 8개의 자연층위와 2개의 문화층위가 드러났으며, 다양한 유물이 출토되었다. 여기에는 주거지 흔적, 석기와 목기 도구, 맘모스와 작은 동물의 뼈, 야생 감자와 씨앗, 동물의 털과 가죽 등이 포함되었다. 이들에 대한 연구가 진행된 후, 2015년에는 몬테 베르데 유적에 대한 최종 보고서가 출간되었다.

　Ⅰ구역에서는 화덕과 석기 도구가 발견된 주거지 흔적이 확인되었

다. 석기는 강변에서 주운 조약돌을 양면에서 가공한 단순한 형태의 찍개, 긁개, 격지 등으로 이루어져 있었다. 제작기법이 단순하고, 특정한 기술적 특징을 분류하기 어려운 형태였다. 이 유적에서 검출된 탄소 연대는 약 18,500년 전으로, 현재까지 남미에서 발견된 유적 중 가장 이른 시기의 것으로 평가된다. 2024년에 실시된 재측정 결과도 이러한 연대를 뒷받침하며 해당 유적의 고고학적 중요성을 다시 한번 부각시켰다. 그러나 학계의 공식적인 인정을 받지 못하고 여전히 논란의 대상이 되고 있다.

정교한 주거지와 생활 공간 – II 구역

II구역에서는 보다 발달된 주거지와 다양한 생활 도구가 발견되었다. 특히, 대형 가죽 천막을 활용한 복합 주거지가 확인되었는데, 이는 약 20~30명의 공동체가 생활했던 단층 연립주택 형태였다. 주거지는 12개의 움집이 두 줄로 연결된 형태였으며, 바닥에는 통나무와 널판자를 깔고, 흙과 자갈을 다져 기초를 만들었다. 수직 기둥을 세워 갈대와 동물 가죽으로 벽을 만들고, 지붕은 가죽 천막으로 덮었다. 내부는 공동 작업공간, 취사공간, 종교의례 공간, 개별 생활공간 등으로 구획되어 있어, 초기 원주민들이 계절에 따른 이동 사냥 생활을 넘어 정착 생활을 시작했다는 중요한 증거가 된다.

주거지에서 약 30m 떨어진 곳에서는 'U'자 형태의 움집이 발견되었는데, 이곳도 주거지와 같은 방식으로 흙을 다져 기초를 만들고, 거칠게 다듬어진 나무판자와 작은 나무 등치를 바닥에 깔았다. 벽면으로 추정되는 곳에는 자갈과 모래가 흩어져 있었기 때문에 수직기둥을 세웠으며, 기둥의 일부로 생각되는 30~80㎝ 길이의 나무토막들이 벽의 가장자리를 따라 발견되었다. 벽면에 세워진 기둥을 연결하여 동물의 털과 가죽으로 둘러 벽체 안을 장식하고 지붕도 가죽을 사용하여 바람과 비를 막았으니 마치 천막 집 형태다. 이 움집에서는 60×40㎝ 크기의 화덕과 함께, 1.2m 길이의 특이한 목재 유물이 출토되었다. 이 유물은 직경 30㎝ 정도의 통나무를 수직으로 가공한 것이며, 앞면에는 5㎝ 폭의 홈이 파여 있었다. 연구자들은 이 유물이 목재를 가공하는 과정에서 사용되었을 가능성이 크다고 추정하고 있다.

Ⅱ지구의 주거지 인근에서는 수많은 유물이 발견되었다. 특히 석재로 만든 도구들은 섬세한 타제 기법을 통해 제작된 나뭇잎 모양의 창촉, 긴 돌 갈날Elongated blade, 송곳, 밀개, 끌개 등이 있다. 또한 목재 도구로는 창촉을 부착하는 창대, 땅을 다지는 굴봉, 채집한 식물을 찧거나 빻을 때 쓰는 공이 등이 출토되었다.

주거지 바닥에서는 야생 감자, 견과류, 다양한 열매와 씨앗 등 45종 이상의 식물성 먹거리가 확인되었는데, 이를 통해 당시 원주민들의 식생활을 엿볼 수 있다. 흥미로운 점은, 이들 중 일부는 70㎞ 떨어진 해안에서 가져온 해초와 특정 약용식물도 포함되어 있다는 것이다. 이는 먼 거리를 직접 이동하거나 집단과 집단간의 교역을 통해 얻었다는 증거가 된다. 또한, 유적지 주변에서 자생하지 않는 항히스타민과 신경 안정 효과가 있는 야생식물 묶음이 발견되었는데, 이를 통해 원주민 사회에서 영적 의술사들이 치료 행위를 했음을 알 수 있다. 이들의 치료 전통은 근대까지도 원주민 사회에서 이어져 왔다.

몬테 베르데 : 가장 오래된 정착지

몬테 베르데 유적지는 인간이 건설한 가장 오래된 일종의 연립주택

단지로 알려져 있다. 이곳의 초기 원주민들은 자연환경에서 얻을 수 있는 다양한 자원을 활용해 보다 영구적인 형태의 가옥을 지었다. 주거지 주변에는 넓은 평야와 숲이 펼쳐져 있어 사냥과 채집이 활발히 이루어졌으며, 강과 바다에서 얻은 풍부한 수산물도 중요한 식량 공급원이 되었다. 특히 주거지 근처에서는 빙하기에 서식했던 마스토돈 Mastodon의 뼈가 4~5마리 분량으로 발견되어 주목받았다. 그러나 마스토돈이 주로 식용으로 사용된 것은 아니었다. 발견된 유물들을 보면, 마스토돈의 털과 가죽, 뼈가 생활용품 제작에 더 많이 활용된 것으로 보인다.

몬테 베르데 유적지에서는 총 42개의 연대 측정 결과가 나왔으며, 이는 다른 유적에 비해 신뢰도가 높은 편이다. 층위에 따라 탄소연대를 검출한 결과, 가장 중요한 시기는 약 18,500년 전과 14,500년 전으로 확인되었으며, 특히 후자의 시기는 대형 천막 형태의 움집이 존재했던 시점과 일치하고 대부분의 학자들도 연대의 신빙성을 받아드리고 있다. 이 연대는 실제 연대에 가까운 보정된 연대이며, 그 개념은 다음과 같다.

탄소 연대의 기본이 되는 대기 중 탄소의 양은 항상 일정하게 흐르지 않고, 자연환경의 변화에 따라 달라진다는 사실이 밝혀졌다. 보정 연대란, 이런 대기 중 탄소-14 농도의 변화를 반영해 방사성 탄소 연대 측정값을 실제 연대에 더 가깝게 조정하는 방법이다.

고고학자들은 나무의 나이테, 해양 퇴적물, 빙하 코어 등에서 나온 자료를 기준으로 탄소 연대를 비교·계산하여 실제 연대를 추정한다. 따라서 보정 연대는 측정 대상의 실제 연대에 더 근접한 값을 나타낸다.

몬테 베르데 유적에서 얻은 연대가 신뢰할 만하다는 점은, 바로 인근에서 발견된 필아우코Pilauco 유적이 이를 뒷받침해 준다. 몬테 베르데에서 약 15㎞ 떨어진 이 유적에서는 2019년에 석재도구와 함께 선명한 인간 발자국과 유기물질이 발견되었으며, 그에 대한 보정 연대는 약 15,600년 전으로 측정되었다.

몬테 베르데의 초기 원주민들은 정착 생활을 하면서 다양한 도구를 만들고 사용했다. 주거지 주변에서는 창과 굴봉, 그리고 석재 도구에 부착된 나무 손잡이가 발견되었는데, 이는 당시 사람들이 목재 가공 기술이 뛰어났음을 보여준다. 석재 도구에 나무 손잡이를 부착하는 기술은 약 50만 년 전, 남아프리카에서 시작된 것으로 알려져 있다. 그러나 이 기술은 오랜 시간 동안 널리 보급되지 않았다. 약 70,000년 전, 네안데르탈인은 창촉을 던지는 창대에 부착하는 기술을 개발했지만, 당시 창촉은 아직 정교하지 않았다.

본격적으로 정교한 석재 창의 촉이 등장한 것은 현생 인류인 호모 사피엔스가 아프리카를 떠나 유럽과 아시아로 이동한 후, 즉 약 40,000년 전의 후기 구석기 시대부터다. 이후 이러한 창촉 제작 기술은 신대륙으로 전해졌고, 13,000년 전 클로비스Clovis 문화에서 더욱 발전했다. 클로비스 시대의 창촉은 점점 커졌으며, 촉 가운데 홈을 파서 창대에 부착하기 쉬운 형태로 변형되었다. 하지만 빙하기가 끝나면서 맘모스와 마스토돈 같은 거대 동물들이 사라지고, 들소Bison의 개체 수가 증가했다. 이에 따라 창 촉의 크기도 점차 작아졌으며, 뉴멕시코주 폴섬Folsom(12,000~10,000년 전) 유적에서 발견된 것처럼, 보다 작고 정교한 형태로 변해갔다. 한편, 미국 동부 지역은 숲이 울창했기 때문에 이런 변화의 영향을 덜 받았고, 소형 창촉 문화가 오랜 시간 지속되었다.

몬테 베르데 유적지는 인류의 정착과 생존 방식에 대한 중요한 단서를 제공하는 장소다. 다양한 식물과 동물 자원을 활용한 식생활, 정교한 도구 제작 기술, 그리고 의술과 교역의 흔적을 통해 우리는 선사시대 원주민들의 지혜와 생활 방식을 엿볼 수 있다.

특히 신대륙의 창촉 문화 변화를 보면, 인간이 환경과 생태계 변화에 끊임없이 적응해 왔음을 알 수 있다. 대형 동물들이 사라지고 들소와 같은 중형 동물이 증가하면서 창 촉의 형태도 점차 작고 정교하게 변했다. 그러나 창의 진화는 여기서 멈추지 않았다.

약 50,000년 전, 인류는 창을 던지는 기술을 한 단계 발전시켜 활과 화살을 발명했다. 이 혁신적인 무기는 사냥 문화를 크게 바꿨고, 아프리카에서 처음 등장한 활과 화살은 수천 년에 걸쳐 유럽과 아시아로 확산되었다. 하지만 흥미롭게도 미주 대륙에는 훨씬 뒤인 서력기원 직전에야 활과 화살이 전파되었다. 대신 초기 원주민들은 창을 더욱 빠

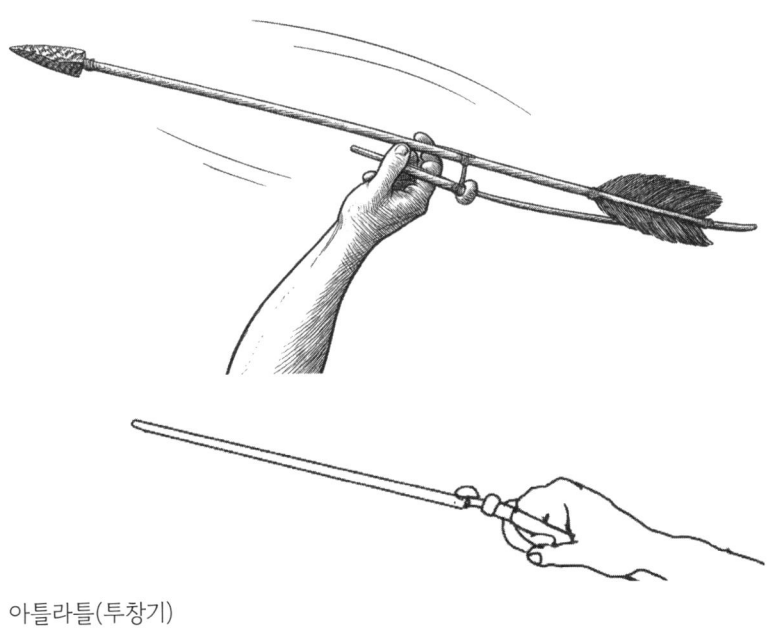

아틀라틀(투창기)

르고 멀리, 그리고 정확하게 던질 수 있는 도구를 사용했다. 그중 가장 대표적인 것이 바로 아틀라틀Atlatl이다. 길이 3060㎝ 정도의 가벼운 막대 끝에 홈을 파서 창대를 고정하는 방식으로, 이를 이용하면 창을 손으로 던지는 것보다 훨씬 강한 힘과 속도로 날릴 수 있었다. 아틀라틀은 북미의 클로비스 문화를 기점으로 널리 퍼졌으며, 이후 마야와 아즈텍 문명에서는 강력한 무기로 사용되었다.

현재 몬테 베르데 유적지는 유네스코 세계유산 잠정목록에 등재되어 있으며, 앞으로 추가적인 발굴과 연구가 진행될 예정이다. 시간이 흐를수록 더 많은 유물과 유적이 발견되면서, 신대륙 초기 원주민들의 삶과 문화에 대한 우리의 이해도 더욱 깊어질 것이다. 몬테 베르데는 단순한 고고학적 유적지를 넘어, 과거의 삶을 생생하게 전하는 타임캡슐과도 같은 존재라 할 수 있다.

IV.
초기 원주민과 수렵-채집 사회
: 자연과 더불어 살아간 사람들

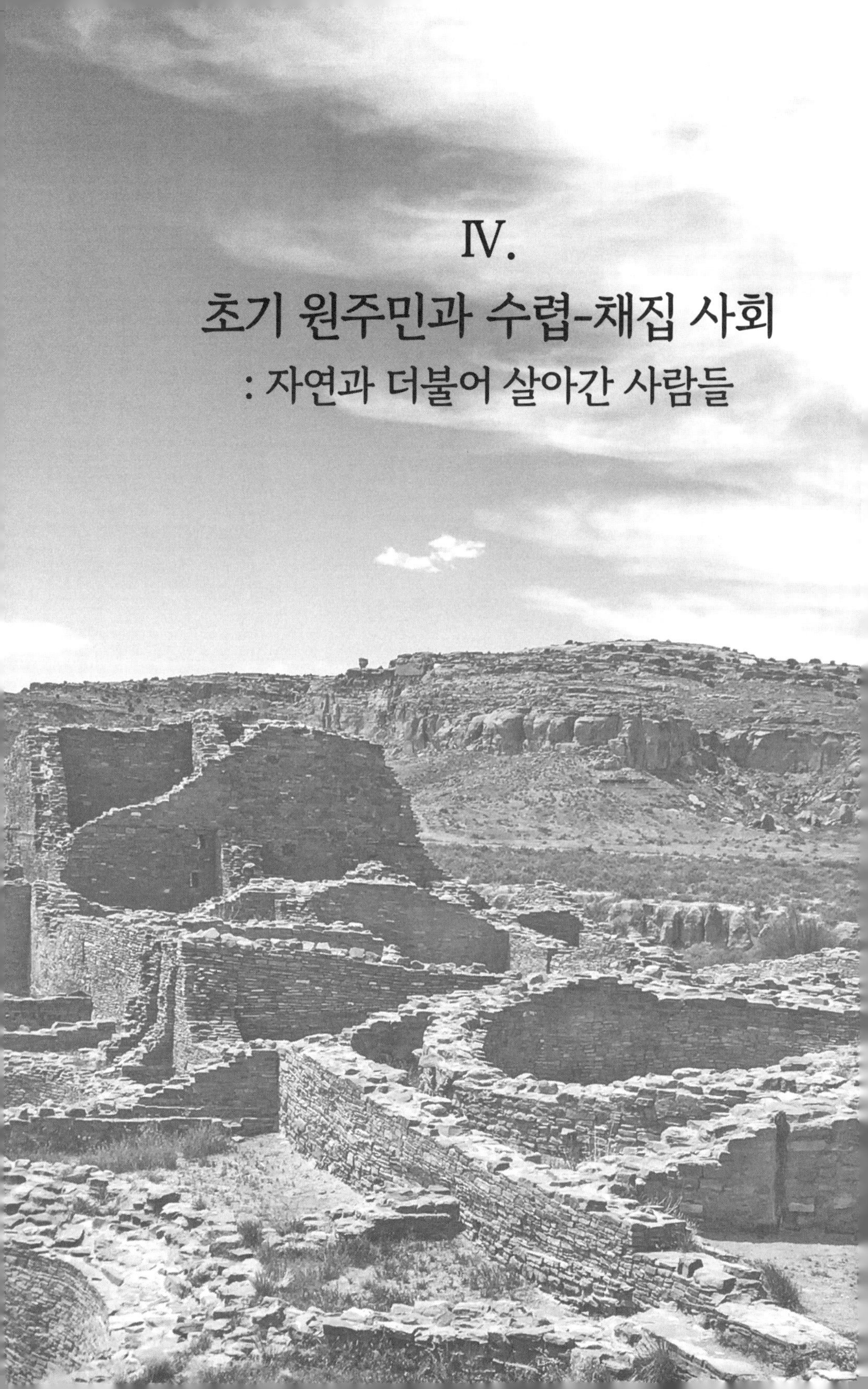

수렵-채집 경제사회는 말기 구석기 시대의 문화를 오늘날까지도 생생하게 보여주는 살아 있는 박물관과 같다. 이들의 움집 형태나 생활도구들은 세계 곳곳의 비슷한 환경에 자리한 구석기 시대 유적에서도 발견된다. 고고학과 문화인류학 연구에 따르면, 수렵-채집 사회의 사람들은 계절에 따라 이동하며 생활했다. 대개 20~50명 정도의 무리로 생활했으며, 먹거리가 풍부한 계절에는 더 큰 집단을 이루었다가, 환경 변화로 식량이 부족해지면 자연스럽게 무리가 흩어졌다.

　칠레 남부 해안 지역에 살았던 야간Yaghan족과 내륙의 오나Ona족 생활방식은 이를 이해하는 좋은 예다. 이들은 움집을 짓고 살다가 주변의 식량이 부족해지면 새로운 장소로 이동했다. 때문에 움집은 짓기 쉬운 단순한 구조로 만들어졌으며, 건축에 걸리는 시간도 길지 않았다. 그러나 몬테 베르데 유적지에서처럼 다양한 생태 환경이 형성된 지역에서는 보다 영구적인 움집이 지어지기도 했다. 이런 형태의 정착지는 고대뿐만 아니라 근대 사회에서도 찾아볼 수 있다. 예를 들어, 캘리포니아 원주민 일부는 농사를 짓지 않고도 도토리와 견과류 같은 풍부한 식물 자원과 강과 바다에서 잡은 연어, 야생동물을 이용해 일 년 내내 정주생활을 했다.

수렵-채집 사회에서는 경제활동의 분업이 뚜렷했다. 환경에 따라 다소 차이는 있지만, 일반적으로 여성들은 야생 식물을 채집했고, 남성들은 사냥을 맡았다. 계절에 따라 식생이 변화하는 탓에 여성들은 세대를 거쳐 어머니와 할머니에게서 식물에 대한 지식을 배웠다. 언제, 어디에서, 어떤 식물을 채집해야 하는지 잘 알고 있었으며, 가장 선호하는 먹거리를 우선적으로 수확했다. 때를 놓치면 곤충이나 동물들에게 빼앗기거나 식물이 시들어버리기 때문에, 여성들은 철저한 일정에 따라 움직였다. 자연환경에 따라 차이가 있지만, 일반적으로 채집 활동은 마을을 중심으로 반경 2~3㎞ 내에서 이루어졌다

자연은 일정한 주기에 따라 먹거리를 제공했기 때문에, 규칙적으로 움직이면 풍성한 수확을 기대할 수 있었다. 반면, 남성들이 담당한 사냥은 훨씬 더 불확실한 일이었다. 툰드라 지역을 제외한 온대지방에서는 대형 동물이 드물었고, 사냥감이 되는 작은 동물들은 날렵하게 움직였다. 그 결과, 사냥이 성공할 확률은 높지 않았다. 남성들은 사냥을 위해 며칠 동안 마을을 떠나 동물을 추적하며, 때로는 임시 캠프를 만들어 머물기도 했다.

이처럼 수렵-채집 사회에서는 여성들의 경제적 기여도가 남성보다 더 높았다. 여성들이 식량을 꾸준히 공급하는 덕분에 공동체는 안정적인 생활을 유지할 수 있었다. 남성과 여성이 사냥과 채집을 위해 바깥에서 활동하는 동안, 할머니들은 어린이와 몸이 불편한 사람들을 돌봤

1900년대 초반까지 몬테 베르데 구석기인들과 유사한 생활을 하며 존재했던 칠레의 수렵-채집 야간족Yaghan의 모습
(사진 : marco antonio cortes valencia, CC-BY-2.0 / Wikimedia Commons)

다. 일부 학자들은 이러한 역할 분담이 인류의 진화에 중요한 영향을 미쳤다고 본다.

 수렵-채집 사회에서는 사유재산이나 계급이 존재하지 않았다. 사냥한 동물과 채집한 식물들은 공동체가 함께 나누었고, 여성들이 가족들에게 공평하게 분배했다. 먹거리가 풍부한 시기에는 하루 6시간 정도, 일주일에 이틀 정도만 일하고 나머지 시간은 집안일을 하거나 여가를 즐겼다는 연구도 있다. 흥미롭게도, 이들의 건강 상태는 주변의 화전 농경 부족보다 좋았고 평균 수명도 더 길었다. 전염병이 발생할 가능성이 낮았기 때문이다. 농경 사회처럼 많은 인구가 밀집된 환경에서 장기간 생활하지 않았기 때문에, 비위생적인 조건에서 비롯되는 질병을 피할 수 있었다.

인구 조절과 공동체 유지

수렵-채집 사회는 인구 증가에 민감하게 반응했다. 자원의 양이 인구보다 많아야 안정적인 생활을 유지할 수 있었기 때문이다. 이를 위해 몇 가지 조절 방식을 사용했다. 가장 흔한 방법은 여 영아를 살해하는 풍습이었고, 임산부의 복부를 압박해 유산을 유도하는 방식도 있었다. 하지만 인구가 증가하면 새로운 무리를 형성해 기존 공동체 밖으로 이동하는 경우도 많았다. 또한, 수렵-채집 사회에서는 여성들의 신체 활동량이 농경 사회보다 많았기 때문에 임신 확률 자체가 낮았다는 통계도 있다. 지속적인 이동과 노동이 여성들의 출산율에 영향을 미쳤던 것이다.

수렵-채집 사회는 자연과 긴밀한 관계를 맺으며 살아갔다. 계절에 맞춰 이동하고, 환경에 적응하며, 공동체 전체가 협력해 자원을 공평하게 나누었다. 비록 현대 사회와는 생활 방식이 다르지만, 그들의 지혜와 생존 전략은 오늘날에도 여전히 많은 통찰을 제공한다. 수렵-채집 경제가 보여주는 지속 가능성과 공동체 중심의 삶은 현대 사회가 직면한 환경 문제와 공동체 의식의 중요성을 다시금 돌아보게 만든다.

인류학자들은 에스키모처럼 혹독한 한대 지역에서 살아가는 집단을 제외하면, 수렵-채집 사회가 현대 문명사회 이전까지 경제적으로 가장 풍요로운 삶을 누렸다고 본다. 일부 공동체는 농경이 가능하다는 사실을 알면서도 의도적으로 농사를 짓지 않고, 근대까지도 사냥, 채집, 어로를 중심으로 경제생활을 이어갔다. 이런 이유로 인해 멕시코에서 시작된 옥수수 농경 문화가 미국 동부의 숲과 벌판 지역으로 전파되는 데는 수천 년이 걸렸다. 북미 대륙에서는 농경이 확산된 이후에도 여전히 사냥과 채집, 어로를 기반으로 한 생계 방식이 유지되었다. 안정적인 자연 환경과 풍부한 자원이 이러한 지속성을 가능하게 했다.

신대륙으로 향한 세 차례에 걸친 이동

현재까지 발견된 유물과 유적, 그리고 인류학적 연구를 종합하면, 인류의 신대륙 이주는 크게 세 차례에 걸쳐 이루어졌다. 첫 번째 이주는 약 20,000년 이전으로, 비교적 소규모의 원주민 집단이 빙하기의 육로를 따라 신대륙으로 이동한 것이 그 시작이었다. 물론 이 시기 동안에 이주는 여러 차례 지속되었다. 이들은 끌개, 돌 칼날, 좀 돌날, 창의 촉(찌르개)과 같은 도구를 사용하며, 알래스카에서 캐나다를 거쳐 미국 북부로 들어왔다. 이후 캐나다 남쪽 국경을 넘어 보다 온화한 자연환경에서 정착했고, 점차 인구가 증가하면서 집단의 이동도 활발해졌다. 그들의 남쪽으로 향하는 여정은 육로와 태평양 연안을 통해 지속되었다.

두 번째 이주는 빙하기가 끝난 후 이루어졌다. 베링 해협의 육로가 바닷물에 잠긴 뒤, 동북아시아의 캄차카 반도와 알래스카 해안 사이에 위치한 알류샨 열도의 바닷길을 통해 약 7,000~9,000년 전에 신대륙으로 건너온 것으로 추정된다. 이들이 바로 아사바스칸Athabascan 언어 계열의 원주민 집단이다. 알래스카를 거쳐 북서부 해안에 정착했으며, 후에는 미국 남서부 지역까지 확산되었다. 오늘날의 나바호Navajo와 아파치Apache 부족이 이 계열에 속한다. 이들은 신대륙에 정착하면서 기존의 원주민들에게 새로운 문화를 전파했다. 예를 들면, 아틀라틀Atlatl 창 던지는 도구, 활과 화살, 사육된 개, 발달된 항해술 등이 이에 해당한다. 물론 이러한 문화적 요소들은 단기간에 전해진 것이 아니라 오랜 시간에 걸쳐 점진적으로 확산되었다.

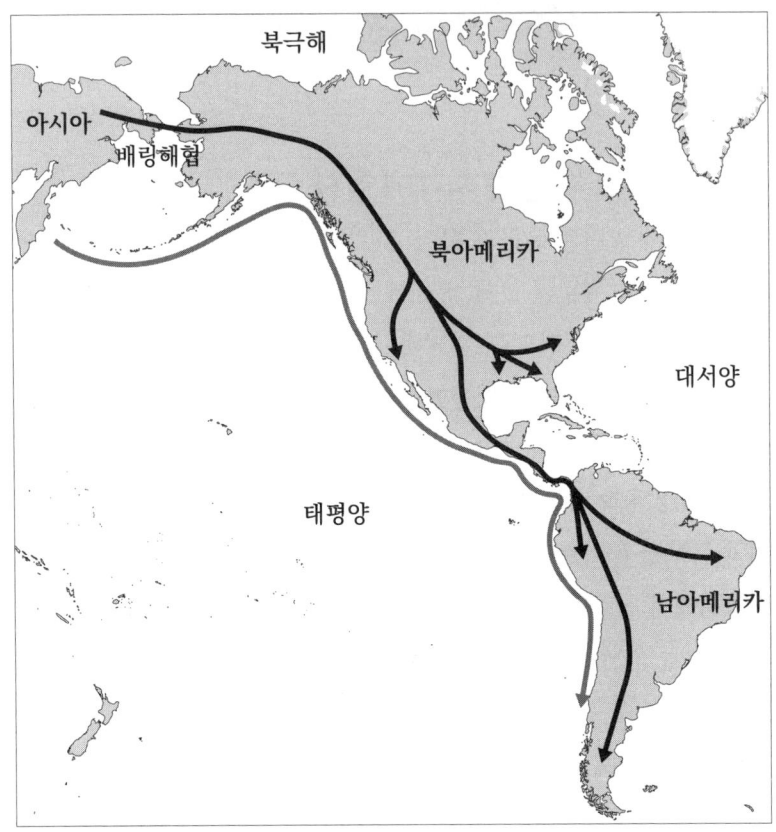

초기 원주민들이 신대륙 북미에서 남미의 남단 칠레까지 이동한 경로 추정도

세 번째 이주는 오늘날 흔히 에스키모로 알려진 집단의 이동이었다. 다만, 에스키모Eskimo라는 명칭은 원래 특정 부족의 이름이 아니라, *생고기를 먹는 사람들*Eaters of raw meat이라는 의미를 가진 단어에서 유래했다. 이 용어는 알곤키언Algonquian 계열 원주민들이 사용한 표현으로, 동물의 고기를 익히지 않고 그대로 먹는 사람들을 가리켰다.

오늘날 이들은 그린란드, 알래스카, 캐나다 북부에 거주하고 있다.

그러나 캐나다에서는 에스키모라는 단어가 비하적 의미로 여겨지며, 당사자들도 이를 선호하지 않는다. 대신 이누이트Inuit와 유피크Yupik라는 부족 명칭이 공식적으로 사용된다. 이누이트라는 단어는 "우리가 사람이다"라는 뜻을 가지고 있으며, 이들은 약 4,000~5,000년 전에 신대륙 최북단으로 이주해 왔다. 기존의 원주민들과는 문화와 기원이 확연히 달랐고, 언어적으로도 독립된 계통을 형성했다.

1
초기 북미원주민과
고古 인디언Paleo-Indian 문화전통

　북미 대륙에서 알려진 가장 오래된 원주민 문화를 고 인디언 *Paleoindian* 문화라고 불렀다. 그러나 지금까지 설명한 것처럼 최근에 와서 20,000년 전으로 거슬러 올라가는 유적지가 많이 발견되었기 때문에 과거에 교과서에 사용된 고 인디언 시대의 연대기는 상한 연대가 수정되어야 한다 이 책에 사용된 "초기원주민"이라는 용어는 아래에 열거한 클로비스 문화 이전시기를 말한다. 초기원주민들의 유적지는 지역적으로 제한되었지만 고 인디언 시기인 기원전 약 11,000년부터 기원전 6,000년 사이에 와서는 원주민들이 북미의 여러 지역에 걸쳐 살았으며, 그들의 고고학적 유적은 태평양 연안에서 대서양 연안까지, 알래스카에서 남아메리카 최북단에 이르기까지 폭넓게 발견되고 있다.

　고고학자들은 고 인디언 문화 전통 안에서 세 가지 주요 문화를 구분해왔다.

- 클로비스 문화Clovis culture : 기원전 11,200년~기원전 10,900년
- 폴섬 문화Folsom culture : 기원전 10,000년~기원전 8,000년
- 후기 고 인디언 문화Late Paleoindian culture : 기원전 8,000년~기원전 6,000년

이 시기의 사람들은 멸종된 대형 동물들을 사냥하며 생존해 왔던 것으로 보인다. 대표적으로 마스토돈, 맘모스, 고대 들소, 아메리카 야생마, 낙타 등의 거대 포유류가 주요 사냥 대상이었다. 그러나 이들은 사냥 외에도 다양한 식물과 작은 동물 등을 먹으며 생존했던 것으로 추정된다. 비록 초기와 고 인디언 문화 전통 자체는 약 8,000년 전을 기점으로 종말을 맞았지만, 이 문화에 속한 사람들은 오늘날 많은 미대륙 원주민들의 생물학적 조상임이 고고학적으로 명확하게 밝혀져 있다.

이처럼 신대륙의 초기 이주는 단순히 하나의 집단이 이동한 사건이 아니라, 서로 다른 시기와 경로를 통해 다양한 문화와 생활방식을 가진 집단들이 정착한 과정이었다. 초기 원주민들이 자연에 적응하며 수렵과 채집을 중심으로 생활했다면, 후대의 이주민들은 점차 새로운 기술과 문화를 전파하며 변화와 발전을 거듭했다.

특히, 아사바스칸 계열 원주민들이 전파한 활과 화살, 창 던지는 도구, 항해 기술 등의 발전은 이후 신대륙 원주민들의 생계 방식에 큰 영향을 미쳤다. 또한, 우리가 에스키모라고 부르는 이누이트와 유피크 부족은 극한의 환경 속에서도 독자적인 생존 방식을 개척하며 현재까지도 그 전통을 이어가고 있다.

신대륙의 역사는 현생인류가 동북아시아에서 출발해 변화무쌍한 자연환경 속에서 살아남기 위해 선택한 긴 여정의 산물이다. 이 여정은 서로 다른 시기와 경로를 따라 이주한 인류가 각기 다른 방식으로 자연에 적응하고, 삶의 수단과 문화를 일궈낸 거대한 이야기다.

혹독한 기후와 낯선 생태계 속에서도 인류는 멈추지 않았다. 그들은 자연을 정복의 대상이 아닌 공존의 상대로 바라보며, 지역에 따라 고유한 생존 방식과 사회 구조를 만들어냈다. 바로 이러한 과정 속에서 태동한 것이 신대륙의 원주민 사회들이다. 이들은 인류가 어떻게 다양하게 적응하고 문명을 형성해왔는지를 보여주는 살아 있는 증거이며, 여전히 학문적으로 새롭게 조명되고 있는 소중한 문화유산이다.

빙하기의 끝과 대형 동물의 멸종, 그리고 원주민 사회의 변화

약 12,000년에서 10,000년 전, 북미 대륙에서는 거대한 변화가 일어났다. 기후가 온난해지면서 빙하가 서서히 녹아 내렸고, 이와 함께 대형 동물들이 하나둘씩 자취를 감추기 시작했다. 그동안 원주민들이 주로 사냥했던 맘모스와 마스토돈 같은 거대한 동물들이 사라지고, 대신 들소, 작은 포유류, 어류, 그리고 다양한 식물성 자원이 중요한 식량원으로 떠올랐다. 고생물학 연구에 따르면, 홍적세 마지막 빙하기가 끝나면서 북미 대륙에 서식하던 대형 동물의 약 80%가 멸종했다고 한다. 빙하기가 끝나기 전에는 맘모스, 마스토돈, 거대 나무늘보, 낙타 같은 대형 동물들이 북미 대륙에서 서식했으나, 약 10,000년 전을 기점으로 이들이 사라지면서 원주민들의 생활 방식도 크게 변화하게 되었다.

이 시기 원주민들의 사냥 도구도 변화했다. 기존에 널리 쓰이던 클로비스 창촉Clovis point 대신, 더 작고 정교한 폴솜 창촉Folsom point이 등장했다. 이는 대형 동물의 감소와 함께 사냥 방식이 달라졌다는 것을 보여주는 중요한 단서다. 그렇다면, 왜 대형 동물들은 갑자기 사라졌을까? 대형 동물들의 멸종 원인은 여전히 미스터리로 남아 있으며, 학자들은 여러 가설을 제시하고 있다.

① 과도한 사냥설 - 인간이 대형 동물을 멸종시켰다?
가장 널리 알려진 가설 중 하나는 과도한 사냥설이다. 이 가설에 따르면, 신대륙에 도착한 초기 원주민들은 대형 창촉을 활용해 거대한 동물들을 집중적으로 사냥했다. 당시 맘모스나 마스토돈 같은 초식 동물들은 인간을 처음 접했기 때문에, 경계심이 없었고 사냥하기 쉬웠다. 시간이 흐르면서 원주민들의 인구가 증가했고, 사냥의 강도가 더욱 심해졌다. 결국 대형 동물들은 번식 속도가 사냥 속도를 따라가지 못하고 멸종했다는 주장이다. 하지만 이 가설에는 몇 가지 반론이 있다. 예를 들어, 원주민들의 주된 사냥 대상이 아니었던 대형 나무늘보도 멸종한 반면, 대량으로 사냥 당했던 들소는 훨씬 오랫동안 살아남았다. 단순히 인간의 사냥만으로 모든 대형 동물의 멸종을 설명하기에는 부족한 점이 많다.

② 기후 변화설 - 환경이 변하면서 대형 동물도 사라졌다?
빙하기가 끝나면서 북미 대륙의 기후는 급격히 변화했다. 차가운 기온 속에서 번성했던 초원과 툰드라 지역이 점차 숲으로 변했고, 대형 초식 동물들이 먹을 풀이 줄어들었다. 게다가 빙하가 녹으면서 새로운 강과 호수가 생겨나 동물들의 서식지가 줄어들었고, 일부 동물들

은 유전적 고립으로 인해 면역력이 약해졌을 가능성도 제기된다. 그러나 또 하나의 의문이 남는다. 과거에도 북미에서는 여러 차례 기후 변화가 있었지만, 대형 동물들은 오랜 기간 생존해 왔다. 그렇다면 왜 이번 변화에서만 대형 동물들이 멸종했을까?

③ 혜성 충돌설 - 우주에서 온 충격적인 재앙?

2007년, 학자들은 또 다른 흥미로운 가설을 제시했다. 약 12,800년 전, 북미 대륙 어딘가에 혜성이나 소행성이 충돌하면서 대규모 산불과 기후 변화를 일으켰다는 주장이다. 이 사건으로 생태계가 급격히 변화하며 대형 동물들이 멸종했다는 것이다.

이 가설을 뒷받침하는 증거들도 있다. 클로비스 유적지에서 발견된 토양 샘플에서는 혜성 충돌과 관련 있는 백금Platinum, 다이아몬드, 이리듐이 높은 농도로 검출되었으며, 충돌 당시 발생한 대형 산불의 흔적으로 보이는 블랙 매트Black Mat 퇴적층도 발견되었다.

하지만 결정적인 문제는, 아직까지 북미 대륙에서 이 가설을 확실히 입증할 만한 혜성 충돌로 함몰된 흔적(크레이터)이 발견되지 않았다는 점이다.

현재까지의 연구를 종합하면, 인간의 과도한 사냥, 빙하기가 끝나면서 나타난 기후 변화, 그리고 혜성 충돌과 같은 여러 요인이 복합적으로 작용하여 북미의 대형 동물Megafauna이 멸종했을 가능성이 크다. 이처럼 대형 동물의 멸종과 그에 따른 원주민 사회의 변화는 학계에서 지속적으로 연구되고 있는 중요한 주제이다.

대형 동물의 멸종은 원주민들의 경제생활에 큰 변화를 가져왔다. 기존에 거대 동물에 의존하던 경제활동에서 벗어나, 지역에 따라 차이는 있지만 소형 동물 사냥, 어로 활동, 식물 채집 등으로 생계를 이어갔다. 다만, 미국 서부와 대평원Great Plains 지역에서는 들소 사냥이 지속된 것으로 나타난다.

들소 사냥과 유럽인들의 만행

들소는 대규모 무리를 이루며 이동하는 동물이므로, 효과적인 사냥을 위해서는 다수의 인력이 필요했다. 그러나 수렵·채집 사회에서는 성인 남성의 수가 제한적이었기 때문에, 여러 무리가 협력하여 들소를 적절한 장소로 유인하고 집단으로 사냥할 때 비로소 높은 효율을 거둘 수 있었다. 사냥꾼들은 계절에 따른 들소의 이동 경로를 면밀히 분석한 뒤, 몰이를 계획했다. 예를 들어, 미국 남서부 지역의 유적을 통해 사냥꾼들이 절벽으로 들소를 몰거나, 건기에는 물이 마른 협곡Arroyo에서 쉬고 있는 들소를 좁은 계곡으로 몰아 몰살시키는 전략을 사용했음을 알 수 있다. 콜로라도의 한 유적지에서 약 200마리의 들소 뼈가 발견되었으며, 그중에는 어린 개체들도 포함되어 있었다.

만약 북미 대륙 들소의 역사를 근대까지 이어서 바라본다면, 그 전개는 다음과 같이 요약할 수 있다. 한때 북미 대평원에는 수천만 마리의 들소가 떼를 지어 서식하며 원주민들의 삶을 지탱하는 가장 중요한 자원이 되었다. 들소는 고기와 가죽, 뼈 등 생존을 위한 거의 모든 것을 제공하며, 대평원의 생태계 균형을 이루는 핵심적 존재였다. 그러나 시간이 흐르면서 인간과 들소가 맺어온 공존의 질서는 서서히, 그리고 급격하게 무너져 내리기 시작했다.

원인은 유럽인들이 대륙에 들어서면서 상황은 결정적으로 변화했다. 말과 총의 보급으로 사냥 방식이 달라졌고, 19세기 중반 대륙횡단 철도의 개통은 들소 서식지의 파괴를 가속화시켰다. 철도 건설 과정에

콜로라도 올센추북 Olsen Chubbuk 유적지(11,200년~8,000년전)
들소 집단사냥 및 도살
(사진 : SkybirdForever, CC-BY-SA-3.0/ Wikimedia Commons)

서는 열차 운행에 방해가 된다는 이유로 들소가 무차별적으로 도살되었고, 이는 개발 논리를 넘어 미국 정부의 정치적 전략으로까지 확장되었다. 당시 미국 정부는 서부 영토 확장과 원주민 통제를 위해, 원주민들의 주요 생존 기반인 들소를 의도적으로 멸종 위기에 몰아넣었던 것이다. 결국 19세기 말, 광활한 대평원을 누비던 들소는 거의 자취를 감추게 되었다. 한 시대, 한 생태계, 그리고 한 문명과 긴밀히 연결되어 있었던 들소의 역사는 그렇게 급격한 종말을 맞이하게 된다. 지금은 소수의 들소들이 옐로우 스톤 국립공원을 중심으로 몇몇 보호구역에 서식하며 인간의 보호를 받고 있다.

한편, 자연환경의 변화는 원주민들 삶의 방식에도 또 다른 변화를 가져왔다. 빙하가 녹으며 해수면이 상승하고, 내륙 곳곳에 새로운 강과 호수가 형성되자 수산 자원을 활용하는 원주민 집단이 점차 늘어났다. 이러한 생태적 변화는 지역별 문화적 특성과 생활 방식에도 적지 않은 영향을 미쳤다.

북미 대륙은 지역에 따라 서로 다른 자연환경을 이루고 있었다. 대평원과 남서부 지역은 초원, 해안, 호수, 강 등 다양한 생태계가 공존했지만, 미시시피강 유역을 중심으로 한 동부 지역은 활엽수와 침엽수가 울창한 산림지대였다. 이곳은 지형적 장애물이 적어 원주민 집단 간의 교류와 이동이 상대적으로 자유로웠다.

환경 변화 속에서 원주민들은 생존 전략을 끊임없이 진화시켜 나갔다. 산림이 확장되면서 견과류나 식물성 식량에 대한 의존도가 높아졌고, 한때 주요 식량원이었던 대형 동물들이 사라지면서 그 자리를 민첩하고 작은 동물들이 대신하게 되었다. 이처럼 북미 대륙에서 일어난 대형 동물들의 멸종은 단순한 자연사적 사건이 아니었다. 그것은 원주민 사회의 생활 방식과 문화, 나아가 생존 전략 전반을 바꿔 놓은 결정적 전환점이었다. 물론 대형 동물들이 사라진 원인이 인간 사냥 때문인지, 기후 변화 때문인지, 혹은 소행성 충돌 같은 외부 요인 때문인지는 여전히 학계에서 논쟁 중이다. 앞으로 더 많은 연구가 이어지겠지만, 분명한 것은 인간과 자연이 얽혀 만들어낸 이 긴 역사 속에서 우리가 되새겨야 할 중요한 교훈이 있다는 점일 것이다.

2
활과 화살의 등장
: 인간 기술의 오래된 혁신

오늘날 우리가 알고 있는 활과 화살은 원주민 전사들의 상징처럼 여겨진다. 특히 할리우드 영화 속 북미 원주민들이 말을 타고 달리며 활을 쏘는 장면은 이미 익숙한 이미지다. 하지만 이런 장면들은 원주민 역사의 아주 후반부에 해당할 뿐, 북미 대륙에 처음 발을 디딘 원주민들, 즉 고대 사냥꾼-채집인들은 애초에 활이라는 도구조차 갖고 있지 않았다.

사실 활은 인류가 발명한 가장 오래된 *기계적 원리*의 도구로 여겨진다. 인간의 신체 능력을 넘어서는 속도와 힘을 만들어내는 장치, 그것이 바로 활이다. 그런데 문제는, 활이 정확히 언제, 어디서, 어떤 과정을 거쳐 등장했는지에 대해서는 여전히 미스터리로 남아 있다는 점이다.

활이라는 인간 발명사의 걸작은 과연 언제, 어디서 처음 등장했을까? 오랫동안 고고학자들은 유럽 북부 지역, 특히 독일에서 발견된 약 11,000년 전 활 유물이 그 기원일 것이라 여겨왔다. 그러나 2018년, 이 통념을 뒤흔드는 놀라운 발견이 남아프리카에서 발표되었다. 남아공의 한 동굴 유적지에서 발굴된 아주 작은 석촉이 바로 그것이다. 이 석촉은 창촉보다 훨씬 작은 크기였고, 심지어 피가 묻어 있는 채로 발견되었다. 연구자들은 이 석촉이 사냥용 화살촉일 가능성이 높다고 보았다. 그리고 그 연대는 무려 지금으로부터 약 64,000년 전~독일 유적보다 50,000년이나 앞선 시기였다.

더 흥미로운 것은 이 보다 조금 늦은 시기에 아프리카 북부 지역에서도 활을 사용하는 장면이 암각화에 남아 있다는 사실이다. 인류의 최초 활 사용 흔적이 남아프리카에서 확인되고, 그 흔적이 점차 유럽으로 확산되었을 가능성을 보여주는 대목이다. 활이라는 도구가 사냥 도구로 기능을 지닌 가운데 인간 지성의 진화와 이동 경로를 엿볼 수 있게 해주는 상징적 유물로 떠오르게 된 것이다.

활과 화살이라는 놀라운 기술은 이후 아시아 대륙을 따라 동쪽으로 퍼져나가기 시작했다. 그리고 그 전파의 길 끝에는 바로 '신대륙', 아메리카가 있었다. 아시아를 거쳐 베링 해협을 넘어 북미와 남미로 이어진 이주민들의 발걸음과 함께, 활의 문화도 천천히 신대륙으로 스며들었던 것이다. 북미 대륙에서 활과 화살의 흔적이 고고학적으로 처음 나타나는 시기는 대략 기원전 9,000년에서 기원전 6,000년 사이로 추정된다. 다만 명확한 유물로 확인되는 시기는 기원전 3,000년경부터다.

흥미로운 것은 이 활 기술이 남쪽으로 전파되는 속도가 생각보다 매우 느렸다는 점이다. 기원전 2,500년경이 되어서야 캐나다 북극권까지, 그리고 기원후 200년경에는 북미 대평원 지역까지 내려왔고, 태평양 북서부나 캘리포니아 지역까지 확산된 것은 무려 기원후 500년 무렵이다. 미국 남서부 애리조나의 *바구니 제작가Basketmaker* 유적지에서는 기원후 500년~600년 사이 활과 화살이 본격적으로 등장하며, 기원후 750년경이 되면 이전까지 사용되던 투창기 *아틀라틀atlatl*은 거의 완전히 자취를 감춘다.

하지만 최근, 고고학계의 시선을 단숨에 사로잡은 놀라운 발견이 있었다. 2023년, 학술지에 발표된 연구에 따르면 남미 페루의 고원지대 티티카카 호수 인근 유적지에서 기원전 3,000년 무렵으로 측정된, 화살촉으로 추정되는 유물들이 무더기로 발견된 것이다. 연구자들은 이 지역에서 함께 출토된 창촉들과 비교한 끝에, 이 유물들이 창의 끝부분이 아니라 분명히 활에 사용된 화살촉이라는 점을 밝혀냈다. 이는 활의 기술이 북미뿐 아니라 남미에서도 꽤 이른 시기에 등장했을 가능성을 보여주는 중요한 단서였다. 더 나아가, 이 활과 화살의 등장은 사냥 기술의 발전을 넘어, 농경과 토기 문화의 확산, 그리고 사람들의 정착 생활과 복잡한 사회구조 형성까지 영향을 미쳤을 것으로 추정된다. 하지만 페루 고원지대에 꽃피웠던 활 문화의 진짜 모습은 아직 미완성의 이야기다. 그 빈틈을 채울 더 많은 발굴과 자료가 여전히 고고학자들의 손길을 기다리고 있다.

정리해보면, 활과 화살은 인류 기술 전파사의 대표적 사례라 할 만하다. 아프리카에서 처음 발명된 이 기술은 유럽과 아시아를 거쳐, 마침내 베링 해협을 건너 신대륙에 전해졌다. 그리고 북극권에서 시작해 남아메리카까지, 무려 만여 년에 걸쳐 천천히, 점진적으로 확산되었다. 활과 화살은 인류가 대륙을 넘나들며 살아온 궤적을 고스란히 품고 있는 상징적 발명품인 셈이다.

하지만 여기서 한 가지 흥미로운 질문이 남는다. 과연 고고학자들은 활과 화살의 이런 전파 경로와 시기를 얼마나 확실하게 알고 있을까? 사실 던지는 창 같은 무기는 활보다 훨씬 오래전에 등장했다. 문제는 고고학적으로 남아 있는 창촉과 화살촉을 구분하는 일이 결코 쉽지 않다는 데 있다. 고고학자들은 대체로 크기를 기준 삼아 구별하지만, 그 경계는 애매하기 짝이 없다. 활살촉으로 분류되는 유물들 역시 결국은 연구자들의 해석과 상상력 위에 세워진 가설일 뿐이다.

더구나 활과 화살은 나무, 식물 섬유, 가죽 등 쉽게 썩어 사라지는 유기물로 만들어졌다. 그래서 대부분의 유물은 시간 속에 흔적도 없이 사라져 버렸다. 그나마 미국 남서부의 건조한 동굴이나 바위그늘 집터에서는 일부 파편들이 기적처럼 남아 지금까지 전해지고 있을 뿐이다. 하지만 이런 유물조차도 대부분 불완전하고 조각난 상태라, 활과 화살이 대륙을 넘어 전파된 구체적 과정과 정확한 시기는 여전히 미지의 영역으로 남아 있다.

활과 화살은 사냥 도구나 전쟁무기를 넘어. 인간의 상상력과 기술, 그리고 생존을 향한 끊임없는 실험 정신이 빚어낸 가장 오래된 발명품 가운데 하나다. 그리고 그 발명품이 아시아와 아메리카를 가로지르는 인류의 대이동 위에 남긴 흔적이라는 사실은, 그 작은 도구가 지닌 거대한 역사적 의미를 다시금 실감하게 해준다.

북미 고대 문화의 시대 구분

신대륙의 선사문화는 북미, 중미, 남미 지역마다 문화의 전개 양상이 다르기 때문에 시대 구분과 연대 또한 서로 상이하다. 여기에서는 먼저 북미 대륙의 시대 구분을 살펴보고자 한다. 북미 대륙에 인간이 처음 발을 디딘 이후, 오랜 시간 동안 원주민들은 소규모 집단을 이루어 이동하며 사냥과 채집에 의존해 삶을 꾸려갔다. 그러나 세월이 흐르면서 일부 지역에서는 농경이 도입되기 시작했고, 이는 보다 안정적이고 복합적인 생활문화를 가능하게 했다. 이러한 변화는 북미 대륙 각지에서 시간과 공간에 따라 다르게 전개되었으며, 오늘날 고고학자들은 북미 원주민 문화의 흐름을 다음과 같은 시기로 구분하고 있다.

물론 북미 대륙은 워낙 광활하고 자연환경 또한 지역마다 크게 달라, 하나의 시대 구분이 모든 지역에 똑같이 적용되기는 어렵다. 문화의 변화 속도와 양상이 지역에 따라 다양했기 때문이다. 더불어 중미와 남미는 북미와는 다른 시간적 흐름과 독자적인 문화 전개 과정을 보여주기에, 아래의 표와는 별도로 각 지역에 맞는 연대기를 따로 제시하고자 한다.

1) 고古 인디언 시대Paleo-Indian Period
: 기원전 16,000년(또는 18,000년)~기원전 8,000년

빙하기가 끝나가던 시기, 혹은 그 직후의 가혹한 자연환경 속에서 초기 원주민들은 생존을 위해 주로 거대한 동물들을 사냥하며 살아갔다. 전통적으로 이 시기의 시작은 기원전 16,000년경으로 간주되었으나, 최근에는 그보다 앞선 20,000년 이상 된 유적들도 속속 발굴되며 연대에 대한 인식이 새롭게 바뀌고 있다. 이 시기를 대표하는 유물로는, 동북아시아에서 전래된 양면이 다듬어진 몸돌과 골각기를 비롯해 새기개, 끌개, 돌 칼날, 찌르개(창촉)와 같은 다양한 석기 도구들이 있다. 여기에 더해, 신대륙 남서부 지역에서는 정교하게 가공된 석촉을 지닌 클로비스Clovis식과 폴섬Folsom식 창촉이 출토되며, 이 시기 원주민들의 뛰어난 제작 기술과 사냥 문화를 보여준다. 계절에 따라 먹이를 따라 이동하던 이들은 뛰어난 이동성과 환경 적응력, 그리고 정

교한 협력 사냥 전략을 바탕으로 살아간 전형적인 수렵-채집 사회의 주역들이었다. 그러나 이 시기에 형성된 유적은 극히 제한적이며, 당시 삶의 전모를 온전히 복원하는 데에는 여전히 많은 제약이 따른다.

2) 고기古期 시대 Archaic Period : 기원전 8,000년~기원전 1,000년

빙하기가 끝난 이후, 다양한 환경과 생태계를 마주하게 된 원주민들은 지역에 따라 서로 다른 생존 방식과 생활 도구를 발전시켜 나갔다. 어떤 지역에서는 야생식물의 씨앗을 가루로 갈기 위한 갈돌과 갈판이 등장했고, 일부 지역에서는 토기 제작과 원시 농경이 시작되었다. 이 시기부터 점차 정착 생활의 흔적이 늘어나기 시작했으며, 수렵·채집과 원시 농경이 공존하는 문화가 나타났다.

3) 산림지대 시기 Woodland Period : 기원전 1,000년~서기 1,000년

우드랜드 시기에 접어들면서 북미 원주민 문화는 더욱 복잡하고 다층적인 양상을 띠게 된다. 이 시기의 대표적 특징은 크게 세 가지로 요약할 수 있다.

- 독창적이고 지역적 특징이 드러나는 토기 제작
- 농경 기술의 확산과 정착 생활의 확대
- 장례 의식의 변화, 특히 봉분mound을 쌓아 시신을 매장하는 풍습

이러한 우드랜드 문화는 중서부, 남동부, 북동부, 동부 대평원 등 북미 동부 전역에 널리 퍼져 있었지만, 서부 지역에서는 이러한 문화가 거의 나타나지 않았다. 서부 지역은 여전히 아케익 시대의 수렵·채집 생활 방식이 오래도록 지속되었기 때문이다. 또한 우드랜드라는 용어

자체는 북미 동부 지역, 즉 울창한 숲과 수많은 강줄기가 펼쳐진 공간을 지칭하는 지리적 개념으로도 사용되기 때문에, 고고학적 시대 구분과 혼동될 여지가 있다.

4) 미시시피 시대 Mississippian Period : 서기 800년~1,600년

미시시피 시대에 들어서면서 북미 원주민 사회는 또 한 번 커다란 변화를 맞이하게 된다. 농경 기술의 발달과 정착 생활의 확대는 사회 조직을 더욱 복잡하게 만들었고, 일부 지역에서는 소규모 도시를 중심으로 한 계층화된 족장사회Chiefdom가 등장하기 시작한다.

이 시기의 가장 큰 특징은 옥수수를 기반으로 한 집약적 농업과, 그 농업 생산력을 바탕으로 한 대규모 공동체의 형성이다. 마을 중심에는 종교적·정치적 권위를 상징하는 거대한 토단mound과 넓은 광장이 조성되었으며, 이는 일반적인 거주 공간을 넘어 하나의 종교·의례 중심지로 기능했다.

특히 미시시피강 하류 지역에서는 북미 대륙 최초의 도시국가라 할 수 있는 카호키아Cahokia가 등장한다. 카호키아는 당시 북미에서 가장 큰 규모를 자랑한 도시로, 수천 명이 거주하며 거대한 토단, 광장, 목책 등 복합적 도시 구조를 갖춘 정치·종교·경제의 중심지였다. 미시시피 시대는 북미 원주민 사회가 농업을 기반으로 안정성과 복잡성을 갖춘 정착 생활로 전환하는 과정을 보여주는 중요한 문화적 전환기라 할 수 있다.

V.
농경 문화의 탄생
: 옥수수, 감자, 고구마, 호박의 이야기

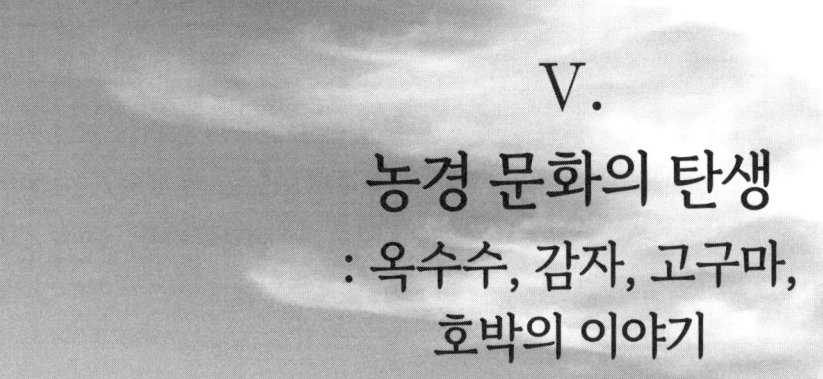

인류계통이 지구 위를 살아온 시간을 약 600만 년이라고 본다면, 농사를 짓기 시작한 역사는 그에 비하면 놀라울 만큼 짧다. 인간이 본격적으로 야생 식물을 길들이고 동물을 사육하기 시작한 것은 지금으로부터 겨우 10,000년에서 12,000년 전, 마지막 빙하기가 끝나고 지구 환경이 서서히 오늘날과 비슷한 모습으로 변해가던 시점의 일이다. 빙하기가 물러간 자리에 남겨진 것은 새로운 생태계, 그리고 그 변화에 적응하기 위한 인간의 새로운 삶의 방식이었다. 더 이상 떠돌며 사냥과 채집에만 의존할 수 없었던 사람들은 스스로 자연을 바꾸어 가기 시작했다. 바로, 농경문화의 시작이다.

    가장 먼저 농경이 일어난 것으로 알려진 곳은 중동의 비옥한 초승달 지대인 오늘날의 시리아, 튀르키예, 이라크 고원 지역이다. 이곳에서 인류는 야생 보리와 밀을 길들였고, 양과 염소를 사육하며 정착 생활의 기반을 다졌다. 비슷한 시기, 중국 양자강과 황하 유역에서는 벼, 조, 수수 재배가 시작되었고, 멀리 떨어진 멕시코 고원과 남미 안데스 지역에서도 또 다른 농업혁명이 일어났다. 멕시코에서는 옥수수가, 안데스 산지에서는 감자가 최초로 길들여진 것이다.

흥미로운 것은, 이들 농경의 발상지가 마치 서로 약속이라도 한 듯 전혀 다른 지역과 환경 속에서도 거의 비슷한 시기에 등장했다는 점이다. 이는 인간의 삶이 자연환경에 의해 제한되면서도 동시에 환경을 넘어서려는 공통된 욕망을 지녔음을 보여준다. 특히 신대륙에서의 농경은 세계 농업사에서 독보적인 장면을 만들어냈다. 멕시코와 페루, 볼리비아 안데스 지역에서는 옥수수와 감자, 그리고 고구마, 호박, 오이, 토마토, 땅콩, 고추 등 오늘날까지도 인류 식탁을 풍성하게 하는 수많은 작물들이 이 시기에 처음 재배되었다. 북미대륙에서는 조금 늦게 해바라기 씨앗이 재배되기도 했다.

하지만 농경문화는 단순히 식물을 심고 기르는 기술에 머무르지 않았다. 농업은 사람들을 한 자리에 머물게 하여, 정착 생활을 가능하게 했으며, 그 과정에서 토기 제작, 도구 발달, 마을과 공동체의 출현 등 인류 문명의 씨앗이 함께 움트기 시작했다. 물론 모든 지역이 농경문화를 받아들인 것은 아니었다. 오스트레일리아 대륙이나 아프리카와 아마존 깊숙한 지역, 북미나 시베리아 일부 지역에서는 여전히 수렵과 채집, 어로 생활이 지속되었다. 이는 지리적 고립 때문이기도 했지만, 때로는 자연 자원이 너무 풍부하거나, 기후가 지나치게 건조해 농사가 어려웠던 탓도 있었다.

고고학자들은 오늘날 농경문화의 전개 과정을 인류 역사 최대의 전환점 중 하나로 평가한다. 불의 사용과 더불어 농업은 인간 사회의 구조와 문화를 근본적으로 변화시킨 기술이었다. 그리고 그 변화의 출발점에 옥수수와 감자, 고구마와 호박처럼 작고 평범해 보이는 식물들이 자리하고 있었던 것이다.

이처럼 세계 곳곳에서 각각 독자적으로 시작된 농경문화는 수천 년에 걸쳐 서로 영향을 주고받으며 확산되었고, 마침내 대부분의 인간 사회가 농업을 생존 방식으로 삼는 시대로 접어들게 되었다. 인류 문명의 근원에는 언제나 자연을 길들이고, 자연과 더불어 살아가려 했던 인간의 지혜와 끈기가 깃들어 있었다.

세계 초기농경 발생지 및 재배된 식물과 사육된 동물
세계 농경중심지에서 재배된 식물과 사육된 동물

■ 구대륙

지역	재배 식물	사육 동물
중동지역	보리, 호밀(9,000 B.C) 콩(9,000~8,000 B.C)	개(14,000 B.C?) 염소, 양, 소(10,000~9,000 B.C) 돼지(7,000 B.C)
동남아시아 (남중국)	벼(양자강 중류, 10,000 B.C) 땅콩, 토란, 얌	닭(1,600 B.C)
동북아시아 (중국 중원, 황하유역)	조, 수수, 기장 콩(7,000 B.C) 벼(충북 소로리, 12,000 B.C?)	돼지(7,000 B.C)

■ 신대륙

지역	재배 식물	사육 동물
멕시코 서남부와 고원지대	옥수수, 콩, 호박, 오이, 고추, 토마토(6,000~5,000 B.C)	기니피그 칠면조(800 B.C) 개(7,000 B.C)
남미 페루	고구마, 감자, 땅콩, 콩(4,500 B.C)	라마, 알파카
북미	해바라기	개, 칠면조

1
신의 선물, 옥수수
: 멕시코에서 시작된 위대한 농업혁명

오늘날 세계 곳곳 사람들의 밥상 위에 오르는 옥수수. 그러나 이 작은 곡물이 처음 인간의 손에 길들여 지기까지는 무려 수천 년에 걸친 시간과 인내가 필요했다. 그 위대한 여정은 약 9,000년 전, 멕시코 땅에서 시작되었다.

옥수수 재배는 멕시코에서 남쪽으로 천천히 확산되어 약 5,000년 전에는 페루와 에콰도르 해안, 그리고 안데스 고원지대에까지 퍼져 나갔다. 한편, 옥수수의 고향이라 할 수 있는 멕시코와 가까운 미국 남서부 지역에서는 비교적 늦은 약 3,000년 전에서야 경작이 시작되었고, 그보다 더 북쪽인 동부 산림지역 Woodlands에는 기원후 수백 년이 지나서야 점진적으로 전해지기 시작했다. 따라서 서로 다른 자연환경 속에서 옥수수는 저마다 다른 모습으로 진화해갔다. 옥수수는 시간이 지나면서 콩과 함께 재배되어 원주민들의 주요 식량원이 되었고, 나아가 테오티우아칸 문명, 마야 문명, 잉카 제국, 아즈텍 제국을 떠받치는 생명의 토대 역할을 담당했다.

그러나 신대륙 원주민들에게 옥수수는 단지 배를 채우는 곡물에 그치지 않았다. 옥수수는 신이 인간에게 내린 특별한 선물이자, 우주의 질서와 인간 존재 자체를 상징하는 신성한 매개였다. 특히 마야와 아즈텍 문화에서는 옥수수를 신으로 숭배하거나 인간 창조 신화의 중심에 놓기도 했다. 전해지는 전설에 따르면, 인간은 옥수수 반죽으로 빚어졌기 때문에, 곧 인간 그 자체를 의미했다. 지금도 멕시코 곳곳의 유적지에서는 옥수수를 상징하는 신의 형상이 새겨진 조각상과 유물들을 어렵지 않게 찾아볼 수 있다.

고고학적 발굴 결과에 따르면, 기원후 1,000년경이 되면 알래스카와 같은 극지 수렵-채집사회를 제외한 대부분 지역에 농경문화가 확산되었다. 반면, 농경문화를 수용하지 못한 지역과 종족들은 근대까지도 사냥과 채집 그리고 어로 생활을 이어왔다.

처음 인간이 길들인 옥수수는 지금 우리가 아는 옥수수와는 상당히 달랐다. 이삭은 작고, 낱알도 적으며, 껍질은 단단했다. 이러한 옥수수가 지금처럼 풍성한 알갱이와 부드러운 식감을 갖게 된 데에는 오랜 세월 동안 원주민들의 끈질긴 선택과 재배 노력이 있었다. 고식물학자들과 고고학자들은 이러한 변화가 야생 옥수수인 *테오신테Teosinte*가 인간의 손에 의해 천천히 유전적 변화를 일으켜 온 결과임을 밝혀냈다.

옥수수 진화의 흔적은 멕시코 중부 고원지대 테우아칸Tehuacan 유적지에서 찾아볼 수 있다. 이 지역에 살던 원주민들은 멕시코 남서부에서 야생 테오신테로부터 길들여진 초기 옥수수가 점차 씨앗이 크고 부드러워지는 변화를 관찰했다. 그러한 변화를 이어가며 약 7,000년

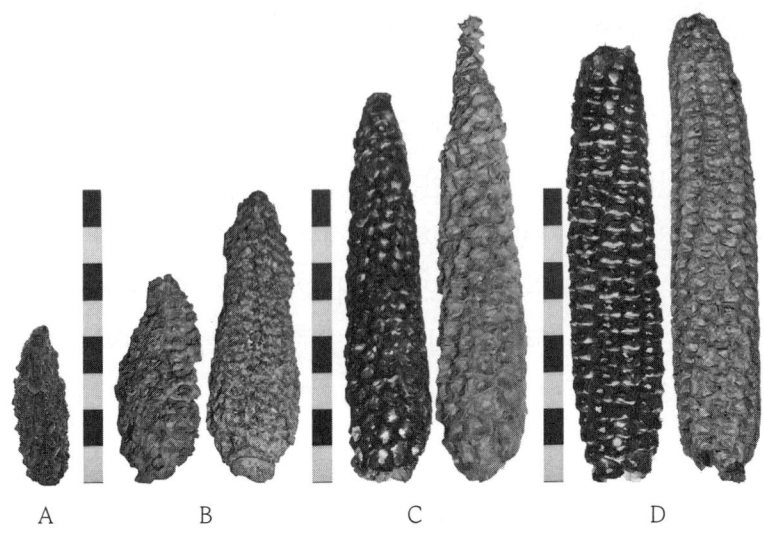

초기 재배 옥수수에서 현재까지의 형태 진화 과정
(사진 : Elgueta 외 (2019), PLoS ONE 14(1): e0210369 / CC-BY-SA-4.0)

전, 사람들은 마을 주변에 작은 텃밭을 만들어 옥수수를 재배하기 시작했다.

처음에는 작고 단단했던 옥수수가, 오랜 세월 동안 인간의 선택을 거치며 점점 키가 커지고, 이삭이 굵어지고, 알갱이가 많아지면서 오늘날 우리가 아는 옥수수의 모습으로 진화해 갔다. 이러한 변화가 하루아침에 일어난 것이 아님은 테우아칸 유적 발굴 결과가 잘 보여준다. 수천 년이라는 시간을 견뎌낸 옥수수는 인간과 자연 사이의 끈질긴 대화와 협력의 산물인 셈이다.

저자 역시 1970년대 후반 피츠버그 대학교의 로버트 드레넌Robert Drennan(2025년 4월 작고) 교수가 이끄는 테우아칸 유적 발굴 조사단에 참여하며, 두 해 여름 동안 중남미 대지에서 초기 옥수수 재배 문화를 직접 마주하고 배울 수 있는 소중한 기회를 가졌다. 그 곳에서의 체험은 옥수수가 단순한 생존을 위한 식량을 넘어, 인류 문명의 탄생과 발전을 이끄는 상징적 존재임을 일깨워주었다. 이 작고도 위대한 곡물은 저자를 고대 문명이 펼쳐진 미지의 세계로 이끌며, 그 속에 깃든 사람들의 삶과 지혜에 대한 깊은 깨달음을 안겨주었다.

옥수수는 인류가 길들여온 수많은 작물 가운데서도 단연 가장 경이로운 생명력을 지닌 곡물이다. 척박한 토양과 변덕스러운 기후 속에서도 굳건히 뿌리를 내리고 자라나는 이 식물은, 탁월한 적응력으로 농업사의 한 획을 그었다. 무엇보다 옥수수는 같은 면적에서 거두어들이는 수확량 면에서도 압도적이다. 하나의 알갱이에서 자라난 옥수수가 생산해내는 곡물의 양은, 다른 곡물들의 두 배에 이를 만큼 놀라운 생산력을 자랑한다. 그 풍부한 품종의 다양성 덕분에 옥수수는 타 작물보다 상대적으로 적은 물로도 자랄 수 있어, 반건조 지역에서도 안정적인 경작이 가능하다. 게다가 잡초와 해충에 강한 유전적 특성을 지니고 있어, 농민들에게는 다른 농산물에 비해 재배의 부담을 덜어주는 작물이기도 하다.

하지만 옥수수의 진가는 이 한 가지에서 그치지 않는다. 경작지에 콩과 함께 심으면 두 작물이 서로의 생장을 도우며 이중의 농업적 가치를 창출한다. 콩은 뿌리를 통해 질소를 고정시키며 토양을 비옥하게 하고, 옥수수는 콩에게는 지지대가 되어주는 상생의 구조를 만들어낸다. 이러한 조합은 농경방법 그 이상이었다. 학자들에 따르면, 옥수수와 콩은 영양학적으로도 이상적인 짝을 이룬다. 단백질과 탄수화물의 균형, 필수 아미노산의 보완은 신대륙 원주민들이 건강을 유지하고 공동체를 지속할 수 있었던 중요한 비결 중 하나였다.

신이 내린 선물, 옥수수, 그 특별함은 영양이나 생산성에만 그치지 않는다. 고고학적 시선에서 보면, 옥수수는 수확 방식에서도 남다른 매력을 지닌다. 벼, 밀, 보리, 조, 수수, 기장 같은 초기 주요 작물들은 반드시 돌칼이나 돌낫, 혹은 돌 끌개 같은 수확 도구가 필요했다. 하지만 옥수수는 다르다. 별다른 도구 없이, 오로지 두 손만으로도 충분히 수확이 가능하다. 이는 농경 기술이 아직 미비했던 초기 인류에게 큰 축복이자 실용적인 이점이었을 것이다. 도구 없이도 수확할 수 있는 옥수수의 간편함이야말로, 신의 작물로 불리는지를 말해주는 또 하나의 단서가 된다고 할 수 있다. 그래서일까? 오랜 시간 동안, 옥수수는 신대륙의 원주민들에게 신이 내린 선물로 여겨져 왔다. 이는 생계를 이어가는 식량으로서는 물론, 자연과 인간의 지혜가 빚어낸 경이로운 문명의 유산이었다.

현재 우리들의 식생활에 중요한 부분을 차지하는 옥수수, 감자, 토마토 그리고 한국인들이 즐겨 먹는 고추, 호박, 오이, 고구마 등은 모두 신대륙 원주민들에 의해 처음 재배되었고, 16세기 이후에 구대륙으로 전해졌다. 한 가지 지적할 사실은 식용으로 사육된 동물이 원주민들 사회에는 매우 제한되었다. 북미에서는 칠면조, 개, 중남미에서는 개, 기니피그, 알파카 그리고 라마 등이 사육되었지만 모두가 식용으로는 큰 비중을 차지하지 않았다. 개는 주로 사냥과 애완용으로, 알파카는 털옷 그리고 라마는 물자 운반용으로 사육되었기 때문에 사육된 육식 먹거리가 다양했던 구대륙과는 현저하게 차이가 난다. 또 한 가지 지적할 사실은 재배된 곡물의 종류다. 구대륙에는 여러 곡물이 재배되었으나 신대륙에는 옥수수와 콩이 주류를 이루어 종류가 단순하다. 이와 같은 농경문화의 상이성이 훗날 문화의 발전에 영향을 주지 않았나 생각된다.

농경문화가 인류 사회에 미친 영향

인류의 역사에서 농사를 짓기 시작한 것은 삶의 방식 자체를 완전히 바꾼 혁신이었다. 불을 이용해 요리를 하고, 작물을 재배하며 정착 생활을 시작한 것은 인류가 이루어 낸 가장 위대한 문화적 성취 중 하나로 기록된다. 그렇다면, 농경문화는 인류 사회에 어떤 영향을 미쳤을까?

(1) 정착 생활의 시작
농경이 본격적으로 시작되기 전, 인간은 계절에 따라 이동하며 사냥을 하고 열매를 채집하는 생활을 했다. 그러나 농사를 짓게 되면서 한 곳에 머물며 식량을 재배하는 정착 생활이 가능해졌다. 이로 인해 사람들이 모여 마을을 이루었고, 점차 더 크고 복잡한 공동체가 형성되기 시작했다.

(2) 더 많은 인구를 부양하는 농경 경제
농업이 자리 잡으면서 인류는 이전보다 훨씬 많은 인구를 부양할 수 있게 되었다. 수렵과 채집을 기반으로 한 사회에서는 넓은 땅을 이동하며 살아야 했기 때문에, 평균적으로 1평방 km당 한 명 정도만 살 수 있었다. 반면, 농경 사회에서는 같은 면적에서 20~50명까지 거주할 수 있었다. 식량이 안정적으로 공급되면서 인구가 급격히 증가했고, 가족과 혈연 중심의 공동체가 발달하면서 사회 구조도 변화했다.

(3) 사유재산과 영토 분쟁의 등장
인구가 늘어나면서 사람들은 점차 토지와 자원을 '내 것'으로 인식하기 시작했다. 농사를 짓기 위해서는 경작할 땅이 필요했고, 이 과정에서 토지 소유의 개념이 생겨났다. 하지만 토지는 무한하지 않았고, 결국 이웃한 집단들 간에 땅과 자원을 둘러싼 갈등이 발생했다. 역사상 처음으로 조직적인 분쟁과 소규모 전쟁이 나타나기 시작한 것도 바로 이 시기였다. 이는 원주민 사회에서도 흔히 볼 수 있는 현상이었다.

(4) 계층 사회(복합 사회)로의 진입

농업이 발전하면서 단순한 공동체에서 점차 복잡한 사회 구조가 형성되었다. 인구가 늘어나고 자원의 중요성이 커지면서, 이를 효율적으로 관리하는 지도층이 등장했다. 일부 원주민 사회에서도 농경과 인구 증가로 인해 점차 계층 구조가 뚜렷해졌고, 권력과 부의 차이가 나타나기 시작했다.

결국, 농경문화는 식량을 생산하는 방식에서 더 변화를 가져와, 인간 사회 전체의 모습까지 바꿔 놓았다. 정착 생활, 인구 증가, 영토 분쟁, 계층 사회의 출현 등 농경이 불러온 변화는 우리가 사는 현대 문명의 근간을 이루게 되었다.

화전 농경법 : 자연을 활용한 지혜로운 농사법

인류가 농사를 짓기 시작한 초기에는 작은 텃밭을 가꾸는 형태로 시작되었지만, 인구가 증가하면서 점점 더 넓은 땅이 필요해졌다. 그 결과, 원주민들은 자연환경을 최대한 활용할 수 있는 화전 농경법을 개발했다. 화전 농경법은 인류가 고안한 가장 오래되고 보편적인 경작 방식 중 하나로, 오늘날까지도 일부 지역에서 지속적으로 활용되고 있다. 이 농사법은 먼저, 울창한 숲이나 나무가 많은 지역을 경작지로 선택하는 것에서 시작된다. 건기가 되면 불을 놓아 나무와 풀을 태우고,

남은 재가 자연스럽게 흙에 스며들어 토양을 비옥하게 만든다. 이후, 농부들은 나무 막대(굴봉)로 땅에 구멍을 내고 씨앗을 뿌리면 파종이 끝난다. 화전 농업은 특별한 도구 없이도 가능하기 때문에, 주로 돌로 만든 괭이, 끌개 모양의 수확 도구, 곡물을 담을 바구니 정도만 있으면 충분했다. 특히, 옥수수 농사에는 별다른 수확 도구조차 필요하지 않았다.

그러나 화전 농업에는 한 가지 큰 한계가 있었다. 시간이 지나면서 토양의 영양분이 점점 고갈되면서 수확량이 줄어들었기 때문에, 같은 땅에서 오랫동안 농사를 지을 수 없었다. 일반적으로 원주민들은 3~5년 주기로 새로운 땅을 찾아 이동해야 했으며, 이 때문에 농사를 지속하려면 넓은 경작지가 필요했다. 특히 온대나 아열대 지역에서는 한번 사용했던 땅이 다시 숲으로 돌아가 경작이 가능 해지려면 20~30년이라는 오랜 시간이 필요하다.

멕시코 유카탄지역 원주민들의 화전 농경 장면
(출처 : Todd Shapera)

중미지역에서는 화전 농경법 외에도 지역에 따라 환경에 적응한 다양한 농사법이 존재했다. 예를 들어, 물이 많은 습지 지역에서는 *고상 농경법Chinampas*이 발달했다. 이 방식은 수심이 얕은 호수나 늪지대에 흙과 유기물질을 쌓아 만든 인공 섬에서 농사를 짓는 방법으로, 자연스럽게 주변의 물을 관개시설로 활용할 수 있어 생산성이 높았다. 또한, 남미의 안데스 고원지대에서는 계단식 밭이 개발되었다. 경사진 산비탈에 계단 형태로 논과 밭을 조성해 토양이 유실되는 것을 막고, 물을 효율적으로 관리할 수 있도록 한 방식이었다. 그러나 계단식 농법은 후대에 개발된 것으로, 초기 원주민들이 사용한 원시 농경법과는 차이가 있다.

이처럼 인류는 각기 다른 환경에 맞춰 가장 적합한 농사법을 개발하며 자연과 공존하는 삶을 이어왔다. 화전 농경법 역시 단순한 농사 방식이 아니라, 인류가 자연을 활용하며 터득한 생존의 지혜가 담긴 중요한 기술이었다.

우리는 너무나 당연하게 밥을 짓고, 빵을 굽고, 옥수수나 감자를 먹는다. 하지만 수만 년 전 인류는 농사를 짓지 않고, 사냥과 채집을 통해 먹을거리를 해결했다. 그렇다면, 인간은 언제, 왜 농사를 시작한 것일까? 학자들은 이 질문을 두고 오랜 시간 연구해 왔지만, 여전히 명쾌한 답을 내놓지 못하고 있다. 다만, 몇 가지 유력한 가설이 제시되고 있다.

농경문화의 기원을 설명하는 대표적인 이론 중 하나는 *오아시스 가설Oasis Hypothesis*이다. 현대 고고학의 개척자로 알려진 고든 차일드 Gordon Childe는 약 10,000년 전 마지막 빙하기가 끝나면서 기온이 상승했고, 이로 인해 많은 지역이 사막화 되었다고 주장했다. 그 과정에서 중동 지역에 여러 개의 오아시스가 형성되었고, 인간과 동물들은 자연스럽게 이곳으로 몰려들었다. 오아시스 주변에는 물과 식물이 풍부했고, 이 과정에서 인간이 야생 동물과 식물의 습성을 익히며, 점차 농사를 짓고 가축을 기르는 생활로 전환했다는 설명이다. 하지만 이 가설은 현대 연구에 의해 반박되었다. 빙하기가 끝나면서 사막화가 진행되었다는 직접적인 증거가 부족했고, 오아시스는 빙하기 동안에도 존재했다는 점이 밝혀졌기 때문이다. 게다가, 농경문화는 어느 날 갑자기 등장한 것이 아니라 오랜 시간에 걸쳐 점진적으로 발전한 것으로 보인다.

또 다른 가설은 *인구압 가설Population Pressure Hypothesis*이다. 이 이론에 따르면, 인구가 증가하면서 식량이 부족해졌고, 이를 해결하기 위해 사람들이 농사를 시작했다는 것이다. 인간은 이동하며 먹을 것을 찾는 것이 아니라, 한 곳에 머물며 스스로 먹을거리를 생산하는 방향으로 나아갔다. 하지만 고고학적 연구에 따르면, 농경이 시작된 초기 정착지에서 인구 증가가 급격히 발생했다는 직접적인 증거는 발견되지 않았다. 그렇다면, 농사는 정말로 단순한 '생존의 필요' 때문에 시작된 것일까?

농경이 단순히 생존을 위한 필요에 의해 시작된 것이 아닐 수도 있다. 신대륙에서 옥수수 농사가 시작된 과정을 보면, 농경이 자연스럽게 생겨났을 가능성이 높다. 원주민들은 수천 년 동안 다양한 식물을 채집해 먹었는데, 그중에서도 옥수수의 원조인 *테오신테Teosinte*라는 야생식물을 점점 더 많이 채집하고 활용하기 시작했다. 흥미로운 점은, 인간이 특정 식물을 지속적으로 채집하고 먹다 보면 그 식물 자체가 인간에게 더 유리한 형태로 유전적으로 변형될 가능성이 있다는 것이다. 즉, 멕시코에 살던 원주민들이 테오신테를 지속적으로 채집하고 재배하면서, 점차 더 많은 곡식을 맺는 형태로 진화했고, 결국 우리가 아는 옥수수가 농작물로 자리 잡았다는 것이다. 이 과정에서 농사를 짓는 것이 수렵과 채집보다 안정적이고 효율적인 방식이라는 점을 깨닫게 되었고, 인구 증가와 맞물리면서 농경문화가 정착되었다는 설명이다.

농경문화는 어떻게 퍼져 나갔을까?

농경이 시작된 이후, 이 문화는 빠르게 확산되었다. 그런데, 농경문화는 단순히 "더 나은 방식"이었기 때문에 확산된 것이 아니다. 농업을 통한 정착 생활이 새로운 사회 구조와 갈등을 불러일으키면서, 기존의 사회를 변화시키는 중요한 원인이 되었다는 분석도 있다. 최근 일부 학자들은 농경문화의 발전을 *사회적 갈등 모델Social Conflict Model*로 설명하고 있다. 어떤 문화는 내부적인 갈등이 커지면서 스스로 변화하기도 하고, 외부 집단과의 접촉을 통해 새롭게 변모하기도 한다. 특히, 농경문화의 확산 과정에서는 사람들이 단순히 새로운 기술을 수용한 것이 아니라, 자신의 생존 전략으로 농사를 선택했다는 점이 중요하다. 과거에는 농경이 단순히 생존을 위한 필연적 선택으로만 해석되었지만, 이제는 더 복합적인 요인이 작용했음을 알 수 있다. 인간과 자연, 사회적 갈등, 그리고 생태적 변화가 맞물리면서 농경문화가 탄생했고, 이는 인류 역사를 완전히 바꾸어 놓았다.

농경문화가 인류 사회에 깊이 자리 잡은 것은 분명하지만, 이 문화가 어떻게 퍼져 나갔는지는 단순한 "모방"이나 "이주민에 의한 전파"로 설명하기 어렵다. 고고학 자료와 민족지 연구를 살펴보면, 농경이 주변 사회로 쉽게 확산되지 않았으며, 때로는 수렵·채집 사회와 원시 농경 사회가 공존하며 서로 영향을 주고받았다는 사실이 밝혀졌다. 특히 흥미로운 점은, 수렵·채집 사회에 속한 사람들이 농경의 존재를 알고 있음에도 불구하고 이를 적극적으로 받아들이지 않은 사례가 많다는 것이다. 민족지 조사에 따르면, 이러한 집단들은 단순히 변화에 둔감한 것이 아니라, 이미 자신들의 생활 방식이 더 효율적이었기 때문에 농경을 선택하지 않았다고 한다.

예를 들어, 수렵·채집을 기반으로 살아가는 공동체는 농사를 짓는 원시 농경민들보다 노동 시간이 짧고, 경제적으로도 더 윤택한 삶을 영위했다는 연구 결과가 있다. 자연환경이 풍부한 지역에서는 굳이 농사를 지을 필요가 없었으며, 따라서 농경이 확산되는 속도가 느려질 수밖에 없었다. 더욱이, 수렵·채집을 유지한 사회의 평균 수명이 원시 농경민보다 길었다는 점도 흥미로운 발견이다.

고고학적 자료에 따르면, 농경은 한 지역에서 시작되었다고 해서 곧장 주변으로 퍼지는 것이 아니었다. 오히려 그 확산에는 수천 년의 시간이 걸리곤 했다. 이를테면, 멕시코에서 독자적으로 발생한 옥수수 재배 문화는 빠르게 퍼진 것이 아니라, 오랜 세월에 걸쳐 조금씩 북상하며 마침내 미국 동부의 울창한 산림 지대에까지 이르렀다. 이러한 문화의 느린 전파는 한반도에서도 확인할 수 있다. 중국 황하 유역과 산동반도에서 성숙한 농경 문화가 우리의 청동기 시대 주식으로 식탁 위에 오르기까지는, 마찬가지로 수천 년에 걸친 시간과 문화적 전환이 필요했다.

왜 농경문화가 이렇게 느리게 확산되었을까? 학자들은 산림 지역에서 생활하던 사람들은 오랜 세월 동안 풍부한 야생 자원을 이용하며 안정적인 삶을 유지했기 때문이라고 설명한다. 하지만 사회적 변화 속에서 점차 새로운 생존 방식이 필요해지면서, 경제적·사회적 갈등이 커지는 과정에서 농경문화가 서서히 받아들여졌다는 것이다.

특정 지역에서는 농경이 전혀 확산되지 않거나, 수렵·채집이 더 선호되는 경우도 있었다. 예를 들어, 북미 대륙의 일부 캘리포니아 원주민들, 아프리카의 쿵 산Kung San 족, 하드자Hadza 족과 같은 집단들은 위험 부담이 크고 노동 시간이 긴 원시 농경을 선택하기보다, 기존의 수렵·채집 방식을 유지하는 것이 더 합리적이라는 판단을 내렸다. 이러한 사례들은 농경이 단순히 더 나은 방식이었기 때문에 자연스럽게 확산된 것이 아니라, 각 사회가 처한 환경과 생존 전략, 노동 강도, 경제적 이점, 사회적 갈등 등의 요인이 복합적으로 작용하면서 점진적으로 변화했음을 보여준다. 결국, 농경문화의 확산은 획일적인 과정이 아니라, 각 사회가 가진 특성과 필요에 따라 다르게 전개된 복잡한 역사적 과정이었다. 이는 인류가 환경과 문화적 조건 속에서 끊임없이 적응해온 과정을 잘 보여주는 흥미로운 사례다.

북미 서남지역과 동남부지역 옥수수 농사

멕시코에서 기원한 옥수수를 중심으로 한 농경문화는 북아메리카 대륙의 남서부와 남동부 지역으로 점차 확산되었지만, 그 전파 속도는 매우 더디었고 두 지역에서는 서로 다른 발전 양상을 보였다. 이는 아마도 두 지역이 상이한 자연환경이 작용한 것으로 여겨진다. 남서부 지역은 고원지대를 제외하면 대체로 건조한 사막성 기후로 강수량이 적고 기후의 변화가 심하기 때문에 관개시설에 의존하지 않은 농경 수단은 많은 위험성을 감수해야 한다. 따라서 남서부 지역에 새겨진 농업의 흔적은 생계의 수단으로 채택되었던 반면에 인류 문화의 실험장이었다. 16세기 중반, 유럽인들이 처음으로 오늘날의 북미 남서부를 탐사했을 당시, 그곳에는 다양한 원주민 공동체가 존재했다. 일부는 옥수수를 중심으로 농사를 지으며 정착 생활을 이어가고 있었지만, 다른 집단은 여전히 수렵과 채집에 기반한 전통적 생계를 유지하고 있었다. 남서부의 모든 원주민이 농사를 짓고 있었던 것은 아니며, 이들이 전적으로 농업에 의존하게 되기까지는 오랜 세월이 필요했다.

지금으로부터 약 3,000년 전, 오늘날 뉴멕시코 북부 지역에서는 이미 성숙한 농경 문화가 뿌리내리기 시작했다. 사람들은 옥수수와 같은 재배 작물을 중심으로 식생활의 상당 부분을 충당하며 정착 생활을 이어갔다. 그러나 기원후 200년에서 700년 사이, 이 지역의 생태 환경은 급격한 전환을 맞이한다. 기후는 점차 따뜻해지고 건조해졌으며, 이로 인해 생태계는 크게 변화했다. 이러한 변화는 농사를 짓는 이들뿐 아니라, 여전히 수렵과 채집에 의존하던 이들까지도 삶의 기반을 흔들 만큼 강력한 것이었다. 더 이상 과거의 방식만으로는 생존할 수 없는 시대가 찾아온 것이다. 농경민들은 수원이 풍부한 지역을 찾아 이주하거나, 관개시설을 개발해 물을 확보해야 했고, 그렇지 못한 경우에는 다시 야생 자원에 의존해야 했다. 반면, 수렵 채집 사회는 집단의 규모를 축소하거나, 새로운 먹거리를 찾아 이동하는 방식으로 변화에 적응했다.

농업의 도입은 결코 자연스럽고 일방적인 과정이 아니었다. 고고학적 기록에 따르면, 남서부 지역의 원주민들은 약 2,000년에 걸쳐 농업을 실험하며 삶의 방식을 점차 변화시켜 나갔다. 인구 밀도는 지역에 따라 팽창과 수축을 반복했고, 정착한 공동체가 다른 곳으로 흩어지는 일도 흔했다. 일부 지역에서는 농경이 성공적으로 자리 잡아 수 세기 동안 안정된 생활 기반을 이루었지만, 다른 지역에서는 실패로 끝나 경작지가 일시적으로 버려지기도 했다. 그러나 시간이 지나 농업이 이 지역에 뿌리를 내리면서, 더 이상 사냥과 채집만으로는 생존이 불가능해졌다. 초기 유럽인들의 기록에 따르면, 현재의 애리조나 지역에 거주했던 푸에블로족은 식량의 약 50~70%를 재배 작물에 의존하고, 나머지는 야생 자원으로 충당했다. 풍년이 들면 자급자족이 가능했지만, 기후의 변덕으로 흉년이 찾아오면 다시 자연 자원에 의존하는 어려운 생활이 이어졌다. 이들이 재배한 옥수수 밭은 크지 않았고, 보통 600㎡가 채 되지 않았다. 한 가정이 네다섯 개의 밭을 보유하긴 했지만, 실제로는 그중 두세 개만 해마다 경작했다. 밭을 정비하고 씨를 뿌리는 데는 한 달 가량이 소요되었고, 온 가족이 함께 일손을 보탰다. 옥수수가 약 1m 자라면 대부분의 사람들은 마을을 떠나 여름 동안 야생 식물을 채집했으며, 초가을에 다시 돌아와 수확과 저장 작업을 진행했다. 이 과정 또한 한 달 가량 걸렸다.

애초에 옥수수와 같은 농작물은 자연 자원을 사냥하고 채집하는 데 실패에 대비한 보완책으로 시작되었지만, 저장이 가능하다는 장점 덕분에 점차 생존의 핵심 자원으로 자리 잡았다. 물론 농업은 많은 노동과 위험을 동반하는 생계 방식이었지만, 사람들은 놀라운 기술력과 창의력으로 이를 수천 년 동안 지속해냈다. 이러한 지속성은 그 자체로도 큰 의미가 있으며, 이후 복잡한 사회와 문명의 토대를 마련하는 서곡이 되었다. 결국 농업은 단순한 생존 전략을 넘어, 남서부 원주민들이 자연 환경에 적응하고, 기술을 발전시키며, 공동체를 형성해 나간 장기적 여정의 중심에 있었다.

한편, 빙하기가 끝난 후, 미국 동남부 지역은 크게 변하지 않은 안정적인 자연환경 속에서 아열대와 온대 산림 지대로 이어졌다. 이 지역은 숲에서 얻을 수 있는 풍부한 견과류, 들판에 서식하는 야생 동물과 식물, 그리고 하천과 습지에서 나는 수산자원 덕분에, 주민들은 작은 공동체를 이루며 안정적인 생계를 이어가기에 큰 어려움이 없었다. 특히, 환경이 좋은 지역에서는 점차 정착 생활이 확산되었고, 사람들은 야생 식물의 뿌리나 씨앗을 가루로 만들기 위한 갈돌과 갈판, 그리고 견과류를 까기 위한 석기 도구 등을 제작하며 자연 자원을 더욱 효율적으로 활용해 나갔다. 나아가, 그들은 주변 지역과 특산품을 교환하는 교역망도 점차 확장시켜, 경제와 문화의 외연을 넓혀갔다.

이러한 기반 위에서, 북미 동남부 원주민들은 멕시코에서 약 7,000년 전에 시작된 농경 문화를 매우 서서히, 오랜 시간에 걸쳐 받아들였다. 약 2,000년 전부터 옥수수 재배가 시작되긴 했지만, 초기에는 생계에서 차지하는 비중이 크지 않았다. 그보다 앞서 재배되었던 해바라기와 호박도 주식이라기보다는 보조적인 식품에 가까웠다. 그러나 1,500년 전부터는 옥수수 농사가 활발해지고, 토기의 사용과 함께 종교 의례 중심의 작은 마을 공동체가 나타나기 시작했다. 그리고 약 1,000년 전, 옥수수를 중심으로 한 집약적 농경 문화가 본격적으로 정착하면서, 북미 대륙의 일부 원주민 사회는 점차 계층화되고 조직화된 사회구조로 발전해 나갔다. 이 변화는 특히 미시시피 지역에서 두드러지게 나타났지만, 남동부와 남서부 원주민들은 전혀 다른 방식으로 농경을 받아들였다.

흥미롭게도, 북미 남동부 지역의 원주민들은 비교적 온화하고 안정적인 기후, 그리고 풍부한 야생 자원 덕분에 농경을 생존을 위한 절박한 선택으로 여기지 않았다. 그들에게 농경은 급격히 도입해야 할 위기의 기술이 아닌, 서서히 삶의 일부로 스며드는 문화적 적응이었다. 사냥과 채집이 여전히 풍요로운 식량을 제공하던 시기에, 이들은 농경을 점진적으로 수용하며 자신들의 생태 환경에 맞는 지속 가능한 방식으로 조화롭게 발전시켜 나갔다. 농사는 그들의 생존 전략 가운데 하나였지만, 전부는 아니었다. 이는 농경의 도입이 반드시 위계적 사회를 수반하는 것이 아니라는 사실을 보여주는 중요한 사례이기도 하다.

한편, 아메리카 대륙에서 재배된 곡물과 작물들은 훗날 태평양을 건너 구대륙의 식문화에도 깊은 흔적을 남겼다. 특히 우리 한반도의 역사 속에서도, 신대륙 작물은 보이지 않게 커다란 역할을 했다. 임진왜란 이후 조선 후기, 전란의 후유증, 기후 변화와 잦은 가뭄, 그리고 인도네시아 대형 화산 폭발의 여파로 전 지구적인 기후 이상이 발생했고, 조선의 농업도 큰 타격을 입었다. 이로 인해 수많은 농민들이 생계의 위기를 겪게 되었다는 기록이 남아 있다.

바로 그 시기, 신대륙에서 전해진 옥수수, 감자, 호박과 같은 작물들은 기후에 잘 적응하고 생산량도 높아 식량난을 완화하는 데 결정적인 기여를 했다. 만약 이러한 작물들이 우리 땅에 들어오지 않았다면, 조선 후기의 사회 경제는 훨씬 더 깊은 위기에 처했을지도 모른다. 더불어, 고추의 전래 또한 우리의 음식 문화를 바꾼 역사적 사건 중 하나다. 만약 원주민들이 고추를 길러내지 않았다면, 오늘날의 빨간 김치는 존재하지 않았을지도 모른다. 김치의 매운맛은 입맛의 변화뿐만 아니라, 고추라는 식물 하나가 우리 민족의 음식 정체성을 어떻게 재창조했는지를 보여주는 상징적 사례다. 오늘날 세계 속의 *K-푸드*라는 이름 역시, 먼 대륙 원주민들의 땀과 지혜로부터 이어진 문화 교류의 결실이라 해도 과언이 아니다.

2
원주민과 토기의 탄생

　농경이 발전하고 사람들이 한곳에 정착하면서, 생활에 필요한 도구와 살림살이도 점차 늘어나기 시작했다. 그중에서도 토기는 농경문화의 보급과 함께 가장 널리 사용된 생활용품 중 하나였다. 정착 생활을 하게 된 원주민들에게는 음식과 물을 안전하게 보관할 수 있는 튼튼한 용기가 필요했다. 토기가 발명되기 전까지, 원주민들은 바구니, 저장 구덩이, 박으로 만든 바가지 그리고 나무나 동물 가죽으로 만든 용기를 사용해 식량과 액체를 보관했다. 그러나 이러한 방법은 한계가 있었다. 바구니는 습기와 벌레에 약했고, 저장 구덩이는 오염될 위험이 컸다. 이에 비해 토기는 습기, 해충, 오염으로부터 식량을 보호하고, 물을 장기간 저장하는 데 훨씬 유리했다. 또한, 토기는 조리 방식에도 큰 변화를 가져왔다. 토기가 등장하기 전, 원주민들은 불에 달군 돌을 이용한 간단한 조리법을 사용했다. 예를 들어, 미국 대평원과 동부 산림

지대의 원주민들은 구덩이를 파서 단단한 바구니나 가죽 주머니에 물과 식재료를 넣고, 뜨겁게 달군 돌을 그 안에 넣어 음식을 익혔다. 비슷한 방식이 오스트레일리아 원주민들에게도 전해졌다. 오스트레일리아 원주민들은 불에 달군 돌을 구덩이에 깔고, 그 위에 물과 식재료를 넣은 가죽 주머니를 올린 뒤, 뜨거운 흙과 돌을 덮어 조리했다. 곡물을 갈아 가루로 만든 뒤 돌에 구워 먹거나, 불씨가 남아 있는 재 속에 직접 구워 먹는 방법도 있었다. 그러나 토기의 등장으로 조리 방식이 더욱 효율적으로 변화했다. 이제는 구덩이와 돌을 사용할 필요 없이, 점토로 만든 토기 안에서 죽이나 국을 끓일 수 있게 되었고, 더 부드럽고 영양가 높은 음식을 조리할 수 있게 되었다. 이는 소화 기능을 개선하고 건강에도 긍정적인 영향을 주었다.

토기의 기원과 확산

고고학적 연구에 따르면, 토기 문화가 농경보다 먼저 등장한 지역도 있고, 반대로 농경이 먼저 시작된 후 토기가 개발된 지역도 있다. 현재까지 밝혀진 가장 오래된 토기는 약 20,000년 전 중국 양쯔강 중류 지역의 시엔런둥仙人洞 유적에서 출토되었다. 이후 일본 오다이 야마모토大平山元 유적에서는 약 16,000년 전의 토기가 발견되었고, 러시아 아무르강 유역과 일본 규슈 지역에서는 12,000년 전의 토기가 보고되었다. 한반도의 경우, 제주도 고산리 유적에서 출토된 토기가 10,000년이 넘는 사실을 생각한다면 마지막 빙하기가 12,000년 전에 끝나면서 해수면이 상승하여 한반도의 초기 신석기 유적들은 현재 남서해 바닷속에 잠겼을 가능성이 크다. 토기는 생활용품이자 의례용구로 사용되며, 각 지역의 문화와 생활 방식에 따라 다양한 형태로 발전하였다. 학자들은 이른시기에 토기가 독자적으로 발명된 지역을 대략 다음과 같이 구분하고 있다.

1. 중국 양쯔강 유역과 남중국 지역
2. 동북아시아(아무르강, 한반도, 일본 열도 포함)
3. 중동의 "비옥한 초승달Fertile Crescent" 지역
4. 아프리카 사하라 사막 이남 지역
5. 남미 아마존강 분지 지역

흥미로운 점은, 이들 지역 중 레반트Levant(현재의 이스라엘·팔레스타인·요르단 지역)와 멕시코 지역을 제외하면, 토기는 농경보다 먼저 발명되었으며, 주로 수렵·채집 사회에서 사용되었다는 것이다. 반면, 중동의 레반트와 멕시코 테우아칸Tehuacan 지역에서는 농경이 먼저 시작된 후 수천 년이 지나서야 토기가 등장했다. 초기의 토기는 거친 흙을 손으로 빚어 만든 단순한 형태였으며, 때로는 간단한 문양을 새기기도 했다. 비교적 낮은 온도에서 구워졌기 때문에 단단하지는 않았지만, 액체 음식을 단기간 보관하는 데는 큰 문제가 없었다. 시간이 지나면서 토기 제작 기술이 발전하고, 더욱 정교하고 단단한 토기들이 만들어지며, 다양한 용도로 사용되기 시작했다.

원주민과 토기문화

토기의 발명은 인류의 생활 방식에 중요한 변화를 가져왔다. 토기는 식량 저장과 조리를 혁신적으로 변화시켰으며, 농경과 정착 생활을 더욱 안정적으로 만드는 데 기여했다. 오늘날에도 여전히 도자기 문화

가 남아 있는 것을 보면, 토기는 그 자체로 하나의 문명 발전을 보여주는 상징적인 유물이라고 할 수 있다.

신대륙에서 토기 문화가 처음 시작된 곳은 약 7,000~8,000년 전 브라질 아마존 분지에 위치한 타페린냐Taperinha 유적지다. 이곳에 살던 원주민들은 강가의 부드러운 흙을 채취한 뒤, 조개 껍데기를 부숴 섞어 토기를 만들었다. 이 방법은 토기가 건조되거나 가마에서 구울 때 갈라지는 것을 방지하고, 강도를 높이는 효과가 있었다. 타페린냐에서 발견된 토기는 바닥이 둥글고, 입구가 넓으며, 깊이가 얕은 형태였다. 표면은 거칠었고, 아가리 부분에는 선으로 나뉜 구획선과 물결 모양의 문양이 새겨져 있었다. 학자들은 원주민들이 이 토기를 강과 습지에서 잡은 물고기나 조개를 끓이거나, 채집한 식물의 뿌리, 씨앗, 등을 삶는 용도로 사용했을 가능성이 크다고 본다.

흥미로운 점은, 토기의 사용이 증가하면서 원주민들이 점차 정착 생활을 하게 되었고, 결국 농경 문화를 받아들였다는 사실이다. 초기에는 소규모로 사용되던 토기가 점점 더 큰 용량과 다양한 형태로 제작되면서, 이동 생활을 하던 원주민들에게 불편함을 초래했을 가능성이 크다. 즉, 토기의 보편화가 정착 생활을 촉진하는 중요한 계기가 되었던 것이다. 바꾸어 말하면, 정착 생활이 심화되면 될수록 농경 문화가 필요했고, 토기 문화가 퍼져 나가는 현상은 일반적인 문화의 전개 과정이라 할 수 있다.

토기 문화의 확산 : 아마존에서 안데스를 넘어

아마존 분지에서 시작된 토기 문화는 서쪽으로 전파되어, 약 5,500년 전 에콰도르 해안의 발디비아Valdivia 지역에서 더욱 발전된 형태로 등장했다. 흥미롭게도 아마존 분지와 태평양 연안을 가로막고 있는 안데스 산맥이 토기 문화 확산의 장벽이 되지는 않았다. 연구에 따르면, 샛강과 산길을 따라 원주민들이 활발하게 교류하면서, 토기 문화도 함께 퍼져 나갔다. 발디비아 지역은 해안과 강 하류에 자리 잡아 풍부한 자연자원을 기반으로 비교적 안정적인 생활을 유지할 수 있었던 곳이다. 이곳 원주민들은 초기부터 토기와 농경 문화를 받아들여 정착 마을을 형성하고, 지역적인 토기 문화를 발전시켰다. 초기 발디비아 토기는 거칠고 단순한 문양이 새겨진 사발과 항아리 형태였지만, 시간이 흐르면서 외형이 더욱 세련되고 섬세해졌으며, 다양한 기하학적 문양과 자연을 형상화한 장식이 추가되었다. 특히 약 5,000년 전부터는 회색, 검은색, 붉은색으로 채색한 토기가 등장하며, 신대륙 최초의 색채 토기로 발전했다.

또한, 이 시기의 유적에서는 흙으로 만든 여인상이 발견되었는데, 이는 토기가 일상 생활 용도는 물론 종교적·의례적 용도로도 사용되었음을 보여준다. 발디비아 문화는 이후 남쪽으로 페루 지역, 북쪽으로 멕시코와 북미 대륙까지 영향을 미치며, 신대륙 토기 문화의 중요한 중심지로 자리 잡았다.

북미로 전해진 토기 문화

약 4,500년 전, 북미 대륙의 남부 지역에서도 토기 제작 기술이 전파되기 시작했다. 그러나 이 기술은 단일한 형태로 정착된 것이 아니라, 각 지역의 자연환경과 주민들의 생활 방식에 따라 서로 다른 모습으로 꽃피웠다. 이러한 차이는 북미 원주민들이 얼마나 섬세하게 주변 환경에 적응하며 문화를 발전시켜 나갔는지를 보여주는 흥미로운 증거다. 특히 기원전 1,000년경, 오늘날 미국의 동북부 지역에서는 *산림지대시기Woodlands Period*라는 독특한 문화적 흐름이 나타났다. 이 시기의 토기들은 우리나라 신석기 시대의 빗살무늬 토기와 놀랍도록 닮아 있다. 바닥이 둥글고 입구는 위로 곧게 뻗어 있는 그릇 표면에는, 마치 물고기의 뼈처럼 반복되는 무늬나, 기하학적 문양, 물결무늬 등이 섬세하게 새겨져 있다. 미국의 고고학자들은 이 토기를 *청어 뼈 무늬 토기Herringbone Pottery*라 부르며, 그 장식의 정교함과 조형미에 주목하고 있다. 이렇듯 대서양 연안의 숲 속에서도, 고대인들은 단순한 도구 그 이상의 미적 감각과 상징을 토기에 담아내고 있었던 것이다.

한편, 기원전과 기원후가 교차하던 시기, 오하이오를 중심으로 하는 중동부 지역에는 *호프웰Hopewell 문화*라는 이름의 독창적인 사회가 등장한다. 이들은 토기를 일상의 도구로 사용하는 것을 넘어, 종교적 의례나 조상의 세계와 소통하는 신성한 매개물로 활용했다. 따라서 호프웰 사람들에게 토기는 신과 인간, 죽은 자와 산 자를 이어주는 상징적 도구였던 셈이다. 이들이 남긴 토기들은 의례용품의 일부로서 무덤에 함께 묻히거나, 복잡한 의식을 위한 중심 소품으로 사용되었다. 이는 그들이 얼마나 정교한 세계관과 종교적 감수성을 가지고 있었는지를 잘 보여준다.

그리고 기원후 800년경, 미시시피 강 유역에서는 또 하나의 중요한 문화인 *미시시피 문화Mississippi Culture*가 전개된다. 이 시기의 토기는 이전과 비교할 수 없을 만큼 다양한 색채와 형태를 띠며 더욱 발전된 모습을 보인다. 색을 입힌 토기들이 등장하고, 문양은 더 정교해지며, 기능과 심미성이 공존하는 예술품으로 거듭난다. 이 시기의 유적에서는 복잡한 계층 사회를 반영하듯, 왕이나 귀족들이 사용했을 법한 고급 토기들이 대거 출토되며, 이들은 지역 공동체를 넘어 정치와 예술,

종교가 어우러진 고도로 조직화된 사회였음을 입증한다.

신대륙과 구대륙, 토기가 이어준 오래된 인연?

동북부 북미 지역에서 출토된 빗살무늬 토기는 지구의 북반구 여러 지역에서 발견되는 신석기시대 대표적 유물이다. 토기를 둘러싼 연구는 구대륙과 신대륙을 잇는 숨겨진 문화적 연결고리를 암시하면서, 인류 문명사에 흥미로운 가설들을 제기하고 있다. 일부 학자들은 어골문양 토기 양식이 시베리아의 바이칼 지역과 한반도를 포함하는 아한대 지역의 고대 토기 문화와 유사하다고 본다. 특히 아사바스칸 계열 언어를 사용하는 동북아시아 인들이 알류샨 열도나 베링 해협을 따라 이동한 선사시대 경로를 통해, 이들 문화가 신대륙으로 전파되었을 가능성에 주목하고 있다. 이를 바탕으로, 신대륙과 구대륙의 초기 인류 사이에 간접적인 문화적 접점이 있었을 것이라는 해석도 제기되고 있다. 비록 오래된 가설이긴 하지만, 토기의 형태와 무늬가 서로 낯설지 않을 만큼 닮아 있다는 사실은, 원시 시대라 해도 바다와 대륙을 사이에 둔 인류 간의 상호작용이 완전히 단절되어 있었던 것은 아니라는 암시처럼 다가온다.

보다 도발적인 주장은 남미의 토기 문화가 일본의 조몬 문화에서 기원했다는 태평양 횡단설이다. 이 이론은 에콰도르의 발디비아 토기에서 출발한다. 발디비아 토기는 시기적으로 매우 이른 시점에 등장했을 뿐 아니라, 조형미나 제작 방식, 그리고 표면의 문양까지도 일본 조몬 토기와 놀랄 만큼 닮아 있다. 토기 태토에 섞인 조개껍질과 모래의 구성 역시 두 문화를 잇는 고리로 자주 언급된다. 일본 기원설을 지지하는 연구자들은 이런 고도화된 토기 기술이 신대륙에서 자생적으로 발생했다고 보기 어렵다며, 태평양을 건너 기술이 전파되었을 가능성을 제기했다. 그러나 이 주장은 브라질 등 남미 다른 지역에서 더 오래된 토기가 발견되면서 점차 설득력을 잃었다. 더구나 당시의 항해 기술로 태평양을 넘는 것이 사실상 불가능하다는 비판은 이 이론의 생명력을 결정적으로 약화시켰다.

콘티키 호의 항해 - 고대 항해술에 대한 도전과 증명

그렇다면, 고대인들은 정말로 광활한 태평양을 건널 수 있었을까? 이 질문에 도전장을 던진 이가 바로 토르 헤이어달Thor Heyerdahl이었다. 그는 노르웨이 출신의 생물학자이자 인류학자로, 고대 잉카인의 전설 속 항해 이야기에 주목했다. 헤이어달은 잉카 문명의 기원이 남태평양의 섬들에 있다는 설을 제안했고, 이를 입증하기 위해 직접 항해에 나섰다. 그는 잉카 시대의 방식 그대로 나무를 엮은 뗏목 콘티키 Kon-Tiki를 만들고, 1947년 페루 해안을 떠나 약 100일 동안 7,000km에 이르는 항해 끝에 폴리네시아 산호 섬에 도달했다. 이 항해는 고대인들도 적절한 기술과 자연 조건이 맞아떨어질 경우, 태평양을 건널 수 있었음을 실증적으로 보여준 사례가 되었다.

헤이어달의 여정은 선사시대 인류가 상상 이상으로 넓은 지역에서 문화를 교류했을 가능성에 새로운 지평을 열어주었다. 비록 학계에서 그의 주장이 완전히 받아들여지지는 않았지만, 인류는 연결되어 있다는 믿음에 생생한 상상력과 설득력을 불어넣은 상징적 사건으로 평가받는다.

토기, 시간을 건너온 언어

토기는 고고학자들에게 어떤 의미일까? 언뜻 보기엔 인간 생존이나 환경 적응과는 직접적 관련이 적어 보이는 물건이다. 굳이 없어도 사냥이나 채집, 농사에는 큰 지장이 없을지도 모른다. 그러나 아이러니하게도, 고고학자들에게 토기는 선사시대 유물 가운데 가장 중요한 보물로 꼽힌다. 그 이유는 단순하면서도 분명하다.

첫째, 토기는 원래 이동 생활과는 그리 어울리지 않는 물건이다. 쉽게 깨지고, 무겁고, 부피도 크기 때문이다. 그래서 토기의 등장은 곧 사람들이 한 곳에 정착해 살기 시작했다는 증거로 해석된다. 고고학자들은 바로 이 지점에서 토기를 주목한다. 토기가 출현한 자리엔 대부분 농경과 마을, 그리고 정주 생활의 흔적이 함께 등장한다.

둘째, 토기는 불에 구워진 특성 덕분에 돌 다음으로 뛰어난 내구성을 자랑한다. 그래서 수천 년, 때론 만 년이 지나도 땅속에 비교적 잘 남아 있다. 토기는 그 시대 사람들의 생활 방식은 물론, 기술 수준과 미적 감각까지 고스란히 품고 있는 '살아 있는 기록'이다. 무엇보다 시대와 지역에 따라 토기의 모양과 무늬, 제작 방식은 천차만별이기에, 고고학자들은 토기를 통해 과거 사람들의 삶의 자취와 이동 경로를 추적할 수 있다.

셋째, 토기는 그 자체로 문화 변화의 거울이다. 생활 도구임에도 불구하고 형태나 장식 방식에서 놀라운 다양성과 실험 정신을 보여준다. 그 덕분에 토기는 특정 문화 집단 간의 관계, 사회 구조의 변화, 문화적 복잡성의 발전 등을 민감하게 반영하는 지표가 된다. 그래서 고고학자들은 토기의 형태, 문양, 제작 기술, 재료 등을 하나하나 분석하며, 그 속에서 과거 사람들의 이야기를 읽어낸다. 토기의 변화와 분포는 문화 간의 교류, 전쟁과 정복, 기술 전파, 그리고 시대적 변화를 가장 예민하게 보여주는 흔적이다. 토기를 통해 문화권을 구분하거나, 인접 지역과의 관계, 시대적 앞뒤 관계까지 밝혀내는 작업이 가능한 이유가 여기에 있다. 결국 토기는 단순한 생활 도구를 넘어선다. 그것은 과거 인간 사회의 삶과 변화, 문화적 만남과 이동, 그리고 시간 너머의 이야기를 들려주는 '시간을 건너온 언어'이자, 고대인들이 우리에게 남긴 가장 솔직하고 구체적인 메시지인 셈이다.

여성의 손끝에서 이어진 토기의 계보
: 모계사회와 원주민 토기문화

북미 원주민 사회의 일상과 문화적 전통을 들여다보면, 토기 제작은 세대를 잇는 기억의 매개이자 공동체 정체성을 담는 그릇이었다. 특히 이 작업은 전통적으로 여성의 몫이었다. 어머니에서 딸로, 다시 그 딸의 딸에게로 이어진 토기 제작법은 인류의 무형 문화유산적 기록이었다. 이러한 배경은 미국 남서부 지역의 밈브레스Mimbres 및 푸에블로Pueblo 문화에서 특히 두드러진다. 이들 문화에서는 토기의 문양과 색감, 제작 방식이 여성의 손에 의해 유지되고 전파되었기에, 학자들은 토기 표면의 장식을 통해 모계 혈통의 흐름을 추적하려는 시도를 해왔다. 뉴멕시코 북부에서는 기원후 200년경 등장한 모골론Mogollon 문화가 1000년경에 이르러 밈브레스 특유의 회화적 토기양식을 꽃피운다. 이 시기의 밈브레스 토기는 흑백의 대비가 뚜렷한 기하학 무늬와 동물 형상이 정교하게 그려져 있으며, 단순한 실용품을 넘어 예술작품에 가까운 미감을 지닌다. 오늘날 경기도박물관에도 수십 점의 밈브레스 토기가 소장되어 있어, 한국의 관람객도 이 문화의 섬세함을 직접 확인할 수 있다.

놀랍게도 북미 원주민 사회는 우리의 신석기나 청동기 시대와 마찬가지로 물레를 사용하지 않았다. 대신, 토기는 여성들이 손으로 한 겹 한 겹 띠처럼 쌓거나 감아 올리는 방식으로 빚어졌으며, 노천요라 불리는 개방된 방식으로 구워졌다. 가장 기본적인 방식은 땅 위에 마른 풀과 동물 배설물을 깔고, 그 위에 토기와 연료를 함께 쌓아 불을 붙이는 것이다. 이 방식은 단순하고 접근이 쉬웠지만, 고온의 안정적 유지가 어려워 토기가 쉽게 깨지거나 내구성이 떨어지는 단점이 있었다.

이에 비해 보다 정교한 방식은 얕은 구덩이형 노천요였다. 먼저 얕은 구덩

푸에블로 여성들의 토기 제작

미국 뉴멕시코 지역 밈브레스 토기 (서기. 1,000~1,150)

미국 뉴멕시코 지역 푸에블로 전통 토기

V. 농경 문화의 탄생 : 옥수수, 감자, 고구마, 호박의 이야기

이에 연료를 깔고, 토기를 균등하게 배치한 다음, 연료와 숯을 위에 덮고 불을 지핀다. 마지막으로 재와 흙을 덮어 열을 가두는 이 방식은 상대적으로 온도 조절이 용이하고, 내구성이 뛰어난 토기를 만들 수 있었다. 이 방식은 푸에블로 족의 조상들뿐 아니라 동부 산림지대와 중남미 여러 지역에서도 널리 사용되었다. 한편, 중앙아메리카의 고도로 발달한 문명—테오티우아칸Teotihuacan, 마야Maya, 자포텍Zapotec, 아즈텍Aztec—에서는 보다 정교한 소성 가마가 사용되었다. 이들 문화는 토기 표면에 복합적인 색채 장식이나 부조 기법을 활용하여 장식미를 극대화했다. 그러나 이들 역시 '물레'라는 기술을 발명하지 못했다. 토기의 성형은 여전히 감아 올리는 방식에 의존했으며, 이는 정밀도와 속도에서 구대륙의 토기와 차이를 보였다.

구대륙에서는 물레의 사용으로 정형화된 형태의 토기를 대량 생산할 수 있었고, 이러한 기술은 사회 조직의 발전과 함께 더욱 체계화되었다. 반면, 북미 원주민 사회에서는 토기보다 바구니가 실용적인 용기로 널리 사용되었으며, 바구니 직조 기술 역시 매우 높은 수준으로 발달했다. 이처럼 북미 원주민의 토기 문화는 여성의 삶과 공동체의 정체성, 기술의 전통, 그리고 문명의 흐름을 반영하는 깊은 층위를 품고 있다.

토기의 등장은 기술 혁신은 물론 인류의 생활 방식을 근본적으로 변화시킨 중요한 전환점이었다. 신대륙에서는 아마존에서 시작된 토기가 안데스를 넘어 북미까지 확산되면서, 지역별로 다양한 형태로 발전했다. 특히, 토기의 사용은 원주민들의 정착 생활과 농경 문화의 발달을 촉진하는 데 중요한 역할을 했으며, 이를 고려하면 토기는 단순한 생활 용기를 넘어 문명의 발전을 이끈 핵심 요소라고 할 수 있다.

오늘날 북미, 한반도, 시베리아 바이칼 등지에서 유사한 형태의 토기가 발견되는 것은 고대 인류 사이의 연결과 교류 가능성을 보여주는 중요한 단서가 될 수 있다. 그러나 이를 단순히 '문화 전파주의' 관점에서 해석하는 것은 지나친 일반화이며, 지역별로 독자적인 토기 문화가 발생했다는 가능성을 충분히 고려해야 한다.

VI.
신대륙 문명의 탄생

노르테 치코 Norte Chico

약 5,000년 전, 남아메리카의 페루 중서부 해안과 안데스 산맥이 만나는 계곡 지대에서는 인류 역사에 있어 중대한 전환점이 일어났다. 소규모 자급자족 마을들이 점차 통합되며, 그 자리에는 복잡한 사회 구조와 상징적 건축물을 갖춘 도시가 등장하기 시작했다. 이처럼 권력과 계층의 질서를 반영한 도시의 출현은 일반적인 촌락의 발전을 넘어, 완전히 새로운 문화적 질서, 곧 문명의 시작을 알리는 사건이었다. 고고학자들은 이러한 문명의 형성과 도시국가의 등장을, 인류 최초의 고대문명 발생지라 정의하며 다섯 개의 핵심 지역을 지목해 왔다. 가장 먼저 손꼽히는 것은 유프라테스와 티그리스 강 사이의 비옥한 초승달 지역의 평야지대에서 발달한 메소포타미아 문명이다. 이어 나일강 유역의 고대 이집트 문명, 인더스 강 유역에서 번성한 하라파 문명, 중국 황허강 유역의 황하 문명, 그리고 이들보다 다소 늦게 학계의 주목을 받은 아메리카 대륙의 노르테 치코 문명이 포함된다. 주목할 점은, 이 다섯 문명 모두가 서로의 영향을 거의 받지 않은 채 독립적으로 발생했다는 것이다. 이들은 각자의 환경과 조건 속에서 도시를 세우고, 그 위에 문명이라는 거대한 문화를 구축했다. 후에 밝혀진 사실이지만 인도의 고대 문명과 황하 문명의 수레바퀴 문화는 중동 지역으로부터 영향을 받았다. 이처럼 고대 문명들은 지리적 거리와 문화적 차이에도 불구하고 인간 사회의 근본적인 필요에 따라 유사한 방식으로 발달해 나갔다.

고대도시 국가와 문명의 개념

고대도시 국가와 문명의 개문명의 형태는 시대와 지역에 따라 다양하지만, 이른바 고대문명이라는 공통된 범주 속에는 몇 가지 핵심적인 특징이 자리한다. 무엇보다 주목할 점은, 이들 문명이 인류 역사상 처음으로 도시라는 복합적인 정주 형태를 중심으로 발달했다는 사실이다. 부족 공동체를 기반으로 한 혈연 중심의 사회를 넘어서, 고대의 도시는 계층화 된 사회 구조와 직업의 전문화, 그리고 정치·경제·종교 조직의 분화를 통해 완전히 새로운 삶의 양식을 창출했다. 도시 사회의 피라미드형 계급 구조는 권력을 정점으로 집중시켰고, 왕이나 수장은 단순한 지도자를 넘어 신성한 존재로 여겨졌다. 이들은 종교적 권위와 정치적 통치를 결합한 신정일체의 권력을 행사하며, 하위 계층의 복종을 신의 뜻으로 정당화했다. 이러한 위계적 구조는 억압 체계를 넘어, 도시의 질서와 생존을 가능케 하는 조직적 기반이기도 했다.

고고학에서 말하는 고대도시란 단순히 인구가 밀집된 거주지 이상의 의미를 지닌다. 초기 도시는 일반 마을보다 훨씬 더 높은 인구 밀도를 보였으며, 시장과 전문화된 노동 구조, 그리고 혈연이 아닌 기능과 직업 중심의 거주 형태가 나타난다. 예컨대, 페루의 카랄 수페Carál-Supe 유적을 비롯하여 메소포타미아, 고대 이집트, 황하 문명 등지의 초기 도시들은 대체로 2,000에서 10,000명 규모의 인구를 수용한 것으로 추정된다. 이러한 수의 인구가 한정된 공간에서 공존하기 위해서는 정치적 통치 체계, 행정 조직, 경제적 물자 분배 시스템, 공동 신앙에 기반한 종교 제도가 필수적이었다.

고대 국가의 경제 구조는 계층화 된 사회질서를 반영하고 있다. 지배층은 세금과 조공의 형태로 피지배 계층으로부터 생산물을 거두었으며, 이는 다시 사회의 여러 구성원, 특히 농업과는 거리가 먼 장인, 도공, 제사장 등에게 분배되었다. 이러한 재분배 체계를 통해 고대 국가는 직업의 전문화와 비농업 인구의 생계를 가능하게 했다. 동시에 통치자는 무역권을 독점하고, 인접 지역과의 원거리 교역을 통해 국가의 권위를 강화하고 부를 축적했다. 교역은 물자 교환의 기능을 가졌지만 문명 간 지식과 기술, 문화의 흐름을 가능케 하는 통로였다. 마지막으로, 고대문명의 특징 중 하나는 권력자의 권위를 상징하는 거대한 무덤과 공공 건축물이다. 수많은 인력을 동원해 건설된 웅장한 구조물들은 묘역이나 건축의 개념을 넘어, 사회적 위계와 종교적 상징, 기술적 정교함이 집약된 상징체계로 기능했다.

인류가 평등한 공동체 중심의 삶에서 계층화 된 사회 구조로 나아간 변화는, 그 자체로 문명사의 거대한 전환점이었다. 이는 생활 방식의 변화뿐만 아니라, 인간이 스스로 설계하고 운영한 최초의 복합 사회 질서였으며, 이후 등장한 모든 문명과 국가 체제의 원형이자 토대가 되었다. 이 거대한 진입은 인간 사회가 생존은 물론, 조직과 지배,

신념과 분업이라는 보다 정교한 체계를 추구하게 된 출발점이기도 하다.

고대 문명의 기원과 전개는 여전히 인류사에서 가장 흥미롭고도 풀리지 않은 수수께끼 가운데 하나다. 특히 신대륙에서는 남미 안데스 산맥을 따라 이어진 페루 북서부 해안지대와 중미의 멕시코, 과테말라 북부 지역에서 서로 다른 시기에 독립적으로 문명이 꽃피었다. 더욱 놀라운 점은 이들 문명이 서로 영향을 주고받지 않은 채 각기 독자적인 길을 걸었다는 사실이다.

이 지역들은 몇 가지 공통된 특징을 지녔다. 비교적 이른 시기에 농경문화가 도입되었거나 또는 풍부한 천연자원 덕분에 사회는 지속적이고 안정적인 성장을 이룰 수 있었다. 이러한 두 가지 조건은 신대륙의 다른 지역에 비해 문화 발전을 촉진하는 요인이 되었던 것으로 보인다. 더욱이, 거대한 건축물을 중심으로 한 도시화 현상이 여러 지역에서 비슷한 시기에 나타난 점은, 이들 문명 간에 보이지 않는 교류가 있었던 것은 아닐까 하는 흥미로운 의문을 제기한다. 하지만 주목할 점도 있다. 비슷한 자연환경을 지닌 다른 지역에서는 이러한 문명적 도약이 일어나지 않았다. 이는 문명의 탄생이 단순한 자연조건만으로는 설명될 수 없으며, 그 이면에 보다 복합적이고 본질적인 요인이 작용했음을 시사한다.

이 가운데 약 5,000년 전, 페루 서북부 안데스 산맥과 해안지대에서는 작은 농촌 공동체들이 점차 통합되며 고대 도시가 형성되기 시작했다. 권력과 계층 구조를 반영하는 거대한 건축물들이 세워졌고, 고고학자들은 이를 고대 문명 또는 원초적 도시국가라 부른다. 이처럼 초기 도시국가들이 등장한 지역은 문명의 발상지로 간주되며, 이 가운데 하나가 바로 노르테 치코 문명이다.

1
노르테 치코 문명과 카랄-수페
: 신대륙 문명의 첫걸음

고대 안데스 문명의 기원을 논할 때 가장 먼저 등장하는 것이 바로 노르테 치코Norte Chico 문명이다. 이 문명은 카랄-수페Caral-Supe 문명으로도 불리며, 오늘날 페루 서북부의 해안과 계곡 지역에서 약 5,000년 전에 형성되었다. 노르테 치코라는 이름은 페루의 수도 리마Lima에서 북쪽Norte에 조금Chico 못 미치는 지역이라는 뜻을 담고 있다. 고고학자들은 이 문명이 이후 등장한 차빈Chavín이나 모체Moche 문화보다 남쪽에 위치한다는 점에 주목하여 이 명칭을 사용했다. 노르테 치코 문명은 수페Supe 계곡의 카랄Caral 지역을 중심으로, 파티빌카Pativilca, 포르탈레사Fortaleza, 우아우라Huaura 계곡으로 확장되며 발전하였다. 이로 인해 카랄-수페 문명이라는 이름이 더욱 널리 쓰이게 되었다.

카랄-수페 문명의 중심지

카랄-수페는 페루의 수도 리마에서 북쪽으로 약 150~200㎞ 떨어진 곳에 위치하며, 안데스 산맥과 태평양 해안 사이의 수페 계곡 중심부에 자리 잡고 있다. 이 지역은 주변 여러 계곡과 연결되는 중요한 문화적 중심지였다. 수페 계곡의 총면적은 약 90㎢로, 비옥한 충적지대를 이룬다. 카랄 유적의 핵심 지대는 해발 350m 높이에 위치하며, 태평양 해안에서 약 23㎞ 내륙으로 들어간 지점에 자리한다. 현재까지의 발굴 결과, 계곡 안에는 18개의 촌락이 존재했던 것으로 밝혀졌으며, 해안에서 약 5㎞ 떨어진 내륙에는 아스페로Aspero라는 대규모 유적지도 확인되었다. 아스페로는 초기 도시 형태를 갖춘 정착지로, 해산물 운송과 교역의 중심지였던 것으로 보인다. 그러나 발견된 자료를 종합해 볼 때, 카랄-수페 문명은 신대륙에서 가장 오래된 도시 문명으로 평가된다. 이들 유적은 인류 문명의 기원과 발전을 이해하는 데 중

카랄-수페 유적 피라미드와 지하원형 구조물 전경
(출처 : 페루 문화부)

요한 단서를 제공하며, 오늘날에도 여전히 사람들의 상상력을 자극하고 있다.

이 지역은 건조한 해양성 아열대 기후로, 연평균 강수량이 겨우 212㎜에 불과하다. 비는 주로 1월에서 4월 사이에 집중되므로, 자연적인 강수량만으로는 농사를 짓기 어려웠다. 그러나 안데스 산맥에 쌓인 눈이 녹아 강을 이루고 계곡을 따라 흐르면서 낮은 지역에는 비옥한 토지가 형성되었고, 지속적인 농업용 수자원이 공급되었다. 다만, 건기에는 강물이 바닥을 드러내는 경우가 많았기 때문에, 저수지와 관개 시설을 체계적으로 관리하는 것이 필수적이었다. 이러한 점은 수페 계곡뿐만 아니라 주변 계곡 유적에서도 확인되었으며, 당시 사람들이 이미 물 관리 기술을 발전시켜 농경 사회를 유지했던 증거가 되고 있다. 카랄-수페 문명의 가장 큰 특징은, 안데스 산맥에서 흘러오는 물뿐만 아니라 태평양 연안의 풍부한 수산자원에서도 큰 혜택을 받았다는 점이다.

페루 해안은 남극에서 올라오는 차가운 태평양 해류의 영향을 받는다. 이 해류는 심해의 차가운 물을 수면으로 끌어올리면서 질소와 인이 풍부해지는 영양 순환 구조를 형성했고, 이 덕분에 이 지역은 세계적으로도 가장 생산성이 높은 어업 지역 중 하나가 되었다. 정어리와 멸치 같은 어류가 대량으로 번식했으며, 해안과 강 하류에 형성된 습지와 석호에서는 해초와 조개류가 풍부하게 자랐다. 이러한 환경 덕분에 카랄-수페 문명의 초기 경제는 농업보다 수산업 수입에 더 많이 의존했다. 이후 관개시설이 정비되면서 목화, 호박, 콩, 고구마, 표주박, 옥수수 등을 재배하기 시작했다. 특히 목화는 매우 중요한 작물이었다.

목화는 섬유 작물로 어망과 직물 제작의 필수 재료였기 때문에, 수산업과 농업을 연결하는 중요한 자원이 되었다. 카랄-수페 사람들은 내륙에서 재배한 목화를 이용해 어망과 망태기를 만들었고, 이를 해안의 아스페로 지역으로 보내는 대신 말린 멸치, 정어리, 조개, 해초 등과 교환했다. 뿐만 아니라, 이들은 목화를 활용해 정교하고 아름다운 면직물을 제작함으로써 화려한 의상과 장식을 중심으로 한 독창적인 예술 문화를 발전시켰다. 다양한 색감과 상징이 담긴 문양은 일상 실용품을 넘어 정신적, 종교적 의미를 담은 예술 표현의 수단이 되었으며, 이러한 면직물은 당시 교역에서 핵심적인 수출품으로 자리 잡았다. 이처럼 목화는 카랄-수페 문명의 경제를 이끄는 핵심 자원이자, 예술과 종교가 결합된 정신문화의 기반이 되었다. 목화에서 생산된 면직물을 기반으로 한 교역 시스템 덕분에, 카랄-수페 문명은 지속적인 경제적 번영을 누릴 수 있었으며, 농업과 어업이 서로 보완적으로 발전함에 따라 사회는 점차 복잡해지고 도시와 계층 구조가 형성되었다.

신대륙 문명의 첫 번째 퍼즐

카랄-수페 문명은 신대륙에서 가장 오래된 도시 문명으로, 거대한 건축물과 정교한 사회 구조를 갖추고 있었다. 이들은 광범위한 교역망을 형성했고, 농업과 수산업을 균형 있게 활용하면서 지속 가능한 경제를 유지했다. 이제 우리는 이곳이 단순한 정착지가 아니라, 신대륙에서 문명의 첫걸음을 내디딘 중요한 발상지였음을 이해할 수 있다. 카랄-수페 문명은 이후 등장할 안데스 고대 문명의 기초를 닦았고, 현대 연구자들에게 여전히 많은 질문을 던지는 흥미로운 고고학적 현장이다. 이러한 카랄-수페 문명을 포함하는 노르테 치코 문명 전체를 살펴보면, 고대 문명들 가운데에서도 매우 독특한 특징을 지닌다. 대부분의 고대 문명은 농업을 기반으로 성장했지만, 노르테 치코 문명은 수산 자원을 경제적 토대로 삼아 성장한 어촌 문화에서 출발했으며, 이후 원초적인 도시국가 형태로 발전했다.

노르테 치코 지역에는 비가 거의 내리지 않는 건조한 기후 때문에, 자연적으로 자생하는 식물은 많지 않았다. 그러나 수페 계곡으로 흐르는 강 주변의 비옥한 토지 덕분에, 체계적인 관개 시설을 구축하면 농업이 가능했다. 하지만 기후의 변덕은 또 다른 도전 과제였다. 엘니뇨 현상으로 인해 강물이 범람하거나 가뭄이 발생하면, 생존을 위협받을 수밖에 없었다. 이를 해결하기 위해, 카랄-수페 사람들은 강 하류가 아닌 계곡의 조금 높은 지대를 선택해 도시를 건설했고, 계곡의 지형을 활용하여 계단식 밭농사를 발전시켰다.

이와 같은 환경적 도전은 고대 문명들이 자원을 어떻게 활용하고 생존 전략을 세웠는지에 대한 중요한 단서를 제공한다. 이러한 맥락에서, 숨겨졌던 노르테 치코 유적이 20세기 초 처음 알려지게 되면서 이 지역의 역사적 의미는 새로운 빛을 보게 되었다.

하지만 이곳은 지리적으로 고립된 지역이었기 때문에, 오랫동안 학계에서 큰 주목을 받지 못했다. 그러던 중 1970년대, 일부 연구자들이 해안 지역의 아스페로Aspero 유적을 조사하면서 놀라운 발견을 했다. 그들은 모래와 흙으로 쌓인 높은 단층 구조물을 발견했지만, 처음에는 이것이 자연적으로 쌓인 퇴적층인지, 아니면 인공적으로 축조된 것인지 확신할 수 없었다. 그러나 보다 정밀한 연구 끝에, 이 구조물이 고대인이 만든 피라미드 형태의 제단이었다는 사실이 밝혀졌다. 이에 대한 연구는 학계에 커다란 반향을 일으켰다. 특히, 연구자들은 노르테 치코 문명이 농업 중심의 전통적인 문명이 아니라, 어업을 기반으로 한 독립적인 도시 문명이었을 가능성을 제기했다. 이 가설은 "안데스 문명의 해양 기반설Maritime Foundation of Andean Civilization"이라는 개념으로 정리되었으며, 이는 신대륙 문명 연구에 새로운 시각을 제공했다.

하지만 후속 연구에서 의문점도 제기되었다. 다른 고대 문명의 유적에서 흔히 발견되는 토기 조각이나 정교한 석조 예술품이 이곳에서는 전혀 발견되지 않았다. 이는 노르테 치코 문명이 전통적인 의미의 고대 문명과는 다른 형태로 발전했음을 시사하는 중요한 단서가 되었다.

잊혔던 문명의 재발견

한때 안데스 문명의 기원은 페루 북부 고원에 위치한 차빈Chavín 문화로 여겨졌다. 대부분의 학자들은 차빈 문명이 기원전 900년경에 형성되었으며, 안데스 문명의 시초라고 보았다. 그러나 1990년대에 들어, 페루의 한 고고학자가 수페 계곡 중턱에서 거대한 석조 피라미드와 반지하 원형 구조물을 발견하면서 이 가설에 균열이 생기기 시작했다. 이 연구 결과가 학계에 발표되자, 이전에 큰 주목을 받지 못했던 노르테 치코Norte Chico 문화가 다시 관심의 중심이 되었다. 연구자들은 차빈보다 훨씬 이른 시기에, 그것도 해안과 계곡 지역에서 도시 문명이 번성했을 가능성을 새롭게 검토하기 시작했다.

2,000년대에 접어들면서, 페루 학계는 카랄-수페 유적의 중요성을 공식적으로 인정했다. 이에 따라 국제 전문가들로 구성된 조사단이 조직되었고, 연구 범위는 수페 계곡을 넘어 파티빌카Pativilca, 포르탈레사Fortaleza, 우아우라Huaura 계곡까지 확대되었다. 조사 결과, 약 30개 이상의 집중적인 취락 유적과 대규모 석조 건축물이 확인되었다. 그중

에서도 가장 주목받는 곳이 카랄-수페 유적이다. 이곳은 규모가 가장 크고, 출토된 유물과 유적이 풍부하여 노르테 치코 문명의 중심지로 평가된다. 수페 계곡의 중간 지점에 자리 잡은 이 유적은 주변 마을들과 연결되어 있으며, 약 6.26㎢의 넓은 지역에 걸쳐 다양한 건축물과 정착지 흔적이 분포해 있다. 이러한 유적들이 보여주듯, 카랄-수페 문명은 기원전 3,100년경부터 번성하기 시작해, 인근의 작은 마을과 읍락을 통합하며 세력을 확장했다.

카랄-수페 중심 도시는 일반적 취락형태보다는, 고도의 도시 계획을 바탕으로 건설된 사회적·종교적 중심지였다. 경사진 계곡의 중간부에 위치해, 강의 계절적 범람을 피할 수 있도록 설계되었으며, 종교의식이 이루어지는 공간과 일반 거주지가 명확히 구분되어 있었다. 이는 신정일치 사회(종교와 정치가 결합된 통치 구조)의 특징을 반영하는 요소로 해석된다. 도시 중심에는 여섯 개의 피라미드형 제단이 자리 잡고 있다. 그중 가장 큰 제단은 높이 약 18m, 밑변이 137m×152m에 이르며, 사각형 계단식 구조를 갖추고 있다. 피라미드 정면에는 정상으로 이어지는 넓은 계단이 설치되어 있으며, 정상부에는 원형의 작은 제단과 화로가 배치되어 있다.

피라미드 주변에는 여러 개의 방과 공간이 서로 연결된 구조물이 발견되었으며, 제물로 바쳐진 생선, 조개, 곡물 등의 음식물, 정교하게 제작된 악기(피리, 플루트), 그리고 불을 피운 흔적이 남은 화덕이 출토되었다. 이를 통해 카랄-수페인들이 신이나 조상에게 음식을 바치고, 불을 피우며, 음악을 연주하는 의식을 거행했을 가능성이 높다고 해석된다. 특히 악기 출토는 카랄-수페 문명이 음악과 의식을 중시했던 사회였음을 시사한다. 가장 흔히 사용된 악기 재료는 콘도르와 같은 대형 조류의 뼈였다. 조류의 뼈는 속이 비어 있어 관악기 제작에 적합했기 때문이다. 이 외에도 갈대, 점토, 석재 등을 이용해 다양한 피리와 휘파람을 제작한 흔적이 발견되었다. 이는 카랄-수페 문명이 단순한 생존을 넘어, 문화적·예술적 정체성을 갖춘 사회였음을 보여주는 중요한 증거다.

문명의 기원을 다시 쓰다

카랄-수페 문명의 발견은 안데스 문명의 기원을 다시 쓰게 만든 획기적인 사건이었다. 차빈 문명보다 약 2,000년 앞선 도시 문화가 존재했다는 사실은, 기존의 문명 발전 모델을 새롭게 해석할 필요성을 제기했다. 이 문명은 해양 자원과 농업을 조화롭게 활용하며, 조직적이고 계획적인 도시를 건설한 사회였다. 종교적 중심지와 공공 건축물을 갖춘 도시 형태는 후대 안데스 문명들의 발전 과정에도 영향을 미쳤을 가능성이 크다.

오늘날에도 카랄-수페 유적은 신대륙 문명의 기원을 탐구하는 데 있어 중요한 단서를 제공하며, 잊혔던 고대 도시 문명의 위상을 되찾고 있다. 카랄-수페 문화에서는 금속을 사용하는 기술이 존재하지 않았다. 대신, 제단을 비롯한 건축물들은 현지에서 채석한 커다란 돌을 이용해 만들어졌다. 특히 제단은 채석한 석재를 단순하게 치석하여 쌓아 올리는 방식으로 건설되었는데, 사각 모서리에 사용된 돌을 제외하면 별도의 다듬는 과정 없이 자연 그대로의 돌을 많이 활용했다. 먼저 하층 기단을 쌓고, 그 위에 비교적 큰 돌들을 차례로 올려 구조를 완성했다. 제단의 외부 벽면과 표면은 돌의 평평한 면이 바깥을 향하도록 쌓았으며, 틈새를 점토로 메운 뒤 표면을 덧발라 구조적 안정성과 미적 효과를 높였다. 내부 구조 역시 독특한 방식을 활용했는데, 강에서 채집한 둥근 강돌과 자갈을 갈대로 엮은 자루에 담아 층층이 쌓아 올리는 방식으로 지지벽을 형성했다. 이러한 자루는 무거운 돌을 쉽게 운반하고 배치할 수 있도록 도왔을 뿐만 아니라, 건축물의 전체적인 안정성을 높이는 과학적인 공법으로 평가된다.

대형 피라미드의 제단 주변에는 행정 업무를 담당하는 관공서와 지배 계급의 주거용 건물이 도시 계획에 따라 정돈된 형태로 배치되어 있었다. 특히 눈길을 끄는 것은 피라미드 바로 앞에 위치한 원형 구조물이다. 이 구조물은 지하 2m 깊이로 파서, 직경 20m에 이르는 원형 벽면을 돌로 쌓아 올린 형태다. 출입을 위해 두 곳에 계단형 입구가 마련되어 있으며, 피라미드의 계단과 직접 연결된 점으로 보아 종교 의식을 위한 공공 집회장으로 사용되었을 가능성이 크다. 이러한 원형 구조물은 미국 남서부 지역에서 약 1,500년 전에 등장한 "키바Kiva"와도 유사하다. 특히 약 1,200년 전 푸에블로Pueblo 조상들이 남긴 차코 캐니언Chaco Canyon 유적에서도 비슷한 구조물이 발견되었으며, 종교적 행사와 공공 집회 장소로 활용된 것으로 알려져 있다.

카랄-수페 문화는 신분에 따라 계층이 명확히 구분된 사회였다. 그만큼 거주 공간도 사회적 지위에 따라 뚜렷하게 나뉘었다. 통치자와 그의 가족, 상류 계층은 도시의 핵심부, 즉 피라미드와 원형 구조물이 자리한 종교 의례 중심지 근처에 대형 석조 주택을 짓고 생활했다. 이들은 도시 생활을 누리며 정치와 종교 활동을 주도했을 것이다. 도시 내부는 효율적으로 설계된 도로망으로 연결되었고, 관공서와 시장, 넓은 광장도 여러 곳에 조성되었다. 이러한 광장은 축제와 공공 집회가 열리는 중요한 공간이었을 것으로 보인다. 반면, 대형 건축물의 건설은 주로 하층민들이 맡았으며, 이들에게는 금이나 은이 아닌 마른 멸치가 임금으로 지급되었다. 이는 고대 이집트에서 피라미드 노동자들이 양파와 마늘을 보상으로 받았던 사례와 유사한 보상 체계다.

일반 주민들은 도시 외곽, 수페강 하류에 자리한 마을에서 생활했다. 이들은 흙벽돌로 벽을 쌓고 갈대로 지붕을 덮은 집을 짓고, 대가족 단위의 공동체를 형성하며 살아갔다. 마을 내에는 직물을 짜거나 공예품을 제작하는 공동 작업장과 농산물을 저장하는 공간이 마련되어 있었다. 당시 목재가 귀했기 때문에 바다에서 발견한 고래의 척추뼈를 잘라 의자로 사용하기도 했다. 이 의자의 크기는 높이 약 60㎝, 직경 90~150㎝ 정도로 상당히 컸다. 또한, 이들은 안데스 산맥에서 흘러내리는 강물을 이용해 저수 시설을 만들고 복잡한 수로망을 구축하여 농사를 지었다는 명확한 증거도 남아 있다.

카랄-수페인들은 거대한 피라미드를 쌓았지만, 이를 무덤으로 사용하지는 않았다. 피라미드는 신을 섬기고 의식을 치르는 신성한 공간이었기에, 신분 사회의 흔적을 보여주는 무덤이 거의 발견되지 않았다. 하지만 2003년, 피라미드 기단부를 발굴하는 과정에서 작은 바구니에 담긴 채 안치된 여자아이의 시신이 발견되었다. 생후 6~9개월로 추정되는 이 유아의 시신은 귀한 면직물로 정성스럽게 감싸져 있었으며, 잉카 제국에서 행해졌던 미라 처리 방식은 아니었지만, 건조한 노르테 치코 지역의 기후 덕분에 보존 상태가 매우 양호했다. 아이를 면직물로 감싸 바구니에 넣어 피라미드 기단 근처에 묻는 풍습은 일반적인 장례 의식이라기보다는 피라미드 준공을 기념하거나, 특정 의례 과정에서 자연신 또는 조상신에게 바치는 공물의 의미가 컸을 가능성이 있다. 어린 아이를 신에게 바치는 종교적 의식은 마야나 잉카 문화에서도 유사한 사례가 발견된다. 카랄-수페 문화가 안데스 문명의 기틀을 형성하는 중요한 기반이었음을 보여주는 대목이다.

왜 무덤과 토기가 없을까?

카랄-수페 문명은 오늘날 페루 북서부 안데스의 계곡 평야에서 꽃피운 고대 문명으로, 고고학자들 사이에서 여전히 많은 수수께끼를 간직한 존재다. 이 문명은 피라미드와 같은 거대한 석조 구조물을 남겼지만, 이상하게도 지금까지는 그에 상응하는 일정한 형식과 의례적 구조를 갖춘 무덤은 발견되지 않았다.

상류층의 주거지 인근에서 인골이 출토되긴 했으나, 부장품이 거의 없거나 전혀 없었고, 일부 유골에서는 화염에 그을린 흔적까지 관찰되었다. 이러한 정황은 카랄-수페인들이 시신을 화장한 뒤 거주지 근처에 보관하거나 안치했을 가능성을 암시한다. 이들은 죽음을 삶의 연장선으로 받아들였던 것으로 보인다. 동시에, 공동체의 일부로서 죽은 자 역시 생활 공간의 일부로 간직하고자 했던 의도가 엿보인다.

그러던 중, 2025년 4월—카랄-수페의 미스터리에 또 하나의 조명이 비춰졌다. 페루의 고고학자들이 카랄-수페의 인근 해안 지역 아스페로에서, 의례 제단으로 추정되는 구조물 속에 미라화된 상류층 여성의 시신을 발굴한 것이다. 아스페로는 고대 수산무역의 중심지로, 약 5천 년 전부터 수산자원을 바탕으로 한 해양문명이 발전했던 곳이다. 이 지역은 해산물의 보급기지로서, 육지와 바다를 잇는 문명의 거점이었으며, 이번 발견은 그 문화의 섬세하고도 정교한 일면을 드러내 주었다.

미라는 면직물과 식물성 섬유로 여러 겹 정성스레 감싸여 있었고, 금강앵무의 화려한 깃털로 장식된 망토가 그녀의 몸 위를 덮고 있었다. 주변에서는 멀리 떨어진 아마존 유역에서만 발견되는 조개껍질, 아름다운 구슬, 어망, 심지어 고구마까지 출토되어, 이 여성의 사회적 신분이 당시 사회에서 중요한 위치를 점했던 인물임을 시사했다. 특히

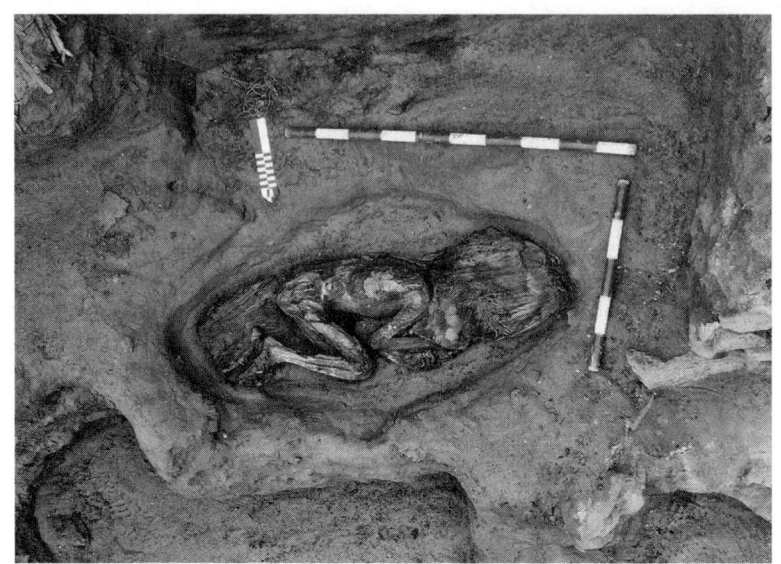

2015년 페루 해안지역 아스페로 유적에서 발견된 여성 미라
(출처 : 페루 문화부)

보존 상태가 매우 양호하여 머리카락과 손톱까지 남아 있어 고고학자들에게 큰 관심을 불러일으켰다. 부장품에 사용된 품목 중에서 면직물과 어망 그리고 고구마 등은 내륙지역에서 수입한 것으로 여겨진다.

더욱 흥미로운 점은, 2015년 이 일대에서 발견된 또 다른 여성 유골에서도 유사한 장신구와 부장품이 출토되었다는 사실이다. 이는 노르테 치코 문화권에서 여성 또한 남성과 동등한 사회적 지위를 가졌을 가능성을 뒷받침해주는 고고학적 단서로 평가받고 있다. 죽은 여인의 미라는 침묵하고 있지만, 그녀의 옷자락과 곁에 놓인 유물들은 오랜 세월을 넘어 이 문명의 이야기를 들려주고 있는 셈이다.

그렇다면 왜 노르테 치코 문명의 중심지인 카랄-수페 지역에서는 아직까지 대규모 매장 시설이 발견되지 않았을까? 이에 대해 학자들은 몇 가지 가설을 제시하고 있다.

카랄-수페 의례용 부장품인 흙과 갈대로 제작된 인형
(출처 : 페루 문화부)

첫째, 카랄-수페인들은 개인의 죽음보다는 공동체 전체의 의례와 지속성을 더 중시했을 가능성이 있다. 삶과 죽음이 분리된 사건이 아니라, 공동체 안에서 순환하는 연속된 과정으로 이해되었을지도 모른다. 둘째, 화장이나 이차장(시신을 한 차례 매장한 뒤 일정 기간이 지난 후 다시 이장하는 방식)이 일반적인 장례 관행이었을 가능성도 제기된다. 이는 유골에서 발견된 화염 흔적이나 부장품의 부재 와도 부합한다. 셋째, 무덤이 현재까지 발굴된 도심 영역이 아니라, 아직 조사되지 않은 외곽 지역에 존재할 가능성 역시 배제할 수 없다. 카랄-수페 지역은 아직도 많은 부분이 미발굴 상태로 남아 있기 때문이다.

앞의 아스페로 유적에서 드러난 정황을 고려하면, 또 다른 해석도 가능하다. 일반인들의 경우에는 이차장을 통해 죽음을 처리했을지 모르지만, 상류층은 미라화를 거쳐 정식 무덤에 안치되었을 가능성도 있다. 이처럼 카랄-수페 문명의 장례 문화는 일률적이지 않고, 계층이나 신분에 따라 다양하게 분화되어 있었을 수 있다.

인류가 정착 생활을 시작하면서 토기 문화가 보편화되었다. 토기는 곡물을 저장하고 음식을 조리하는 데 필수적인 도구로 자리 잡았으며, 대부분의 고대 복합사회에서 중요한 역할을 했다. 하지만 놀랍게도 카랄-수페 문명에서는 토기를 사용한 흔적이 아직 발견되지 않았다.

남아메리카 대륙에서 토기가 처음 등장한 시기는 약 7,000년 전으로, 5,000년 전에는 에콰도르 해안 지역에서 발전된 형태의 토기가 나타났다. 이후 4,500년 전에는 멕시코와 미국 동남부 지역까지 토기 문화가 확산되었다. 그렇다면 왜 카랄-수페인들은 토기를 개발하거나 받아들이지 않았을까라는 의문이 제기된다. 그 해답은 그들의 자연환경과 생활 방식에서 찾을 수 있다. 카랄-수페 지역은 갈대와 조롱박이 풍부한 곳이다. 이들은 이를 활용해 바구니와 바가지를 만들어 토기 대신 사용했다. 또한, 이 지역은 수산자원이 풍부하고 기후가 건조하여 음식 보존에 유리한 조건을 갖추고 있었다. 실제로 유적지에서는 돌로 만든 대형 저장 용기와 갈대로 엮은 그릇이 발견되었다.

다른 문명에서는 토기를 이용해 음식을 끓이거나 삶았지만, 카랄-수페인들은 해산물과 농작물을 햇볕에 말리거나 흙 오븐과 불에 달군 돌을 이용해 조리했다. 또한, 이들은 정교한 면직물 제작 기술을 갖추고 있어 다양한 형태의 자루를 만들어 식량을 운반하고 보존하는 데 활용했다. 이러한 면직물은 해안 지역에서 수산물과 교환하는 중요한 교역 품목이기도 했다. 결국, 카랄-수페인들은 토기를 사용하지 않고도 안정적인 생활을 유지할 수 있었으며, 이를 통해 고대 도시 문명으로 발전할 수 있었다. 토기가 필수적이라 여겨졌던 다른 고대 문명과 달리, 이들은 자신들만의 방식으로 생존과 번영을 이루어낸 것이다.

카랄 수페 문명은 신대륙에서 가장 오래된 도시 문명으로 평가되며, 인류 문명의 기원에 대한 흥미로운 논의를 불러일으키고 있다.

또 하나 지적할 사항은 구대륙의 고대 문명에서 자주 사용된 기록 방법과 달리, 카랄-수페 문화에는 복잡한 문자 체계가 없었다는 것이다. 대신, 그들은 매듭을 이용한 기록 방식 quipu을 개발하여 숫자와 거래 품목을 기록했다. 매듭의 형태와 색깔로 거래 내역을 시각적으로 표현하는 이 방법은 후에 잉카 제국을 비롯한 다른 고대 안데스 문명에서도 계속 사용되었다

카랄-수페 문명에서 주목할 만한 또 다른 특징은 조각이나 벽화와 같은 정교한 조형 예술품이 거의 발견되지 않았다는 점이다. 이는 당시 사회가 물질적 표현보다는 종교적 의례, 음악, 춤, 그리고 구전문학과 같은 무형 문화유산의 창출에 집중했기 때문일 가능성이 크다. 이들은 또한 거대한 피라미드를 중심으로 효율적으로 설계된 도시를 건설하고, 계절 변화로 인해 발생하는 가뭄과 홍수를 정교한 관개시설을 통해 효과적으로 극복하였다. 더불어, 면직물을 대량 생산하고 표주박을 활용한 생활 용기에 예술적 디자인을 가미하여 타 지역으로 수출하는 등 활발한 교역망을 구축하였다. 이러한 안정적인 사회·경제적 발전 덕분에 별도의 조형 예술을 창작할 필요성이 상대적으로 낮았을 것으로 추정된다.

카랄-수페 문화가 도시 국가 사회로 발전하게 된 원인은 다음과 같이 정리할 수 있다. 일반적으로 고대 문명의 형성 원동력으로 간주되는 자원 부족에 따른 전쟁설은 이 지역에는 적용되지 않는다. 이는 전쟁과 관련된 유물이나 유적이 전혀 발견되지 않았기 때문이다. 대신, 카랄-수페 인들은 집약 농경을 위해 강에서 물을 끌어오는 관개시설을 확충하고, 원거리 교역을 통해 잉여 생산물을 축적하였다. 이렇게

축적된 잉여 생산물은 지배층으로 전달되어 종교적·정치적 목적으로 활용되었다.

더 나아가, 당시의 정치·경제 체제는 특정 자원의 독점과 상품화 과정을 통해 부를 축적하는 한편, 권위를 상징하는 물품을 유통시키는 방식으로 운영되었다. 즉, 지배 계층이 사회의 경제를 총괄하며, 원거리 교역을 통해 수입한 귀중한 자원을 독점하는 과정에서 계층화 된 도시 사회가 형성되었을 것으로 보인다. 또한, 중앙에 집결된 물품들은 공공 노동의 대가로 피지배 계층에 재분배되었다 결국, 카랄-수페 문명의 발전은 효율적인 관개시설의 건설과 관리, 교역망의 통제, 그리고 이를 통한 경제적 상호작용이 맞물리는 과정에서 이루어졌으며, 이러한 요소들이 결합된 결과 도시를 기반으로 한 문명이 출현하게 되었음을 시사한다.

카랄-수페문명의 세계사적 의미

카랄-수페 문명은 약 5,000년 전에 형성되어 노르테 치코 지역의 여러 도시와 마을을 통치하며 1,000년 이상 평화롭게 지속되었다. 독특한 자연환경과 경제 체제를 바탕으로 도시와 사회 구조를 발전시킨 이 문명은 한때 번영을 누렸지만, 약 3,800년 전 역사 속으로 사라졌다. 그런데, 1,000년 이상 유지된 문명이 어떻게 몰락했는지는 아직도 미스터리로 남아 있다. 학자들은 기후 변화가 주요 원인일 가능성이 크다고 본다. 지질학적 연구에 따르면, 기원전 1800년경 노르테 치코 지역은 오랜 가뭄에 시달렸다. 강우량이 급감하면서 농업 생산량이 크게 줄었고, 이는 심각한 식량 부족을 초래했을 것이다. 특히, 이 지역은 안데스산맥과 태평양 해류의 영향으로 주기적으로 엘니뇨 현상이 발생했는데, 이로 인한 가뭄뿐만 아니라 홍수가 빈발하여 생태계 변화로 인한 농업과 교역망에 치명적인 영향을 미쳤을 가능성이 크다

또한, 오랜 문명 유지 과정에서 광범위한 벌목과 관개시설의 과도한 사용으로 인해 토양이 점차 황폐해졌을 것이다. 결국, 지속적인 농경이 어려워지면서 사회의 기반이 흔들렸고, 이는 내부 갈등과 외부 교역망의 붕괴로 이어졌을지도 모른다. 농업이 무너지면 경제가 약화되고, 이는 곧 사회 구조 자체를 위태롭게 만든다. 카랄-수페 문명의 붕괴는 아직도 많은 의문을 남긴다. 이 때문에 일부 미디어에서는 외계인이 이 문명을 건설했다는 황당한 가설을 제기하기도 한다. 그러나 역사가 증명하듯, 문명의 흥망성쇠는 대개 인간과 자연 환경 간의 복잡한 관계 속에서 이루어진다.

카랄-수페 문명이 자취를 감춘 뒤, 그 인근의 페니코Penico 지역에서 또 하나의 잃어버린 도시가 발견되어 세계적인 관심을 끌고 있다. 가장 최근 발굴된 페니코 유적은 카랄-수페에서 동쪽으로 약 27㎞ 떨

최근 조사된 페루 페니코 도시유적(2017년~2025년 발굴조사)
(출처 : 페루 문화부)

페루 페니코 도시유적 반지하 원형 광장
(출처 : 페루 문화부)

어진 해발 600m의 고지대에 위치하고 있으며, 해안에서 다소 떨어져 있지만 교역과 물류의 중심지로서 중요한 위치적 특성을 지닌 곳이다. 이곳은 해안 지역인 아스페로에서 생산되는 해산물을 쉽게 들여올 수 있고, 이를 다시 안데스 고원이나 아마존 지역으로 수출할 수 있는 교역의 거점으로서 중요한 역할을 할 수 있었다.

페루 문화부의 발표에 따르면, 지난 8년 동안의 발굴 작업에서 페니코 도시의 일부가 드러났으며, 현재까지 18개의 구조물이 확인되었다. 이들 가운데는 의례용 제단, 공공건물, 주거지 등 다양한 유구가 포함되어 있으며, 특히 카랄-수페의 피라미드 제단 앞에서도 발견된 둥근 형태의 반지하 대형 구조물이 주목된다. 아울러 공공 건축물로 간주되는 사각형의 방 벽에는 벽화와 부조가 장식되어 있는데, 그중에서 소라 고둥으로 만든 나팔이 그려진 그림이 유난히 눈에 띈다. 종교의례와 국가적 행사에 등장하는 이 악기는 차빈 문화로 이어지는 고대 안데스 문명 전통의 중요한 요소가 된다.

발굴팀은 카랄-수페 문명이 자연재해로 멸망한 뒤, 그 유민들이 이 지역으로 이주해 기원전 1800년에서 1500년 사이에 페니코 문화를 창조했을 것이라고 추정하고 있다. 이 유적의 발견은 수페 문명과 차빈 문명 사이의 공백기를 메우는 획기적인 발견으로 평가된다. 앞으로 더 체계적인 연구 결과가 발표되어 무덤과 토기문제를 비롯한 초기 안데스 문명의 구체적인 실체가 밝혀지길 기대한다.

고대 안데스 사회는 카랄-수페와 페니코 문명을 거치면서 기원전 900년경, 노르테 치코 지역 북쪽 안데스산맥 계곡에서 차빈Chavín 문화가 나타났다. 차빈 문화는 도시국가 형태를 갖춘 고대 문명으로, 해발 약 3,100m의 두 강이 만나는 비옥한 평야에 자리 잡고 있었다. 차빈의 중심지인 차빈 데 우안타르Chavín de Huántar는 당시 사람들이 신성한 장소로 여긴 성지였다. 이곳에는 대규모 석조 신전이 세워졌으며, 사제와 지배 계층이 모여 권력을 행사했다. 특히, 안데스 전역의 원주민들이 이곳을 순례하며 종교 의식을 치렀고, 자연스럽게 교역의 중심지 역할도 하게 되었다.

차빈 문화는 카랄-수페나 페니코처럼 대규모 도시를 건설하지는 않았지만, 정교한 석조 건축과 조각 기술이 뛰어났다. 신전 내부에는 배수와 환기 기능을 갖춘 지하 터널이 설치되었으며, 건축물 곳곳에는 석재 도구를 이용해 정밀하게 조각한 문양이 새겨졌다. 특히, 신전과 석조 조형물에는 *산악의 왕*으로 불리는 재규어Jaguar 형상이 자주 등장한다. 원주민들은 재규어를 신성한 존재이자 권력의 상징으로 여겨, 이를 종교 의례와 신앙의 중심에 두었다. 또한, 농업과 공예 기술에서도 상당한 발전을 이루었다. 옥수수와 감자를 집약적으로 재배했으며, 토기 제작 기술을 발전시켰다. 또한, 금세공과 합금 기술을 익혀 정교한 보석과 의례용품을 만들었고, 아름다운 직물을 생산하는 직조 기술도 발달했다. 일부 학자들은 차빈 문화가 카랄-수페 문명의 영향을 받았다고 보지만, 두 문명 사이에는 분명한 차이가 존재한다. 차빈의 정교한 조각과 세련된 귀금속 가공 기술, 그리고 발전된 토기 문화는 카랄-수페 문명에서는 찾아보기 어려운 요소들이다. 이는 차빈 문화가 독자적인 발전 과정을 거쳤다는 것을 시사한다. 차빈 문화는 이후 모체Moche, 치무Chimú, 그리고 잉카Inca 문명과 같은 고대 안데스 문명의 기틀을 마련했다. 그러나 흥미롭게도, 그 이전의 카랄-수페 문명과는 문화적으로 상당히 다른 모습을 보인다.

카랄-수페 문명의 형성 시기는 세계사의 기존 개념을 뒤흔들 만큼 이른 시기이다. 이 문명은 고대 인더스(인도·파키스탄)나 황하(중국) 문명보다 1,000년 이상 앞선다. 따라서 세계 5대 고대 문명의 발상지를 논할 때, 노르테 치코(카랄-수페) 문명을 빼놓을 수 없다.

인류는 수만 년의 여정을 동북아시아를 거쳐 약 20,000년 전에 신대륙에 도착했고, 이곳에서 최초의 원주민 사회가 형성되었다. 흥미로운 점은, 신대륙의 원주민들이 구대륙과 완전히 단절된 상태에서도 독자적인 문명을 발전시켰다는 것이다. 약 9,000년 전부터 농경을 시작했으며, 5,000년 전에는 도시국가를 형성하기 시작했다. 당시 신석기 시대를 살던 우리 조상들의 대부분이 반지하 움집에서 생활하고 있을 때, 신대륙의 원주민들은 이미 웅장한 도시를 세우고 복잡한 사회를 운영하고 있었다. 놀랍게도, 그들의 문명 발전 과정은 구대륙 문명 발생지의 양상과 매우 흡사했다.

오래전부터 일부 서구 학자들은 아메리카 원주민들을 미개하거나 지능이 낮은 존재로 묘사하곤 했다. 그러나 카랄-수페 문명의 존재는 이런 편견을 완전히 뒤엎는다. 그들은 자연과 조화를 이루며 번영을 누린 고도로 발달한 문명이었고, 이후 등장할 여러 문명의 토대를 마련했다. 이제 우리는 안데스 문명을 이야기할 때, 잉카 제국만이 아니라 그보다 훨씬 앞선 카랄-수페 문명에도 주목해야 한다. 신대륙 원주민의 문명사는 우리가 생각하는 것보다 훨씬 더 오래되고, 더욱 다양하게 펼쳐져 있기 때문이다.

2
세계적인 도시
: 테오티우아칸Teotihuacan

　고대 문명의 발상지 중 하나로 손꼽히는 테오티우아칸은 한때 세계에서 가장 거대한 도시였다. 수많은 문화가 공존하며 활발한 교역이 이루어졌던 이곳은, 그 자체로 국제 도시라 할 만했다.
　저자는 대학원 시절, "문화의 진화와 고대 도시국가의 기원"이라는 수업에서 학기 말 리포트 주제로 테오티우아칸을 선택했다. 그때부터 이 도시에 깊이 매료되었고, 결국 1979년과 1980년 팔로브랑코Paloblanco 프로젝트를 수행하며 중남미 유적을 조사하던 중 직접 테오티우아칸을 여러 차례 답사했다. 그리고 그 순간, 웅장한 도시의 위용 앞에서 압도적인 감동을 받았다. 당시에는 테오티우아칸의 구조나 피라미드 내부에 대한 연구가 미흡해 많은 부분이 미스터리로 남아 있었다. 하지만 지난 수십 년간 꾸준한 연구가 이루어지면서 시타델 성채를 비롯한 여러 신전의 지하에서 수많은 유물과 구조물이 발굴되었다. 덕분에 오랫동안 베일에 싸여 있던 테오티우아칸의 실체가 조금씩 드러나고 있다.

올멕 문명과 테오티우아칸

멕시코와 중미 지역의 고대 문명은 주로 저지대 평원과 고원지대에서 발전했다. 약 3,500년 전, 멕시코만(대서양 연안)의 베라크루스 Veracruz 지역을 중심으로 올멕Olmec 문화가 형성되기 시작했다. 올멕인들은 늪지대와 밀림을 배경으로 작은 마을을 통합하며 신전을 세웠고, 신과 초자연적 존재를 돌에 새기는 예술적 전통을 남겼다. 그들의 대표적인 조각 중 하나가 바로 *재규어Jaguar* 상이다. 흥미로운 점은, 멕시코만 지역의 올멕 문화와 지리적으로 한참 떨어진 페루의 안데스 지역에서도 비슷한 시기의 문명에서 재규어를 신성시했다는 것이다. 두 문화가 직접 교류했을 가능성은 크지 않지만, 각기 독립적으로 재규어를 신성한 존재로 인식했다는 점은 신비로운 공통점으로 남아 있다.

올멕인들은 또한, 거대한 석재를 깎아 사람 머리를 조각했다. 이 거석 조각들은 높이가 1.5~3.4m에 이르며, 가장 큰 것은 무게가 50t에 달한다. 얼굴의 표정은 강인하고 신비로운 분위기를 띠는데, 이는 당시 지배자나 신과 같은 존재를 형상화한 것으로 보인다. 이러한 석재 조각술은 이후 멕시코 고원지대의 테오티우아칸 문명과 저지대의 마야 문명에도 큰 영향을 미쳤다.

고대 도시의 탄생, 테오티우아칸(기원전 300년~서기650년)

약 2,300년 전, 멕시코 고원지대의 중심인 멕시코 계곡Valley of

Mexico에는 인류가 정착할 만한 이상적인 땅이 자리하고 있었다. 여러 개의 화산이 둘러싼 넓은 분지는 천연 호수와 강, 그리고 풍부한 지하수 덕분에 농경과 생활에 유리한 조건을 갖추고 있었던 점이 특징이다. 비록 반 건조 기후였지만, 화산 폭발로 만들어진 비옥한 토양에서는 옥수수, 콩, 호박 같은 주요 작물이 잘 자라났고, 이 지역은 일찍이 농경 사회로 발전할 수 있었다. 약 10,000년 전부터 이곳에는 사냥과 채집으로 생계를 이어가던 사람들이 살았고, 약 5,000년 전부터는 농경과 함께 작은 마을들이 생겨나기 시작했다. 시간이 흐르며 점차 정착지가 커졌고, 기원전 1,000~400년경에는 현재의 멕시코시티 인근, 텍스코코 호수 주변에 쿠이쿠일코Cuicuilco라는 초기 도시국가가 등장했다. 이들은 피라미드형 신전을 중심으로 한 종교 중심 사회를 이룩하며 문화와 교역을 활발히 발전시켰다.

한편, 쿠이쿠일코에서 북동쪽으로 약 50㎞ 떨어진 곳에서도 농경이 발달하고 마을이 형성되었다. 이곳이 바로 테오티우아칸Teotihuacan이다. 기원전 400년경부터 이 지역의 여러 마을이 통합되며 점차 복잡한 사회 구조를 이루기 시작했고, 쿠이쿠일코와 교역과 경쟁을 이어가는 가운데 독자적인 도시국가로 성장해 갔다. 특히 테오티우아칸은 주

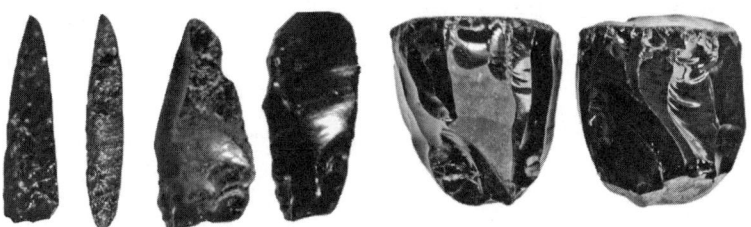

멕시코 테오티우아칸의 흑요석
오른편 몸체에서 원하는 모양으로 제작되는 과정

변의 풍부한 천연자원을 바탕으로 한 경제적 기반을 갖추고 있었는데, 이는 도시 성장의 결정적인 동력이 되었다. 테오티우아칸이 특별했던 이유 중 하나는 이 지역에서 대량으로 채굴되는 고품질의 흑요석 Obsidian, 즉 *화산 유리*였다. 다양한 색상의 흑요석은 단단하고 날카로운 특성 덕분에 도구, 무기, 종교 의식에 쓰이는 의례용품은 물론, 귀족을 위한 장신구로도 널리 사용되었다. 테오티우아칸 사람들은 이 흑요석을 가공해 부를 축적하고, 멕시코 계곡은 물론 멀리 떨어진 지역까지 활발한 교역망을 구축해 나갔다. 그 외에도 건축에 쓰이는 현무암과 석회암, 벽화를 위한 점토와 석고 역시 중요한 자원이자 교역품이었다.

이처럼 자원을 장악하고 가공·유통 능력을 갖춘 테오티우아칸은 경제적으로 빠르게 성장했으며, 그 지리적 위치 또한 이를 뒷받침했다. 도시의 입지는 멕시코만 연안과 유카탄 반도의 마야 문명, 나아가 과테말라를 비롯한 중남미 전역과의 교역을 가능하게 했고, 곧 이곳은 멕시코 계곡을 넘어 중미 전체의 종교적·경제적 중심지로 부상했다. 이러한 급성장에는 또 하나의 중요한 전환점이 있었다. 경쟁 도시였던 쿠이쿠일코가 반복된 화산 폭발로 인해 도시 전체가 화산재와 용암에 묻혀 사라진 것이다. 이는 테오티우아칸의 결정적 기회였다. 삶의 터전을 잃은 수많은 난민들이 테오티우아칸으로 몰려들었고, 그 결과 이 도시는 다양한 종족과 문화를 품은 국제적인 도시로 거듭났다.

테오티우아칸은 기원전 100년경부터 눈에 띄게 성장하기 시작했고, 이후 수 세기 동안 중미 문명 발전의 핵심 거점으로 기능했다. 인구는 최대 15만에서 20만 명에 이르렀으며, 오늘날에도 남아 있는 거대한 피라미드와 정교한 도시 계획은 당시 이 문명의 위엄을 보여준다. 하지만 약 1,400년 전, 어느 날 갑자기 이 번영의 도시는 쇠퇴했고,

마치 신기루처럼 역사의 무대에서 사라졌다.

죽은 자의 거리와 웅장한 피라미드

테오티우아칸의 도시 구조는 매우 정교하게 설계되었다. 도시의 중심에는 남북을 관통하는 죽은 자의 거리Street of the Dead가 조성되어 있으며, 이를 중심으로 바둑판 모양의 도시 계획이 이루어졌다. 주요 행정 건물과 궁전, 저택, 광장, 그리고 피라미드 사원들이 이 도로를 따라 배치되었다. 아즈텍인들은 이 도시를 신이 태어난 곳, 신이 우주 만물을 창조한 곳, 혹은 태양의 도시라고 불렀다. 또한, 마야 유적에서 발견된 비석에는 테오티우아칸을 사람이 많이 사는 곳Place of Reeds이라는 의미의 문자로 기록해 두었다.

죽은 자의 거리라는 이름은 후대에 이곳을 방문한 아즈텍인들이 붙인 것이다. 그들은 이 길이 거대한 무덤으로 이어진다고 믿었다. 실제로 탁 터인 도로는 도시의 북쪽 끝에 자리한 달의 피라미드Pyramid of the Moon에서 시작해 남쪽으로 약 4km 뻗어 있으며, 도로의 폭은 40~100m에 달한다. 죽은 자의 거리 남쪽 끝에는 거대한 방형 요새인 시타델Citadel과 그 안에 위치한 깃털 달린 뱀의 신전Temple of the Feathered Serpent과 광장, 공공건물, 제단, 등이 자리 잡고 있다. 이 신전은 화려한 조각과 독특한 건축 양식으로 유명하며, 당시 종교 의례와 권력의 중심지 역할을 했던 것으로 추정된다.

죽은 자의 거리를 중심으로 펼쳐진 테오티우아칸의 도시 풍경은 고대 문명 속에서도 유난히 체계적이고 정교한 도시 계획의 정수를 보여준다. 거리 양쪽에는 테오티우아칸 시대의 핵심 행정 건물과 궁전, 사원들이 질서 정연하게 자리 잡고 있으며, 그 사이에는 지배 계층과 성직자들의 고급 저택이 위엄 있게 배치되어 있다. 눈에 띄는 것은 장인과 예술가들을 위한 복층 구조의 아파트형 주택들로, 이들은 조밀하게 모여 하나의 주거단지처럼 형성되어 있었다. 이와 함께 외국 상인들을 위한 숙소, 활기찬 시장, 그리고 공공의 광장이 도심 곳곳에 자리하며, 테오티우아칸이 종교 도시를 넘어 정치, 경제, 예술이 유기적으로 어우러진 복합 도시였음을 짐작하게 한다. 무엇보다도 당시 대부분의 거주 공간이 아파트식 복층 구조로 계획되어 있었다는 점은, 이 고대 도시가 현대적 도시 개념에 가까운 놀라운 공간 감각을 지니고 있었음을 시사한다.

특히 도시의 중심부에는 테오티우아칸을 대표하는 거대한 건축물, *태양의 피라미드* Pyramid of the Sun가 웅장하게 자리하고 있다. 피라미드는 신대륙에서 가장 큰 피라미드로, 꼭대기에 올라서면 도시 전체를 한눈에 내려다볼 수 있으며, 당시 이곳에서 이루어졌을 제의와 의식의 규모를 가늠할 수 있다. 테오티우아칸은 하나의 도시를 넘어, 2,000여 년 전 중남미 문명이 얼마나 발전된 사회를 이루었는지를 보여주는 중요한 징표다. 오늘날까지도 많은 부분이 미스터리로 남아 있지만, 그 웅장한 도시의 흔적은 여전히 방문하는 이들에게 깊은 감동을 준다.

1) 태양의 피라미드 Pyramid of the Sun

테오티우아칸 문명이 가장 번성하던 시기, 서기 200년경에 건설된 태양의 피라미드는 고대 중남미에서 가장 거대한 건축물이었다. 피라미드는 세계에서 세번째로 큰 규모를 자랑하며, 기단부(밑변)의 길이는 225m×225m에 달해 마치 작은 도시의 한 블록을 차지하는 듯하다. 원래 높이는 75m였지만, 상부의 제단 구조물이 파손되면서 현재는 65m 정도만 남아 있다. 1900년대 초반 복원 공사가 진행되었으나 완벽한 원형 복구는 이루어지지 않았다. 이집트 기자Giza의 쿠푸왕 피라미드와 비교하면 높이는 절반 수준이지만, 기단부 크기는 거의 비슷하다. 그러나 두 피라미드의 건축 방식은 확연히 다르다. 고대 이집트인들은 청동 도구를 사용해 석재를 정교하게 가공했지만, 테오티우아칸인들은 오직 석재 도구만을 사용해 이 거대한 피라미드를 세웠다. 수천 년 전, 금속 도구 없이 수많은 돌을 쌓아 올린 그들의 건축 기술은 오늘날에도 경이로움을 자아낸다.

태양의 피라미드는 테오티우아칸 문명을 대표하는 독특한 건축 양식인 탈루드-타블레로Talud-Tablero 기법으로 지어진 건축물이다. 고대 이집트의 피라미드가 부드럽게 이어지는 단일 경사면으로 구성된 것과 달리, 테오티우아칸의 피라미드는 층마다 기울어진 경사면(탈루

테오티우아칸 태양의 피라미드

드) 위에 수직의 직사각형 벽면(타불레로)이 낮게 반복적으로 쌓이는 구조를 가지고 있다. 이러한 방식은 피라미드에 독특한 계단형 외관을 부여하며, 각 층의 수직 벽면이 외부에 노출되어 장식이나 기념 요소를 표현하기에 적합하다. 실제로 수직 벽면에는 색을 칠하거나 조각을 새기는 작업이 용이해, 다양한 상징적 이미지를 담을 수 있었다. 피라미드의 전면에는 가파른 계단이 정상까지 이어져 있으며, 이 역시 구조적 안정성을 높이는 역할을 한다. 탈루드-타불레로 기법은 미적 요소는 물론, 지진이 잦은 지역의 내진 구조로도 해석된다. 경사진 면은 상부의 하중을 효과적으로 분산시켜 전체 구조를 견고하게 유지한다. 이 기법은 테오티우아칸에서 시작되어 마야 문명 등 중미의 다른 문명으로 널리 전파되었다.

태양의 피라미드는 단단한 현무암을 외벽에 사용하고, 내부에는 자갈과 아도비Adobe라 불리는 말린 흙 벽돌을 채워 넣어 축조되었다. 벽 표면은 석고와 석회 반죽으로 마감되어 구조적 안정성과 형태의 균형을 동시에 고려했다. 과거에는 피라미드의 외벽이 회반죽으로 덮여 있었고, 그 위에 프레스코 기법으로 다채로운 그림이 그려져 있었던 것으로 보인다. 지금은 대부분의 벽화가 사라졌지만, 피라미드 내부 지하의 일부 벽면에서는 여전히 프레스코 벽화가 발견되고 있다. 이러한 사실은 이 공간이 다양한 종교 의례가 행해졌던 신성한 장소였음을 짐작하게 한다.

태양과 달력, 그리고 지하 터널의 신비로운 유물

1971년, 멕시코 고고학자들은 태양의 피라미드 아래에서 인공적으로 만들어진 터널과 동굴을 발견했다. 터널은 피라미드 정면에 위치한 작은 제단에서 약 7m 깊이로 파고 들어가, 다시 피라미드의 정 중앙 바닥을 향해 103m 길이로 뻗어 있으며, 그 끝에는 네 잎 클로버 모양의 방이 있었다. 방에서는 흑요석으로 만든 단검, 동물 뼈, 토기, 녹색 옥翡翠으로 제작된 인물상 등이 발견되었으며, 특히 종교 의례에 사용되었을 것으로 추정되는 가면들이 출토되었다. 이 신비로운 동굴과 터널이 왜 만들어졌는지는 여전히 명확히 밝혀지지 않았지만, 학계에서는 두 가지 유력한 해석을 제시하고 있다.

첫째, 이곳이 신에게 바치는 제의 공간이었을 가능성이다. 피라미드의 정 중앙 아래에 위치한 점과, 그 안에서 발견된 다수의 의례용 유물들은 이 공간이 성스러운 제사의 무대였음을 시사한다. 이러한 배치는 하늘과 땅, 인간과 신을 연결하려는 고대인의 우주관을 반영하는 것으로 보인다.

둘째, 지하방 구조물이 지배자의 무덤이었을 가능성도 배제할 수 없다. 고대 이집트의 피라미드처럼, 테오티우아칸에서도 지배자의 시신을 안치하는 신성한 장소로서 피라미드가 활용되었을 수 있다는 추측이다. 그러나 현재까지는 이를 뒷받침할 만한 직접적인 증거는 발견되지 않아, 여전히 학문적 논의와 상상의 영역에 머물러 있다. 어떤 용도로 사용되었든, 이 지하 공간은 테오티우아칸인들이 신과의 연결, 영원한 번영과 생명을 기원했던 종교적 전통을 보여주는 중요한 단서이다.

아즈텍 후손들의 전언에 따르면, 태양의 피라미드는 한때 붉게 칠해져 있었다고 한다. 붉은색은 피와 불, 그리고 태양을 상징하는 색으로, 테오티우아칸 문명의 종교적 상징성과도 연결된다. 이 문명의 사람들은 천체의 움직임과 달력 체계를 중시했으며, 태양의 피라미드는 춘분과 추분에 태양이 특정 위치에 정렬되도록 설계되었다. 또한, 피라미드의 각 측면은 260개의 계단으로 구성되어 있는데, 이는 테오티우아칸에서 사용된 260일의 종교 달력과 일치한다. 이러한 점을 고려하면, 태양의 피라미드는 천문 관측소이자 신성한 제단으로 기능했을 가능성이 크다. 그러나 테오티우아칸 문명은 기록 문자를 남기지 않았기 때문에, 피라미드가 정확히 어떤 용도로 사용되었는지는 여전히 명확하지 않다. 다만, 마야 문화의 사례를 고려했을 때, 태양신 숭배, 풍요 기원, 천문 관측, 국가적 의례 등 다양한 목적을 가진 신성한 공간이었을 것으로 추정된다.

태양의 피라미드 정면에는 넓은 광장이 펼쳐져 있으며, 이는 테오티우아칸의 중심 도로인 죽은 자의 거리Street of the Dead와 연결된다. 광장의 양옆에는 단층 구조의 제단 두 개가 자리 잡고 있으며, 제단을 지나면 피라미드 정상으로 이어지는 계단이 나온다. 과거에는 왕과 성직자들이 종교 의식을 위해 이 계단을 오르내렸지만, 오늘날에는 관광객들이 이 계단을 따라 정상까지 올라가 테오티우아칸 유적을 한눈에 내려다보며 역사적인 순간을 경험할 수 있다. 태양의 피라미드는 테오티우아칸의 정체성을 확립하고, 국가적 통합을 이루며, 지배자의 정치적 권위를 나타내는 상징적인 건축물이었다.

일부 학자들은 피라미드 건축 기술이 고대 이집트에서 유래하여 대서양을 건너 테오티우아칸까지 전파되었다는 주장을 하기도 한다. 그러나 이는 설득력이 떨어지는 가설이다. 신대륙 원주민들의 피라미드는 주로 종교 의식을 위한 제단의 구조물이 정상에 있었던 반면, 이집트의 피라미드는 왕의 무덤으로 건축되었다. 기능과 구조적 특징은 물론 축조기법이 다른 만큼, 두 지역의 피라미드는 각 문명의 독창적인 발전의 결과로 보는 것이 타당하다.

오늘날 태양의 피라미드는 여전히 많은 미스터리를 간직하고 있지만, 그 거대한 규모와 정교한 설계, 그리고 신비로운 지하 공간은 여전히 수많은 연구자와 방문객들을 매료시키고 있다.

2) 달의 피라미드 Pyramid of the Moon

테오티우아칸의 중심 도로인 *죽은 자의 거리Street of the Dead*는 도시 북쪽 끝에서 시작된다. 그 끝자락에는 웅장하게 솟아오른 달의 피라미드가 자리하고 있다. 이 피라미드는 태양의 피라미드보다 약간 이른 시기에 건설되었으며, 이후 여러 차례 증축되면서 종교적, 정치적, 사회적 기능을 수행하는 중요한 공간으로 자리 잡았다. 피라미드 기단부(밑변)의 크기는 130m×147m, 높이는 약 43m에 달해, 테오티우아칸에서 태양의 피라미드에 이어 두 번째로 큰 규모를 자랑한다. 피라미드의 주요 건축 자재는 현무암과 붉은 화산석인 *테손틀Tezontle*, 그리고 흙벽돌, 석고, 석회를 활용하여 마감되었다. 피라미드 정면에는 넓은 광장이 조성되어 있으며, 중앙 기단부와 연결된 다섯 개의 계단식 제단이 배치되어 있다. 제단을 따라 넓은 계단이 정상까지 이어지는데, 과거 정상에는 의례를 거행할 수 있는 목조 구조물이 있었을 것으로 보인다. 현재는 그 흔적이 남아 있지 않지만, 당시 이곳에서 중요한 제의가 이루어졌을 가능성이 크다.

달의 피라미드는 테오티우아칸의 *위대한 여신Great Goddess*에게 헌정된 신성한 제단으로, 국가의 풍요, 농사의 번영, 그리고 사후 세계의 평온을 기원하는 종교 의식이 거행된 장소였다. 1999년, 멕시코 고고학자들은 피라미드 내부에 무덤방(매장실)이 존재하는지 확인하기 위해 지하 정보 원격 탐사를 시작했다. 조사 결과, 현재까지 총 6개의

테오티우아칸 달의 피라미드 부근 제단과 죽음의 거리

무덤방이 발견되었으며, 이 무덤방들은 피라미드가 여러 차례 증축되면서 층층이 쌓여 형성된 것으로 밝혀졌다. 특히, 2017년 조사단은 피라미드 지하 10m 깊이에서 무덤방으로 연결되는 인공 터널을 발견했다. 무덤방은 바닥 면적이 3.4m×3.4m인 정사각형 구조로, 내부 높이는 약 1.5m에 이른다. 이러한 구조를 통해 연구자들은 테오티우아칸 사람들이 피라미드의 중앙축을 따라 무덤을 배치하며, 천체와 종교적 개념을 결합했을 가능성이 크다고 보고 있다. 무덤방에서는 다양한 유물이 출토되었으며, 특히 사람의 뼈와 동물의 유골이 함께 발견되어 특정한 의례가 행해 졌음을 강하게 시사한다.

한 매장실에서는 네 구의 인골과 여러 동물의 뼈가 함께 출토되었다. 흥미로운 점은 일부 시신이 밧줄에 묶여 있었고, 머리가 잘려 따로 놓여 있었다는 점이다. 이는 전쟁에서 잡힌 포로를 인신공양용 제물로 바친 흔적일 가능성이 크다. 또한, 피라미드에서 발견된 동물의 유골에는 재규어, 퓨마, 늑대, 독수리, 개, 방울뱀 등이 포함되어 있다. 이 동물들은 당시 테오티우아칸 사회에서 신성한 존재로 여겨졌으며, 권력과 신의 뜻을 상징하는 특별한 의미를 가지고 있었다. 무덤방에서 발견된 인공 유물들은 매장 의례와 신에게 바치는 공물로서 중요한 의미를 지닌다. 출토된 주요 유물은 다음과 같다.

- 흑요석Obsidian으로 만든 칼과 화살촉
- 녹색 비취翡翠, Jade로 제작된 가면과 인물상
- 황철광을 갈아 만든 거울
- 바다 조개껍질로 만든 장신구

이 유물들 중 흑요석은 자연적으로 형성된 화산 유리의 일종으로, 고대인들에게 매우 중요한 도구이며 종교적 장신구였다. 흑요석은 색깔이 아름다워 귀족들의 호사품이며, 날카롭게 깨지는 특성 덕분에 무기뿐만 아니라, 간단한 외과 수술 도구로도 사용될 정도이다.

한편, 녹색 비취로 만든 가면과 구슬 장신구는 사회적 신분과 권력을 상징하는 물품으로, 원재료는 멀리 과테말라에서 수입된 것이었다. 이는 당시 테오티우아칸 문명이 먼 지역과 활발한 교역을 했음을 보여주는 중요한 단서다. 또한, 출토된 유물 중 일부에서는 꽃가루가 검출되었는데, 이는 무덤을 장식하거나 사망자의 평온한 사후 세계를 기원하며 부장품과 함께 꽃을 넣는 의례가 존재했음을 시사한다. 이처럼 달의 피라미드에서 발견된 유물들은 사후 세계와 관련된 깊은 신앙과 우주론적 개념이 반영된 종교적 상징물이었다.

달의 피라미드는 무덤의 기능과 함께, 종교 의례와 신앙이 이루어진 신성한 공간이었다. 출토된 인골과 유물들은 테오티우아칸 사회가 포로를 희생하는 순장 의식, 동물 공양, 신 숭배, 장례 의식을 통해 사람과 자연, 그리고 사후 세계를 연결하는 우주론적 신념을 가지고 있었음을 보여준다. 연구자들은 달의 피라미드 내부에 추가적인 무덤방이 존재할 가능성이 크다고 보고 있으며, 구조물의 보존을 최우선으로 하면서도 첨단 기술을 활용한 정밀 조사를 진행하고 있다. 앞으로 더욱 깊이 있는 탐사가 이루어진다면, 테오티우아칸 문명의 사회 구조와 장례 문화에 대한 새로운 단서가 발견될 가능성이 높다. 어쨌든 달의 피라미드는 사람들이 하늘을 바라보며 신과 소통했던 공간, 그리고 삶과 죽음의 경계를 넘어 영원한 안식을 기원했던 성스러운 장소였다.

3) 신비로운 성채 Citadel
: 테오티우아칸의 비밀을 품은 공간

고대 도시 테오티우아칸. 이곳을 관통하는 죽은 자의 거리 Avenue of the Dead를 따라 남쪽 끝으로 향하면, 웅장한 성벽으로 둘러싸인 신비로운 성채 Citadel와 그 안에 자리한 깃털 달린 뱀의 사원 Temple of the Feathered Serpent이 모습을 드러낸다. 도시의 중심 남쪽에 자리한 신비로운 성채는 신성한 의례와 정치적 권력이 공존하는 거대한 복합 공간이자, 테오티우아칸 문명의 핵심을 담고 있는 곳이다. 최근 정밀한 고고학적 조사 결과, 성채와 주변 유적이 도시의 형성과 사회적 구조에 대한 새로운 단서를 제공하면서 학계뿐만 아니라 대중의 관심을 사로잡고 있다.

성채는 한 변이 약 400m에 이르는 정사각형 형태로, 높이 7m에 달하는 이중 성벽으로 둘러싸여 있어 외관상 요새처럼 보인다. 그러나 이 구조는 방어용 시설이라기보다는, 신성한 공간과 외부 세계를 구분 짓는 경계로 보는 것이 더 적절하다. 바깥 성벽은 외부의 위협으로부터 전체 구역을 보호하는 역할을 했고, 안쪽 성벽은 종교적인 의식이 이루어지는 성역을 감싸는 신성한 경계로 작용했다. 성채 내부에는 넓은 광장과 중앙 사원이 자리하고 있으며, 이들은 안쪽 성벽 안에 함몰된 형태로 조성되어 주변 지면보다 약간 낮게 위치해 있다. 대형 광장은 테오티우아칸과 인근 지역에서 모여든 약 10만 명의 사람들을 수용할 수 있었던 것으로 추정된다. 이는 동시대 로마의 콜로세움보다도 두 배 이상 많은 인원을 수용할 수 있는 규모다.

성채의 건축적 정교함은 성벽에서도 드러난다. 두 개의 성벽은 화산석, 석회암, 그리고 흙벽돌Adobe brick로 축조되었으며, 그 위에 석고와 석회를 발라 벽화를 그려 넣었다. 벽면에는 붉은색, 파란색, 흰색의 생동감 넘치는 색채로 신들의 형상을 그려 넣었고, 일부 구간에는 깃털 달린 뱀의 조각과 기하학적 무늬를 양각으로 새겨 신성함을 강조했다. 이처럼 정교한 장식은 테오티우아칸 사회가 지닌 종교적 믿음과 세계관을 엿볼 수 있는 중요한 단서다.

성벽 내부에는 또 하나의 흥미로운 공간이 숨어 있다. 내벽은 외벽으로부터 약 100m 거리를 두고 세워져, 두 성벽 사이에는 넓은 완충 지대가 형성되어 있다. 겉보기에 단순한 빈 공간처럼 보이지만, 이 구역은 다양한 기능을 수행했던 다목적 공간이었다. 사방으로는 두 성벽을 따라 소규모의 사원과 제단들이 질서 있게 배치되어 있었으며, 행정 업무를 위한 건물들과 함께, 성직자나 귀족들의 거처로 추정되는 석조 구조물들도 이곳에서 확인되었다. 마치 하나의 작은 도시처럼, 종교와 정치, 일상과 권력이 이 공간 안에 신비롭게 얽혀 있었던 것이다. 이러한 다기능적 성격은 학자들의 다양한 해석과 추정을 이끌어내고 있다.

고고학자들은 이곳이 종교 의식에 필요한 물품을 보관하는 장소였을 가능성이 크다고 보고 있으며, 동시에 병사들이 외부의 침입을 효과적으로 방어하는 역할을 수행했을 것이라고 추측한다. 또한, 성채 내부에서 진행되는 국가적 행사나 종교 의식이 있을 때, 통치자와 성직자들이 행렬을 이루며 이동하는 순례길로도 사용되었을 가능성이 있다. 이는 마치 불교에서 탑을 돌며 수행하는 탑돌이 의식과도 유사한 개념일 것이다.

성채로 들어가는 출입구는 남쪽, 동쪽, 서쪽에 각각 존재했으며, 이 중 가장 큰 남쪽 출입구는 테오티우아칸의 중심 도로인 죽은 자의 거리와 직접 연결되어 있었다. 넓은 계단과 제단이 마련된 이곳에서는 성채에 들어서기 전, 정신과 육체를 정화하는 종교 의식을 치렀을 것으로 보인다. 성채의 중심부에서 약간 서북 쪽에는 *깃털 달린 뱀의 신전*이 자리하고 있으며, 동쪽과 서쪽 출입구는 행정직 귀족과 성직자들의 거주 공간으로 이어지는 구조를 띠고 있다. 일반 시민들은 대개 국가 행사나 종교의식이 있을 때만 남쪽 출입구를 통해 입장할 수 있었을 것이다.

그렇다면, 테오티우아칸 사람들은 왜 이토록 거대한 이중 성벽을 구축했을까? 아직까지 그 해답은 명확하지 않다. 일부 학자들은 성벽이 방어 시설의 기능과 함께, 성스러운 공간과 속세를 분리하는 역할을 했을 것으로 해석한다. 또한, 국가적 의례가 열리는 동안 특정 계층만이 출입할 수 있도록 통제하는 기능도 수행했을 것이다. 혹자는 성채 내부에서 거대한 의식이 거행될 때, 이곳을 따라 행렬이 이동하며 신성한 의식을 치렀을 것이라고 주장한다. 마치 신전과 도시를 연결하는 축제의 길처럼 말이다.

성채를 둘러싼 이중 성벽은 멕시코 남부 오아하카 계곡의 몬테 알반, 유카탄 반도의 치첸 이트사, 아즈텍의 수도였던 테노치티틀란에서도 볼 수 있다. 하지만 이들 성벽은 대개 신전 주변을 둘러싸 일반 주민들의 출입을 제한하는 기능이었으며, 테오티우아칸의 시타델처럼 웅장하고 정교하지는 않았다. 반면, 시타델의 이중 성벽은 출입 통제뿐만 아니라 방어, 종교적 신성성, 음향 효과, 사회적 계급 구조의 상징으로도 활용되었다. 이중 성벽은 물의 흐름에도 영향을 주었다. 한 변이 400m에 달하는 성벽은 성채 외곽의 바둑판식 도로와 수로를 직각으로 가로지르며, 물길을 막는 구조였다. 이를 해결하기 위해 건축가들은 벽을 여러 구획으로 나누고 바닥에 물이 통과할 수 있는 수문

테오티우아칸 시타델 성채의 이중 성벽과 광장
(출처 : Sergio Gómez / BBC Mundo, 2017년 5월 5일자 기사에서 발췌)

시설을 만들었다. 연구에 따르면, 테오티우아칸인들은 인근에 흐르는 강의 물줄기를 성채로 끌어들이기 위해 인공 수로를 조성했다. 또한, 성채 내부의 이중 성벽은 이러한 물을 저장하고, 농사철에 방류하여 수량을 조절하는 역할도 했다는 설이 있다. 더 나아가, 성채 내부에 연못을 조성하여 깃털 달린 뱀의 신전과 연결된 신화를 구현하려 했을 가능성도 있다. 즉, 건축물과 사람들이 원래 물속에 있다가 신의 힘으로 솟아올랐다는 믿음을 형상화한 것이다. 이러한 관점에서 이중 성벽으로 축조된 성채는 신성한 상징이자 통치자의 권위를 드러내는 중요한 요소로 작용했다.

오늘날 테오티우아칸의 성채는 여전히 많은 미스터리를 품고 있다. 과거 이곳을 가득 메웠을 인파와 신성한 의식, 그리고 그들이 바라보았을 장대한 풍경은 사라졌지만, 돌에 남겨진 벽화와 웅장한 구조는 당시의 숨결을 간직한 채 우리에게 말을 걸어온다. 이 신비로운 공간을 통해 우리는 고대 문명의 종교적 신념과 사회 구조, 그리고 건축 기술의 정점을 엿볼 수 있다. 테오티우아칸은 여전히 많은 비밀을 감추고 있지만, 그 유적을 마주하는 순간, 우리는 이미 2,000여 년 전 과거와 조우하고 있는 셈이다.

성채의 대광장과 깃털 달린 뱀의 사원이 자리한 이 구역은 일반인의 거주 공간과 철저히 구분된 종교적 중심지였다. 이곳은 신성한 위엄이 깃든 성역으로, 사원과 제단에서 이루어지는 의식은 신과 인간을 이어주는 매개일 뿐 아니라, 외부로부터의 악귀나 부정한 기운을 차단하는 기능도 수행했다.

의례가 진행될 때는 신에게 제사의 시작을 알리는 노래와 악기 소리가 광장 전체에 울려 퍼졌을 것이다. 만약 일반 사람들이 이러한 종교 의식을 직접 볼 수 있었다면, 제사장과 성직자들이 신의 신비로운 힘을 온전히 발휘하는 데 방해가 되었을지도 모른다.

성채의 내부 성벽 주변에는 귀족과 성직자들의 주거지, 공공행정 건물, 공방, 그리고 소규모 신전들이 줄지어 있었다. 이곳에는 중앙에 중정(안뜰)이 마련되어, 사적인 모임과 제사, 연회가 열리는 공간으로 사용되었다. 저택의 바닥과 벽은 매끈하게 마감되었고, 다채로운 색채로 장식되었다. 특히, 붉은색, 노란색, 파란색, 초록색으로 그려진 벽화들은 귀족들의 화려한 생활과 종교적 신념을 보여준다.

벽화 속에는 통치자와 사제들이 신을 위해 제사를 지내는 장면이 묘사되어 있으며, 일부 방에서는 붉은 바탕 위에 녹색 깃털 모양이 그려진 프레스코화가 발견되었다. 이는 깃털 달린 뱀의 신과의 관계를 암시한다. 또한, 길이 약 1m의 정교한 목제 홀(笏)이 출토되었는데, 표면에는 깃털 달린 뱀이 조각되어 있었다. 홀은 왕이나 제사장이 의식을 거행할 때 사용한 것으로, 고대 중남미 원주민 문화에서 권위를 상징하는 중요한 유물이기도 하다. 탄소연대 측정 결과, 이 유물은 약 2,000년 전에 제작된 것으로 밝혀졌다.

이처럼 시타델(성채)의 성벽과 건축물은 종교적 신념과 사회 질서 그리고 방어적 성격을 담아낸 정교한 구조물이었다. 오늘날 이를 연구하는 우리는 유적 속에 담긴, 당시 사람들이 지닌 신앙과 세계관을 엿볼 수 있다.

성채 바깥에 자리한 테오티우아칸의 주거 공간은 대가족이나 공동체 생활에 적합한 아파트형 구조로 연결되어 있었다. 그러나 성채(시타델) 성벽 사이의 일부 건물은 주거지라기보다 창고, 회의실, 또는 행정과 종교 의식을 위한 공간으로 활용되었으며, 중앙 광장과 연결되는 통로도 갖추고 있었다. 또한 귀족과 성직자들이 거주했던 것으로 추정되는 주택들은 높은 성벽으로 둘러싸여 외부와 철저히 분리되어 있었고, 출입구는 한두 개뿐이라 방어에 유리한 구조를 이루었다. 이러한 점에서 이 구역은 주거 공간보다는 행정적 권위와 종교적 기능을 수행하는 성역으로 이해된다. 성채 벽 사이에 축조된 행정과 주거용 건물은 테오티우아칸 전역에 분포한 수천 개의 아파트형 주택 가운데서도 가장 웅장하고 정교한 건축물로 꼽힌다. 화려한 실내 장식은 이곳이 단지 거주 공간을 넘어, 정치·종교적 중심지로 사용되었을 가능성을 뒷받침하며, 나아가 외교 사절을 접견하거나 외부 지역과의 관계를 조율하는 장소로도 활용되었을 것으로 보인다.

시타델의 작은 신전들

시타델 내부에는 15개의 작은 신전들이 중앙의 광장과 깃털 달린 뱀의 신전을 중심으로 배치되어 있다. 각 신전은 동쪽에 3개, 서쪽·남쪽·북쪽에 4개씩 성벽과 연결되었지만, 독립적인 신전 역할을 수행했다. 이러한 건축 방식은 공간을 효율적으로 활용하면서도, 종교적 기능과 방어적 역할을 동시에 수행할 수 있도록 설계된 것이다. 신전의 정상에는 원래 목조로 된 종교적 구조물이 있었지만, 현재는 파손된 상태다. 이 중 북쪽, 동쪽, 남쪽에 위치한 신전들은 모두 광장을 향하도록 지어졌으며, 외부는 이중 성벽으로 둘러싸여 있었다. 반면, 서쪽은 유일한 출입구 역할을 하면서, 네 단계로 이루어진 돌계단이 설치되어 있었다. 이러한 사원 배치 구조를 보면, 시타델 성채는 평소 일반인의 출입이 제한되었으며, 특정한 종교 행사 때만 개방되었을 가능성이 높다. 일반 시민들에게는 쉽게 접근할 수 없는 신성한 장소였으며, 중요한 의례가 열리는 동안에는 더욱 신비로운 공간으로 기능했을 것이다.

작은 신전들은 테오티우아칸의 정교한 도시 설계에 따라 바둑판 모양의 도시 구조 속에서 질서 있게 배치되었다. 단순한 예배 장소를 넘어, 도시 전체를 감싸는 거대한 신성 공간의 일부로 기능하며, 종교적 질서를 유지하는 중요한 역할을 했다. 신전 주변에서는 인신공양의 흔적도 발견되었는데, 희생된 이들은 주로 국가를 위해 싸운 전사들이나 전쟁 포로들이었다. 이 의식은 신에게 바치는 숭고한 봉헌 행위로 여겨졌다. 당시 사회에서는 신의 가호를 받기 위해 인간의 피와 생명이 필요하다고 믿었으며, 이러한 종교적 전통은 테오티우아칸의 군사 문화 와도 밀접하게 연결되어 있었다.

깃털 달린 뱀의 신전 Temple of the Feathered Serpent

깃털 달린 뱀의 사원은 테오티우아칸 대광장의 동쪽 중심부에 위치한 피라미드형 구조물로, 시타델 성채의 핵심을 이룬다. 태양의 피라미드와 달의 피라미드에 이어 세 번째로 큰 규모를 자랑하며, 밑변은 65×65m, 높이는 약 20m에 이른다. 여섯 개 층으로 구성된 이 피라미드는 탈루드-타블레로Talud-Tablero 기법으로 축조된 계단식 구조를 갖추고 있다. 건축에 사용된 주요 자재는 지역에서 흔히 나는 붉은 화산암인 테손틀Tezontle이며, 내부는 흙벽돌Adobe로 채워졌다. 외벽에는 현무암과 석회암이 추가되어 안정성을 보강하는 동시에 장식적인 효과를 더했다. 표면은 정교하게 다듬은 석재 사이를 석회와 석고로 메운 후, 붉은색, 파란색, 노란색 등 화려한 색으로 채색되었다. 이러한 색상은 자연에서 얻은 광물을 활용해 만든 것으로, 붉은색은 적철광에서, 녹청색은 공작석이나 남동석에서, 검정색은 숯이나 흑요석 가루에서 추출한 것이다. 정면의 가파른 계단은 정상까지 이어지며,

테오티우아칸 성채내의 깃털 달린 뱀의 신전

신전으로 오르는 주요 통로 역할을 했다. 계단 양쪽에는 낮은 난간석이 설치되어 있으며, 일정한 간격마다 깃털 달린 뱀의 머리 조각과 비와 물의 신 틀랄록Tlaloc의 형상이 돌출되듯 배치되어, 신전의 상징성과 장엄함을 더한다.

    조각들은 현무암과 석회암을 채석하여 제작되었으며, 장인들은 금속 도구 없이 단단한 돌을 이용해 망치와 끌을 만들어 석재를 다듬었다. 성직자들의 지시에 따라 신의 형상을 새겨 넣는 과정은 정성을 다해 이루어졌다. 거친 돌을 끌로 쪼고, 정교하게 깎고, 반복적으로 마모시키면서 마침내 생동감 넘치는 신의 형상이 완성되었다.

    고대 테오티우아칸 인들은 방울뱀과 형형색색의 깃털을 지닌 비단날개 새를 신성한 존재로 여겼다. 이들은 깃털이 하늘과 바람을 상징하고, 뱀이 이승과 저승을 잇는 존재로 작용한다고 믿었다. 이러한 신

테오티우아칸 깃털 달린 뱀의 신전에 조각된 깃털 달린 뱀의 신상

념을 바탕으로, 하늘과 땅을 연결하는 존재로서 깃털 달린 뱀의 형상을 만들었고, 이를 가장 높은 신으로 숭배하며 성스러운 신전에 조각했다. 이러한 관점에서 보면, 고대 그리스인과 동북아시아 인들은 뱀이 생명을 지켜주는 수호자로 여긴 반면, 테오티우아칸인들은 뱀을 단순한 수호자를 넘어 창조와 질서를 관장하는 최고신으로 숭배했다. 바로 이러한 이유로, 그들은 깃털 달린 뱀의 신전에 혼신의 힘을 다해 공들인 조각과 채색을 더하며 신성한 공간을 창조했던 것이다.

깃털 달린 뱀의 머리 조각은 세밀한 조각 기법과 화려한 장식이 돋보인다. 조각된 머리 표면에는 깃털과 비늘 무늬가 정교하게 새겨졌으며, 옥을 사용해 장식함으로써 신성함을 더욱 강조했다. 눈 부분은 푸른빛이 도는 광물질과 조개껍데기로 채워져 빛을 반사하도록 연출되었으며, 이러한 조각들은 피라미드 정면에만 약 100개가 배치되었고,

전체적으로는 300개 이상이 존재했을 것으로 추정된다.

벽면에는 화려한 채색벽화가 그려졌으며, 뱀의 몸통 전체가 부조로 조각되었다. 몸통을 따라 새겨진 비늘 문양에는 조개, 소라, 물결 무늬, 특정 보석 장식, 꽃무늬 등이 반복적으로 등장하며, 꼬리에는 커다란 새의 깃털이 우아하게 배열되어 있었다. 이 문양들 중 일부는 테오티우아칸의 자연환경에서 쉽게 찾을 수 있는 것이었지만, 조개와 소라는 먼 태평양과 대서양 해안에서, 대형 새의 깃털은 과테말라 고원지대에서, 옥은 저 지대에서 들여온 것이었다. 이를 통해 깃털 달린 뱀의 조각은 테오티우아칸이 주변 지역을 아우르는 강력한 권위를 상징하는 동시에 신성하고 신비로운 의미를 담고 있음을 알 수 있다.

테오티우아칸의 건축물에는 다양한 예술품이 장식되었지만, 특히 깃털 달린 뱀의 신전 외벽에 새겨진 조각들은 그 정교함과 예술적 완성도로 인해 최고의 걸작으로 손꼽힌다. 이러한 조각 기법은 후대의 마야 문화에도 큰 영향을 미쳤으며, 테오티우아칸이 중앙아메리카 예술의 중심지였음을 보여준다.

그러나 피라미드 정상부에 자리했던 제례용 사당은 오랜 세월 동안 자연적인 침식과 풍화작용, 그리고 인위적인 파손으로 인해 현재는 남아 있지 않다. 일부 학자들의 연구에 따르면, 초기에는 정상부에 목조 건축물이 존재했을 가능성이 있으며, 도시의 중심부가 이전되는 과정에서 이 구조물이 매립된 흔적도 발견되었다.

한편, 2003년 조사에서 피라미드 아래에 인공 동굴이 존재한다는 사실이 밝혀졌다. 이 동굴은 피라미드 정면 기단부 남쪽에서 약 13m 깊이 수직으로 파 내려간 후, 북쪽으로 약 100m에 걸쳐 피라미드의 지하 중심부까지 이어지고 있었다. 동굴 끝에는 가로 4m, 세로 4m, 높이 5m에 달하는 방 세 개가 존재했으며, 이곳에서는 테오티우아칸 지배자의 권력과 부, 종교적 신념을 보여주는 다양한 인공 유물과 자연유물, 그리고 인간의 뼈 조각이 발견되었다.

지하 방으로 연결되는 동굴 바닥에는 인간의 뼈 조각과 함께 황금빛을 띠는 황철석과 적철석 가루가 벽과 천장 곳곳에 흩뿌려져 있었다. 이는 마치 별빛이 반짝이는 신성한 공간을 연출하는 듯한 효과를 만들어냈다. 더욱 흥미로운 점은 지하 방 바닥의 얕은 홈에 다량의 액체 수은이 고여 있었다는 것이다. 지하세계의 호수나 강을 재현한 듯한 이 풍경은 테오티우아칸인들의 독창적인 세계관을 엿볼 수 있는 단서가 된다. 고대 중앙아메리카에서 수은은 매우 희귀한 물질이었으며, 빛을 반사하는 성질 때문에 어두운 공간을 밝히는 동시에 신성한 장소로 인도하는 표상으로 여겨졌다. 이러한 특성을 활용해 테오티우아칸의 제사장들은 지하 방을 초자연적인 세계와 연결되는 성스러운 공간으로 만들고자 했을 것이다. 이처럼 깃털 달린 뱀의 신전과 그 아래 숨겨진 동굴은 고대 테오티우아칸 문명의 정신적, 예술적, 그리고 종교적 신념이 집약된 신성한 공간이었다.

수은이 고여 있던 구덩이 주변에서는 황철석과 점토를 혼합해 만든, 황금빛을 띠는 둥근 공 모양의 신비로운 유물이 출토되었다. 정확한 용도는 밝혀지지 않았으나, 권력과 부를 상징하는 의례용 물품이었을 가능성이 크다. 또한, 푸른 옥으로 정교하게 조각된 다수의 인간 형상이 발견되었는데, 이들은 마치 매장된 듯한 자세를 취하고 있었다. 푸른 옥은 희귀한 보석으로, 풍요와 다산, 물, 그리고 신성한 권력을 상징한다.

부장품으로는 흑요석으로 제작된 무기와 장신구, 대서양과 태평양 연안에서 들여온 조개 목걸이와 소라, 제사 공물로 사용된 각종 음식물과 섬유질 천, 그리고 권력과 전쟁을 상징하는 재규어의 뼈와 목재

잔해 등이 포함되어 있었다. 가장 깊숙한 방에는 흑요석과 유사한 검은 돌로 정교하게 조각된 높이 1m가량의 인간 형상 두 개가 벽을 향해 배치되어 있었다. 이 형상들은 지배자와 귀족들이 조상을 신으로 숭배하며 모셨던 것으로 추정되며, 지하 공간에서 가장 중요한 부장품이었다. 특히 주목할 만한 유물로는 수천 개에 이르는 딱정벌레의 날개가 있다. 이 날개들은 의식용 의상과 모자 장식, 혹은 제사의 공물로 사용되었을 것으로 보인다. 고대 중앙아메리카 문화에서 딱정벌레와 같은 희귀 곤충은 죽음과 부활, 환생과 변신의 상징으로 여겨졌다.

 깃털 달린 뱀 사원과 관련된 유물들은 피라미드 주변에서도 인신공양의 흔적과 함께 다수 발견되었다. 1980년대, 고고학자들이 피라미드 기단부를 발굴하는 과정에서 200여 구의 남녀 인골과 다양한 인공 유물을 확인하였다. 이 유물들은 피라미드의 기단부 및 가장자리 지하에 매장되어 있었으며, 이를 통해 기원후 150~200년경 피라미드가 건설될 당시 테오티우아칸인들의 종교적 염원이 담긴 의례용 공물로 추정된다. 특히 일부 남성 인골은 인간 턱뼈와 치아로 만든 목걸이를 착용한 상태로 전쟁 무기와 함께 묻혀 있었다. 이는 그들이 전사였음을 시사한다. 이들은 전쟁 포로가 아니라, 테오티우아칸의 용감한 전사들로서 신성한 성전 건설을 위한 인신공양의 일환으로 희생되었을 가능성이 크다.

 조사단은 200여 구의 인골을 동위원소 분석하여 개개인의 출신지를 규명하고자 했다. 산소 동위원소 분석은 뼈나 치아에 포함된 산소 동위원소 비율을 조사함으로써, 생전에 이들이 마셨던 물의 원천을 밝히는 기법이다. 분석 결과, 목걸이를 착용한 전사들을 제외한 순장된 인골들은 모두 테오티우아칸 지역 출신이 아닌 것으로 나타났다. 이는 이들이 타 지역에서 전쟁 포로로 붙잡혀 와 인신공양의 희생물이 되었음을 시사한다.

피라미드 주변에서는 순장된 유골과 함께 테오티우아칸 왕국의 권위를 상징하는 다량의 화려한 유물이 출토되었다. 먼 곳에서 수입한 옥으로 정교하게 조각된 작은 인물상, 흑요석으로 만든 날카로운 칼날과 창촉, 섬세하고 세련된 토기, 향로와 삼족 받침대 등은 종교와 예술이 어우러진 테오티우아칸 문명의 정점을 보여준다. 또한, 고무나무 수액으로 만든 고무공, 적철석과 황철석을 갈아 제작한 거울, 해안 지역에서 들여온 산호와 조개껍질 등은 고원지대에서 보기 힘든 희귀한 물품들로, 원거리 교역망을 통해 유입되었거나 조공품으로 바쳐졌을 가능성이 크다. 고대 중남미에서는 종교 의례의 일환으로 고무공을 이용한 경기가 오랜 전통으로 이어져 왔으며, 이곳 시타델의 대광장에서도 공 경기장으로 추정되는 흔적이 발견되었다. 마야와 몬테 알반의 사원 및 궁전 유적지에는 이러한 경기장이 완전한 형태로 보존되어 있다.

정치·종교의 심장부

지금까지 깃털 달린 뱀의 사원에서 출토된 인공유물과 자연유물 그리고 지상과 지하에 축조된 구조물들을 알아보았다. 지하에 조성된 방은 무덤의 기능보다는, 우주의 조화를 배경으로 지하세계를 여행하며 종교의식을 치르는 의례 공간으로 여겨진다. 테오티우아칸인들은 액체 수은과 반짝이는 광물, 조개, 산호 등을 정교하게 배열하여 땅, 하늘, 바다를 상징하며 그들의 자연과 우주를 재현했다. 또한, 인간과 성스러운 동물의 뼈 조각, 옥으로 만든 인간 형상, 그리고 흑요석 칼을 천상의 신과 지하의 신에게 바치는 희생 제물로 사용한 것으로 보인다. 단단히 봉인되었던 이 지하 세계의 문이 1,800년 만에 열리면서, 우리는 고대 테오티우아칸인들의 종교관과 우주관뿐만 아니라, 지하 세계와 연결된 통치자들의 신비로운 힘까지 엿볼 수 있게 되었다. 시타델 성채는 기원후 200년경에 건설되어 약 300년 동안 테오티우아칸의 정치, 행정, 종교의 중심지 역할을 했다. 그러나 이후 더 이상 번성하지 못하고 황폐화되어, 행정과 종교의 중심 기능이 죽은 자의 거리가 시작되는 북쪽 달의 피라미드 부근으로 옮겨갔다. 그 정확한 이유는 알려지지 않았지만, 인구 증가와 도시 확장 과정에서 새로운 지배 세력이 등장하면서 달의 피라미드와 태양의 피라미드를 더 중시하여 도시의 중심을 그곳으로 옮겼다는 가설이 유력하다.

시타델을 둘러싼 거대한 이중 성벽, 통치자의 권위, 화려한 공공건물, 장엄한 깃털 달린 뱀의 신전, 방향에 따라 질서정연하게 배치된 작은 사원들, 성채 외부보다 낮게 조성된 대광장, 그리고 수없이 출토된 다양한 유물들은 테오티우아칸의 높은 문화적 수준과 정교한 사회 구조를 보여준다. 또한, 정치와 경제, 종교가 결합되어 주변 지역까지 통치했던 강력한 중앙 권력의 흔적이기도 하다. 테오티우아칸에서는 대규모 전쟁 포로들의 인신공양과 전장에서 전사한 전사들의 매장이 이루어졌으며, 이는 전쟁과 종교가 긴밀하게 연결되어 있음을 나타낸다. 지배자들은 신에게 엄청난 제물을 바치며 신의 힘을 빌려 자신의 권력을 신성화하고, 이를 통해 명령 체계를 확립하며 국력을 확장해 나갔다. 시타델은 당시 중남미 문명을 주도했던 중심지로서, 권력자들의 의례적 공간이자 신성한 종교적 중심지였다. 성채에서 출토된 호화로운 유물들은 당시의 사회적 부, 원거리 교역망, 그리고 종교 의례의 중요성을 잘 보여준다. 하지만 시타델의 건설 과정과 이후 황폐화된 이유는 여전히 미스터리로 남아 있다. 왜 7m 높이의 거대한 이중 성벽을 둘러 세우고, 성채 내부에 10만 명을 수용할 수 있는 대광장을 조성했을까?

도시의 번영
: 신들과 함께 숨 쉬던 고대 문명, 테오티우아칸

테오티우아칸은 약 1세기부터 350년 동안 눈부신 성장세를 보이며 중미 지역에서 가장 강력한 도시국가로 자리 잡았다. 이 시기, 도시 인구는 20만 명에 이를 정도로 팽창했으며, 당시 세계에서 여섯 번째로 큰 도시로 기록된다. 도시의 성장 과정에 대한 구체적인 역사 기록은 남아 있지 않지만, 그 번영의 배경에는 전략적인 입지와 풍부한 천연자원, 그리고 정교하게 조직된 생산과 교역 시스템이 있었다는 점은 명백하다.

도시 중심에는 죽은 자의 거리가 남북 축을 따라 태양의 피라미드, 달의 피라미드, 깃털 달린 뱀의 신전 등이 질서 있게 배치되어 있었다. 이러한 도시계획과 건축 구조는 종교적 상징성과 천문학적 지식이 결합된 결과였다. 전체 도시의 배치는 마치 바둑판을 연상시키며, 이는 통합된 정치 권력과 뛰어난 기술력의 존재를 반영한다. 각 신전은 제사를 지내는 장소이며 아울러, 테오티우아칸 시민들의 세계관과 종교적 신념이 농축된 상징적 공간이었다. 신전 내부에는 신과 인간, 우주와 자연의 관계를 묘사한 조각과 벽화가 정교하게 그려져 있었다. 이들 예술 작품은 종교적 교리와 권위의 정당성을 시각적으로 전달하는 수단으로 여겨진다.

태양의 피라미드 인근에는 통치자의 궁전과 귀족들의 저택이 자리했으며, 이들 건축물의 벽화는 테오티우아칸의 예술성과 미적 감각을 생생하게 보여준다. 벽화는 석회와 석고를 섞어 바탕을 만들고, 붉은 색을 중심으로 노랑, 초록, 파랑, 검정 등 다양한 색채를 사용해 그려졌다. 주된 주제는 의례 행렬, 제사 장면, 전사와 통치자의 모습 등으로, 종종 용설란Agave 앞에서 꽃으로 가득한 잔을 들고 주문을 외우는 남성의 모습도 등장한다. 용설란은 테오티우아칸 문화에서 중요한 의미를 지녔다. 이 식물은 신에게 바치는 풀퀘 술Pulque의 원료일 뿐만 아니라, 잎에서는 섬유를, 가시에서는 의식에 쓰이는 바늘을 얻을 수 있는 다목적 자원이었다. 특히 종교 의식에서는 가시로 몸을 찔러 피를 흘리는 제의가 행해졌고, 이는 신과의 교감을 상징했다. 이처럼 벽화에는 통치자와 성직자들이 신에게 경의를 표하는 장면, 신화적 동식물, 우주를 상징하는 기하학적 문양 등이 표현되어 있다. 이를 통해 우리는 당시 권력층이 종교적 권위를 통해 사회를 지배하고, 스스로를 신성한 존재로 포장했음을 엿볼 수 있다.

테오티우아칸의 건축과 예술은 중남미 원주민들이 지녔던 세계관과 가치관을 구체화한 문화적 기록물이다. 태양과 달의 신전, 생생한 색채로 장식된 벽화, 의례와 신화를 형상화한 조각품 등은 모두 이들이 어떻게 세계를 이해했는지를 보여주는 증거다. 오늘날에도 이들이 남긴 유산들은 과거의 문명을 해석하고 성찰하는 데 있어 중요한 단서를 제공한다. 테오티우아칸은 잊힌 고대로 향하는 하나의 창이며, 인류가 남긴 가장 신비롭고도 강렬한 문명 중 하나로 남아 있다. 이러한 문화적 상징성을 담은 주요 건축물들은 도시의 전성기 동안 완성되었으며, 아래와 같은 시기를 거쳐 형성되었다.

- 태양의 피라미드 : 서기 100년경
- 달의 피라미드 : 서기 200년경

- 시타델 성채와 깃털 달린 뱀의 신전 : 서기 100년~서기 250년
- 도시 확장 및 정비 완료, 전성기 도달 : 서기 300~500년대

전성기에 도시는 고도로 조직된 대도시로 발전했다. 중심부에는 통치자, 귀족, 사제, 전사 등 지배 계층이 자리했으며, 이외에도 상인, 장인, 농민, 심지어 전쟁 포로까지 다양한 계층이 역할을 나누며 사회를 구성했다. 직업의 세분화와 위계적 구조는 테오티우아칸이 정치·경제·종교가 유기적으로 융합된 복합적 문명 중심지였음을 보여준다. 도시의 서쪽 지역에는 외지인들이 거주했는데, 특히 약 400㎞ 떨어진 오아하카Oaxaca 출신들의 거주 흔적이 뚜렷하다. 그들의 토기 양식, 장례 풍습 등은 테오티우아칸 안에서도 독특하게 구분된다. 남쪽 지역에서는 과테말라의 마야 도시 티칼Tikal 출신과 멕시코만 연안의 교역 상인들의 흔적도 확인된다. 이는 테오티우아칸이 중남미 전역을 아우르는 문화·상업 교류의 중심지였음을 알 수 있다.

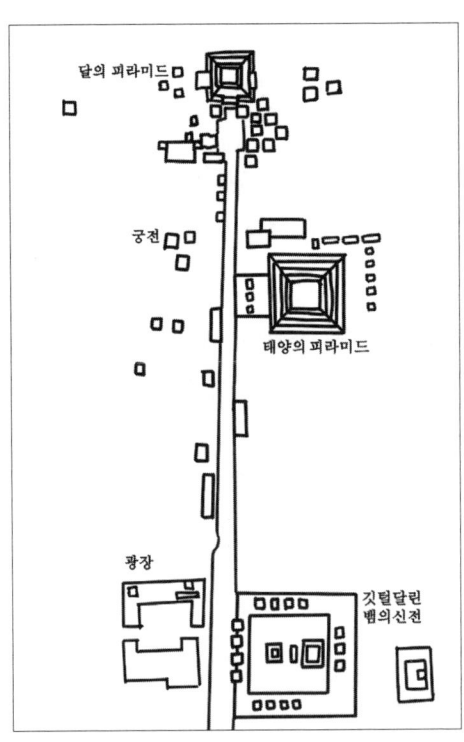

테오티우아칸 도시 구조 복원도

실제로 마야 도시 티칼에서 발견된 비석의 내용은 테오티우아칸

세력이 마야 지역에까지 영향력을 행사했음을 암시한다. 이는 테오티우아칸이 고대 도시를 넘어 초지역적 문명 네트워크의 핵심 허브였음을 시사한다.

흥미롭게도, 테오티우아칸은 도시의 크기와 발전 수준에 비해 구대륙에서 흔히 쓰이던 금속 도구를 사용하지 않았다. 건축이나 조각에 사용된 모든 도구는 돌로 만들어졌고, 바퀴도 일상생활에서는 쓰이지 않았다. 이는 신대륙에는 수레를 끌 만한 동물이 없었기 때문이기도 하다. 문자 체계는 존재했지만, 마야 문명처럼 돌에 새긴 석비 대신, 주로 동물 가죽이나 나무껍질, 석회판 등에 기록했다. 오늘날까지 남아 있는 기록은 매우 드물고 해독도 어려워, 테오티우아칸의 문자는 아직까지도 수수께끼로 남아 있다. 그 구조는 그림 문자와 소리 문자가 혼합된 것으로 추정된다. 그럼에도 불구하고, 테오티우아칸은 신과 인간, 자연과 우주가 하나로 연결된 세계관을 눈에 보이는 공간 속에 담아낸 문명이었다. 도시 곳곳의 건축물, 벽화, 조각 등은 종교와 권력, 믿음과 아름다움이 하나로 어우러진 상징체계다.

테오티우아칸의 몰락 : 문명의 순환

테오티우아칸은 500~600년경부터 쇠퇴하기 시작했고, 결국 650년경에는 완전히 폐허가 되었다. 시타델 성채의 사원들과 관계 건물은 모두가 불에 타서 파괴되었으며, 죽은 자의 거리 주변의 주요 공공건물들도 심각하게 훼손되었다. 이러한 흔적은 외부 침략자나 폭도들에 의해 의도적으로 파괴된 것처럼 보인다. 특히 흥미로운 점은, 파괴와 약탈이 도시 전체로 확산되지 않고 주요 공공건물과 상류층의 저택에만 집중되었다는 것이다. 이를 근거로 일부 학자들은 테오티우아칸의 멸망 원인을 외부의 침략보다는 내부 갈등에서 비롯된 민중 반란으로 보는 견해를 제시한다. 만약 내부 갈등이 몰락의 주요 원인이라면, 당시 테오티우아칸 사회가 직면했던 자연환경과 시대적 배경을 살펴볼 필요가 있다.

테오티우아칸이 쇠퇴기에 접어들 무렵, 남아메리카 북부의 엘살바도르에서 대규모 화산 폭발이 발생했다. 이로 인해 중남미 지역의 자연 생태계가 파괴되었고, 농사에 큰 피해가 발생했다는 사실이 확인되었다. 이러한 자연재해로 농작물 수확이 줄어들었고, 기근이 여러 해 동안 지속되었을 가능성이 크다. 고고학적 조사에 따르면, 쇠퇴기에 해당하는 유적지에서 발견된 어린이들의 뼈를 분석한 결과, 많은 수가 영양실조였던 것으로 밝혀졌다. 이는 당시 사회가 심각한 재난을 겪었음을 보여준다. 비슷한 시기에 테오티우아칸 도심에서 발생한 지진도 몰락을 앞당긴 요인 중 하나였다. 지진으로 도시의 주요 기반 시설과 건축물이 파괴되었으며, 회복이 어려운 상황에 놓이게 되었다. 자연재해로 국력이 약해지자, 인근 세력들이 성장하여 교역망을 장악하고, 테오티우아칸을 빈번히 공격하면서 쇠퇴를 가속화시켰다. 이러한 여러 요인을 종합하면, 테오티우아칸의 쇠퇴와 멸망은 자연재해, 내부 사회의 혼란, 그리고 새로운 세력의 등장으로 인한 경제적 약화가 복합적으로 작용한 결과라고 볼 수 있다.

고대 그리스 철학자들은 처음으로 "역사"라는 개념을 정립하고, 역사는 신에 의해 결정되는 것이 아니라 인간 스스로 만들어가는 과정이라고 보았다. 따라서 역사를 원인과 결과의 관점에서 분석해야 한다고 주장했다. 이러한 사상은 20세기 초반 아놀드 토인비를 비롯한 문명론자들에게 영향을 미쳤으며, 그들은 문명을 문화의 축적으로 간주하고 "탄생-성장-개화-몰락"이라는 일정한 주기로 변화한다는 가설을 제시했다.

　한 문명이 몰락하는 원인에 대해, 문명론자들은 인간이 권력과 부를 축적한 결과 자만에 빠져 결국 쇠퇴의 길로 접어든다고 설명한다. 테오티우아칸 또한 문명론자들이 설정한 문화의 단계를 거쳤다는 점은 분명하다. 그러나 단순히 권력과 부의 축적으로 인해 자만심에 빠져 몰락했다고 보기는 어렵다. 한 가지 흥미로운 점은, 역사의 전개가 신의 힘보다 인간이 만들어낸 원인과 결과에 의해 이루어진다는 사실을 당시 사람들도 인식하고 있었는지에 대한 의문이다.

3
중앙 아메리카 문명의 전개와
마야Maya 문명의 출현

잃어버린 문명을 찾아서

1836년, 런던의 한 호텔 카페에서 창가에 앉아 커피를 마시던 한 미국인 변호사는 맞은편 자리에 앉은 낯선 남자와 문득 눈이 마주쳤다. 마주 앉은 낯선 남자는 영국에서 건축가로 일하는 사람으로, 손에는 책 한 권을 펼쳐 들고 있었다. 우연히 몇 마디 인사를 나눈 두 사람은 곧 깊은 대화에 빠져들었다. 비록 처음 만난 사이였지만 고대 문명에 대한 공통된 관심이 그들을 하나로 이어주었다. 이집트의 피라미드, 바빌로니아의 유적, 페르시아의 신전 등 각자가 탐험하며 연구해 온 이야기들을 주고받는 동안, 두 사람은 어느새 오랜 친구처럼 친밀해졌다. 대화를 거듭할수록 두 사람은 아직 세상에 알려지지 않은 문명을 찾아 나서야 한다는 확신을 함께 품게 되었다.

헤어진 뒤에도 두 사람은 편지를 주고받으며 고대 문명에 관한 대화를 계속 이어갔다. 몇 년 후 미국에서 다시 만난 이들은, 마침 그 미국인 변호사가 미국 정부로부터 중앙아메리카 주재 전권대사로 임명되는 행운까지 겹치면서, 함께 중앙아메리카의 밀림으로 탐험에 나설 수 있었다. 두 사람은 울창한 숲을 헤치며 숨겨진 신전들을 찾아냈고, 마침내 고대 마야 문명의 비밀을 세상에 알리는 주역이 되었다.

이렇게 마야 문명의 숨겨진 유적을 세상에 드러낸 두 사람은 바로 미국인 존 로이드 스티븐스John Lloyd Stephens(1805~1850)와 영국인 프레더릭 캐서우드Frederick Catherwood(1804~1852)였다. 스티븐스는 본래 변호사이자 정치인으로 활동했지만, 일찍이 중동 지역의 고대 유적지를 답사하고 그 기록을 종종 신문에 발표하여 큰 반향을 불러일으킨 인물이다. 또한 그는 당대에 중앙아메리카 마야 문명에 관한 자료를 누구보다 풍부하게 수집해 둔 것으로도 유명했다. 캐서우드는 건축가이자 뛰어난 예술가로서, 펜으로 대상의 모습을 그려 내는 솜씨가 탁월하여 실물을 사진보다도 더 정확하고 섬세하게 묘사한다는 평가를 받았다.

1839년부터 시작된 이들의 중앙아메리카 탐험은 마야 문명의 위대한 고대 도시들을 세상에 처음 소개하는 성과를 거두었다. 이들이 세상에 알린 주요 마야 유적에는 온두라스의 코판, 과테말라 페텐 지역의 고대 유적들, 멕시코 치아파스의 팔렌케 그리고 유카탄 반도의 치첸 이트사 등이 있었다. 하지만 탐험 과정이 순탄하지만은 않았는데, 현지에서 언어 소통이 여의치 않아 한때 억울하게 투옥되기도 했고 유적을 조사하는 도중에는 토지 소유주의 방해로 작업이 중단될 뻔한 위기도 겪었다. 이에 스티븐스는 아예 유적이 있는 토지를 직접 매입하는 결단까지 내리게 되었다.

스티븐스는 미지의 밀림 속을 탐험하며 신비로운 고대 도시를 처음 발견한 순간의 흥분을 말로 다 표현할 수 없었다. 그는 그 감정을 다음과 같이 기록했다.

"이곳은 완전히 새로운 세계였다. 우리를 안내할 지도도, 길잡이도 없었으며, 모든 것이 미지의 영역이었다. 우리는 10m 앞조차 볼 수 없었고, 다음에 무엇을 발견할지 전혀 알 수 없었다. 그러던 중, 고대 석조 조각을 가리고 있던 나뭇가지와 덩굴을 잘라내기 위해 발걸음을 멈추었다. 땅 위로 드러난 신비스러운 석조 조형물의 모서리를 발견했을 때, 현지 인부들이 작업하는 모습을 가슴 졸이며 지켜보았다. 귀, 눈, 손, 발이 하나씩 모습을 드러낼 때마다 숨을 죽였다. 마체테덩굴이나 나뭇가지를 자르는 스페인의 긴 칼이 석조 조각에 부딪히는 소리가 들리면, 나는 놀라서 닥아가 손수 느슨한 흙을 쓸어내며 석조물을 직접 확인했다. 그곳의 웅장한 조각미, 원숭이들의 재잘거림과 앵무새들의 지저귐만이 깨어 놓은 숲의 적막, 그리고 황폐한 도시를 둘러싼 신비로움은 내가 구대륙의 어느 유적지에서 느꼈던 것보다 훨씬 깊은 감동을 주었다."

스티븐스의 끈질긴 조사와 연구는 마침내 결실을 맺었다. 그는 마야 유적에 대한 기록을 담은 두 권의 저서를 1841년과 1843년에 출간했으며, 이는 학계뿐만 아니라 대중들 사이에서도 큰 반향을 일으켜 베스트셀러가 되었다.

특히 주목받았던 것은, 중남미 밀림 속에 고대인이 남긴 고도로 발달한 문명의 흔적이 고스란히 묻혀 있다는 점이었다. 그는 이곳에서 고대 이집트와 메소포타미아에 견줄 만한 신전과 피라미드, 웅장한 석조건축물과 구조물들, 그리고 비석에 새겨진 수많은 상형문자를 세밀하고 정교한 도안과 함께 소개했다. 또한, 여러 지역에 흩어진 마야 유적을 체계적으로 분석하고, 현지 원주민들의 구전과 문화를 비교한 끝에, 찬란한 문명을 건설한 주인공이 다름 아닌 당시 미개한 부족으로 여겨졌던 마야인의 조상이라는 결론을 내렸다. 이 사실은 유럽 중심적 사고에 익숙했던 서구 사회에 큰 충격을 주었다. 스티븐스와 캐서우드의 탐험과 연구는 마야 문명을 재조명하는 결정적인 계기가 되었으며, 이후 수많은 역사학자와 고고학자들이 마야 문명 연구에 뛰어드는 출발점이 되었다.

마야 유적이 밀림 속에서 발견되면서 다시금 세상의 주목을 받았지만, 고대 마야인의 역사와 문화를 구체적으로 이해하는 데는 여전히 한계가 있었다. 마야 상형문자가 학계에 소개된 지 100년이 지난 1949년에 이르러서야 본격적인 해독이 시작되었으나, 초기 해독 과정에서는 많은 오류가 있었다. 이후 지속적인 연구와 고고학적 조사를 거치면서 현재는 약 90%의 문자가 판독 가능한 수준에 도달했다.

마야 문명의 기본 틀 : 살아 있는 유산

마야인은 사라진 민족이 아니다. 그들의 문명은 오늘날에도 멕시코, 과테말라, 온두라스, 엘살바도르 등지에 뚜렷한 흔적을 남기며 살아 숨 쉬고 있다. 고대 마야의 후손들은 여전히 중남미 곳곳에서 커다란 공동체를 이루고 있으며, 유럽 제국의 침략에도 끝까지 저항한 자존의 역사를 품고 있다. 고대 마야 사회는 언어적, 문화적 다양성을 지니고 있었음에도 불구하고, 하나의 공통된 문명권을 형성할 수 있었던 배경에는 지리적 특성과 종교적 통합력이 자리한다. 마야인들은 자연

장벽이 비교적 적은 지역에 거주하며, 지역마다 방언에 가까운 차이는 있었지만 공통된 언어 체계와 기록 문자, 그리고 종교 의례를 공유했다. 이는 마야 문명이 통합적이고 강한 사회·문화적 결속력을 유지할 수 있었던 원동력이었다.

마야 문명은 정교하고 계층화된 사회 구조를 기반으로, 물물교환과 특수 화폐 사용이 공존하는 독특한 경제 체계를 발전시켰다. 이 가운데 *카카오* 콩은 가장 널리 통용된 교환 수단으로, 식재료를 넘어 경제의 혈맥을 이루는 화폐' 역할을 했다. 이들은 천문학과 종교가 결합된 정교한 달력을 두 종류나 운용했는데, 하나는 의례와 제사에 쓰이는 종교 달력, 다른 하나는 농업과 일상생활을 위한 실용 달력이었다. 마야인들은 독자적인 문자를 창조하고, 인류 역사상 최초로 '0'의 개념을 수학 체계에 도입했으며, 20진법을 바탕으로 정밀한 수 기록을 남겼다.

이러한 기록은 종종 동물 가죽이나 나무껍질로 만든 '코덱스'라 불리는 두루마리에 정성스럽게 적혔으며, 왕들의 계보와 역사적 사건은 돌로 만든 거대한 석주에 새겨져 후세에 길이 전해졌다. 문자와 숫자, 그리고 석조 예술이 하나로 융합된 유산은 오늘날에도 마야 문명의 지적 깊이를 생생히 증언하고 있다.

마야인들은 각 도시에 피라미드 형태의 신전을 건설하고 테오티우아칸 문화의 전통을 이어받아 깃털 달린 뱀을 바람과 비의 신으로 여기며 신성시했다. 그들은 신이 인간 세계와 영적 세계를 연결한다고 믿었으며, 자기 희생과 신체 훼손을 통해 조상신들과 소통할 수 있다고 생각했다. 또한, 마야인의 종교관과 우주관에는 여러 층으로 이루어진 천상, 인간 세계, 그리고 지하세계(이승)의 개념이 포함되어 있었다. 이 구조는 네 개의 방향을 중심으로 형성되었으며, 각 방향에는 특정한 색과 신이 배정되었다. 중심에는 세계를 지배하는 신성한 나무가 있어, 세 가지 다른 세계를 연결하는 축 역할을 한다고 믿었다.

마야문명(고전기 : 서기 250년~900년)의 형성

마야 문명이 발생하고 꽃을 피운 중미 지역Central America은 높은 화산지대, 메마른 사막, 그리고 울창한 열대우림으로 이루어져 다양한 생태 환경을 갖추고 있다. 마야인들은 이러한 자연환경의 이점을 활용하며, 천연 수원이 풍부한 열대우림 지역과 비교적 선선하고 자원이 다양한 고원지대에 정착했다. 그러므로 마야 문화는 지형에 따라 고원지대Highland와 저지대Lowland로 구분된다.

고원지대는 해발 300m에서 시작해 최고 4,000m에 이르며, 화산이 분포하고 일부 지역은 한랭한 기후로 인해 얼음과 눈이 덮이기도 한다. 그러나 넓은 계곡과 분지에는 비옥한 토양과 풍부한 천연자원이 있어 다양한 동식물이 서식한다. 이 지역은 뚜렷한 건기와 우기가 반복되며, 건기는 11월부터 4월까지, 우기는 5월부터 시작해 9월과 10월에 강우가 집중된다. 다만, 동남아시아의 우기와 달리 주로 오전에는 맑고 오후에 비가 오는 형태를 보인다. 연간 강수량은 지역에 따라 차이가 있으며 대략 400~900㎜ 수준이나, 과테말라 고원지대 마야 유적지대의 경우 1,200㎜ 이상에 달한다.

저지대의 자연환경은 고원지대와 뚜렷한 차이를 보인다. 마야 문명은 저지대에서 처음 형성된 후 점차 고원지대로 확산되었다. 초기 마야 문명이 번성한 엘 미라도, 티칼, 코판, 코바가 위치한 페탄 분지Petan Basin와 유카탄 반도Yucatan Peninsula는 울창한 열대우림으로 덮여 있다. 이 지역은 과거 바닷속에 있던 석회암 지층이 융기하면서 광활한 우림지대와 멕시코만을 형성했다. 페텐 지역은 지각 융기가 뚜렷해 일부 지역은 험준하지만, 대부분은 고온다습한 몬순림이 펼쳐져 있다. 정글 바닥에서 최대 45m까지 자라는 마호가니, 로그우드, 브레드넛 나무는 고대 마야인들에게 풍부한 목재를 제공했을 것이다.

열대우림 속 일부 지역에는 강과 충적 평야가 형성되어 비옥한 토양이 조성되었으며, 북쪽의 유카탄 반도로 갈수록 지형은 점차 평탄해져 큰 변화가 거의 없다. 이 지역은 다양한 동식물이 서식하는 두터운 생태계를 이루고 있으며, 숲속에는 여러 종류의 과일나무가 자랐다. 특히 아보카도는 마야인들이 즐겨 먹던 대표적인 식품이다.

페텐 분지와 유카탄 반도에는 일부 천연호수가 존재하지만, 대부분의 수원은 지각 변화로 형성된 싱크홀에 고인 물을 이용한다. 그러나 이러한 수원을 활용할 수 없는 지역에서는 물 부족으로 인해 생활에 큰 어려움을 겪었다. 건기가 시작되면 저지대의 기온은 매우 더운 날씨가 지속되다가 5월부터 10월까지는 우기지만 다른 열대 지역과 비교하면 강수량은 낮은 편이다. 예를들면 페탄 분지는 강수량이 1,700~2,200㎜를 보이다가 북쪽으로 갈수록 점차로 감소하고 안정적이지 못하여 한발이 발생하면 재해로 크게 피해를 입을 수 있다. 반대로 강수량이 너무 많은 지역은 늪지대로 형성되어 사람이 살기는 부적합한 반면에 땅을 메워서 마야 특유의 고상 농경법 Raised Fields으로 농사짓는 데는 유리하다. 지금까지 설명한 저지대의 자연환경은 마야인들이 농사를 짓고 정주 마을 생활을 하는데 양호한 조건을 지니고 있다. 마야인들의 주식은 옥수수와 콩이다. 이들은 강이나 호수 부근을 개간하고 간단한 관개시설을 구축하여 농경생활을 하였지만 수원이 부족한 지역의 주민 대부분은 화전농경 기법으로 농산물을 경작했다.

밀림 속에서 피어난 신비

광활한 저지대 밀림은 화전 농경을 시행하기에 가장 적합한 환경이었다. 하지만 화전 농경의 특성상, 한 장소에서 오랜 기간 농사를 짓는 것이 불가능했기 때문에, 마야 농민들은 마을 주변의 편리한 지역을 선택해 일정 기간 경작한 후, 토양이 황폐해지기 전에 새로운 농지를 찾아 이동하며 농사를 지었다. 인구가 증가하면서, 마야인들에게는 이러한 순환적 화전 농경을 유지하기 위해 더욱 넓은 밀림 지역이 필수적인 자연환경이 되었다. 페텐 분지와 유카탄 반도처럼 광활한 밀림은 이들에게 그러한 농경 방식을 지속할 수 있는 기반을 제공했다.

마야 문명의 기원은 여전히 베일에 싸여 있다. 밀림 속에서 하 나둘 모습을 드러낸 초기 마야 공동체는 어떻게 거대한 도시국가로 성장할 수 있었을까? 학자들은 그 기원을 기원전 1,000년경으로 추정하지만, 그들이 처음 어떻게 문명을 형성하고 정착했는지에 대한 해답은 여전히 미궁 속에 남아 있다. 초기 마야인들은 열대우림 곳곳에 작은 마을을 이루고 살았으며, 농경의 방식조차 명확히 밝혀지지 않았다. 화전 농업을 통해 풍부한 토지를 활용할 수 있었기에, 중앙 집권적인 체계 없이도 독립적인 공동체들이 유지될 수 있었던 것일까? 혹은 보이지 않는 어떤 힘이 그들을 점차 하나의 문명으로 결속시킨 것일까?

기원전 1,000년경부터 작은 마을들은 점차 변화하기 시작했다. 옥수수와 콩 농사를 중심으로 더 큰 정착지가 형성되었으며, 기원전 800년경 유카탄 반도, 기원전 600년경 페텐 분지에서는 피라미드가 솟아올랐다. 하지만 이 갑작스러운 발전을 어떻게 설명할 수 있을까? 일부 연구자들은 장거리 교역의 역할에 주목한다. 저지대에서 생산된 꿀과 소금 같은 자원들이 먼 곳의 권력자들에게 가치를 인정받으면서, 마야 지역은 중요한 교역의 중심지로 부상했다. 그러나 단순한 경제적 동기가 문명의 비약적인 발전을 설명하기에 충분한지 의문이 든다.

한때 울창한 밀림 속에 흩어져 화전 농경으로 생계를 이어가던 마야인들은 어떻게 웅장한 피라미드 신전과 정교한 석조 예술을 창조했을까? 또, 문자와 숫자의 개념을 바탕으로 생활 달력과 종교 달력을 만들고, 천문대를 건립하여 별자리와 낮의 길이를 관측하는 고도의 문명을 이룰 수 있었던 이유는 무엇일까?

오늘날에도 마야 문명의 기원은 수많은 의문을 남긴 채, 그 신비로운 베일을 완전히 걷어내지 않고 있다. 흥미 위주의 TV 역사 채널에서는 마야 유적의 석조 조각들을 근거로, 마야인들이 외계인과 접촉했을 가능성을 제기하기도 한다. 그러나 마야 문명의 발전은 단번에 이루어진 기적이 아니었다.

밀림 속에서 소규모 공동체로 살아가던 마야인들이 어느 날 갑자기 거대한 도시를 건설하고, 화려한 예술과 정교한 문자 체계를 창안한 것이 아니다. 마야 문명은 페텐 분지와 유카탄 반도를 중심으로 서서히 발전했으며, 그 뿌리는 대서양 연안에서 꽃피운 올멕Olmec(기원전 1,500~400년) 문화와 연결되어 있다. 올멕인들이 남긴 거대한 석조 머리상과 신전을 비롯한 정교한 석조 구조물들은 후대 문명에 강한 영향을 미쳤고, 마야 문명의 형성 과정에서도 그 흔적을 찾을 수 있다.

중앙아메리카의 문화 연대기

시기	연대	주요 특징	대표 문명
고기 Archaic	기원전 8000년~ 기원전 2000년	수렵·채집 사회에서 농경 사회로의 전환	초기 농경 공동체
전고전기·형성기 Preclassic	기원전 2000년~ 서기 250년	정착생활, 토기 제작, 금속 주조(구리·금), 초기 복합 사회 형성	올멕, 테오티우아칸, 초기 마야(엘 미라도르)
고전기 Classic	서기 250년~ 900년	도시 발달, 거대한 건축물, 문자 체계, 중앙집권 국가의 전성기	테오티우아칸, 몬테알반, 티칼, 코판, 팔랑케(고전기 마야)
말기 고전기 Epiclassic	서기 600년~ 900년	정치적 분열과 재편	마야 도시국가, 치첸 이트자의 출현
고전기 후기 Postclassic	서기 900년~ 1521년	군사화, 광범위한 교역망, 새로운 권력(국가)들의 부상	톨텍, 치체 이트자, 아즈텍, 후기 마야

올멕 문명(기원전 1500~400년)의 신비와 유산

올멕 문명은 기원전 1500년경부터 기원전 400년경까지 멕시코 남동부, 멕시코만 연안 지역에서 번성한 고대 문명이다. "올멕Olmec"이라는 명칭은 아즈텍인들이 이 지역 특산품으로 고무를 공물로 받았던 데에서 비롯되었다. 훗날 아즈텍인들은 고무 생산 지역을 올멕이라 불렀으며, 학계에서는 이를 고대문명의 명칭으로 사용했다.

올멕 문명의 중요성에 대한 논쟁은 계속되고 있지만, 그들의 예술, 건축, 종교적 신념은 이후 마야를 비롯한 중앙 아메리카에 등장한 고대 문명에 큰 영향을 미쳤다. 마야인들은 올멕족을 존경하며 기억하고 있었기 때문에 올멕의 유산이 마야인들에게 면면히 전해져 왔다는 사실을 찾아볼 수 있다.

올멕문명이 발생한 지역은 대서양 연안의 습한 열대지역으로 비옥한 토양이다. 자연환경은 늪과 호수 그리고 강이 형성되어 물고기, 조류 다양한 동물, 등이 만이 서식하는 곳이다. 바로 이러한 자연환경을 배경으로 올멕인들은 그 들 특유의 신앙체계를 바탕으로 수준 높은 석조 조각예술을 창조했다. 올멕 예술은 자연적 존재와 초자연적 존재를 주제로 한 작품이 많았으며, 그중에서도 가장 두드러진 모티프는 '웨어-재규어(인간과 재규어가 결합된 존재)'였다. 특히, 재규어 형상은 유아 같은 얼굴, 축 처진 입술, 크고 부푼 눈을 특징으로 하며, 이러한 스타일은 인간 형상에도 적용되어 때로는 사납게 으르렁거리는 악마와 같은 모습으로 표현되기도 했다.

올멕 문명은 중앙아메리카 예술과 종교의 원류로서, 이후 등장한 모든 문명에 깊은 영향을 미쳤다. 학자들은 오랫동안 올멕 특유의 예술 양식과 상징이 남쪽으로는 과테말라와 엘살바도르, 북쪽으로는 멕시코 계곡까지 확산되었음을 확인하고 있다. 그들이 남긴 독창적인 문화적 흔적은 마치 바람에 실려 퍼진 씨앗처럼 후대 문명 속에서 다시금 꽃을 피웠다. 올멕 문화의 기원과 형성 과정은 여전히 수수께끼로 남아 있지만, 현재까지 밝혀진 바에 따르면 그 중심지는 멕시코 만 연안의 베라크루즈 지역, 특히 산 로렌소San Lorenzo 일대였던 것으로 보인다. 울창한 열대우림과 비옥한 대지가 펼쳐진 이곳에서 올멕 인들은 대지가 만들어낸 자연 지형을 따라 거대한 도시를 조성했다. 잦은 홍수에도 불구하고, 그들은 높은 단을 이루는 고지대를 정착지로 삼아 둑과 언덕을 쌓고, 그 위에 피라미드를 세웠다. 또한, 공놀이 경기장 *Ball Court*과 같은 시설을 건설했을 것으로 추정된다. 특히 올멕인들이 남긴 거대한 석조 인물상은 그들의 신비로운 예술성과 종교적 신념을 보여주는 대표적인 유산이다. 이 웅장한 조각상들은 한결같이 정제된

표정을 하고 있으며, 마치 유적지를 굽어보듯 배치되어 있다. 이들의 존재는 당시 사회에서 강력한 통치자의 권위를 상징했을 것으로 여겨진다.

산 로렌소의 초기 정착지에서는 올멕 특유의 문화적 요소가 뚜렷하게 드러나지 않지만, 기원전 1250년경부터 주민들은 조직적인 노동력을 동원하여 인위적인 높은 토단을 조성하기 시작했다. 이는 그들이 이미 상당한 수준의 사회적 조직과 기술력을 갖추고 있었음을 시사한다. 비슷한 시기에 올멕 양식의 조각상들이 나타나기 시작했으며, 한 세기가 지나면서 일부 조각상은 하나둘씩 훼손되었다. 이로 인해 학자들은 올멕인들이 통치자의 죽음을 기리거나 정치적 변화에 따라 이러한 조각상을 파괴하는 의례적 관습을 가졌을 가능성을 제기하고 있다.

번영하던 시기, 올멕의 중심지 산 로렌소에는 약 2,500명의 주민이 거주하며 활발한 교역을 펼쳤다. 이들은 중미 지역 곳곳에서 귀중한 물품을 들여왔으며, 특히 흑요석과 같은 귀중한 광물은 중요한 교역 품목이었다. 또한, 올멕인들이 제작한 토기와 공예품은 광범위하게 퍼지며 올멕 문화권의 확장을 보여준다. 그러나 기원전 900년경, 산 로렌소는 서서히 쇠락하며 결국 버려지기에 이른다. 이후 올멕 문명의 중심지는 라 벤타La Venta로 옮겨지며 문화의 절정을 이루었다. 하지만 그들이 왜 산 로렌소를 떠나야 했는지, 그리고 이후 올멕 문명이 어떤 과정을 거쳐 소멸했는지는 여전히 미스터리로 남아 있다.

라 벤타 올멕La Venta(기원전 900년~400년)
: 올멕 문명의 성역

라 벤타La Venta는 올멕 문명의 신성한 중심지로, 이곳의 주민들은 종교 의례를 위한 사원을 늪지대 한가운데의 섬에 세웠다. 그들은 흙을 쌓아 길이 120m, 너비 70m, 높이 32m에 이르는 거대한 단을 축조하여 신전을 건립했다. 이렇게 흙과 점토로 쌓아 올린 거대한 토축 구조물이 후에 고대 마야인들이 축조한 석조 피라미드의 원형이 되었다.

고요한 대지 위에 자리 잡은 사원과 광장은 마치 과거의 숨결을 머금은 듯 신비로운 분위기를 자아낸다. 낮고 길게 이어진 구릉들이 사각형 형태의 광장을 감싸고 있으며, 광장의 한쪽 끝에는 거대한 봉우리가 우뚝 솟아 있다. 반대편에는 계단식으로 조성된 언덕과 견고한 석벽이 광장을 마주하며, 전체적으로 신비로운 질서를 이루고 있는 점이 특이하다.

이 신성한 공간에는 압도적인 규모의 석조 조각들이 흩어져 있다. 곳곳에는 거대한 올멕 석상과 제단이 자리하고 있으며, 특히 일부 석상Colossal Heads은 냉소적이면서도 야성적인 표정을 간직한 채 천 수백 년의 세월을 견뎌 왔다. 이들은 과연 누구를 향한 조롱인가? 혹은 어떤 초월적 존재를 상징하는가? 그들의 표정은 과거의 의식과 권력을 암시하는 듯하다. 유적지 곳곳에서는 옥으로 조각된 물건과 정교한 인형, 그리고 녹색을 띠는 뱀비늘석Serpentine 조각들이 다량으로 발견되었다. 이러한 유물들은 올멕인들의 종교적 신념과 사회적 위계를 보여주는 중요한 단서가 된다. 그러나 무엇보다 경이로운 것은 모든 거대한 석조물들의 원자재가 96km 이상 떨어진 곳에서 운반되었다는 사실이다. 때로는 40톤이 넘는 돌덩이들이 이곳까지 옮겨졌으며, 이는 현대적 장비 없이 오직 인력과 자연의 힘만으로 이루어진 업적이었다. 이러한 사실은 올멕 문명이 고도로 조직화된 사회였으며, 뛰어난 기술력을 보유하고 있었음을 증명한다. 라 벤타는 기원전 800년에서 400

년 사이에 번성했으나, 기원전 400년경이 되면서 화려한 석조물들은 의도적으로 파괴되었고, 늪지대의 섬 위에 세워진 신전 또한 버려졌다.

올멕 문명은 테오티우아칸이나 마야처럼 대규모 도시를 건설하지는 못했지만, 계층화된 복합 사회를 이루고 강력한 통치력을 바탕으로 대규모 노동력을 동원하여 거대한 구조물을 세웠다. 학자들은 올멕문화가 성숙한 족장사회로 존속했으나 다음단계인 고대 국가 사회로 발전하지 못했다고 평가한다. 그렇다면 올멕 문명을 과연 마야 문명의 어머니라고 부를 수 있을까? 라 벤타의 신전은 올멕 문명의 위엄과 신앙, 그리고 잊힌 시대의 영광을 간직한 건축물이자, 거인들의 땅이다.

올멕 족장사회에서 마야 왕국으로

고대 마야 문명은 과테말라와 멕시코를 비롯한 중앙아메리카 대부분 지역에 걸쳐 번성했지만, 하나의 통일된 왕국으로 유지되지는 않았다. 연구에 따르면, 수백 개 이상의 읍락과 도시국가가 존재했던 것으로 보이지만, 이에 대한 구체적인 조사는 아직 충분히 이루어지지 않았다. 현재까지 약 20개 이상의 대규모 도시국가가 존속했음이 확인되었으며, 이들 가운데 일부는 한때 티칼Tikal을 중심으로 연맹을 형성하기도 했으나 결국 해체되었다. 마야 문화는 지역마다 다소 차이가 있었지만, 마야 문화라는 큰 틀 안에서 공통된 요소를 공유하며 하나의 문화적 공동체를 형성했다는 점이 특징이다.

기원전 600년경, 올멕 문화가 멕시코 베라크루스 인근 라 벤타 지역에서 쇠퇴하기 시작할 즈음, 남쪽으로 약 400㎞ 떨어진 마야 문명의 중심지인 과테말라 페탄 분지에서는 거대한 석조 피라미드와 화려한 건축물이 갑자기 출현했다. 마야인들은 그들이 거주하는 중심지의 통치자를 묘사한 것으로 여겨지는 석조 기념물을 세우기 시작했으며, 마야의 군주들은 피라미드 장식을 위해 아름다운 석조와 석고 가면을 신과 조상의 형상으로 제작하도록 장인들에게 명령한 것으로 추정된다.

사람 얼굴을 정면에서 표현한 장식은 마야 문명에서 신성한 왕의 권위와 깊은 관련이 있는 것으로 보인다. 이런 표현은 기원전 600년에서 100년 사이에 중앙 집권적인 권력이 이전보다 훨씬 더 발전했다는 사실을 보여준다. 같은 시기의 또 다른 마야 유적지에서도 신의 가면을 쓴 왕들의 이미지가 발견되었으며, 이들은 왕권의 상징인 *제스터 신Jester God* 왕관을 착용하고 있었다. 이를 통해 마야 사회에서 군주의 권위가 종교적 요소와 결합하며 강화되었음을 알 수 있다.

한편, 고고학자들은 인류의 오랜 문화유산 중에서도 장례 방식이 가장 보수적으로 계승된 요소 중 하나라고 입을 모은다. 생과 사의 경계를 넘나드는 의례는 시대가 바뀌어도 쉽게 흔들리지 않는 정신적 기반을 지닌다. 실제로 우리나라 고대 사회에서도 각 시대마다 특유의 장법이 형성되었고, 이러한 매장 관습은 오늘날까지도 문화적 전통이라는 이름 아래 다양한 논쟁을 불러일으키고 있다. 그런데 흥미롭게도, 마야 문명에서는 이러한 장례 문화에 서서히 균열이 생기기 시작했다. 마치 단단히 닫힌 문 너머에서 새로운 바람이 스며들 듯, 변화의 조짐이 감지되기 시작한 것이다. 이러한 변화를 이끈 새로운 장례 문화는 돌로 다듬어 만든 신전이었다. 석조 피라미드 신전이 등장하기 이전에는, 마야인들이 신분과 관계없이 주거지 아래나 앞에 흙과 점토로 단을 쌓고, 그 지하에 조상을 매장하는 풍습을 따랐다. 이는 조상과 후손 간의 지속적인 유대감을 형성하여 마야인들이 조상의 영혼과 함께 살아간다는 강한 공동체 의식을 보여주는 사례였다. 그러나 석조 피라미드나 작은 신전이 축조되면서 지배층의 조상들은 기존 주거지 부근이 아니라 플랫폼과 주요 구조물의 중심부에 매장되는 방식으로 변화했다.

이러한 장례 풍속의 변화는 조상의 장소를 신성시하는 의미를 가지게 했으며, 조상을 기리는 행위는 혈통을 계산하고 특정 장소에 대한 소유권을 주장하는 근거가 되었다. 다시 말해, 조상 숭배는 전통 의례를 넘어서, 재산과 자원을 한 세대에서 다음 세대로 상속하는 중요한 사회 구조로 자리 잡게 되었다.

마야 최초의 도시국가, 엘 미라도르(기원전 600~서기 150년)

고대 마야 문명의 첫 도시국가 엘 미라도르El Mirador는 마야 문명 형성의 중심지 중 하나였다. 이곳에서는 초기 마야 사회의 변화가 두드러지게 나타났으며, 기원전 300년경에는 마야 도시국가 가운데 가장 발전된 형태로 자리 잡았다. 엘 미라도르는 거대한 석조 피라미드를 중심으로 형성된 도시로, 당시 정치, 경제, 문화의 중심지 역할을 했다.

엘 미라도르는 약 16㎢에 걸쳐 펼쳐져 있으며, 낮고 완만한 지형에 위치하고 있다. 일부 지역은 우기에 침수되기도 했지만, 도시는 놀라울 정도로 체계적으로 계획되었다. 고고학자들은 이곳에서 200개 이상의 구조물을 발굴했으며, 거대한 피라미드, 광장, 도로, 다양한 건축물들이 도시의 면모를 드러낸다.

엘 미라도르를 대표하는 가장 인상적인 구조물은 *라 단타 피라미드 La Danta Pyramid*다. 피라미드는 밀림 속의 넓은 언덕 위에 건설되었으며, 밑변의 동서 길이 600m, 남북 350m, 높이 70m에 이른다. 총 부피는 약 280만㎥로, 이집트 기자의 쿠푸왕 피라미드보다 더 크다. 피라미드 서쪽에는 대형 단상이 자리 잡고 있으며, 그 위에는 사원과 건물들이 세워져 있어 복합적인 신전 구조를 이루고 있다.

엘 미라도르에서 서쪽으로 2㎞ 떨어진 곳에는 또 다른 거대한 석조 건축물 복합단지인 티그레Tigre 피라미드가 자리하고 있다. 이곳에는 높이 55m의 피라미드를 중심으로 넓은 광장과 작은 사원, 여러 개의 소형 건물들이 배치되어 있어 도시의 규모를 말해준다. 티그레 복합단지는 약 58,000㎡에 이르는 방대한 규모로, 이는 멕시코의 테오티우아칸에 있는 태양의 피라미드 기단과 주변단지보다도 넓다. 유적의 피라미드 기단부 위에는 세 개의 주요 사원이 함께 세워져 있으며, 그중 중앙에 자리한 건물이 가장 큰 사원이며 양옆으로 두 개의 작은 사원이 대칭적으로 배치되어 있다. 이러한 형태는 고대 마야 건축에서 *삼중 구조Triad Structure*라고 불리며, 하나의 기단 위에 세 개의 사원이 정해진 방식으로 함께 배치되는 독특한 형식이다. 삼중 구조 양식은 단지의 상징성과 종교적 의미를 강화하기 위한 것으로, 이후 티칼Tikal을 포함한 다른 마야 도시들에서도 유사한 형태로 반복된다.

엘 미라도르는 정교하게 설계된 도시로, 고도로 조직된 엘리트 계층에 의해 운영되었을 가능성이 크다. 이들은 장인, 사제, 건축가, 엔지니어, 상인, 그리고 수천 명의 노동자들을 동원하여 도시를 건설했다. *전고전기Preclassic* 시대에 마야인들은 자연환경을 적극적으로 개조하며, 수로와 저수지를 구축하여 건기 동안 물을 효율적으로 사용할 수 있도록 했다.

2022년 라이다LiDAR 조사 결과에 따르면, 엘 미라도르는 약 80,000명의 인구를 지닌 대규모 도시였으며, 주변 지역과 촘촘한 도로망으로 연결되어 있었다. 심지어 38㎞ 떨어진 칼락물Calakmul까지

도로가 이어져 있어, 엘 미라도르가 광범위한 정치적·경제적 네트워크를 형성했음을 보여준다. 그러나 이 번성하던 도시는 서력기원 직후 갑작스럽게 몰락했다.

서기 250년경, 엘 미라도르 분지의 도시들은 급격하고 심각한 붕괴를 겪었으며, 이는 몇 세기 후 남부 마야 도시들이 겪게 될 몰락만큼이나 치명적인 것이었다.

전쟁, 환경 변화, 내부 갈등 등이 원인으로 지목되지만, 아직까지 명확한 이유는 밝혀지지 않았다. 그럼에도 불구하고, 티칼Tikal과 우악사툰Uaxactún 같은 일부 도시는 꾸준히 성장하며 고전기Classic(서기 250년~900년) 시대까지 꽃을 피우고 맥을 이어갔다.

엘 미라도르는 마야 문명의 원형이 형성된 곳이었다. 이곳의 거대한 석조 피라미드, 정교한 도시 설계, 삼중 구조의 신전, 광범위한 도로망은 이후 마야 도시국가들이 발전하는 데 큰 영향을 미쳤다. 또한, 토기와 석조 기념비에 새겨진 마야 문명의 가장 오래된 문자는 당시 사회가 상당히 발전된 문자 체계를 갖추고 있었음을 보여준다. 오늘날 엘 미라도르는 밀림 속에 묻혀 있지만, 고대 마야의 찬란했던 역사를 간직한 채 후대 연구자들에게 중요한 단서를 제공하고 있다.

1) 새로운 마야의 중심, 티칼(서기 90년?~800년)

기원후 200년경, 엘 미라도르 문명의 붕괴와 함께 마야의 새로운 중심지는 엘 미라도르에서 약 60km 떨어진 티칼Tikal로 옮겨갔다. 이곳은 이후 수 세기 동안 마야 문명의 정점에 서게 되었으며, 웅장한 피라미드와 정교한 신전이 즐비하게 늘어선 장대한 도시 국가로 발전하였다. 현재까지 약 16㎢의 유적지가 체계적으로 조사되었으며, 이곳에서 3,000개 이상의 석조 구조물이 발견되었다. 티칼의 핵심 유적들은 마야 문명의 건축적, 문화적 정수를 보여준다. 이곳에는 신을 섬기기 위한 거대한 피라미드와 사원, 종교적 의례가 이루어진 제단, 귀족과 평민이 거주했던 다양한 규모의 주거지, 신성한 의식을 행하던 공놀이 경기장, 공공 행정을 위한 계단식 석조 건물과 광장, 그리고 도시 곳곳을 연결하는 도로와 저수지 등이 자리하고 있다. 또한, 조상과 신에게 바쳐진 부장품이 묻힌 지하 저장방과 200개 이상의 기념비와 제단도 발견되었다. 비록 고고학자들이 수천 개에 이르는 석조 구조물의 정확한 용도를 모두 밝혀내지는 못했지만, 일부는 사원과 궁전, 행정기관, 시장, 볼 경기장, 그리고 귀족들의 저택으로 추정되고 있다.

티칼은 치밀한 도시계획에 따라 설계된 마야 문명의 걸작이었다. 수많은 피라미드와 정교한 석조 신전, 공공건물이 조화를 이루며 우뚝 솟아 있었고, 이곳은 도시국가 연맹체의 맹주로서 마야 문명의 중심적 역할을 수행했다. 티칼은 약 500년 동안 번영을 누린 가장 강력한 마야 도시국가로, 마야 문명이 남긴 건축적, 예술적, 종교적 유산이 고스란히 남아 있는 역사적 보고라 할 수 있다.

고전기 티칼의 중심, 왕과 왕비의 사원 그리고 대광장

마야 문명의 고전기*Classic Period*(서기 250년~900년), 찬란한 문명이 꽃피던 시대, 티칼은 중앙아메리카의 강력한 도시국가로 군림했다. 이 도시의 심장부에는 대광장*Great Plaza*이 자리하고 있다. 거대한 석재로 포장된 광장은 10,117㎡의 넓이를 자랑하며, 티칼 유적지에서 가장 중요한 다섯 개의 대형 신전 중 두 개가 동서로 마주하며 우뚝 솟아 있

과테말라 티칼 마야의 피라미드, 위대한 재규어 신전 전경
(사진 : Dave Jimison, CC-BY-SA-2.0 / Wikimedia Commons)

다. 동쪽에는 위엄 넘치는 *위대한 재규어의 신전Temple of the Giant Jaguar* 서쪽에는 신비로운 *가면의 신전Temple of the Mask*이 자리하며, 이들은 오랜 세월 동안 마야의 왕과 신들의 영광을 증언하는 듯하다.

동쪽에 위치한 *위대한 재규어의 신전*은 티칼을 통치했던 강력한 왕, 하사우 찬 카윌Jasaw Chan K'awiil을 기리기 위해 기원후 732년경에 건립되었다. 높이 47m에 달하는 신전은 티칼 유적지 내에서도 가장 웅장한 건축물로, 마야인들이 사후 세계를 상징하기 위해 아홉 개의 단으로 피라미드를 쌓았다는 점이 특히 주목할 만하다. 마야의 전통 신앙에 따르면, 저승인 지하세계는 아홉 개의 층으로 이루어져 있으며, 신전의 구조는 그러한 믿음을 건축으로 구현한 것이다. 신전 꼭대기에 이르는 계단은 가파르고 웅장한데, 이는 오직 왕과 성직자들만이 오를 수 있었던 신성한 길이었다. 정상에는 성스러운 종교 의식이 치러지던 공간이 마련되어 있었으며, 이곳에서 신과 인간이 소통하는 의례가 거행되었다.

고고학자들은 신전의 기단부를 6m 깊이까지 발굴하여 왕의 무덤을 발견했다. 흥미로운 점은, 이집트 피라미드는 처음부터 무덤을 목적으로 축조된 반면, 마야 문명에서는 무덤을 먼저 조성한 후 그 위에 신전을 건립했다는 사실이다. 마야인들은 신전이라는 성스러운 구조물을 통해서 신과 왕권을 연결한다고 생각했다. 무덤 내부에서는 왕의 권위를 상징하는 수많은 부장품이 출토되었다. 화려한 옥으로 장식된 가면, 옥 장신구, 의례용 토기, 희생제물로 바쳐진 인간과 동물의 유해, 왕의 이름이 새겨진 동물 뼈와 바다 조개 등이 출토되었으며, 특히 정교한 옥 모자이크 가면은 왕과 신의 결합을 상징하는 신성한 유물로 해석된다.

재규어 신전은 마야 건축 양식의 전형을 보여주는 대표적인 구조물이다. 견고한 석조 기단 위에 뒷면을 제외한 세 면만 9단으로 이루어진 계단식 피라미드가 우뚝 솟아 있다. 또한, 석회 모르타르로 덮인 가파른 계단이 전면에 축조되어 정상까지 이어진다. 마야의 주요 신전들은 각각 고유한 건축적 특징을 지니고 있지만, 재규어 신전에서 가장 인상적인 요소는 바로 화려한 지붕 마루다. 지붕의 거대한 장식 구조는 한때 선명한 색으로 채색되었을 것으로 추정되며, 오늘날에도 그 규모와 정교함이 돋보인다. 마야 건축에서 지붕 마루는 신전을 더욱 높아 보이게 하는 효과를 내며, 하늘과 맞닿은 듯한 신성한 공간을 연출했다. 티칼의 울창한 열대우림 위로 솟아오른 이 신전은 신과 왕권의 권위를 과시하는 장엄한 기념물이자 마야 문명의 정수를 담은 유산이라 할 수 있다.

대광장의 서쪽, 재규어 신전과 마주한 곳에는 *가면의 신전Temple II*이 자리하고 있다. 이 신전은 왕비 칼라훈 우네 모Kalajuun Une' Mo를 위해 축조된 것으로 추정되며, 8세기경에 건립되었다. 높이 38m의 신전은 비교적 보존 상태가 뛰어나, 티칼의 마야 신전 중에서도 가장 원형에 가까운 모습을 유지하고 있다. 가면의 신전은 특유의 석고 가면 장식으로 유명하다. 이 신전에서 왕비의 무덤방은 발견되지 않았지만, 그녀의 유해가 "신전 Ⅰ" 내부, 즉 왕과 함께 안치되었을 가능성이 높다고 추정된다.

티칼 지역에서 발견된 역사 기록에 따르면, 티칼 마야 왕국에는 총 33명의 왕이 있었다. 첫 번째 왕인 야쉬 슈브 쇼옥Yax Xhb Xoook은 서기 90년에 티칼 왕국을 세웠으며, 오랜 세월 동안 통치했다. 그러던 중 서기 378년 1월 14일에는 고원 지대에 위치한 테오티우아칸으로 부터 침략을 받아 티칼 왕조에 큰 변화를 가져왔다. 테오티우아칸 전사들은 티칼을 공격하여 왕을 살해하고 종교 및 행정 중심지를 정복했다. 정복 1년 후, 테오티우아칸 왕 시야흐 카크Sihyaj Kahk(*불이 탄생하다*)의 지원을 받아 새로운 통치자인 야크 눈 아힌Yak Nuun Ahiin(*첫 번째 악어*)이 티칼 왕으로 즉위했다. 즉위 당시 그의 나이는 불과 13세에 불과했으며, 테오티우아칸 출신이었고, 어쩌면 테오티우아칸 왕의 아들이었을지도 모른다.

그의 통치 기간 동안 테오티우아칸의 문화가 폭 넓게 유입되어 건축 양식과 토기 형태에 강한 영향을 주었다. 그리고 테오티우아칸에서 채집하여 제조되던 녹색 흑요석 제품의 수입이 뚜렷하게 증가했다. 그러나 시간이 지나면서 테오티우아칸의 문화적 양상은 티칼의 토착 문화에 흡수되었으며, 본래의 지역적 요소들이 다시 강하게 자리 잡았다. 그럼에도 불구하고 테오티우아칸의 영향을 받은 군국주의는 지속되었다. 테오티우아칸이 전달한 문화적 전통은 6세기까지 티칼 지역에서 번성했다. 그리고 이후 마야 역사에서도 테오티우아칸의 영광은 저지대의 마야 군주들의 기억 속에 남아 있었으며, 이들은 군사 원정을 수행할 때마다 테오티우아칸의 전사처럼 전투 복장을 갖추고 전장에 나섰다.

대광장의 북쪽에는 거대한 기단부 위에 세워진 북 *아크로폴리스 North Acropolis*가 위치해 있지만, 현재는 완전한 형태를 정확하게 알 수 없다. 그러나 남아있는 구조물을 본다면 약 열두 개의 신전이 이 기단 위에 세워져, 장엄하고 신성한 공간을 형성하고 있었다고 추정된다. 한편, 대광장의 남쪽에는 중앙 *아크로폴리스*가 자리하고 있다. 이곳은 티칼 마야 문명의 마지막 발전 단계에서 축조된 건축군으로 여섯 개의 작은 안뜰(중정)을 중심으로 형성되었다. 이를 둘러싼 건물들은 길고 낮은 구조로 이루어져 있으며, 다수의 방이 배치되어 궁전을 연상하게 한다. 또한, 건축물들은 복잡하게 얽힌 계단과 통로 시스템으로 연결되어 있어, 마야 건축의 정교함과 고도의 공간 활용 능력을 잘 보여준다.

특히 이곳의 창문이 없는 방에는 벤치가 마련되어 있는데, 이는 본래 좌석이나 왕좌, 혹은 잠자리 침대로 사용되었을 가능성이 크다. 일부 학자들은 이 안뜰을 둘러싼 건물들을 왕이 거처하던 궁전으로 해석하지만, 이에 대한 의견은 엇갈린다. 반면, 이곳이 귀족들의 저택이나 공공 행정기관으로 활용되었을 가능성도 제기된다.

태양이 대광장에 내리쬘 때, 신전의 거대한 그림자가 광장을 가로지르는 순간, 우리는 과거로 연결된 듯한 경이로운 감각을 경험하게 된다. 여전히 신비에 싸인 마야의 거대 도시, 티칼. 그곳의 왕과 왕비가 걸었을 길을 따라가다 보면, 천 수백 년을 넘어 살아 숨 쉬는 문명의 숨결을 느낄 수 있을 것이다. 광장의 동쪽에는 상업용 건물로 추정되는 긴 직사각형 형태의 단층 건물이 자리 잡고 있다. 이 건물은 여러 개의 방으로 구성되어 있고 출입구가 많아서 상인들이 필요한 물건을 편리하게 교환하기 위해 설계되었음을 보여준다.

티칼의 공놀이 경기장 : 신성한 의식의 무대

티칼에는 마야의 다른 도시들에 비해 공놀이 경기장의 수가 적고, 규모도 작으며, 화려한 조각 장식도 거의 찾아볼 수 없다. 이는 티칼이 공놀이 경기보다는 다른 종교 의식에 더 집중했기 때문이라고 여겨진다. 마야 문명에서 공놀이 경기장은 중앙아메리카의 거의 모든 마야 도시에서 발견된다. 경기장의 크기는 지역에 따라 다르며, 길이는 약 30~100m, 폭 7~30m 정도로 규격화 되어 있지 않다.

경기에 사용되는 공은 고무로 만들어졌으며, 무게가 약 3kg으로 매우 무겁다. 경기는 2~6명이 한 팀을 이루어 진행되며, 손과 발을 사용할 수 없다. 대신 팔꿈치, 가슴, 어깨, 엉덩이, 허벅지, 그리고 무릎을 이용해 공을 공격하거나 방어해야 한다. 경기장 중앙의 양측 벽 높은 곳에 구멍이 뚫린 석조 구조물이 있으며, 공을 이 구멍을 통해 통과시키면 득점이 된다. 그러나 바닥이 돌로 포장되어 있고 공이 매우 무거운 탓에, 선수들은 경기 도중 심각한 부상을 입을 위험이 컸다.

마야인들에게 공놀이는 스포츠로 즐기는 행사가 아니라, 죽음과 생존, 선과 악의 끝없는 싸움, 밤과 낮의 순환, 인간과 신의 관계, 우주의 질서를 상징하는 신성한 의식이었다. 공놀이 경기장은 곧 그들의 종교관과 인생관, 그리고 우주관을 반영하는 무대였다. 때로는 집단 간의 친선을 다지거나 정치적 관계를 강화하는 목적으로 열리기도 했지만, 경우에 따라서는 전쟁 포로들이 선수로 참여한 후 신에게 바쳐지는 희생 제물이 되기도 했다. 이러한 경기들은 국가적으로 중요한 행사와 함께 진행되었으며, 티칼과 같은 거대 도시에서도 그 의미는 남달랐다. 그러나 티칼의 경우, 도시의 규모나 왕국의 존속 기간에 비해 경기장이 적은 이유는 티칼인들이 공놀이 경기보다 사원을 중심으로 한 종교 의례에 더욱 집중했기 때문으로 보인다. 그들에게 신을 향한 제의와 의식이야 말로 도시를 지탱하는 근본적인 힘이었을 것이다.

티칼인들의 주거형태

한편, 마야인들의 일반 주택 구조는 테오티우아칸 인들의 아파트식 주거 형태와는 상당히 다르게 건축되었다. 마야인들은 집터의 바닥을 돌과 자갈로 다져 지면보다 높이 올린 후, 그 위에 나무 기둥과 흙벽을 세우고 초가 지붕을 덮는 방식으로 집을 지었다. 이러한 가옥들은 시골 지역 곳곳에 무작위로 흩어져 있는 듯한 형태를 띠고 있지만, 이는 단순한 우연이 아니다. 마야인들이 주거지를 선택할 때는 주택 건설에 적합한 높은 지형과 평탄한 땅, 물 공급이 용이한 지역, 그리고 배수가 잘되며 비옥한 토양이 있는 곳을 선호했기 때문이다. 이는 마야 문명이 자연환경과 조화를 이루며 정착했던 방식을 보여주는 대표적인 사례로 평가된다.

 티칼의 주거 형태는 앞서 설명한 테오티우아칸의 밀집된 시가지 구조와 달리, 보다 분산된 형태를 띠고 있다. 이러한 차이로 인해 티칼이 실제로 고대 도시였는지, 아니면 주로 의례와 행정을 위한 중심지였는지를 둘러싼 논쟁이 지속되고 있다. 두 가지 관점을 뒷받침하는 다양한 주장이 제기되고 있으며, 그 핵심 쟁점은 도시를 어떻게 정의할 것인가에 대한 관점의 차이에서 비롯된다. 전반적인 정착 양상을 살펴보면, 테오티우아칸과 같은 밀집된 도시 구조는 티칼에서는 찾아볼 수 없다.

 티칼 마야의 주거 형태가 특정 지역에 밀집되지 않고 널리 흩어져 있었던 데에는 여러 복합적인 요인이 작용했다. 가장 기본적인 원인은 울창한 밀림 속에 자리 잡은 지형 자체가 평탄하지 않았다는 점이다. 하지만 보다 본질적인 이유는 마야인들이 선택한 농업 방식과 깊은 관련이 있다. 티칼 주민들은 지역의 자연조건에 따라 다양한 작물을 경작했는데, 대표적으로 옥수수, 콩, 호박, 아보카도, 코코아 등을 들 수 있다. 이들은 일부 지역에서는 관개 시설을 활용하거나, 습지에서는 고상 농경법 *raised fields* 같은 독창적인 방식을 도입하기도 했지만, 전체적으로는 이동과 휴경을 전제로 한 화전 농업이 주를 이루었다. 이러한 농업 구조는 넓은 토지 분포와 이주를 요구했으며, 결과적으로 주거지가 자연스럽게 분산되는 양상을 낳았다.

 화전 농업은 경작지가 시간이 지남에 따라 토양 속 영양분을 잃게 되므로, 같은 장소에서 지속적으로 농사를 지을 수 없다. 이에 따라 경작지는 주기적으로 이동해야 하며, 이는 한 곳에 많은 인구가 장기간 정착하는 것을 어렵게 만든다. 따라서, 티칼 주민들은 거대한 도시를 중심으로 모여 사는 대신, 생존에 유리한 분산된 주거 형태를 유지했던 것으로 보인다. 더 나아가, 마야 문명이 하나의 통일된 왕국으로 발전하지 못하고 여러 도시국가로 분열된 것도 화전 농경법과 관련이 있을 가능성이 크다. 그럼에도 불구하고, 티칼 왕국이 동일한 지역에서 700년 이상 존속할 수 있었던 것은 화전 농경법과 함께 관개시설을 통한 안정적인 물 공급이 식량 생산을 뒷받침했기 때문으로 볼 수 있다.

티칼의 패권과 몰락

티칼의 상형문자는 왕국을 건국한 시조왕 이후 31명의 통치자를 기록하고 있으며, 그중 18명의 이름이 전해진다. 가장 이른 통치자는 서기 292년에, 마지막으로 기록된 통치자는 서기 869년에 존재했으며, 이는 총 669년간의 역사를 보여준다. 티칼 인근에 자리했던 우악삭툰 마야Uaxactun 역시 강력한 왕조를 형성하였으며, 티칼과 마찬가지로 그들의 기념비에는 희생 제물로 바쳐진 포로들이 군주의 발 밑에서 몸을 웅크리고 있는 모습이 새겨졌다. 이들은 인접 국가와 전투에서 사로잡힌 귀족들이었으며, 이후 공개적인 종교 의식에서 인신 공양이 되었다. 이러한 묘사는 마야 지역에 전쟁이 빈번하게 발생하여 정복을 전쟁 목표로 설정하는 마야 역사에서 중요한 변화를 보여주는 장면이다.

티칼은 테오티우아칸에서 유래한 비의 신과 금성을 연결하는 새로운 종교 의식을 도입하였으며, 이러한 종교적 신념에 기반해 인근의 우악삭툰 왕국을 공격하고 정복하였다. 티칼의 군사적 확장은 티오티우아칸과 다양한 마야 도시들 사이에서 활발한 교역이 이루어지던 시기와 맞물려 있었다. 특히 멕시코 분지에서 채굴된 독특한 녹색 흑요석의 광범위한 유통이 이를 입증한다. 티칼은 테오티우아칸으로부터 수입한 물품을 다시 다른 마야 국가들에 수출하고, 또한 전쟁과 정복에 대한 새로운 철학이 내포된 종교 의식을 전파시켜 수세기 동안 정복 전쟁이 중앙 아메리카 종교 전통의 일부로 자리 잡게 되었다.

티칼 왕조는 수 세기 동안 번영하며 마야 문명의 중심으로 자리 잡았다. 여러 소왕국을 정복해 세력을 확장했으며, 정복 전쟁뿐만 아니라 장거리 무역과 전략적인 결혼 동맹을 통해 주변 국가들까지 영향력을 뻗쳤다. 전성기에는 티칼 연맹왕국의 영토 내에 약 30만 명이 거주했으며, 수도인 티칼 왕도에는 약 8만 명이 살았던 것으로 추정된다.

그러나 서기 557년경, 티칼은 신흥 강국 카라콜Caracol과의 전쟁에서 패배하며 쇠퇴의 길을 걷게 된다. 이후 다시 번영을 되찾았지만, 869년에 마지막 왕이 즉위한 후 점차 몰락하며 역사의 무대에서 사라졌다. 티칼은 700년 이상 마야 문명에서 가장 강력한 왕국으로 군림했지만, 그 기원과 초기 역사는 여전히 수수께끼로 남아 있다.

2) 팔렌케 마야 왕국Palenque(서기 431년~800년)

팔렌케는 마야 문명의 한 도시 국가로, 멕시코 치아파스 지역에 위치하며 티칼에서 북동쪽으로 약 300㎞ 떨어져 있다. 6세기경 티칼과의 활발한 교류를 통해 문화적 절정을 이루었으며, 아름다운 건축물을 많이 건립했다. 특히, 통치자들의 조상에 대한 강한 집념은 팔렌케 왕조 문화의 독특한 특징 중 하나다. 왕국은 기원후 431년 3월 11일, 바흘름-쿡Bahlum-Kuk(재규어-케찰)이 건국하여 시조로 왕위에 오르면서 시작되어 799년 이후까지 이어졌다. 7세기에 접어들어 비범한 군주 파칼Pacal왕이 등장하여 탁월한 비전과 지혜로 왕권을 강화시켜 왕국의 번성기를 맞았다. 학자들은 파칼과 후대 군주들이 남긴 풍부한 비문을 통해 최소 12명의 왕으로 이어진 왕조의 흐름을 복원했다. 그러나 일부 학자들은 이러한 계보에 예외적인 계승 과정이 존재했다고 지적하며, 이러한 변칙적인 왕위 계승을 합리화하기 위해 파칼이 역사적 기록에 대한 특별한 집착을 나타낸 이유라고 설명한다.

마야왕국의 전통적 왕위 계승은 부계 중심으로 이루어졌으나, 파칼은 예외적으로 그의 어머니인 자크-쿡Zac-Kuk 부인에게서 왕위를 물려받았다. 자크-쿡 부인은 한동안 직접 통치자로 군림했으며, 비록 그녀에 대해 알려진 바는 많지 않지만, 분명 비범한 인물이었을 것이다. 파칼이 어머니를 통해 왕이 되려면, 원래 아버지 쪽 혈통을 따르던 규칙을 바꿔야 했다. 그래서 나중에 그의 아들과 함께 새로운 신화를 만들어 자신들의 왕위 계승이 정당하다고 설명했다. 먼저, 파칼과 아들은 어머니인 자크-쿡을 마야 창조 신화에 나오는 신들과 왕들의 첫 번째 어머니와 같은 존재라고 주장했다. 이 신성한 어머니는 마야 종교에서 가장 중요한 세 신의 어머니로 여겨졌다. 또한, 파칼이 태어난 날이 그 여신의 생일과 마야 달력에서 정확히 같다고 주장했다. 이렇게 해서 파칼은 여신과 같은 신성한 본질을 지닌 존재로 연결되었고, 어머니를 통해 왕위를 물려받은 것은 세상이 시작될 때처럼 남성과 여성이 함께 권력을 나눴던 성스러운 질서를 다시 따른 것이라고 설명했다.

파칼은 12세의 나이로 즉위했을 때, 그의 어머니인 자크-쿡 부인이 생존했으며, 그녀는 그 후 25년간 더 생존했다. 이 기간 동안 실제 권력은 어머니의 손에 있었을 가능성이 높다. 파칼이 자신의 통치를 정당화하는 주요 비문을 의뢰한 것은 640년 어머니의 사망 이후였기 때문이다. 파칼은 67년간의 긴 통치 말기에 마야 건축의 걸작인 명문의

*신전*을 건립하였으며, 그 아래에 자신의 무덤을 마련했다. 당시 예술가들은 신전 깊숙한 곳에 위치한 관 주위에 그의 직계 조상들의 모습을 조각했고, 석관에는 왕조 정통성을 위한 전략이 기록되었다. 그의 아들 찬-바흘룸은 아버지의 왕조 계승에 대한 집념을 이어받았고, 이 두 통치자는 기원후 603년부터 702년 사이에 팔렌케를 남서부 저지대를 대표하는 강력한 세력으로 성장시켰다. 그러나 그들의 사후, 이 왕조는 약 한 세기 정도만 더 명맥을 유지한 채 서서히 역사 속으로 사라졌다.

팔렌케의 유산들

팔렌케 왕국은 400여 년 동안 강력한 왕권의 통치하에 존속했기 때문에 값진 유산을 많이 남겨 놓았다. 학자들은 팔렌케를 모든 마야 유적지 중에서 가장 아름다운 곳으로 여긴다. 물론 티칼과 같은 거대한 유적과 비교하면 그 규모는 크지 않다. 그러나 팔렌케의 입지는 타의 추종을 불허한다. 이 책의 저자는 1981년에 정글 속의 팔렌케 유적을 답사한 기억이 아직도 생생하다. 팔렌케의 중심을 이루는 유적은 울창한 우림으로 덮인 낮은 산맥의 기슭에 자리 잡고 있으며, 바로 아래에는 우수마신타 강Usumacinta의 푸른 범람원이 펼쳐진다. 높은 나무위에는 화려한 깃털을 지닌 앵무새와 금강앵무가 날아다니고, 비 오는 날이면 유적 근처에서 들려오는 원숭이의 울음소리가 밀림 속으로 울려 퍼져나고 마치 외계 생물이 포효하는 소리처럼 들려온다.

팔렌케 유적은 19세기 중반, 미국의 변호사이자 탐험가인 존 로이드 스티븐스에 의해 처음 서구 학계에 알려졌고, 본격적인 고고학적 조사는 1950년대에 시작되었다. 이후 1990년대와 최근인 2023년에도 추가 발굴이 진행되었으며, 특히 최신 조사에서는 신전을 덮고 있던 수목을 제거하고 주변 환경을 복원하면서 다수의 유물과 구조물이 새롭게 드러났다.

팔렌케 중심부에는 작은 강물이 흐르는데, 이 물줄기는 고전 마야식 아치 구조로 된 수로를 따라 궁전 건물과 주요 사원건물 아래로 지나간다. 궁전은 그야말로 미로와 같으며, 길이 약 90m, 너비 약 73m에 달하는 규모로, 안뜰 또는 파티오를 중심으로 여러 개의 아치형 회랑과 방들이 배치되어 있다. 그 중심에는 내부 계단을 갖춘 독특한 4층짜리 정방형 탑이 우뚝 솟아 있다. 탑으로 올라가는 계단 한 곳에 비너스(금성)와 연관된 문자가 그려져 있는 것으로 보아, 종교적 우주관과 관계된 천문 관측소로 사용되었을 가능성이 있으며, 동시에 넓은 시야를 확보할 수 있다는 점에서 감시탑의 기능도 했을 것으로 추정된다. 파티오 중 두 곳의 측면에는 포로의 모습을 표현한 괴기스럽고 때로는 희화화된 부조들이 배열되어 있다. 이들은 보통 한 손을 반대편 어깨에 얹는 항복의 제스처를 취하고 있으며, 이 장소가 포로로 잡힌 적들이 재판을 받던 공간이었을 가능성도 있다.

팔렌케의 예술가들은 석고를 활용한 장식 기법에서 특히 뛰어났고, 궁전 회랑을 따라 줄지어 있는 벽기둥의 표면에는 이러한 석고 기법으로 화려하게 장식되어 있다. 그 안에는 권위의 상징물을 들고 있는 마야 귀족들이 부조 형식으로 묘사되어 있으며, 곁에는 하급 인물들이 다리를 꼬고 앉아 있는 모습이 함께 새겨져 있다.

궁전과 바로 인접하여 중앙광장에는 *비문의 신전Temple of the Inscriptions*이 자리하고, 동쪽 광장에는 네 개의 신전이 나란히 위치해 있다.

이 신전들은 *태양의 신전Temple of the Sun*, *십자가의 신전Temple of*

멕시코 팔렌케 마야 명문의 신전 전경
(사진 : Dennis Jarvis, CC-BY-SA-2.0 / Wikimedia Commons)

the Cross, 잎이 무성한 십자가의 신전Temple of the Foliated Cross 등을 포함한 십자가 신전 집단으로 불린다. 이들은 모두 7세기 중반에 비슷한 설계로 지어졌으며, 종교적 기능을 했던 것으로 추정된다.

신전들은 모두 계단식 석조 플랫폼 위에 세워져 있으며, 정면에는 가파른 계단이 정상까지 이어진다. 특히, 태양의 신전 내부에는 태양을 상징하는 재규어 가면이 새겨져 있으며, 이는 어둠을 밝히는 태양의 힘을 나타낸다. 반면, 십자가의 신전에는 세계의 중심을 상징하는 신성한 나무 세계수가 묘사되어 있고, 그 가지 위에 앉은 화려한 케찰새quetzal는 하늘과 지상을 연결하는 신성한 교차점을 형상화한 느낌을 준다.

한편, 도심의 중심이 되는 명문의 신전 상부에는 경사진 형태의 지붕으로 덮인 직사각형의 구조물(사당)이 축조되어 있고, 내부는 외부 방과 내부 방으로 구성되며, 궁륭형 천장 구조를 갖추고 있다. 내부 공간의 가장 안쪽에는 "성소聖所"로 불리는 구조물이 자리하고 있는데, 이는 원래 신전을 축소해 재현한 형태로 여겨진다. 성소 중심에는 정교하게 다듬어진 비석이 세워져 있으며, 표면에는 긴 마야 문자와 함께 두 명의 마야인이 의식용 물체를 사이에 두고 마주 선 형상이 새겨져 있다.

명문의 신전은 신전들 가운데 가장 화려하며, 약 20m에 이르는 높이와 함께, 전면에는 정상까지 이어지는 웅장한 석조 계단이 설계되어 있다. 현관과 중앙 방의 벽면에는 총 620개의 마야 상형문자가 정교하게 새겨져 있으며, 이를 통해 신전의 건립 연대는 서기 629년으로 추정된다. 더욱 흥미로운 것은 신전 내부에 위치한 무덤방의 구조다. 무덤방으로 들어가는 천장 위에는 판자처럼 매끈하게 다듬어진 평평한 석재들이 덮여 있으며, 그 위에는 일정한 간격으로 두 줄의 막힌 구멍이 나 있다. 이 구멍들은 장식이라기보다는 돌판을 들어 올릴 수 있도록 고안된 장치로 추정된다. 이 돌판 아래로 내려가면, 신전이 세워진 피라미드 구조의 바닥에 도달한다.

신전 속의 바닥에는 무덤방이 있었고 5~6명의 청년으로 간주되는 유해가 흩어져 있어 인신 공양 행위로 추정된다. 무덤방은 길이가 약 9m 그리고 높이가 7m로 바닥은 신전의 정면에 설치된 계단 지하 와도 연결되어 있다. 벽을 따라 매우 오래된 복장을 한 남성 인물들의 부조상이 늘어서 있다. 이들은 마야 신화에 등장하는 *밤의 아홉 신*을 나타낸 것일 수도 있고, 죽은 이의 먼 조상들을 형상화한 것일 가능성도 제기된다.

신전 내부에서는 길이 약 3.6m에 달하는 거대한 직사각형 석판이 출토되었다. 표면에는 정교한 부조 문양이 새겨져 있으며, 그 아래에는 단일 석재로 조성된 석관이 놓여 있었다. 그 안에는 키가 크고 중년 쯤 되어 보이는 남성의 유해가 안장되어 있었다. 얼굴 위에는 여러 개의 비취(옥) 장신구가 덮여 있었고, 귀에는 비취와 자개로 만든 원반이 귀걸이처럼 부착되어 있었다. 가슴에는 길게 엮은 비취 구슬 목걸이들이 겹겹이 늘어졌고, 손가락마다 비취 반지가 하나씩 끼워져 있었다. 양손에는 큼직한 비취 조각이 각각 쥐여 있었으며, 입 안에도 또 하나의 비취가 삽입되어 있었다. 이러한 장례 풍습은 장식의 의미를 넘어, 사후 세계에서도 지속되는 생명력과 권위를 상징하는 의례로 해석된다.

흥미롭게도, 이처럼 입 속에 옥을 넣는 풍습은 멀리 떨어진 고대 중국에서도 발견된다. 한나라 시대 귀족 사회에서는 죽은 이의 부활과 내세의 안녕을 기원하며 옥함玉含을 입에 물리는 관습이 유행했다. 이를 뒷받침하는 대표적인 사례가 바로 후난성 창사시에 위치한 마왕퇴馬王堆 무덤에서 출토된 유물이다. 이처럼 지리적으로 떨어진 문명들 사이에도 죽음을 넘어선 생명과 영혼의 존엄을 표현하려는 유사한 상징과 관념이 공통적으로 나타난다.

무덤의 주인공은 7세기 중반에 어머니로부터 왕권을 이어받아 가장 위대한 왕으로 오랫동안 팔렌케를 다스린 파칼로 추정되며, 자신의 유해를 안치하기 위해 장례용 지하 공간을 직접 만들게 한 것으로 보인다. 그리고 생전에 신전과 피라미드 전체를 세우게 했을 가능성도 크다. 따라서 명문銘文이 새겨진 신전은 애초에 이집트의 피라미드처럼 장례를 위한 기념물이었다는 점을 알 수 있다. 이런 점에서 많은 마야의 신전이나 피라미드는 죽은 왕을 기리고 숭배하기 위해 축조한 무덤이자 제단으로 볼 수 있다. 이처럼 마야의 신전은 종교적 기능을 넘어서 무덤, 제의 공간, 신화적 상징이 복합적으로 얽힌 유적으로, 마야 문명의 본질을 보여주는 중요한 흔적으로 평가된다.

2023년에 팔렌케 외곽에서 진행된 고고학적 발굴은, 이 고대 도시의 사회 구조와 의례 문화를 새롭게 조명할 수 있는 귀중한 단서를 제공했다. 중심부에서 약 2㎞ 떨어진 지역의 무덤방에서는 한 남성의 유해와 함께 정교하게 만들어진 토기, 그리고 옥 장신구들이 출토되었다. 이를 통해 해당 인물이 지배층에 속했던 인물이며, 중심 권력에서 다소 떨어진 지역에 거주했음을 짐작할 수 있다. 이는 팔렌케의 권력이 중심부에만 집중된 것이 아니라, 외곽에도 일정한 위계와 권위를 지닌 인물들이 거주했음을 시사한다.

같은 해, 팔렌케 중심부에 위치한 궁전의 석축 지하 공간에서 토기와 석기를 비롯해 인상적인 유물이 출토되었다. 그것은 인간의 뼈를 정교하게 깎고 갈아 만든, 크기 약 5×6㎝의 코걸이 장식이었다. 장신구에는 머리에 장식을 하고 구슬 목걸이를 걸친 남성의 형상이 새겨져 있었으며, 의식을 집전하는 제사장이나 종교적 권위를 지닌 인물을 형상화한 것으로 해석된다. 유물과 함께 다량의 목탄이 함께 발견된 점으로 보아, 왕실의 특별한 행사나 궁전 수리 작업에 맞춰 종교 의식을 거행한 뒤, 그 결과물을 의도적으로 매장한 것으로 추정된다. 이처럼 작고 섬세한 공예품 하나에도 마야 사회가 죽음, 신성, 권력을 어떻게 시각적으로 구현했는지가 뚜렷하게 드러난다.

3) 신과 인간이 만나는 그곳, 마야 문명의 찬란한 예술과 지성의 정수

7세기에 들어서면서, 티칼을 중심으로 한 마야 문명은 눈부신 전성기를 맞이하게 된다. 울창한 열대우림 속에 자리한 도시들은 마치 하늘에서 내려온 듯한 신비로운 모습으로, 커다란 제의 공간을 중심으로 펼쳐져 있었다. 석회암을 정교하게 다듬어 세운 웅장한 신전들과 궁전들이 질서 있게 놓였고, 하얀 석고로 꾸며진 광장을 둘러싸며 서로 마주보고 있었다. 이 광장은 신과 인간이 만나는 성스러운 장소로 여겨졌다.

마야 문명이 발생한 도심 지역의 제단과 광장 부근에는 돌 기둥 모양의 석주(비석)가 여러 개 건립 되어 있다. 특히 티칼의 중심부에만 20여 개나 된다. 기념 석주Stelae에는 왕의 업적, 역사적 사건, 종교의식 등 천체의 리듬을 반영한 날짜들이 새겨져 있었고, 일부 석주의 표면을 장식한 섬세한 조각은 인간과 신의 형상을 신비롭게 재현해 놓았다. 따라서 이들 조각은 마야인의 우주관과 존재론적 사유를 담아낸 철학적 상징체계라 할 수 있다. 특히, 티칼 유적의 "31번 석주"는 마야 문자 해독이 완전하지 않은 오늘날에도 여전히 풍부한 정보를 암시하고 있다. 화려한 옥 장신구에 둘러싸여 거의 얼굴이 보이지 않을 정도인 중심 인물은 왼팔로 자신의 머리를 받치고 있고, 그 머리에는 티칼의 엠블럼 형상이 새겨져 있다. 양옆에 묘사된 전사들은 네모난 방패와 *아틀라틀*(투창기)을 들고 있는데, 이는 테오티우아칸에서 온 외부 세력의 존재를 암시한다. 이처럼 하나의 기념비석 안에서 마야와 테오티우아칸, 두 고대 문명이 상징적으로 조우한 셈이다. 특히 전사들이 사용하는 무기가 아틀라틀이라는 점은, 당시 마야 사회에서 활과 화살이 아직 널리 사용되지 않았음을 시사한다.

다채로운 색상으로 구워 낸 마야의 토기는 문명의 예술성과 상상력이 얼마나 정교했는지를 보여준다. 토기 속에는 고결한 학의 자태, 날아오르는 앵무새의 생동감, 그리고 의례에 참여한 인물들의 장엄한 모습이 붓끝의 색감으로 생생하게 새겨져 있다. 일반적 생활용기를 넘어선 이 토기들은 마야 세계의 상징과 신화를 담아낸 회화적 걸작이었다. 마야 토기의 독특한 특징인 넓은 테두리와 받침에는 장인들의 탁월한 조형 감각이 깃들어 있으며, 그 위를 흐르는 문양은 마치 한 편의 시처럼 시대를 초월한 아름다움을 전한다.

그러나 마야의 토기 문화는 완전한 고립 속에서 피어난 것이 아니었다. 정교한 마야 토기들 사이에는 테오티우아칸의 영향이 엿보이는 형식들도 발견된다. 세 개의 다리로 받쳐진 원통형 항아리, 작은 주둥이를 지닌 주전자, 그리고 꽃병 형태와 같은 토기들은 두 고대 문명 간의 예술적 교류와 상호 영향을 증언한다. 이것은 단지 물질적 교류에 머무는 것이 아니라, 세계를 바라보는 방식 자체가 확장되고 융합되었음을 의미한다.

마야 예술의 정점 중 하나는 벽화에 있다. 티칼의 전성기 직전부터 시작된 벽화 전통은 전성기에 이르러 눈부시게 세련된 단계에 도달한다. 비록 신전들의 일부 벽화는 오랜 세월과 인위적 훼손으로 많이 손상되었지만, 그 부드러운 색조의 회화들은 여전히 당시 마야인의 일상과 영적 세계를 보여준다. 티칼 마야의 한 신전 벽화에는 세 명의 여성이 건물 앞에 앉아 있고, 두 남성이 이야기하는 장면이 그려져 있다. 그중 한 남성은 전사처럼 보이며, 몸이 검게 칠해진 모습이다. 이 장면은 마야인에게 삶과 예술, 그리고 신성함이 서로 깊이 연결되어 있음을 보여준다. 티칼 벽화보다 다소 뒤늦게 제작된 또 하나의 걸작은, 가까운 보남팍 마야Bonampak 신전에서도 확인할 수 있다.

벽에 새겨진 전쟁의 서사시 – 보남팍Bonampak의 벽화

8세기 말에 제작된 보남팍 마야 신전의 벽화는 전쟁의 역사에서 패배의 잔혹함, 그리고 승리의 환희를 한데 아우른, 장대한 서사시이다. 이 벽화는 단절된 순간이 아닌, 하나의 흐름을 지닌 이야기이며, 고대 마야인이 삶과 권력, 죽음과 의례의식을 어떻게 바라보았는지를 웅변한다. 울창한 정글 속 나무 잎사귀를 배경으로, 화려하게 무장한 마야 전사들이 격돌하는 전투 장면이 펼쳐진다. 긴 목재나 나무껍질로 만든 전쟁 나팔 소리가 정글에 울려 퍼지는 듯하다. 이 격렬한 장면은 마치 시간과 공간을 가로지르듯, 보남팍의 계단식 제단 장면으로 자연스럽게 이어진다.

전쟁의 긴장감과 종교의례 내용은 계단위에 세워진 벽화의 사원 내부에 세개의 방을 이루는 벽과 천정에 생생하게 묘사되어 있다. 포로들은 알몸으로 내던져지고, 그중 일부는 손톱이 뽑히는 고문을 당한다. 계단 위에는 기진맥진한 포로가 쓰러져 있고, 그 옆에는 잘린 머리가 나뭇잎 위에 놓여 있다. 제단 꼭대기에는 또 다른 포로가 벌거벗은 채 앉아 간절히 목숨을 구걸한다. 그의 앞에 선 인물은 재규어 가죽 전투복을 입은 위대한 통치자이며, 화려한 복장을 한 신하들이 그를 둘러싸고 있다. 이 장면은 권력의 과시는 물론, 전쟁의 운명을 쥔 자와 그 앞에 무릎 꿇은 자 사이의 극적인 긴장을 드러낸다. 한쪽 관중석에는 고귀한 신분의 여성이 보인다. 하얀 로브를 걸치고, 손에는 병풍처럼 접히는 부채를 들고 있는 그녀의 고요한 시선은 전쟁과 희생, 그리고 권력의 무게를 조용히 목도하며, 벽화에 묘한 품격을 더한다.

벽화의 최종 장면에서는 환희와 제의가 맞물린 마야 특유의 의식이 펼쳐진다. 물의 신으로 분장한 배우들이 등장해 환상적인 가면극을 펼치며, 거북이 등딱지를 사슴 뿔로 두드리는 타악기, 마라카스, 북, 길다란 나팔로 구성된 오케스트라가 장면을 장식한다. 이 소리들은 승리를 축복하고 신들에게 감사를 바치는 신성한 진동이었다. 어쩌면 장엄한 장면의 절정은, 퀘찰 새의 깃털로 장식된 거대한 머리 장식을 쓴 귀족들이 나팔 소리에 맞춰 추는 위대한 춤일지도 모른다. 이를 위한 준비로, 흰 옷을 입고 옥좌에 앉은 마야 여성들이 혀에서 피를 뽑아내고, 기묘하게 배가 불룩한 난쟁이 형상의 인물이 가마에 실려 무대 위로 등장한다. 이 장면을 수놓은 그림의 찬란한 색채와 정교한 수공예의 솜씨는 어떤 언어로도 제대로 묘사해낼 수 없다. 단지 이 정도로 말할 수 있겠다. 보나팍의 벽화는 마야 지배자들의 전쟁적 관심, 사회 조직과 계층 구조, 그리고 시간이 대부분을 앗아가기 전 고전기 말기의 마야 문명이 지녔던 그 장엄한 아름다움에 새로운 빛을 던져주고 있다.

보남팍의 벽화는 마야 문명의 상징적 정수를 담고 있다. 생생한 색채와 극적인 장면들은 미와 권력, 신성과 폭력, 인간과 신의 세계가 교

멕시코 보남팍 마야 신전의 벽화

차하는 거대한 미학적·정신적 무대를 보여준다. 이 벽화는 마야 문명이 지닌 예술의 깊이와 상상력, 그리고 삶과 죽음에 대한 철학적 사유를 오늘날까지도 유려하게 전한다.

페텐 지역의 마야 유적지에서 발견된 무덤들은 죽음조차 하나의 예술 작품처럼 치러졌음을 증명한다. 특히 티칼 마야의 대광장을 향해 세워진 초기 고전기 신전 아래에는 부드러운 기반암을 파내 만든 "그림 무덤"이 존재한다. 이곳에는 희생된 두 명의 청소년과 함께 묻힌 전사의 시신이 있었는데, 그의 잘린 머리와 손은 치열했던 전투의 흔적이자, 공동체가 그를 얼마나 존경했는지를 상징하는 표식이기도 하다. 무덤의 벽에는 검은 물감으로 정성껏 그려진 마야 문자가 남아 있고, 그중 하나는 서기 457년 3월 18일에 해당하는 고대 마야의 장기력 날짜를 기록하고 있다. 이는 그 인물의 사망일 혹은 장례일로 추정되며, 죽음조차 우주의 시간 속에서 정렬되는 마야의 시각을 드러낸다.

무덤 안에는 새 한 마리가 담긴 토기, 맷돌과 손 절구, 그리고 붉은 안료로 문자들이 새겨진 반투명한 석고 토기 받침대가 함께 묻혀 있었다. 이 유물들은 주로 마야 왕들의 무덤에서도 볼 수 있는 것들로, 내세의 여정을 위한 준비이자, 신과 인간, 자연이 하나로 연결된 마야의 정신세계를 보여준다. 이렇듯 마야 문명은 눈앞의 유적을 넘어, 하늘과 땅, 신과 인간, 삶과 죽음, 그리고 시간과 예술이 교차하는 정교한 문명의 결정체였다.

마야문명의 달력

시간과 날짜를 기록하는 체계인 달력은 대부분의 고대 문명에서 필요한 문화적 요소다. 달력은 나라를 이끄는 지도자들의 중요한 일정을 정하는 데 사용되었고, 농사를 짓거나 종교 의식을 치를 때도 큰 역할을 했다. 또, 하늘의 별과 행성 움직임을 기록하는 데도 달력이 쓰였다. 고대 이집트인들은 1년을 365일로 나눈 태양력을 사용한 반면, 메소포타미아인들은 달의 움직임을 기준으로 한 태음력을 기본으로 하되, 여기에 태양력의 일부 요소를 도입해 농업과 종교 의식에 활용했다.

고대 마야인들은 두 종류의 책력을 사용했는데 하나는 종교 의식에 관한 것이고 다른 하나는 농업과 관계된 일상생활 달력이다. 종교 달력은 1년이 13달로 구성되고, 한 달은 20일이며 1년은 총 260일이다. 반면에, 일상생활 달력은 1년을 18개월로 나누어지고 한 달은 20일로 구성되며 일년은 360일로 계산하고 나머지 5일은 불길한 날로 배정

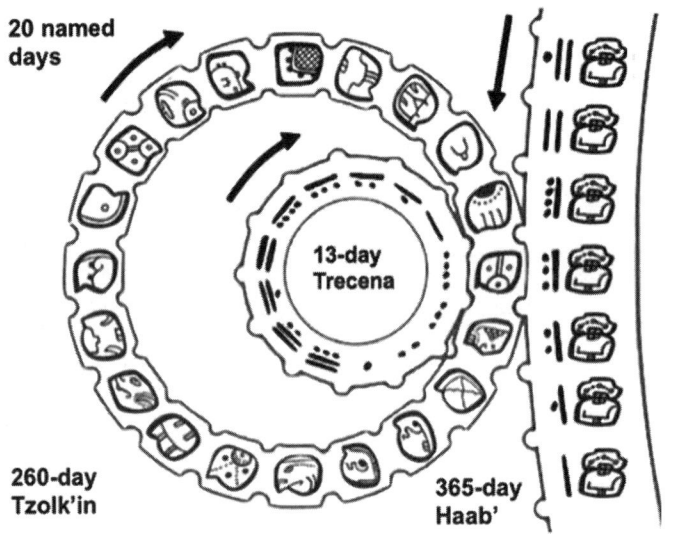

마야의 달력.
좌측 큰 원형은 종교의식 달력, 우측 화살표 위에서 아래로 내려가는 부분은 농업용 태양력
(출처 : Archives Monthly Archive for: "luty, 2024")

되어 있다. 하지만 실제 태양력의 1년은 약 365.25일이기 때문에, 약 4년마다 하루의 오차가 발생한다. 그러나 마야인들은 이 오차를 조정하지 않았다. 두 달력이 회전하다 52년 주기로 다시 만나게 된다. 마야 달력에 의하면 B.C. 3,114년 8월 11일 세상이 창조되어 52주기마다 같은 날이 반복되다가 5,125.36년 후에 세상의 종말을 가져오게 된다고 한다. 이를 다시 환산하면 *서기 2012년 12월 21일 또는 12월 22일 동지 날이 세상의 종말*이다. 그러나 마야인들이 생각했던 지구의 종말은 아직 오지 않았다.

마야 달력의 구조는 우리가 사용하는 12간지와 10천간이 결합된 60갑자 주기와 유사한 개념으로 이해할 수 있다. 52년마다 순환주기로 돌아오는 마야의 두 달력을 좀더 구체적으로 살펴보자. 종교력을 표시하는 달력은 260일 주기로, 숫자 1부터 13까지의 연속적 숫자와 20개의 다른 이름이 붙여진 날짜가 조합되는 방식이다. 마야에서 260일 주기는 때때로 촐킨*Tzolk'in*이라는 대체 용어로 불리며, 1 이믹Imix으로 시작한 뒤, 2 익Ik', 3 아크발Akbal, 4 칸Kan과 같이 진행된다. 이러한 방식으로 13 벤Ben까지 도달하면, 다음 날은 다시 1 익Ix로 시작하여 2 멘Men으로 이어진다. 마지막 날은 13 아하우Ahau이며, 이후 다시 1 이믹Imix으로 되풀이된다.

이러한 260일 주기가 어떻게 탄생하게 되었는지는 여전히 수수께끼이지만, 그 용도는 분명하다. 각 날짜마다, 고유한 길흉과 상징적 의미를 지니며, 20일 간격의 순환은 마치 영원히 작동하는 점술 기계처럼 마야인과 중앙 아메리카 전역의 사람들의 운명을 결정짓는 역할을 했다. 이러한 달력 체계는 오늘날에도 멕시코 남부와 마야 일부 고원 지대에서 고대 책력을 풀이하는 사제들에 의해 변함없이 사용되고 있다.

마야인들은 시간의 흐름을 직선적인 개념이 아니라 연결된 주기로 이해했다. 특정 기간이 시작되면 그 징조가 미리 나타나고, 종료된 후에도 그 영향이 지속된다고 믿었다. 따라서 각 달의 마지막 날에는 *좌정seating*이라는 표시를 사용해 다음 달의 시작을 예고했다.

앞에서 설명한 종교력 260일 일력에서, 1 Kan이라는 하루는 365일인 생활력(어김년)*Vague Year*에서도 특정한 위치를 가지며, 예를 들어 1 Pop과 함께 사용될 수 있다. 하지만 1 Kan과 1 Pop이라는 조합은 52년(18,980일)이 지나야 다시 돌아올 수 있다. 이를 책력 순환이라고 하며, 멕시코 고원지대 마야의 여러 민족이 사용한 유일한 연 단위 날짜 계산법이었다. 하지만 52년 이상의 긴 기간을 기록하는 데는 한계가 있었다.

이와 달리, 장기력Long Count은 시간 기록의 명확성을 높이기 위해 사용되었다. 장기력은 단순한 52년 주기가 아닌 훨씬 더 긴 시간을 측정할 수 있었으며, 티칼을 비롯한 마야 문명의 중심 지역에서 가장 정교하게 발전했다. 장기력에서는 365일이 아닌 360일을 기준으로 하는 "툰Tun"을 사용했다. 이와 같은 장기력 덕분에, 마야인들은 천여 년에 걸친 역사적 사건을 비교적 정확하게 기록할 수 있었다.

마야문명의 숫자와 문자

신대륙 원주민 역사에서, 인간의 언어를 시각적으로 표현하는 복합문자를 제창하여 사용한 민족은 오직 마야뿐이다. 우리가 문자를 일상언어의 모든 내용을 기록할 수 있는 체계로 정의한다면, 마야 문자는 그 기준을 충족하는 유일한 고대 신대륙의 문자였다. 20세기 중반까지도 학계에서는, 현존하는 마야 문헌들이 주로 달력 그리고 천문학과 관련된 지식만을 담고 있다고 믿어왔다. 그러나 그 이후 빠르게 이루어진 해독 작업의 진전은, 고대 마야의 역사를 기록하는 관리들이 다루었던 주제가 광범위했을 뿐 아니라, 이들의 문자 체계가 구어口語와 얼마나 밀접하게 연결되어 있었는지를 밝혀냈다. 마야 어는 모두 31개 정도로 분화되어 있지만, 현재까지 발견된 문헌은 주로 남부 저지대에서 쓰였던 촐란어Cholan와 유카탄어Yucatec로 분류되고 있으며, 일부 고전기 비문은 두 언어의 특징을 모두 공유하고 있다.

마야 문자에서 가장 먼저 해독된 부분은 수학과 달력에 관한 것이었다. 흥미롭게도, 마야의 수 체계는 매우 간결하면서도 정교한 방식으로 구성되어 있는데, 단 세 가지 기호만으로 모든 수를 표현한다. 특이한 사실은 마야 문명이 독자적으로 숫자 "0"의 개념을 세계에서 처음으로 창안하였다.

· 점(•)은 숫자 1,
· 막대(一)는 숫자 5,
· 그리고 조개껍데기 모양(🝆)은 숫자 0을 나타낸다.

이렇게 간결한 수기법은 마야 문명의 천문학적 계산 능력과 정교한 달력 체계를 이해하는 열쇠가 되었다. 마야인들은 "0에서 19"까지의 숫자를 나열하여 "20진법"을 기반으로 한 위치적 수 체계를 사용하여 매우 큰 수까지도 표현할 수 있었다. 이처럼 수의 자릿 값에 따라 의미가 달라지는 체계는, 그들이 수학적 개념을 정교하게 이해하고 있었음을 보여준다. 앞에서 설명한 것처럼, 마야인들은 종교적 책력으로 이루어진 260일과 365일의 태양력을 조합한 52년 주기의 '달력 윤회를 사용했다. 그러나 고전기의 마야인들은 이보다 훨씬 더 정밀한 시간 기록 체계를 구축했는데, 그것이 바로 장기력이다.

장기력은 기원전 3114년경을 기점으로, 특정 날짜까지 지나간 날짜 수를 일 단위로 누적 계산하는 방식이다. 이를 통해 마야인들은 수천 년에 걸친 역사적 사건들을 정밀하게 기록할 수 있었다. 또한, 마야인들은 해와 달의 형태 변화를 세심하게 관찰하고, 일식과 월식에 대한 경고 일정까지도 만들어냈다. 일부 학자들의 연구에 따르면, 이들은 지평선 상에서의 행성 움직임뿐 아니라, 배경에 있는 고정된 별들에 대한 위치까지 계산하며 가시 행성들의 운동을 정밀하게 예측했던 것으로 밝혀지고 있다.

러시아 언어학자 연구 덕분에, 마야 문자에서 달력과 무관한 부분에 대해서도 많은 것이 밝혀졌다. 흥미롭게도, 이 문자 체계는 구조적으로 이집트 상형문자, 수메르 문자, 그리고 히타이트 상형문자와 같은 구대륙의 고대 문자들과 유사한 점을 지닌다.

전체 마야 문자, 즉 글리프glyph는 800개가 넘지만, 일반적으로 사용된 것은 200~300개 정도였다. 마야 글리프는 대체로 둥글거나 자갈처럼 타원형의 윤곽을 가지고 있으며, 즐겨 쓰기 방향은 왼쪽에서 오른쪽, 위에서 아래로, 종종 두 칸씩 짝지어진 열로 구성된다.

마야 문자는 일반적으로 표의문자와 음절문자가 결합된 로고음절문자logosyllabic로 분류된다. 이는 의미를 나타내는 어휘 기호logogram와 음절 소리를 나타내는 표음 기호syllabogram로 구성된 문자 체계를 의미한다. 음절 기호는 100개 이상 존재하지만, 이 중 일부는 단지 형태만 다른 것으로, 비문을 작성했던 기록자들의 서체 변화에 불과하다. 각 음절 기호는 자음(C)과 그 뒤에 오는 모음(V), 또는 순수한 모음(V) 하나를 나타낸다. 마야어의 대부분의 단어는 자음-모음-자음으로 형성되어, 이를 표기하기 위해 기록관들은 일반적으로 CV-C(V) 형태

기념비에 새겨진 마야의 문자
(사진 : Richard Weil, CC-BY-SA 2.0)

로 두 개의 음절 기호를 사용했다. 이때 두 번째 기호의 모음은 발음되지 않으며 생략되었지만, 연구자들은 기록관들이 이 무음의 모음조차도 앞의 모음과 조화를 이루도록 신중하게 선택했음을 밝혀냈다. 이는 마야인들이 소리뿐 아니라 언어의 미적 균형까지도 중요하게 여겼음을 보여준다.

사실 마야 문자의 기록자들은 음절 문자만 사용해서 모든 말을 기록할 수도 있었다. 그런데 그들은 그림 문자인 로고그램을 여전히 많이 사용했다. 왜냐하면 글자들이 더 권위 있고 멋져 보였기 때문이다. 문장을 더 쉽게 읽을 수 있게 하기 위해, 그들은 로고그램 앞이나 뒤에 음절 문자를 붙여서 발음을 할 수 있도록 해 놓았다. 또한 마야 문자에서는 다의성polyvalence이라는 특징도 있다. 하나의 글자가 여러 가지 뜻이나 소리를 가질 수 있었고, 반대로 같은 소리나 단어를 여러 가지 다른 글자로 표현할 수도 있었다. 예를 들어, caan(깐)이라는 단어는 숫자 4, 뱀, 또는 하늘이라는 기호로도 쓸 수 있었다 이 모든 것이 유카텍 마야 어에서 caan이라는 소리와 관련이 있기 때문이다. 그래서 기록자들은 이러한 다양한 표현 방법을 이용해서 글의 미적인 효과를 높이기도 했다.

4) 마야 문명의 쇠락 : 신비한 문명의 그림자

중앙아메리카 페텐 지역에 자리한 티칼을 비롯한 여러 마야 도시국가들은 고전기 마야 문명이 가장 찬란했던 시기를 대표한다. 그러나 9세기 말에 이르러 이들 도시는 하나둘씩 쇠퇴의 길로 접어들기 시작했다. 이 시기는 마야 문명사에서 고전기의 종말로 불리며, 눈부신 문명의 한 시대가 막을 내리는 전환점으로 기록된다. 그렇다면 천여 년의 세월 동안 지속되어온 마야 문명은 어째서 갑작스레 붕괴의 길을 걷게 되었을까? 학계에서는 과도한 농경 활동으로 인한 토양의 황폐화와 그에 따른 인구의 이동, 혹은 정치적 갈등과 전쟁의 격화 등을 주요 원인으로 지목한다. 하지만 마야 문명의 몰락은 단일한 설명으로 담기에는 너무나도 복합적이며, 여전히 수많은 가설과 논쟁을 불러일으키는 미스터리로 남아 있다. 이제, 그동안 제기되어온 다양한 이론들을 통해 마야 문명이 걸어간 쇠락의 여정을 좀 더 깊이 들여다보도록 하자.

고전기 마야 문명의 도시국가들, 이른바 소왕국이라 불리는 이들은 중요한 의례나 정치적 사건이 있을 때마다 이를 기념하기 위해 석주를 세우고, 그 위에 당시의 역사적 사실을 정성스럽게 새겨 넣었다. 이 돌기둥들은 마야 문명의 살아 있는 역사서이자 권위의 상징이었다. 그러나 이러한 기록도 어느 순간 사라진다. 현재까지 확인된 마지막 석주의 명문은 서기 889년에 새겨진 것이다. 그 이후, 정적이 찾아왔다. 더 이상의 기록은 없고, 눈부시게 솟아오른 사원들과 화려했던 궁전, 정교한 조각들마저도 울창한 밀림에 덮여 버렸다. 그 문명을 이루었던 사람들은 마치 약속이나 한 듯 흔적 없이 자취를 감춘다. 문명의 무대는 남아 있되, 배우들은 모두 퇴장한 것이다.

이 갑작스럽고도 미스터리한 침묵에 대해 수많은 학자들이 다양한 해석을 내놓았다. 지속적인 경작으로 인한 농토의 황폐화, 외부 세력의 침입, 황열과 같은 전염병의 유행, 내부 권력층 간의 갈등과 민중의 봉기, 지진 등 자연재해, 심지어는 남녀 성비의 불균형까지, 마야 문명의 몰락은 단일한 원인으로는 설명할 수 없는 복합적인 퍼즐처럼 다가온다.

수차례의 국제 학술대회와 연구를 통해 다양한 이론들이 제기되어 왔지만, 오늘날 학계에서 가장 설득력을 얻고 있는 가설 중 하나는 외세의 침입과 내부의 긴장이 교차하면서, 폭동과 사회 붕괴로 이어졌다는 해석이다. 그러나 마야 문명의 몰락은 여전히 미궁 속에 놓여 있다. 돌기둥들은 침묵했고, 우리는 그 침묵을 해독하기 위한 지적 탐험을 멈추지 않는다. 그럼에도 불구하고 다수의 연구자들은 마야 문명의 몰락과 관련하여 다음과 같은 사실들에는 대체로 의견을 같이하고 있다.

1. 마야의 수많은 도시국가들은 기원후 8세기까지 눈부신 번영을 누렸다. 그러나 그 찬란한 문명이 거의 모든 지역에서 붕괴하는 데 걸린 시간은 불과 75년에서 120년, 인류사로 보았을 때는 눈 깜짝할 만한 순간이었다.
2. 이 짧은 시간 동안 지배층은 궁전과 신전을 버렸을 뿐 아니

라, 그들이 조상의 위업을 기리며 세웠던 석주를 더 이상 세우지 않았고, 옥과 같은 사치품들도 버려졌다.
3. 인구는 급격히 감소했고, 중심 도시뿐 아니라 주변 농촌의 촌락들까지도 차츰 폐허로 변해갔다.
4. 이러한 붕괴의 흐름은 가장 번창했던 도시, 예컨대 페텐 지역의 티칼을 비롯한 남부 저지대에서 먼저 시작되어, 점차 북동쪽으로 확산되었다.

이러한 사실들은 마야 문명의 몰락이 단순한 외적 요인에 의한 것이 아니라, 인구 과잉과 사회적, 문화적 위기가 복합적으로 얽힌 총체적 재앙이었음을 시사한다. 지배층과 피지배층이 함께 몰락한 사건은, 마야 사회가 자연과의 조화로운 공존을 끝내 유지하지 못했음을 말해 준다. 물론 마야인들은 오늘날의 산업사회 사람들보다 자연과 훨씬 더 밀접하게 어울려 살아갔다. 하지만 그 조화가 언제나 순조롭기만 했던 것은 아니다. 한정된 자원과 늘어나는 인구, 특히 생산에 직접 참여하지 않는 특권 계층의 팽창은 사회 전반에 점차적인 압박을 가했을 것이다.

아래에 살펴보겠지만, 자연과의 균형이 깨어졌던 흔적—적어도 일부는—마야 문명의 몰락에 중요한 단서를 제공한다. 최근의 연구를 통해 관련 자료가 보다 정밀하게 보완되면서, 어떤 가설은 더욱 힘을 얻고, 또 어떤 가설은 그 신빙성이 흔들리기 시작했다.

내부적 갈등 요인

마야 사회는 여러 내재적 스트레스 요인에 직면해 있었으며, 그중 상당 부분은 중남부 지역의 고밀도 인구와 깊이 관련되어 있었다. 예컨대, 서기 600년에서 900년 사이, 마야 문명의 중심지와 그 주변 농촌 지역을 합산한 전체 인구 밀도는 제곱 km당 약 168명에 달했을 것으로 추정된다. 이러한 인구 밀도를 유지하기 위한 집약적 농업 구조는 티칼에서 남쪽으로 약 30km 떨어진 지역에서도 확인되며, 동쪽 벨리즈 계곡에서도 그 흔적이 발견된다. 이외의 여러 지역에서도 상당한 인구가 거주했음을 암시하는 다양한 고고학적 증거가 발견되고 있다.

이와 같은 사실은 마야인들이 자연과 맺은 균형의 약속을 끝내 지키지 못했음을 보여준다. 티칼을 중심으로 한 마야인들은 저수지와 수로를 건설하여 집약 농경을 수행했지만, 여전히 많은 부분에서 전통적인 화전 농업에 의존했다. 문화인류학자들의 연구에 따르면, 화전 농업 방식으로는 제곱 km당 약 20~50명의 인구를 감당하는 것이 적정한 수준이라 한다. 그러나 마야 사회의 실제 인구 밀도는 이 기준을 훨씬 초과하여, 약 다섯 배에 가까웠다.

화전 농업의 구조적 한계는 명확하다. 동일한 지역에서 반복적으로 경작을 할 경우, 토양의 비옥도는 해마다 저하되며 수확량은 급격히 감소한다. 따라서 일정 기간 경작한 후에는 휴경기를 두고 다른 지역으로 옮겨야 하며, 한 번 경작지로 사용된 토양이 본래의 생산력을 회복하려면 최소 20년에서 30년 이상의 시간이 필요한 것으로 알려져 있다. 그러나 급격히 증가한 인구의 압박 속에서 마야인들은 넓은 지역의 자연 생태계를 파괴했을 뿐 아니라, 충분한 휴경 없이 동일한 땅을 반복적으로 경작하게 되었다. 그 결과, 지속적인 흉작이 이어졌을 가능성이 크다. 뿐만 아니라, 무분별한 경작으로 인해 파괴된 생태계는 질병의 발생을 촉진시켰고, 이는 마야 사회에 심각한 건강상의 위협으로 작용했다. 고고학자들의 조사에 따르면, 말기 고전기(서기

700~800년)에 해당하는 유적지에서 발굴된 마야인들의 유골을 분석한 결과, 이들은 말라리아, 황열, 심장사상충, 신부전증, 매독과 유사한 만성 전염병뿐 아니라 영양실조에도 시달린 것으로 드러났다.

이 모든 사실을 종합해보면, 마야 사회는 겉보기의 화려함과는 달리, 엘리트층조차 건강을 온전히 지키기 어려운 위태로운 삶을 살고 있었음을 알 수 있다. 남부 저지대에서 마야인의 평균 기대수명은 고작 39세였고, 유아 사망률은 충격적일 정도로 높았다. 추정에 따르면, 마야 아이들 중 무려 78%가 20세에 이르기도 전에 생을 마감했다. 더 큰 문제는, 이처럼 허약한 신체 조건이 언제든지 파국을 불러올 수 있는 '생물학적 시한폭탄'과 같았다는 점이다. 만성 질병은 조금만 영양이 부족해져도 순식간에 전염병으로 번질 수 있었고, 흉작 같은 작은 외부 충격 하나만으로도 마야 사회 전체를 뒤흔들 재앙이 발생할 수 있었다.

이미 인구는 생존이 가능한 한계선에 도달하였고, 한정된 토지와 자원을 어떻게 관리할 것인가는 공동체의 명운을 좌우하는 중대한 과제로 떠올랐다. 이러한 막중한 책임은 주로 사회의 상층부, 즉 엘리트 집단이 담당하였다. 식량을 외부에서 조달하거나 버려진 땅을 배수 공사 등을 통해 경작지로 전환하는 일들은 모두 이들의 결정과 지휘 아래 추진되었다. 그러나 이 체계에는 치명적인 약점이 내포되어 있었다. 혈통에 기반한 귀족 중심의 리더십은 냉철한 판단과 유연한 대응이 요구되는 복잡한 문제를 해결하기에는 지나치게 비효율적이었다. 고대 신분사회에서 흔히 볼 수 있듯이, 마야의 귀족들 또한 개인의 능력보다는 출신 배경에 따라 권력을 세습 받았고, 그 결과 위기 상황을 감당하지 못한 채 체제가 붕괴되었을 가능성이 크다. 물론, 유능한 귀족도 존재했을 것이다. 그러나 이들과는 별개로, 하층민 중 뛰어난 역량을 지닌 인물이 지도자로 성장할 수 있는 길은 사실상 막혀 있었다. 이러한 구조적 한계 속에서 마야 문명의 몰락은 단순한 자연재해나 외부 침입 때문이 아니라, 궁극적으로는 위기 상황에 효과적으로 대응하지 못한 지도층의 행정적·관리적 실패에서 비롯되었다는 것이 일부 학자들의 분석이다.

마야의 말기 고전기에 접어들면서 지배층과 피지배층 간의 사회적 간극은 더욱 심화되었다. 사회 구조적 측면에서 지배계층의 인구가 점차 증가함에 따라, 생산을 담당하는 피지배계층의 부담은 가중되었고, 그로 인해 사회적 갈등과 불만이 증폭되었다. 지배층은 더 많은 양의 곡식을 요구하였고, 농민들은 그 요구를 충족시키기 위해 끊임없이 노동에 시달렸지만, 변덕스러운 날씨, 병충해, 경작지의 황폐화 등으로 인해 수확량을 늘릴 수는 없었다.

최근 나이테를 기반으로 한 기후 변화 연구에 따르면, 서기 850년경 마야 문명이 자리했던 중앙아메리카의 저지대는 극심한 가뭄을 겪었고, 여기에 대규모 메뚜기 떼의 습격까지 더해져 작물에 큰 피해가 발생한 것으로 나타났다. 이러한 사회적 갈등과 자연재해는 식량 자원의 부족으로 이어졌고, 자원을 둘러싼 경쟁은 마야 도시 국가들 사이에 빈번한 정복 전쟁을 불러일으켰을 것이다. 과거에는 혼인 동맹을 통해 긴밀히 유지되던 교역망이 생존을 위한 전쟁 속에서 무너졌고, 강자가 약자를 침략하는 일이 반복되었으며, 심지어 외부 세력까지 마야의 중심 도시들을 약탈한 사실이 기록되어 있다. 마야 도시 국가들의 연쇄적인 몰락은 그들이 남긴 석주의 명문에서도 확인된다. 팔렌케의 중심 도시는 A.D. 810년에, 다음 도시 국가는 825년에, 그리고 마지막 명문은 910년으로 기록되어 있다.

일반적인 인구 재앙과 농업 체계의 붕괴는 마야 사회가 감당하기에 너무나도 큰 충격이었다. 요컨대, 생태계의 남용, 질병, 잘못된 행정, 인구 과잉, 군국주의, 기근, 전염병, 그리고 자연재해 등이 다양한 방식으로 마야 문명을 덮쳤다. 하지만 여전히 몇 가지 의문이 남는다. 이러한 재앙의 원인으로 작용한 인구증가는 어떻게 이루어졌는가? 역사학 및 인류학의 민족지 연구를 통해 학자들은 마을 단위 사회와 국가 수준 사회가 인구를 통제하는 방식이 매우 다르다는 점에 주목했다. 비교적 독립적인 마을 공동체는 생존을 최우선으로 하며, 다양한 전통적인 인구 조절 방식을 갖고 있다. 여성 영아 살해는 그중 대표적인 예로, 원주민들의 수렵-채집경제 사회와 부족사회는 물론, 18세기 유럽과 아시아 여러 지역에서 광범위하게 실행되었다. 약초를 이용한 낙태, 만혼, 금욕적 의례 등의 방법 또한 마을 단위에서는 인구를 일정 수준 이하로 유지하는 데 활용되었다.

반면, 국가 수준의 사회는 지배 엘리트를 위한 이익을 위해 오히려 인구 증가를 장려하는 경향이 있다. 활용할 인구가 많을수록 권력을 유지하고 확장하기에 유리하기 때문이다. 마야의 경우, 말기 고전기에 지어진 거대한 건축물 들에서 일종의 대규모 권력 과시가 엿보인다. 마야문명의 국가사회인 티칼과 우악사툰에서 발견되는 미완성 대형 건축물들은 국가의 몰락으로 인해 중단되었으며, 이러한 건축 사업은 막대한 인력 자원이 소요되었지만, 노동력에는 거의 관심을 두지 않았음을 보여준다. 마야문명은 정교하고 화려한 건축물은 많이 남겼지만 현실적인 국가운영 체계에로 방향을 전환하는 데에는 실패한 것으로 보인다.

또 하나 주목할 질문은, 왜 마야인들은 위기에 적절히 대응하지 못했는가 하는 점이다. 그 해답은 종교적 권위에 의해 정당화된 귀족 지배 체제의 본질에서 찾을 수 있을지도 모른다. 예컨대 흉작이 발생했을 때, 마야의 지도자들은 조상과 신들을 달래기 위해 오히려 더 많은 의식과 더 웅장한 석조 기념물을 세우는 쪽으로 대응했을 가능성이 있다. 이러한 시책은 식량 생산에 투입되어야 할 인력을 의례와 건축으로 돌리는 결과를 낳아, 오히려 위기를 더욱 심화시켰을 것이다. 당시 마야인들이 지녔던 세계관과 종교적 이념을 고려한다면, 이처럼 부적절한 대응이 이뤄졌을 가능성은 높다고 본다. 한편, 위기의 원인이 일시적인 재난이 아니라, 오랜 가뭄과 인구 과잉, 그리고 약탈 전쟁으로 인한 전반적인 사회 혼란이었다면, 어떤 방법도 큰 효과를 내기 어려웠을 것이다. 다시 말해, 마야가 위기를 극복하지 못한 것이 아니라, 애초에 그것은 극복 자체가 불가능한 위기였을지도 모른다.

5) 말기 고전기와 고전기 후기의 마야 : 치첸 이트자Chichén Itzá (서기 600년~1200년)

마야 문명의 마지막 불꽃

10세기가 저물 무렵, 한때 찬란한 문화적 자부심을 자랑하던 마야 문명은 점차 쇠퇴의 조짐을 보이기 시작했다. 정치 권력은 분열되고, 도시국가들 간의 경쟁은 격화되었으며, 고전기의 지성적 통치 질서 또한 흔들리고 있었다. 이 혼란의 틈을 타, 멕시코 고원에서 부상한 군사 중심의 외래 세력, 톨텍족Toltec이 유카탄 반도로 남하했다. 10세기 후반, 이들은 북부 유카탄의 유서 깊은 도시국가인 *치첸 이트자Chichén Itzá*를 점령하고, 기존의 마야 문화 위에 자신들의 정치적·종교적 색채를 덧입힌 새로운 지배 체제를 수립했다. 전통적 마야 통치자들을 몰아낸 이들은 보다 전투적이고 권위적인 질서를 이식하며 마야 세계에 중대한 전환을 불러왔다.

그러나 그들의 지배 역시 오래가지 못했다. 톨텍 세력이 세운 국가는 점차 쇠퇴하며, 마야 문명의 마지막 불꽃 속으로 사그라졌다. 문명이 몰락했다고 해서 모든 것이 흔적 없이 사라진 것은 아니었다. 페텐 지역의 도시들이 무너진 뒤에도, 마야의 종교와 사회 제도는 놀라운 생명력을 지닌 채 북부 유카탄 반도로 전해졌고, 치첸 이트자에서는 *말기 고전기 문화와 고전기 후기 마야*로 불리는 새로운 양상이 다시금 꽃을 피우게 되었다.

우리는 이러한 역사의 전개 과정을 비교적 생생히 들여다볼 수 있다. 이 시점부터 불완전하지만 구전으로 전해오던 역사를 기록해 놓았기 때문이다. 유카탄과 과테말라 고지대에 살던 마야인들의 전통 연대기는 식민지 시대 초기에 스페인어 문자로 옮겨졌으며, 그 내용은 고전기 후기의 시작까지 거슬러 올라간다. 이 기록들은 당시 사회와 문화, 신념과 충돌을 엿볼 수 있는 소중한 창으로 평가된다.

스페인 선교사들이 16세기 말에 기록해 놓은 역사에 의하면, 고대 중앙 아메리카의 테오티오아칸과 마야 문명의 몰락으로 생긴 공백을 메운 것은 북방에서 남하한 새로운 종족인 톨텍*Toltec* 족이었다. 이들은 정착 농경과는 거리가 먼 *치치멕Chichimec*이라 불린 유목민들의 후예라 알려져 있고, 스스로의 기원을 북쪽의 투박한 땅에 두고 있다고 말했다. 서기 900년 무렵, 이들은 중앙아메리카의 신화에서 문화적 구원자로 여겨지는 *깃털 달린 뱀Quetzalcoatl*이라는 신의 이름을 군왕의 이름으로 바꾸고 전략적 요충지인 툴라*Tula*지역에 자리를 잡았다.

톨텍의 도시 툴라*Tula*는 시간이 지나면서 웅장한 피라미드와 거대한 전사 석상이 늘어선 문명의 중심지가 되었다. 전설에 따르면 깃털 달린 뱀의 왕은 예술과 농경을 장려하고, 피에 굶주린 인신공양 의식을 멀리하는 한편 백성과 평화를 위해 나라를 다스렸다고 전해진다. 그의 통치 아래 톨텍의 도시국가 툴라는 황금시대를 구가하며 번영을 누렸다고 한다.

톨텍 문명과 깃털 달린 뱀의 신화

톨텍 사회에서는 이후 고대 멕시코 전역의 역사와 문화에 깊은 영향을 미치게 될 군사 집단이 두드러지게 부상했다. 이들은 독수리 *기사단*, *재규어 기사단*, *코요테 전사단* 등으로 불리는 정예 군사 조직을 형성하며, 평화와 풍요의 상징인 *깃털 달린 뱀*(케찰코아틀)보다 전쟁과 권력의 신 *테즈카틀리포카*를 더욱 열렬히 숭배하였다. 점차 두 신을 중심으로 한 상징적 가치의 충돌은 사회 전반에 갈등을 야기하였고, 이는 톨텍 문명의 역사적 전환점으로 작용하게 된다.

결국, 케찰코아틀은 그의 숙적 테즈카틀리포카의 간계와 마법에 굴복하여, 추종자들과 함께 수도 툴라를 떠날 수밖에 없었다. 설화에 따르면 그가 툴라를 등진 해는 서기 987년경으로 전해지며, 이 떠남은 추방의 의미보다는 언젠가 반드시 돌아와 백성을 구원하리라는 예언적 약속이 담긴 사건이었다. 고대 멕시코 전역에 널리 퍼진 신화에 따르면, 그는 고원지대를 지나 멕시코만 해안에 이르러, 뱀으로 엮은 신비로운 뗏목을 타고 *붉은 땅Red Land*을 향해 떠났다고 한다.

이 전설은 수세기 동안 현실과 신화의 경계를 넘나들며 희망의 이야기로 계승되었고, 톨텍 신화 속에서는 평화와 선을 상징하는 케찰코아틀 집단이 전쟁과 권력을 숭배하는 집단에게 패하여 결국 망명길에

올랐다고 해석되기도 한다. 그들이 도달한 붉은 땅은 유카탄 반도에 위치한 말기 고전기 마야 문명에서 마지막으로 남은 도시국가인 "치첸 이트자"로 추정되며, 실제로 이 시기를 전후하여 치첸 이트자에서는 톨텍적 군사문화 요소가 반영된 건축과 조각 양식이 나타난다. 이는 치첸 이트자 주민들이 외부에서 온 톨텍 집단을 전설 속 케찰코아틀의 귀환으로 받아들였을 가능성을 암시한다. 더 거슬러 올라가면, 중미 전역을 지배했던 테오티우아칸 문명에서도 이미 케찰코아틀은 최고신 중 하나로 숭배되었으며, 이러한 문화는 고대 마야 문명 전반으로 확산되었다. 흥미롭게도, 케찰코아틀은 단순한 신이 아니라 인격화 된 존재로 변모하여 유카탄의 말기 고전기 마야 사회에 다시 등장하고, 이후 아즈텍 문명으로도 계승되었다.

이러한 신화는 실제 역사적 사건 해석에까지 영향을 미쳤다. 1519년, 아즈텍 제국의 군주 몬크테수마 2세Moctezuma II는 스페인에서 온 정복자들의 이질적인 외모와 옷차림을 보고, 수염이 많고 인간 같지 않은 그들을 전설 속 깃털 달린 뱀의 신 귀환으로 오인하여 극진히 환대했다는 기록이 있다. 결국, 이러한 종교적 상상력과 신화에 대한 맹신은 스페인의 소수 병력 앞에서 치첸 이트자와 아즈텍 제국 모두 제대로 저항하지 못하고 함락되는 결과를 낳았다. 이는 종교와 신화가 고대 중미 사회의 정신세계와 정치적 결정에 얼마나 깊이 뿌리내려 있었는지를 단적으로 보여준다.

치첸 이트자의 자연환경과 도시의 성장

치첸 이트자는 후기마야 문명의 주요 도시국가 중 하나로, 오랫동안 톨텍 세력이 이곳을 정복하여 그들의 문화와 종교를 이식했다는 견해가 널리 받아들여져 왔다. 그러나 최근에는 이러한 통설에 의문을 제기하는 새로운 해석들도 등장하고 있다. 톨텍의 영향력을 강조하기보다는, 이 도시가 자리 잡은 자연환경과 그 안에서 형성된 고유한 문화 발전 양상에 주목하려는 시도이다. 이 문제는 다시 논의 하고, 치첸 이트자가 어떻게 번영을 이룰 수 있었는지를 이해하기 위해, 먼저 이 도시가 위치한 지리적 배경과 생태적 조건을 살펴볼 필요가 있다.

치첸 이트자는 멕시코 유카탄 반도의 북부, 대서양과 가까운 열대 산림 지역에 자리하고 있다. 그러나 이 지역은 남부 저지대의 티칼이나 팔렌케와 같은 고전기 마야 도시들에 비해 강수량이 적고, 우기와 건기가 뚜렷이 구분되는 특성을 지닌다. 울창한 열대우림이 펼쳐진 남부와 달리, 북부의 산림은 밀도가 고르지 않으며, 건기에는 초원이 드러나는 등 변화무쌍한 경관이 특징이다.

치첸 이트자 지역의 가장 큰 생태계의 제약 중 하나는 물이다. 유카탄 반도는 전반적으로 석회암 지대로 구성되어 있어, 지하로 물이 스며들어 흐르고 지표에는 강이나 자연 호수가 거의 형성되지 않는다. 그 대신, *세노테cenote*라 불리는 석회암 함몰지, 즉 천연 싱크 홀이 이 지역의 주요 수원 역할을 했다. 특히 치첸 이트자 주변에는 크고 작은 세노테들이 다수 분포하고 있으며, 이들 중 일부는 고대에 실제로 생활용수로 이용되었을 가능성이 크다.

정착 생활의 핵심 조건 중 하나는 안정적인 수자원 확보이다. 세노테는 그러한 점에서 치첸 이트자에 특별한 생존 조건을 제공했다. 자연적인 샘이 부족한 유카탄 북부 평야에서, 지속적인 물 공급이 가능한 지역은 드물었으며, 세노테가 존재한 치첸은 이 점에서 매우 독보적인 장소였다. 어쩌면 당시의 마야인들은 이곳을 *비의 신이 선택한 땅*이라 여겼을지도 모른다. 세노테는 물 공급을 해주는 수원일 뿐만

멕시코 치첸 이트자 신성한 우물 세노테cenote

아니라, 종교적 상징성을 지닌 성소로 기능했으며, 제의와 희생이 이루어지던 신성한 장소로도 기록되고 있다.

이처럼 치첸 이트자의 번영은 단순한 외세의 영향이 아니라, 지형적 특수성과 자연환경이 제공한 생존 기반 위에 구축된 것이었다. 물이라는 생명의 자원이 가능케 한 정착과 공동체의 형성, 그리고 그 위에 쌓아 올린 문화는 우리가 마야 문명을 이해하는 데 있어 핵심적인 단서를 제공한다.

치첸 이트자의 웅장한 신전과 궁전, 그리고 천문대 등 주요 건축물 주변에는 두 개의 대형 세노테(석회암 함몰 우물)가 자리하고 있다. 이 중 하나는 특히 비의 신 차악Chaac에게 제사를 올리는 신성한 장소로 사용된 것으로 보인다. 이러한 사실은 1549년에 도달하여 10년동안 유카탄 지역에 머물렀던 한 스페인 주교가 현장을 목격하고 기록으로 남긴 내용에서 확인된다.

그의 기록에 따르면, 마야인들은 심각한 가뭄이 들었을 때 비를 내려달라며 성대한 기우제를 올렸다. 의식의 절정은 아름다운 소녀들과 함께, 보석과 같은 귀중한 공물을 세노테의 푸른 심연 속으로 던지는 인신공양의 순간이었다. 희생된 소녀들은 다시는 모습을 드러내지 않았지만, 마야인들은 그녀들이 죽은 것이 아니라 신의 세계로 들어간 것이라 믿었다. 이야기 속 전승은 단지 신화나 전설로만 머물지 않았다. 최근 고고학자들이 이른바 성스러운 세노테를 발굴하면서, 마야인의 종교와 세계관이 실체를 드러내기 시작했다. 조사 결과, 세노테의 깊은 물 속에서는 눈부신 귀금속, 정교하게 세공된 공예품, 그리고 다수의 인간 유골이 출토되었다. 정밀 분석 결과, 이 유골의 주인공들이 전승 속 *아름다운 처녀*인지는 확증할 수 없었지만, 대부분이 어린이와 청소년이라는 사실은 충격적이었다. 그 가운데 일부 장신구는 서기 600년에서 900년 사이, 현재의 파나마 지역에서 만들어진 것으로 밝혀졌으며, 중미 전역을 아우르는 교역과 문화적 연결망의 존재를 뒷받침해준다. 이처럼 신성한 물의 심연은 일반적인 수원이 아니었다. 그것은 생명과 죽음, 믿음과 공포, 희생과 소망이 교차하는 마야 종교의 무대이자, 신과 인간이 마주하는 경계였다. 그 어두운 물 아래에는 신의 응답을 구하고자 자신의 아이를 바쳤던 이들의 간절한 염원이 여전히 잠들어 있다.

치첸 이트자의 기원 또한 이와 맞닿아 있다. 서기 600년경, 마야 저지대의 티칼과 팔렌케 등지에서 이주해온 집단이 이트자 지역의 원주민들과 융합하면서, 이곳은 하나의 종교 의례 중심지로 태동하였다. 이후 서기 900~1000년경, 톨텍의 군사적 영향력이 더해지면서 치첸 이트자는 유카탄 반도에서 정치, 종교, 상업, 군사의 중심지로 우뚝 섰고, 그 절정기를 맞이했다. 이러한 사실은 정교한 석조물과 석주에 새겨진 명문, 그리고 발굴된 유물들을 통해 뚜렷하게 확인된다.

하지만 오늘날 학계는 치첸 이트자의 역사에 대해 여전히 두 가지 주요 쟁점을 놓고 논의를 이어가고 있다. 첫째, 치첸 이트자가 실제로 톨텍에 의해 정복된 것인지, 혹은 톨텍의 군사 문화가 마야 세계에 평화롭게 전파되어 예술과 조각 양식에만 영향을 미쳤는지에 대한 문제이다. 둘째, 치첸 이트자의 형성 과정은 단순한 도시 건설이 아닌, 마야의 여러 도시국가와 톨텍 유민들이 이 지역에 유입되어 복잡한 문화적 융합이 일어난 결과라는 견해가 있으며, 이로 인해 정치 체제가 단일한 중앙집권이 아닌, 다양한 집단의 연합체로 구성되었을 가능성이 제기되고 있다. 앞의 두 가설을 모두 수용하더라도 치첸 이트자는 폐허가 된 고대 도시가 아니다. 이곳은 수많은 이주와 통합, 정복과 믿음의 이야기가 켜켜이 쌓인 신대륙 원주민 문명의 거대한 실험장이자, 그 자체로 살아 있는 하나의 신화라 할 수 있다

치첸 이트자의 도시 설계 : 신과 인간이 만나는 공간

치첸 이트자는 고대 문명이 설계한 정교한 성스러운 무대이다. 마야와 톨텍 문명의 정수라 할 수 있는 주요 건축물들이 정연하게 배치되어 도시 중심의 *쿠쿨칸 광장Kukulkan Plaza*을 둘러싸고 있다. 광장을 중심으로 정면에는 *깃털달린 뱀의 사원Temple of Feathered Serpent* 피라미드가 자리를 잡고 있으며, 시계방향으로 *전사의 신전Temple of the Warriors*, *천개의 석주군Group of the Thousand Columns*, *공놀이 대 경기장Great Ball Court* 그리고 *해골 제단Platform of the Skulls*이 배열되어 신과 인간의 세계를 연결해 준다.

도시의 주요 건축물들은 *사체sacbé*라 불리는 폭 9m의 흰 석회질

말기 고전기 또는 고전기 후기 멕시코 마야 치첸 이트자 피라미드. 깃털달린 뱀의 신전Temple of Kukulcan 전경(서기 800년~1,150년)

도로로 연결되어 있다. 이 사체는 교통로의 기능보다는 종교적 순례와 제의 행렬을 위한 상징적 통로로 사용되었다. 중앙광장과 피라미드 사원을 지나 북쪽으로 약 300m 떨어진 곳에는 또 하나의 성역, 세노테가 있으며, 그에 이르는 길 또한 인신공양의 흔적을 간직한 사체들로 포장되어 있다. 세노테는 석회암 지대에 형성된 수직 싱크 홀로, 지름 약 60m, 깊이 27m에 이르며, 비의 신에게 제물을 바치는 신성한 제의의 장소로 사용되었다. 한편, 남쪽으로 이어지는 또 다른 길은 *대사제의 무덤*이라 불리는 웅장한 신전을 중심으로 한 공간으로 이어진다.

이 신전은 통치자의 종교적 권위를 상징하는 장소였다.

치첸 이트자의 주민들은 도심 외곽에도 도로망을 구축하여 통신과 물자 수송의 효율성을 높였다. 이러한 체계적인 교통 인프라는 이들이 중요한 자원으로 여긴 소금의 안정적인 유통을 가능하게 했다. 흥미로운 점은, 신대륙의 원주민들이 유럽인들의 도래 이전까지는 수레바퀴 문화를 발전시키지 못했음에도 불구하고, 도로를 활용한 물류와 교역에서 상당한 조직력과 기술력을 보여주었다는 것이다.

도시의 중심에 위치한 쿠쿨칸 사원(깃털달린 뱀의 신전)과 광장은 제의와 권력이 공간 속에서 어떻게 시각적으로 구현되었는지를 극적으로 보여주는 무대이다. 이 광장은 신성함과 위압감, 일상과 비일상이 맞물리는 상징적 장소였다. 광장 곳곳에는 춤과 의식을 위한 무대가 마련되어 있었고, 그 옆에는 인간 해골이 전시된 섬뜩한 제단이 버티고 있었다. 이러한 배치는 마야 세계관 속에서 희생과 영광, 공포와 숭배가 어떻게 공존했는지를 생생히 드러낸다. 생명을 바치는 의식은 일반적인 폭력이 아니라 신과 인간을 연결하는 엄숙한 행위였고, 그 장면은 광장을 채운 사람들의 감각을 전율로 물들였을 것이다.

쿠쿨칸 사원의 동편은 전사의 신전과 이른바 *천 개의 석주군*이라 불리는 기둥 무리가 긴 회랑처럼 늘어서며 대부분의 시야를 가리고 있다. 이 건축군은 장식이나 경계를 위한 구조물이라기보다는, 공간을 분할하고 권위의 방향을 지정하는 도구로 작동했다. 흥미롭게도, 천 개의 석주라는 이름과 달리 실제로는 약 200~300개 정도의 기둥이 세워졌으며, 천이라는 용어는 그 양의 압도감을 표현하기 위한 상징적 수사였던 것으로 보인다.

이 석주군 뒤편에는 또 다른 보조 광장이 마련되어 있는데, 이곳은 톨텍의 수도 툴라의 궁전 구조와 유사하게, 높다란 기단 없이 지면 위

말기 고전기 또는 고전기 후기 마야, 치첸 이트자 마야의 공놀이 경기장Great Ball Court(서기 900년~1,200년)
(사진 : Brian Snelson, CC-BY-2.0 / Wikimedia Commons)

에 바로 건축되었다. 이처럼 치첸 이트자의 중심 공간은 서로 다른 문명과 상징 체계가 중첩되며 마야 후기 고전기의 복합성과 변화를 고스란히 담아내고 있다. 대광장의 북서쪽 모서리에는 중앙아메리카 최대 규모이자 가장 정교한 공놀이 경기장이 자리하고 있다. 길이 약 150m, 너비 70m에 이르는 장대한 구조물은 일반 스포츠 시설을 넘어, 생과 사의 경계를 넘나드는 종교적 제의의 무대였다.

치첸 이트자의 사람들은 마야 문명 전체에서도 드물게 공놀이 의례 문화를 특히 중시했다. 그들은 대형 경기장 옆에 또 하나의 경기장을 세우고, 이를 둘러싼 공간에 정화의식을 위한 증기욕 시설까지 갖추어 제의의 흐름을 완성했다. 고전기 마야 문화에서 신성한 의례를 앞두고 몸과 마음을 정결히 하는 행위는 신의 세계로 들어가는 첫 관문이자 필수 과정이었다. 경기장 벽면과 인근의 작은 신전 들에는 정교한 부조와 조각들이 빼곡히 새겨져 있어, 이 공간이 운동 경기의 장이라기보다는 우주의 질서와 신성한 이야기를 되풀이하는 상징적 무대였음을 웅변한다.

쿠쿨칸 사원과 작은 신전들

치첸 이트자 유적의 중심이자 가장 상징적인 건축물은 깃털 달린 뱀의 신, 쿠쿨칸에게 헌정된 *쿠쿨칸 사원Temple of Kukulkan*이다. 마야 신화에서 쿠쿨칸은 바람과 하늘, 지식과 창조를 관장하는 존재로, 깃털 달린 뱀의 형상으로 표현되며, 중남미 전역에서 유사한 신격으로 숭배되었다. 사원은 높이 약 30m, 밑변의 길이 약 55m에 달하는 계단식 피라미드로, 총 9단으로 축조되었으며, 각 면에는 정상으로 이어지는 91개의 가파른 석조 계단이 설치되어 있다. 사원의 구조에는 마야인들의 세계관과 천문학적 통찰이 고스란히 담겨 있다. 9개의 단은 죽은 자가 지나가는 지하세계의 9개 층을 상징하며, 네 면의 계단 수를 합치면 총 364개가 되고, 정상의 신전 탑을 하나로 더하면 정확히 365가 되어 태양력의 하루하루를 나타낸다. 이와 같은 치밀한 설계는 마야 문명이 자연의 순환과 우주의 질서를 얼마나 정교하게 이해하고 있었는지를 보여주는 대표적인 예라 할 수 있다.

1930년대와 2016년에 걸쳐 실시된 수 차례의 고고학적 조사를 통해, 치첸 이트자의 쿠쿨칸 피라미드에 얽힌 놀라운 건축의 역사적 진실이 하나둘씩 드러나기 시작했다. 현재 우리가 보는 웅장한 계단식 피라미드는 단일한 구조물이 아니라, 그보다 앞서 존재했던 두 개의 피라미드를 감싸 안으며 세 차례에 걸쳐 증축된 복합 구조물이라는 사실이 밝혀졌다. 발굴 조사는 쿠쿨칸 피라미드의 내부에 감춰져 있던 또 하나의 세계를 세상에 드러냈다. 당시 고고학자들은 현재의 외부 구조 안에, 훨씬 오래된 톨텍-마야식 피라미드가 층처럼 중첩되어 있다는 사실을 밝혀냈다. 놀랍게도 이 고대 구조물은 시간의 침식에도 불구하고 정교한 형태와 장식이 경이로울 정도로 온전히 보존되어 있었으며, 그 중심에는 의식의 핵심을 상징하듯 돌로 만든 왕좌 하나가 자리를 지키고 있었다.

이 왕좌는 으르렁거리는 재규어의 형상을 본뜬 것으로, 온몸이 붉은 안료로 물들어 있었고, 옥으로 장식된 눈과 반점, 조개껍데기로 정교하게 조각된 날카로운 송곳니는 마치 생명력을 품은 듯 생생하게 빛나고 있었다. 이는 단순한 장식물이 아닌, 생명과 죽음, 권위와 신성을 매개하던 의례의 중심 물이었을 가능성이 크다. 왕좌의 앞에는 차악물 Chacmool이라 불리는 조각상이 자리하고 있다. 이들은 등을 바닥에 대고 몸을 비스듬히 누인 채 배 위에 그릇 모양의 받침을 두 손으로 받치고 있는 형상인데, 이 받침은 희생 제물의 심장을 바치기 위한 용도로 사용되었을 것으로 추정된다.

차악물 상 조각은 톨텍의 툴라Tula와 치첸 이트자 전역에서 발견되며, 이는 순수하게 톨텍 문명의 독창적인 창조물로 여겨진다. 이 신비롭고도 잔혹한 유물들은 고대 문명에서 신성과 권력, 희생의 의미가 어떻게 조각 속에 구현되었는지를 보여주는 인류학적 증거이기도 하다.

이후 2015년과 2016년에 현대 장비를 사용하여 이루어진 과학적 조사에서도 현재의 쿠쿨칸 피라미드는 단일한 건축물이 아니라, 서로 다른 시기에 축조된 세 개의 피라미드가 층층이 겹쳐진 결과물이라는 사실이 밝혀졌다. 그리고 그 가장 밑바닥, 최초의 피라미드 아래에는 천연 석회암 우물인 세노테가 존재하고 있었는데, 이는 우연이라고 하기보다는 종교적 상징성과 연관된 의도된 선택이었을 가능성이 높다. 즉, 마야인들은 하늘과 땅, 그리고 지하세계를 연결하는 신성한 축으로서 피라미드를 설계했으며, 생명과 죽음의 경계인 세노테 위에 신전을 세움으로써, 인간과 신, 세계의 질서를 하나의 구조물 속에 상징적으로 통합하고자 했던 것이다. 이처럼 계단 아래에 감춰진 피라미드는 권력과 신성, 그리고 신화의 층위를 고스란히 간직한 역사적 문화의 층이자, 마야 문명과 톨텍 문화의 정교한 융합을 보여주는 상징적 공간이라 할 수 있다.

치첸 이트자의 중심부에 우뚝 선 쿠쿨칸 피라미드는 외형적 신전 건축물을 넘어, 고대 마야 문명의 변천과 외래 문명과의 융합 과정을 생생히 보여주는 상징적 유산이다.

서기 900년경, 남부 저지대 마야 문명이 쇠퇴하는 가운데 치첸 이트자는 북부 지역의 중심 도시로 떠오른다. 이 시기 멕시코 고원의 강력한 톨텍 문명이 치첸에 침입하며, 전사적 성격을 띤 톨텍 문화가 마야 사회에 스며들기 시작한다. 이 융합은 두 번째 증축으로 이어져, 기존 피라미드 위에 새로운 구조물이 덧대어진다.

고전기 후기(1050~1150년)에는 치첸 이트자가 마야 문명의 실질적 중심지로 자리 잡고, 톨텍과 마야 문화가 더욱 긴밀히 통합된다. 이 시기의 세 번째 증축을 통해 지금 우리가 보는 장대한 쿠쿨칸 피라미드가 완성된다. 이처럼 쿠쿨칸 피라미드는 세 시기에 걸쳐 점층적으로 확장되었으며, 각 단계는 고대 유카탄 반도에서 벌어진 인구 이동, 권력 변화, 그리고 문명의 융합을 고스란히 담고 있다.

쿠쿨칸 피라미드를 중심으로 바로 오른편에는 한 겹으로 축조된 기단부에 세워진 장엄한 건축물인 전사들의 신전Temple of the Warriors이 시야에 들어온다. 신전은 정면에서 볼 때 3단으로 축조되었고, 정상에 좀 더 넓은 공간을 남겨놓고 높은 사각의 벽을 세우고 그 안에 다시 석주를 여러 개 세워 깃털 달린 신전의 기능을 표방했다. 그리고 정상에 설치된 사당 입구에는 *차악물상*을 배치해 놓았다. 소규모의 피라미드 형태인 사원의 규모는 높이 12m 밑변의 길이가 40m이지만 수백개의 석주들을 피라미드를 둘러싸고 배치하여 마치 멕시코 고원지대 톨텍 문명의 중심지였던 툴라의 피라미드를 모방한 인상을 주지만 규모나 건축 수준에 있어서 훨씬 더 뛰어나다.

이처럼 정교하고 웅장한 건축물은, 유카탄에 도달한 톨텍 침입자들이 현지의 마야 건축가와 장인의 솜씨를 활용했음을 시사한다. 마야의 섬세한 건축 전통과 기술력이 톨텍의 무력적 권력과 결합하면서, 전사들의 신전은 문화 융합의 결과물로 탄생한 것이다. 신전 내부의 벽면은 유카탄 정복을 주제로 한 생동감 넘치는 프레스코화로 장식되어 있어, 당시 톨텍의 전쟁과 통치를 생생하게 증언한다.

1920년대에 전사들의 신전을 복원할 당시, 그 아래에 또 하나의 유사한 건축물이 숨겨져 있었음이 밝혀졌다. 이 건축물, 즉 *차악물의 신전Temple of the Chacmool*에서 발견된 부조와 조각된 기둥 들에는 여전히 선명한 채색의 흔적이 남아 있었다.

신전 내부에 놓인 두 개의 벤치는 특히 흥미롭게 꾸며져 있었는데, 하나에는 재규어 가죽으로 덮인 왕좌에 앉은 톨텍 지도자들의 행렬이 그려져 있었고, 이는 쿠쿨칸 피라미드 내부에 묘사된 장면과 동일한 내용을 보여준다. 다른 하나에는 마야 귀족들이 재규어 가죽이 덮인 의자에 앉아 마야 전통 방식의 작은 홀을 손에 쥔 채 묘사 되어 있어 당시의 역사적 배경을 잘 설명하고 있다.

전사의 신전 옆에는 *대사제의 무덤*이라 불리는 작은 신전이 나란히 자리하고 있다. 그러나 그 이름과 달리, 실제 대사제 무덤의 존재는 아직 확인되지 않았다. 신전은 높이 약 10m에 이르는 계단식 피라미드 구조로, 마치 쿠쿨칸 신전의 축소판을 연상시키며, 정상에는 작고 정교한 사당이 얹혀 있다. 흥미로운 것은 신전의 지하에 마련된 무덤방이다. 톨텍과 마야문화가 융합된 공간에서는 인간의 유해와 더불어 옥으로 만든 구슬, 바다조개, 흑요석으로 만든 칼 등 귀중한 장신구들이 다수 출토되었으며, 향료와 음식이 담긴 다양한 토기들도 함께 발견되었다. 유해는 단 한 사람의 것이 아니었으며, 이들 중 일부는 귀족의 장례에 인신공양으로 순장된 이들일 가능성도 제기된다.

이러한 고고학적 증거들은 치첸 이트자의 주요 사원들이 종교시설 그 이상으로, 마야 고전기의 문화 전통을 계승한 신성한 제의 공간이었음을 시사한다. 당시 사람들은 먼저 지하에 무덤을 마련한 뒤, 그 위에 피라미드나 제단을 쌓고, 조상과 신을 기리는 장엄한 종교 의례를 치렀던 것으로 보인다. 따라서 기능적으로 볼 때 주요 신전 중의 하나는 장례용 신전이라고 추정된다. 마치 고대 이집트의 신전처럼!

치첸 이트자의 천문대 : 엘 카라콜 El Caracol

치첸 이트자에서 또 하나 주목할 만한 석조 구조물은 고대 마야인들의 천문학적 통찰을 고스란히 담고 있는 천문대 El Caracol이다. 이 건물의 양식은 마야의 전통보다는 외래적인 요소가 강하게 반영된 톨텍/마야시대 10세기 작품이다. 천문대는 하늘의 별자리와 태양, 달의 움직임을 관찰하기 위해 세워졌으며, 중앙 광장을 벗어나 쿠쿨칸 대피라미드에서 남서쪽으로 약 400m 떨어진 곳에 위치한다. 신대륙에서 발견된 천문대 중 가장 이른 시기의 사례로 여겨지는 이 건축물은, 사각형 받침대 위에 세워진 형태가 신라시대 경주의 첨성대를 연상시키고, 그 전체적인 구조는 마치 두 단으로 층층이 쌓인 생일 케이크 같다.

기단부는 밑변이 18m에 이르는 정사각형 석조 구조물이 여러 단

말기 고전기 또는 고전기 후기 마야 치첸 이트자 천문대 Caracol(서기 1,000년 ~1,200년)
(사진 : John Romkey, CC-BY-2.0 / Wikimedia Commons)

으로 형성되었고, 그 위에 지름 11m, 높이 18m의 원형 구조물이 쌓여 있다. 현재는 상부가 일부 파손되어 전체 높이는 약 7m 정도로 줄어들었다. 정면 기단부에 축조된 계단을 따라 올라가면 천문대의 출입구가 나타나며, 내부로 들어서면 나선형 계단을 통해 상층부로 올라갈 수 있다. 상층부에는 여러 개의 창과 작은 관측 구멍들이 마련되어 있어, 태양과 달의 위치를 정밀하게 관찰할 수 있도록 설계되어 있음을 알 수 있다. 이를 통해 하지와 동지는 물론, 일식과 월식까지 예측할 수 있었다.

마야인들이 남긴 천문 기록에 따르면, 그들은 달의 삭망월 주기를 평균 29.5일로 계산했으며, 일식과 월식이 주기적으로 일어나는 약 177일 간격의 식년 주기를 정확히 예측했다. 태양과 달의 궤도가 교차하는 지점에서 발생하는 이러한 천체 현상에 대한 이해는 당시로서는 경이로운 수준이었다. 물론 오늘날처럼 과학적으로 해석한 것은 아니었다. 일식과 월식은 그들에게 신성하면서도 불길한 징조로 여겨졌고, 이러한 천문 현상이 불러오는 두려움을 잠재우기 위해 제사를 지내며 하늘의 뜻을 구했다.

특히 마야인들은 육안으로 금성의 움직임을 정밀하게 관찰하여, 해마다 시기에 따라 금성이 서쪽 지평선에 나타났다가 동쪽 지평선에서 사라지는 것을 알고 있었다. 천체가 태양을 한 바퀴 도는 데에는 약 225일이 걸리지만, 지구에서 볼 때 금성이 다시 같은 위치에 나타나는 주기, 즉 '회합 주기'는 약 584일임을 경험적으로 파악하고 있었다. 이들은 금성의 이 회합 주기가 약 8년 동안 다섯 번 반복된다는 사실 즉, 584일×5회≒8태양년을 계산하여, 금성이 북방과 남방의 극점에서 약 8년마다 다시 나타난다는 주기적 패턴을 인식했다.

치첸 이트자의 마야 천문학자들은 금성의 이러한 순환을 바탕으로 달력 체계를 정교하게 설계했으며, 이를 통해 전쟁, 농사, 제사와 같은 중요한 사회·종교적 의례의 시기를 선택했다. 마야인들에게 금성의 움직임은 단지 천문 현상이 아닌, 그들의 우주관과 종교관, 생활방식 전반과 깊이 연결된 신성한 표식이었다.

지금까지 설명한 건물과 구조물 전체를 아울러 볼 때 치첸 이트자의 도시 설계 또한 눈에 보이는 물리적 구조를 넘어선다. 그것은 종교와 권력, 제의와 일상이 어떻게 하나의 공간 안에서 공존하고 교차했는지를 보여주는 고대 문명의 생생한 증언이며, 인간이 신을 이 땅 위로 초대하기 위해 어떤 공간적 상상력을 발휘했는지를 드러내는 장엄한 설계다.

톨텍의 식민 수도였던 이 도시는 구상과 실현, 두 측면 모두에서 실로 장엄하다. 특히 푸우크*Puuc* 양식의 정교한 석조 건축에 익숙했던 마야 석공들이 참여한 점은 건축 수준을 한층 끌어올리는 데 중요한 역할을 했음이 분명하다. 실제로 이곳의 석조 마감은 매우 뛰어나다 톨텍 시대의 치첸 이트자는 전체적인 도시 계획과 다양한 건축 요소에서 중부 멕시코 고원지대의 양식을 뚜렷이 따르고 있지만, 오랜 세월 마야 세계에서 축적된 고유한 건축 기법 역시 곳곳에서 확인된다. 요컨대, 이곳의 건축은 두 강력하고도 독자적인 문명 전통이 절묘하게 융합된 결과물이라 할 수 있다.

전설과 조각 양식은 치첸 이트자가 한때 톨텍 세력에 의해 정복되었음을 시사한다. 정복자들은 이곳을 성스러운 종교 중심지로 재구성하고, 전사의 신전 등 군사적 성격의 건축물을 추가하여 후기 고전기 마야 세계에 대한 지배를 시도했다. 시간이 흐르면서 톨텍과 이트자 세력은 치첸 지역을 새로운 도시 계획에 따라 재편하고, 이를 수도로 삼아 유카탄 반도의 광범위한 지역에 영향력을 미치게 된다. 그러나 오랜 세월 뿌리내린 마야 문화는 이들을 흡수했고, 정복자들마저 마야 문명에 동화되며 그 유산의 일부로 남게 되었다. 외래 지배 아래에서도 마야 고유의 전통은 사라지지 않았으며, 이는 이후 스페인 정복자들에 의해 가해질 조직적인 파괴와는 전혀 다른 방식으로 유지되었다.

톨텍과 마야 간에는 혼인과 문화 교류가 활발히 이루어졌고, 두 문명은 점진적인 융합 과정을 거쳤다. 정복자들은 마야의 뛰어난 기술과 장인 정신에 깊은 존경을 표했으며, 치첸 이트자 곳곳에는 톨텍 양식의 건축물과 기념비가 마야의 섬세한 건축 기법으로 구현되어 있다. 이러한 문화적 융합은 마치 로마 제국이 유럽과 중동을 정복하면서 이루어 낸 예술, 종교, 풍습의 혼합처럼, 톨텍-이트자의 유카탄 침입 역시 마야 문명이라는 실이 끊이지 않고 이어지는 새로운 직물을 짜내는 과정이었다.

그러나 이와 동시에, 고전기 마야 문명의 위대한 전통은 다시는 되살아나지 못했다. 얼마 지나지 않아 고전기 후기의 마야사회는 점점 더 해결이 어려운 문제들에 직면하게 된다. 외부로부터의 활력, 예술과 건축의 새로운 시도, 멕시코 신들에 의한 자극조차도 그들에게 닥쳐오는 재앙의 흐름을 막지 못했다. 자신도 모르는 사이, 문화적 쇠퇴와 정치적 분열의 흐름은 이미 시작되었고, 이는 스페인 정복이 이루어지기 전 약 3세기에 걸쳐 후기마야 세계를 서서히 붕괴시켜 나갔다.

6) 치첸 이트자의 몰락과 마야판의 출현
    : 마야의 암흑기

서기 1200년경부터 스페인 정복 시기까지 이어지는 마야 후기시대 역사는, 신빙성이 낮은 다양한 출처에 의존해야 하는 까닭에 여전히 많은 부분이 베일에 싸여 있다. 그럼에도 이 시기를 다룬 정복 이후의 문헌들에서 반복적으로 언급되는 도시가 있다. 한때 인구로 북적였던 이 도시는, 치첸 이트자에서 약 100km 떨어진 유카탄 반도 북부에 자리한 *마야판Mayapan*이다. 오늘날 폐허로 남은 이 도시는 잡초 사이에 흩어진 건축물과 잔해들 속에 과거의 흔적을 간직하고 있으며, 수십 년에 걸친 조사·발굴·복원 작업 끝에 2009년에 이르러 그 복원이 거의 마무리되었다. 복원이 진행되기 전까지, 마야판은 오랫동안 수수께끼로 남아 있었다. 이 도시는 *치람 바람의 책Book of Chilam Balam*이나 스페인 식민지 시대 자료에서 자주 언급되었지만, 고고학자들이 본격적으로 유적을 발굴하면서 책의 일부 내용에 대해 부정적인 견해도 제기되었다.

토착 기록의 역사적 내용에서 가장 관심을 끄는 부분은 마야판 연맹의 존재와 연맹의 중심지로 마야판을 지목하고 있다는 점이다. 마야후기 시대의 역사를 논의할 때 가장 많이 인용되는 자료집, 치람 바람은 마야어로 기록되어 있던 자료와 구전을 모아 16세기와 17세기에 라틴문자로 기록하여 주로 신화와 종교, 천문지식, 역사적 사건 등을 담고 있다. 치람 바람은 마야의 이름난 전설적 예언자 겸 성직자 이름이다.

고전기 후기 이후, 치첸지역의 이트자족은 위대한 신 쿠쿨칸Kukulkan의 보호를 받는 신성한 권위를 바탕으로 유카탄 반도 전역으로 세력을 확장해 나갔다. 그러나 이들의 지배는 주변 도시 국가들의 점차로 증가하는 저항에 직면하면서 단독 통치에서 연합 통치 체제로 전환되었다. 치람 바람의 책에 따르면, 유카탄은 약 200년 동안 치첸 이트자, 마야판Mayapan, 욱스말Uxmal의 세 도시 연합에 의해 다스려졌다고 전해진다. 이 도시들은 당시 유카탄 반도에서 가장 영향력 있는 중심지였으며, 이들의 정치적 결속은 흔히 *마야판 동맹League of Mayapan*이라 불린다.

동맹의 시기는 일반적으로 서기 987년부터 1185년 사이로 추정되며, 각 도시의 귀족 대표들이 유카탄 전역을 공동 통치한 것으로 보인다. 동맹이 형성된 이후에는 비교적 정치적 안정이 지속되었던 시기로 평가된다. 그러나 시간이 흐르며 도시 간의 이해관계 충돌과 권력 다툼이 표면화되었고, 결국 내분과 반란으로 동맹은 붕괴하고 만다.

동맹 붕괴 이후, 유카탄은 혼란에 빠졌고, 이 틈을 타 무명의 귀족이었던 후낙 셀Hunac Ceel이 권력을 장악하며 새로운 정치 질서를 형성하게 된다. 그는 1200년경에 종교와 정치의 중심지를 치첸 이트자에서 새로운 정치 중심지로 부상하는 마야판으로 옮겼다. 따라서 세 도시가 동등한 위치에서 동맹을 유지했다는 통념에는 일정한 한계가 있으며, '마야판 동맹'은 실제보다 이상화된 기억일 가능성도 존재한다.

후낙 셀의 등장은 마야 역사에서 극적인 전환점 중 하나로, 후낙 셀의 음모*Plot of Hunac Ceel*로 알려진 사건과 연결된다. 치람 바람의 기록으로 볼 때, 이 사건은 치첸 이트자에서 거행된 신성한 세노테 제사 중에 발생했다. 인신공양으로 성스러운 우물 물 속에 던져졌던 후낙 셀이 살아 돌아와 신과의 계시를 받았다고 주장하며 민중의 지지를 얻게 되었고, 결국 유카탄의 새로운 지도자로 떠오르게 되었다.

권력을 쥔 후 그는 자신의 가문 이름을 따 코콤*Cocom* 왕조를 세우고 마야판을 통치의 중심지로 삼았다. 그는 치첸 이트자의 기존 지배 세력들을 몰아내며 유카탄의 지배권을 재편했다. 이 과정에서 그는 정치적 목적을 위해 이트자족이 동맹 도시 통치자의 약혼녀를 납치한 사건을 빌미로 치첸 이트자에 전쟁을 선포했다는 전승도 있다.

고전기 후기와 마야후기 시대 역사의 흐름을 연대기적으로 살펴보면, 치첸 이트자의 몰락은 여전히 베일에 싸인 채 많은 의문을 남긴다. 앞서 언급했듯, 치첸 이트자의 통치자가 마야판 동맹에 속한 한 도시의 통치자 약혼녀를 빼앗은 사건은 도시 간 갈등을 폭발시키는 도화선이 되었고, 그 여파는 결국 치첸 이트자의 붕괴로 이어졌던 것으로 보인다. 이처럼 문명과 문명이 충돌하는 경계에서, 한 개인의 욕망과 정치적 권력이 교차하며 역사의 흐름은 돌이킬 수 없는 방향으로 비극적으로 굴절되었다.

마야판은 이후 타바스코*Tabasco* 출신의 전사 집단, 즉 멕시코계 용병들의 도움을 받아 강력한 군사력을 확보했고, 주변 도시들의 복속을 이끌어냈다. 도시 통치자들은 마야판으로 이주해 거주해야 했고, 그들의 활동은 철저히 감시받았다. 마야판은 성벽으로 둘러싸여 있었으며, 통치자의 친위 부대가 도시를 수호했다. 이러한 군사적·정치적 기반 위에서 마야판과 코콤Cocom 가문은 약 250년 동안 유카탄 반도 대부분에 대한 지배력을 유지할 수 있었다. 그러나 강압적인 통치와 중앙집권적 구조는 점차 불만을 키웠고, 이는 결국 내분과 반란으로 이어져 15세기 중반 마야판의 몰락을 초래했다. 이처럼 마야판 동맹의 형성과 붕괴는 말기 마야에 해당하는 고전기 후기Post Classic와 마야후기 시대Post Maya문명에서 중요한 정치적 전환과 권력 재편의 흐름을 상징적으로 사건이라 할 수 있다.

비교적 효율적인 중앙집권적 체제가 운영되던 마야판에서도, 코콤 가문의 통치는 선제적이며 때로는 지나치게 가혹한 면모를 드러냈다. 겉으로는 우대받는 듯 보였던 지방 족장들조차 이들의 통치 아래에서는 억압의 대상이 되었다. 이러한 정치적 억압은 피지배 계층 사이에 깊은 불만을 누적시켰고, 점차 체제 내부의 균열로 이어졌다. 그 결과, 코콤 가문의 권력 기반은 서서히 약화되기 시작했다. 마야판에서 점점 고조되던 폭정에 대한 반감은 마침내 주변 지역의 유력 세력들과 결집하게 만들었다. 오랜 억눌림 끝에 봉기한 반대 세력은 1441년경 쿠데타를 일으켰고, 코콤 가문은 몰락의 길로 접어들었다. 당시를 전하는 기록에 따르면, "그 왕의 아들들 가운데 자리에 없었던 한 사람을 제외하고는 모두 살해되었으며, 그들의 집은 불태워졌다"고 전해진다.

정복을 넘어 : 마야인의 저항과 생존

16세기에 접어들며, 유카탄 반도의 마야 사회는 또 한 번 거센 시련의 돌풍 속에 휘말리게 되었다. 스페인 병사들은 마야의 도시와 영토를 정복하기 위해 잔혹한 군사 작전을 감행했고, 이에 저항하는 마야인들은 무자비하게 학살당했다. 수많은 공동체가 전쟁의 불길 속에서 소멸하거나, 살아남은 이들조차도 급격한 인구 감소를 겪었다.

이와 더불어, 유럽인들이 가져온 천연두, 홍역, 독감 등 치명적인 전염병이 마야 사회 전역을 휩쓸며 막대한 생명을 앗아갔다. 살아남은 이들은 과도한 강제노역과 기아, 폭력 속에서 고통받아야 했다. 종교라는 이름 아래 가해진 문화적 말살도 집요하게 이어졌고, 고유의 신앙과 전통은 끊임없는 탄압의 대상이 되었다.

그럼에도 불구하고 마야 후기인들은, 신대륙의 다른 원주민들보다 오랫동안 저항하며 고유한 정체성과 문화를 지켜내고자 싸웠다. 마야는 아즈텍이나 잉카와 달리 단일 제국이 아닌 수많은 도시국가로 이루어져 있었기 때문에, 스페인의 정복 역시 단기간에 끝나지 않았다. 지역마다 저항의 양상은 달랐으며, 어떤 지역은 수십 년 동안, 어떤 곳은 무려 수 세기에 걸쳐 스페인 제국의 지배에 맞서 싸웠다.

마야인들의 역사에 대해 여러 논란이 있지만, 그들은 결코 사라진 민족이 아니다. 현재 약 600만 명에 이르는 마야의 후손들이 멕시코, 과테말라, 벨리즈, 온두라스 등지에 살고 있으며, 이들은 남미의 페루와 볼리비아에 사는 잉카 후손들(케추아어 사용자들) 다음으로 미주 대륙에서 두 번 째로 큰 원주민 집단을 이루고 있다. 마야인들은 과거 조상들처럼 서로 다른 마야 언어들을 사용한다. 마야 어는 하나의 언어계통에서 나뉜 것이지만, 언어마다 차이가 커서 서로 소통이 쉽지는 않다.

오늘날 마야인의 삶은 전통과 현대가 절묘하게 어우러진 독특한 풍경 속에서 펼쳐지고 있다. 수세기에 걸친 외부 세계와의 접촉은 그들의 문화 속에 자연스럽게 녹아 들었으며, 이는 일상생활 곳곳에서 실감할 수 있다. 도심과 고립되어 있는 환경에서도 대부분의 마야 마을에는 가톨릭 교회, 공립 학교, 관공서, 상점이 자리하고 있으며, 영화관, 주유소, 술집 등 현대적인 시설도 낯설지 않다. 행정 체계는 여전히 스페인 식민지 시대의 형식을 따르고 있지만, 국가와 주 정부의 법률에 따라 운영된다는 점에서, 북미 원주민 보호구역의 자치제도와는 뚜렷한 차이를 보인다. 전통과 현대의 공존은 특히 유카탄 지역의 농촌 시장 풍경에서 두드러지게 나타난다. 한쪽에는 전통 토기, 수공예 가죽 제품, 손으로 짠 직물과 바구니가 진열되어 있고, 그 옆에는 대량 생산된 21세기식 현대 생활용품이 나란히 놓여 있다. 이 다채로운 풍경은 마야 사회가 고유한 유산을 지키는 동시에 현대 문화를 유연하게 받아들이고 있음을 잘 보여준다.

마야의 후예들은 500년에 가까운 경제적 착취, 종교적 억압, 그리고 끊임없는 사회적 격동 속에서도 놀라운 민족적 결속력을 유지해왔다. 오늘날에도 많은 마야 공동체는 고유의 언어와 관습을 지키고 있으며, 이는 정복 이전 시대의 삶을 이해하는 데 중요한 단서를 제공하는 인류학적 자산이 되고 있다. 특히 외딴 지역의 마을일수록 전통문화와의 연관성이 깊어, 그런 곳을 방문하면 마치 수 세기 전 마야 문명의 심장부로 걸어 들어가는 듯한 감각을 경험하게 된다.

기독교 선교사들의 오랜 활동에도 불구하고, 마야인의 종교는 여전히 고유 신앙과 기독교가 독특하게 뒤섞인 형태로 남아 있다. 이들은 마법과 주술, 초자연적 존재에 대한 신념을 강하게 간직하고 있으며, 오늘날에도 전통 의례는 일상의 한 부분으로 계속되고 있다. 시대를 초월한 기도문이 암송되고, 향이 피워진 제단 앞에서 농부들은 밭을 일구기 전 대지의 신들에게 축복을 빈다. 고대의 성소에서는 지금도 의식이 엄숙하게 거행되고 있다. 아이러니하게도, 마야인들은 고대와 현대라는 두 세계 사이를 외줄 타듯 살아가고 있다. 그들은 정글 속 폐허로 남은 옛 도시들과 셀 수 없이 많은 조상들의 흔적을 잇는 가느다란 실을 결코 놓지 않으려는 듯, 끈질기게 붙잡고 있는 것이다.

4
아즈텍 제국(서기 1428년~1521년)의 출현

1521년, 스페인의 정복자 에르난 코르테스Hernán Cortés와 그의 병사들이 지금의 멕시코시티가 위치한 고원의 호반 지대에 도달했을 때, 그들 앞에 펼쳐진 광경은 믿기 어려울 만큼 눈부셨다. 거대한 호수의 중심, 물 위에 솟아오른 섬에 건설된 아즈텍 제국의 수도 테노치티틀란Tenochtitlan은 정교한 도시 계획과 위엄 있는 건축, 그리고 생동감 넘치는 삶의 풍경이 조화를 이루는 장관을 이루고 있었다. 이 찬란한 도시의 모습은 유럽의 어느 수도에서도 본 적 없는 낯설고도 경이로운 문명의 정수였다. 정복자 코르테스 일행은 아즈텍의 수도가 자신들이 자랑하던 스페인의 가장 큰 경제 중심지인 세비야Sevilla보다 훨씬 더 장엄하고 정교하며 아름답다고 기록했다. 이는 그들의 야망적인 침략의 여정을 넘어, 전혀 다른 세계와의 충격적인 조우였다.

그러나 경탄은 곧 파괴로 이어졌다. 정복자들은 2백 년에 걸쳐 축

멕시코 아즈텍의 수도 테노치티틀란의 복원도

조된 도시의 아름다움을 짓밟고, 그 위에 식민지 수도를 세우는 야만적인 행위를 서슴지 않았다. 테노치티틀란은 단 세 달 간의 잔혹한 포위 전 끝에 폐허가 되었다. 스페인군은 기병대를 자유롭게 움직이기 위해 대포 사격을 하여 운하를 따라 늘어선 가옥들을 허물어 그 자리를 메워버렸다. 도시의 아름다웠던 풍경은 불길 속에서 무너져 내렸고, 일부 단층 가옥과 불에 그을린 공공 건물의 잔해만이 그 자취를 아득히 남겼을 뿐이다.

그러나 그 흔적마저 오래 남지 못했다. 스페인 정복 이후, 남아 있던 마지막 구조물들은 철거되어 새로운 식민 도시를 세우는 데 필요한 건축 자재로 전용되었다. 그렇게 아즈텍 문명의 찬란한 수도는 역사 속으로 완전히 자취를 감추었다. 오늘날 그 위용을 짐작하게 해주는 것은 단편적인 기록과 파괴된 유적, 그리고 후대에 구전되어 온 이야기들 뿐이다.

아즈텍 제국이 정복된 이후, 테노치티틀란에 살던 주민들은 급격히 줄어들었다. 수많은 사람들이 도시의 붕괴와 함께 생을 마감했고, 살아남은 소수의 주민들과 인근 지역의 원주민들은 새로운 식민지 수도 건설에 강제로 동원되었다. 이들은 무너진 도시 위에 새로운 질서를 세우기 위한 노동력으로 활용되었으며, 테노치티틀란의 남아 있는 건축물들을 하나하나 허물도록 강요받았다.

아즈텍 제국의 공공 건축물은 스페인 정복자들의 눈에 단지 낯선 양식의 구조물이 아니었다. 그것은 그들에게 이교도의 신앙과 세계관이 깃든 상징적 존재였고, 따라서 새롭게 수립된 식민 행정 체계와 기독교적 질서 속에서는 용납될 수 없는 유산으로 여겨졌다. 정복자들은 이를 파괴의 대상으로 삼았고, 테노치티틀란의 도시 구조는 철저히 해체되었다. 호수는 메워졌고, 그 위에 스페인의 새로운 식민 수도인 멕시코 시티가 세워졌다. 이 과정에서 수많은 고대 유산들이 무참히 파괴되거나, 도시의 지층 아래로 묻혀버렸다.

그러나 땅속의 시간은 침묵하지 않았다. 현대 멕시코시티 중심가의 공사 현장 곳곳에서는 아즈텍 시대의 석조 유물이 끊임없이 모습을 드러냈고, 이는 도시 고고학이라는 새로운 학문적 접근을 이끌어냈다. 1978년부터 시작된 대규모 발굴조사를 통해 아즈텍 제국의 핵심 성역인 템플로 마요르Templo Mayor와 그 부속 신전들이 다시 세상의 빛을 보게 되었고, 2019년까지 이어진 연구는 아즈텍 문명의 복원에 중대한 학술적 전기를 마련했다. 오늘날에도 여전히 새로운 유물과 건축 흔적들이 발견되고 있으며, 이는 현대 도시의 일상 아래에 숨겨진 고대 문명의 맥박이 지금도 살아 있음을 보여준다. 멕시코시티는 그 자체로 과거와 현재가 겹겹이 쌓여 공존하는, 살아 있는 역사서라 할 수 있다.

자연 환경과 제국의 형성

아즈텍 제국은 멕시코 분지에 자리 잡고 있었다. 이 지역은 해발 약 2,200m의 고원 지대로, 저지대의 밀림 속에 형성된 마야 문명과는 뚜렷한 지형적 차이를 지닌다. 스페인 정복자들이 자연과 문화를 파괴하기 이전, 멕시코 분지는 서로 연결된 얕은 호수들로 구성된 수역 지대였다. 호수들은 구분 방식에 따라 세 가지로 나눌 수 있는데, 그중 가장 낮은 지대에 위치한 호수가 바로 텍스코코 호수였으며, 다른 호수들의 물이 이곳으로 흘러 들어갔다. 전체 분지 면적은 약 7,800㎢에 달했으며, 그중 약 15퍼센트가 호수로 이루어져 있었다. 이러한 지형적 특성은 이 지역의 사회 구조와 농업 방식에도 중요한 영향을 미쳤다.

아즈텍은 처음부터 제국이었던 것이 아니다. 1150년경, 톨텍 문명이 번성하던 멕시코 고지대에 이름도 알려지지 않은 작은 유목 부족으로 처음 모습을 드러냈다.

당시 그들은 강력한 톨텍 제국의 주변을 떠돌며 정착지를 찾아 헤매는 변방의 민족이었다. 그러나 단 300년 만에, 아즈텍은 멕시코 분지를 중심으로 멕시코만에서 태평양 연안, 그리고 과테말라 북부에 이르기까지 광활한 지역을 통치하는 찬란한 제국으로 도약하게 된다. 이 장대한 부상은 성장의 이야기를 넘어, 인류사에서 손꼽히는 위대한 서사시라 할 만하다.

아즈텍의 기원과 전설은 수백 년 전의 구전과 신화로 전해지며, 다행히도 몇몇 초기 스페인 선교사들이 정복 직후 혼란 속에서 이 기록들을 채록해 남김으로써, 그들의 과거는 완전히 사라지지 않았다. 아즈텍의 전설에 따르면, 어느 날 신이 한 제사장 앞에 나타나 말했다.

"큰 독수리가 선인장 위에 앉아 있는 곳을 찾아라. 그곳이 바로 도읍지가 될 테노치티틀란Tenochtitlan이다."

제사장들은 그 계시 속에 담긴 상징을 즉각 알아차렸다. 독수리는 태양신의 권능을, 선인장의 붉은 열매는 신에게 바쳐질 인간의 심장을 연상케 했기 때문이다.

그리하여 아즈텍은 그 자리, 호수 한가운데 떠오른 섬 위에 흙과 풀로 단을 쌓고 갈대로 신전을 세웠다. 이 신전의 건립은 서기로 환산하면 약 1325년경으로 추정되며, 이는 곧 테노치티틀란의 탄생을 의미한다. 테노치티틀란은 식수와 식량이 풍부하고, 방어와 통제가 용이한 전략적 요충지로서 도읍지로 이상적인 장소였다. 이후 불과 200년도 채 되지 않아, 이 도시는 아메리카 대륙에서 가장 크고 번영한 도시로 성장하게 된다.

아즈텍의 부상은 또한 강대국과의 복잡한 정치 관계 속에서 이루어졌다. 초기 아즈텍은 강력한 세력이었던 테파넥Tepanec족의 지배 아래에 있었고, 이들의 동맹군으로서 전쟁에 참여하며 점차 영토를 넓혀 나갔다. 1426년경까지 테파넥은 멕시코 분지를 장악했으나, 아즈텍은 그 틈을 파고들어 권력을 강화해갔다. 이 시기 아즈텍은 테노치티틀란 주변의 습지를 개간해 비옥한 농경지를 확보했고, 그 기반 위에 경제와 군사력을 구축하며 마침내 독립된 강국으로 떠올랐다.

15세기 중반에 이르면, 수도 테노치티틀란은 웅장한 종교 의례용 사원과 귀족을 위한 석조 건축물들로 구성된 큰 도시로 번창해 나갔다.1426년은 아즈텍 역사에서 중요한 전환점이 된다. 이 시기부터 통치자들은 보다 적극적이고 공격적인 외교·군사 정책을 펼치기 시작했다. 그 결과, 왕국은 인접한 두 도시 국가들과 삼국 동맹을 결성하게 되었고, 이 동맹은 이후 수 세대에 걸쳐 제국의 패권을 떠받치는 정치적 기반이 되었다. 삼국동맹의 실질적인 주도권은 아즈텍(멕시카)이 쥐고 있었다. 왕국은 이 동맹을 활용해 1431년 테파넥족을 무너뜨리는 데 성공했고, 이후 멕시코 고원의 권력은 아즈텍으로 넘어갔다. 이후부터 1500년대 초반까지 전성기를 누리게 되었고. 이는 단발적인 정복의 성과라기보다는, 수십 년 동안 유동적인 정치 질서 속에서 아즈텍이 전략적으로 권력을 구축해온 결과였다.

제국의 성장

전성기에 접어든 아즈텍 제국은 더 이상 고원의 왕국에 머물지 않았다. 그들의 군대는 멕시코 중앙 고지대를 넘어 저지대와 걸프 해안, 심지어 남쪽 과테말라 일대까지 진출했다. 아즈텍 장군들은 외지의 지도자들에게 조공을 요구했고, 이에 불응하는 세력에 대해서는 주저 없이 무력을 행사해 복속시켰다. 이처럼 아즈텍은 외교술과 군사력, 두 가지 수단을 절묘하게 결합하여 광대한 제국을 구축해 나갔다. 제국의 정점에서 군림한 인물 중 가장 전설적인 통치자는 바로 모크테수마 1세Moctezuma I이다. 1440년부터 1468년까지 약 28년간 재위한 그는 일반적인 군주가 아닌, 아즈텍 제국의 기틀을 다진 개혁자이자 정복자였다. 그의 이름은 *분노하는 자*, 혹은 하늘의 궁수를 뜻하며, 이는 그가 지닌 강인한 리더십과 신성한 권위의 상징이었다.

모크테수마 1세는 군사적 업적뿐만 아니라 정치, 경제, 사회 전반에 걸친 체계적인 개혁을 단행함으로써 아즈텍 제국의 내실을 다졌다. 그는 정복지를 확대해 비옥한 농경지를 확보하고, 이를 통해 제국의 경제 기반을 획기적으로 강화했다. 그러나 그의 통치는 단순한 외형적 팽창에 머물지 않았다. 그는 귀족 계층에게 토지 관리권을 부여하는 제도를 정비하여, 지역 지배자들의 충성을 유도하고 충성에 대한 보상을 체계화했다. 이는 곧 중앙 권력의 정당성을 강화하고, 제국 전체의 통치 기반을 공고히 하기 위한 전략적 조치였다.

또한 그는 전쟁을 아즈텍인의 의무이자 운명으로 규정하였다. 전쟁은 정복의 수단인 동시에 경제적 자원을 확보하고 조공 체계를 유지하는 실용적 도구였다. 비옥한 땅과 조공을 바탕으로 아즈텍은 거대한 물적 토대를 축적하며 강력한 국가로 성장했다. 이 시기에 제국은 단순한 전사 집단을 넘어 정교한 행정 체계를 갖춘 복합적인 제국 국가로 진화했다. 수도 테노치티틀란과 주변의 위성 도시들은 조공과 상업 활동의 중심지로 떠올랐고, 거대한 흐름을 관리하기 위해 수천 명의 하급 관료들이 조직되어 행정을 담당했다. 모크테수마는 조공의 양과 품목뿐만 아니라 시민들의 의복, 신분, 심지어 사람 간의 접촉 방식까지 세밀하게 규제하는 통치 체제를 확립했다. 아즈텍 사회의 위계는 출신 배경과 전장에서의 용맹이라는 두 가지 기준을 바탕으로 구성되었으며, 이는 곧 귀족 계급과 왕권의 권위를 더욱 강화하는 핵심 토대가 되었다. 모크테수마 1세의 통치는 단지 한 시대의 정점이 아니라, 아즈텍 제국을 제국 답게 만든 결정적인 전환점이었다.

시간이 지나, 1509년, 모크테수마 2세가 즉위했을 때, 텐노치티틀란은 이미 거대한 도시로 성장해 있었다. 성스러운 제의 공간은 견고한 성벽으로 둘러싸여 있었고, 도시는 정치, 종교, 상업의 중심지로서 위용을 자랑했다. 그는 용맹한 전사이자 지혜로운 왕으로 명성이 높았으며, 정복을 통한 제국 유지와 확장을 자신의 사명으로 여겼다. 그러나 모크테수마 2세에게 전쟁은 더 이상 실용적 수단이 아니었다. 그것은 끝없는 정복과 팽창을 통해 신의 요구를 충족시키고, 왕권의 위엄과 군사적 명예를 과시하기 위한 집착으로 변모했다.

그 결과, 아즈텍인들은 끊임없는 정복과 확장의 굴레에 갇히게 되었으며, 제국의 존속을 위해 더 많은 조공과 희생 제물을 요구하는 악순환이 이어졌다. 모크테수마 2세는 깊은 신앙심을 지닌 인물이었으며, 끝없이 허기를 느끼는 신들을 만족시키는 것이 자신의 신성한 책무라고 굳게 믿었다. 이러한 종교적 신념은 제국 전체를 전쟁과 제사의 체계 속으로 더욱 깊이 끌어들이는 동력이 되었다.

1) 테노치티틀란 : 우주를 닮은 도시의 질서와 상징

아즈텍 제국의 찬란한 수도 테노치티틀란은 결코 정복자의 전리품이나 권력의 무대만은 아니었다. 그곳은 수학적 정밀성과 상징적 질서가 결합된, 하나의 거대한 우주였다. 도시의 건축과 설계에는 아즈텍인들의 철학과 세계관이 고스란히 담겨 있었고, 모든 구조물은 우주의 조화와 인간의 질서를 반영하려는 의도 아래 세워졌다.

흥미로운 점은, 이들이 도시를 구성하는 데 사용한 측정 단위가 철저히 신체에 기반했다는 것이다. 아즈텍인들은 오미틀omitl과 마이틀maitl, 즉 뼈와 손이라는 단위를 사용했는데, 오미틀은 팔꿈치에서 중지 끝까지의 길이(약 0.83m), 마이틀은 손 한 뼘을 기준으로 한 길이(약 1.65m)를 뜻한다. 이러한 측정 방식은 고대 동양 문명에서 '치寸', '척尺', '장丈' 등으로 나타나는 것처럼, 수치가 아닌 몸과 생명을 기준으로 세계를 이해하고자 했던 보편적 사고방식을 보여준다. 즉, 아즈텍에게 측정은 단순한 계산이 아니라 인간과 우주의 연결을 형상 화하는 행위였던 셈이다.

테노치티틀란의 중심부에는 두 개의 주요 제의 구역과 시장이 자리 잡고 있었다. 이 제의 구역은 각각 독립된 공간이 아닌, 맞붙은 여러 개의 광장으로 구성된 복합체였으며, 그 주변에는 거대한 신전, 귀족의 저택, 공공 건물들이 질서 정연하게 배치되어 있었다. 16세기 스페인 신부들의 기록에 따르면, 테노치티틀란 중심에는 무려 25개의 피라미드형 신전, 9개의 사제 숙소, 2개의 공놀이 경기장, 7개의 해골 전시소와 수많은 상점들이 존재했다. 이 기록은 도시가 행정 중심지를 넘어, 신성함과 세속, 삶과 죽음이 공존하는 우주의 축소판으로 여겨졌음을 보여준다.

도시의 중심에는 *대성전Templo Mayor*이라 불린 거대한 신전이 서 있었다. 이 성역은 사원 건축물 기능과 함께, 아즈텍 우주관의 심장 역할을 했다. 1978년부터 2019년까지 진행된 템플로 마요르 프로젝트

멕시코 시티 도심에서 발굴된 아즈텍 대성전 구조물과 기단부Temple of Mayor
(사진 : Ana Paola Cervantes Gallardo, CC-BY-SA-4.0 / Wikimedia Commons)

Templo Mayor Project 조사에 따르면, 피라미드형 대성전은 총 113개의 계단으로 구성되어 있었으며, 정상에는 두 개의 작은 신전이 나란히 세워져 있었다. 남쪽에는 태양과 전쟁의 신인 *위칠로포치틀리 Huitzilopochtli*의 신전이, 북쪽에는 비와 풍요의 신인 *틀랄록 Tlaloc*의 신전이 자리했다. 신전들의 이중 구조는 곧 생명과 죽음, 전쟁과 풍요라는 아즈텍 우주관의 이중성을 반영하고 볼 수 있다.

신전은 춘분, 즉 낮과 밤의 길이가 같은 날 해가 떠오르는 방향에 맞추어 설계되었으며, 이로 인해 전체 구조는 진 북에서 약간 동쪽으로 기울어져 있다. 이러한 정렬은 아즈텍인들이 정밀한 천문 지식을 바탕으로 도시를 설계했음을 뒷받침해 준다.

테노치티틀란은 또한 철저한 구획 도시였다. 대성전 앞에서 시작된 네 개의 도로는 정확히 동서남북으로 뻗어 나갔고, 도시 전체를 네 개의 구역으로 나누었다. 각 구역은 하나의 주요 신전과 연결되어 있었으며, 이는 우주의 네 방향과 신성한 중심의 개념을 구현한 공간적 상징이었다. 더욱 흥미로운 것은, 일부 신전들의 자리에 스페인 정복자들이 교회와 호텔을 세웠다는 사실이다. 신전 위에 호텔과 교회가 세워진 이 겹침의 풍경은, 한 문명이 다른 문명 위에 덧입혀지며 축적되는 야만적인 역사의 층위를 상징적으로 드러낸다.

이처럼 테노치티틀란은 아즈텍의 종교와 정치, 철학과 과학, 신성과 인간성이 정교하게 얽힌 살아 있는 우주였으며, 문명이 공간에 새겨진 하나의 정신적 풍경이었다.

테노치티틀란의 설계는 도시의 기능적 배치는 물론 우주의 질서와도 연계되어 있음을 보여준다. 그것은 숫자와 상징, 그리고 신화를 엮어 만든 정교한 격자 구조의 성스러운 공간 기획이었다. 도시 전역은 아즈텍 고유의 측량 단위에 따라 정밀하게 계산되었으며, 주요 거리들은 약 660m 간격으로 뻗어 있었고, 중심부로부터 220m마다 교차로가 나타났다. 이러한 구성은 단순히 효율적인 교통망을 위한 것이 아니라, 우주의 질서와 시간의 흐름을 시각적으로 구현한 상징적 체계였다.

무엇보다 도시 설계에서 가장 강렬한 상징은 아즈텍 건국 신화와의 연결성이다. 전설에 따르면, 어느 날 아즈텍의 한 제사장이 한 장면을 목격한다. 독수리(태양의 상징)가 뱀을 물고 선인장 위에 앉아 있는 모습이었다. 신의 계시로 여겨진 이 장면은 테노치티틀란의 탄생지로 간주되었고, 그 자리에 바로 *대성전Templo Mayor*이 세워졌다. 도시의 중심은 신화가 시작된 지점이었으며, 도시 전체는 마치 한 편의 신화를 도시라는 언어로 다시 쓰는 듯한 구조로 설계되었다.

대성전은 테노치티틀란의 정신적 중심이자 기억과 재생의 장소였다. 1375년경 첫 건축이 시작된 이후, 이 신전은 약 200년 동안 일곱

아즈텍의 상징인 독수리, 뱀, 선인장
(현재 멕시코 국기의 기초안)

차례에 걸쳐 증축되었으며, 정복자들의 침입 직전까지 더 높고 화려하게 변화해갔다. 매 증축은 단순한 구조물의 확장이 아니라, 제국의 역사와 신성함을 되새기고 새롭게 다지는 의례적 행위였다. 그래서 아즈텍인들에게 테노치티틀란은 외형적인 도시보다는, 곧 우주의 현현이자 제국의 심장이었다.

도시 중심부에는 인구가 밀집된 주거지역이 펼쳐져 있었지만, 아즈텍의 대표적 농업 방식인 수상농경지, 치남파Chinampa는 이곳에서 볼 수 없었다. 대신 도시를 벗어난 외곽 지역으로 가면 전혀 다른 풍경이 눈앞에 펼쳐진다. 광활한 치남파 농경지와 그것을 둘러싼 가족 중심의 생활 공동체가 존재했다. 이 지역의 가옥들은 정원을 중심으로 단층으로 낮게 지어졌으며, 담장을 두른 마당을 따라 배치되었다. 하나의 집에는 여러 세대가 함께 거주했고, 많게는 서른 명이 한 울타리 안에서 농사와 가사, 일상을 공유하며 살아갔다.

이처럼 테노치티틀란은 전사와 제사장이 중심이 된 종교-정치적 중심지이자, 그 외곽에는 자급자족 공동체가 함께 어우러진, 제국 전체를 축소해 놓은 하나의 세계였다. 도시 그 자체가 우주였고, 그 속에서 사람들은 신화와 삶을 동시에 살아가고 있었다.

도시 전체는 정교한 수로망을 중심으로 조직되어 있었다. 북쪽에서 남쪽으로는 여섯 개의 주요 수로가 뻗어 있었고, 그 사이사이를 잇는 작은 수로들이 거미줄처럼 퍼져 있었다. 또한 최소 두 개의 넓은 수로가 도시를 동서로 가로지르며 교통의 중심축 역할을 했다. 육지와의 연결을 위해 여러 개의 주요 제방길이 설치되어 있었지만, 실상 도시 내부에서 가장 효율적이고 보편적인 이동 수단은 물 위를 떠다니는 작은 카누였다. 당시를 기록한 여러 목격자들의 증언에 따르면, 호수 위에는 수천 척에 달하는 작은 배들이 떠다니며 사람과 물자를 실어 나르는 분주한 풍경을 이루었다고 한다.

*아즈텍Aztec*이라는 명칭은 본래 이들이 전설 속 고향으로 여긴 아즈트란*Aztlan*에서 유래했다. 아즈트란은 전설에 등장하는 지역으로, 오늘날 멕시코 북부나 미국 뉴멕시코 지역으로 비정된다. 이후 1519년, 스페인인들은 멕시코 고원 분지에 거주하던 다양한 원주민 집단들을 통칭하여 *아즈텍*이라 불렀다. 그러나 이 지역에는 서로 다른 문화를 지닌 여러 집단이 존재했고, 각 집단은 자신들을 독립적이며 고유한 정체성을 가진 존재로 인식하고 있었다.

아즈텍 제국을 구성한 주요 집단으로는 멕시카Mexica, 테파넥Tepanec, 알콜화Acolhua가 있으며, 각 집단은 고유한 중심 도시를 기반으로 주변 지역을 통치하고 있었다. 이들은 15세기 초 삼국 동맹Triple Alliance을 결성하여 아즈텍 제국의 정치적·군사적 기반을 마련했다.

우리가 일반적으로 '아즈텍'이라고 할 때 가장 먼저 떠올리는 집단은 멕시카Mexica이며, 현대 국가명인 *멕시코Mexico*도 이들의 이름에서 유래되었다. 멕시카는 본래 콜후아-멕시카*Colhua-Mexica*로 불렸는데, 이는 그들이 한때 거주했던 고대 도시 콜후아칸Colhuacan과의 연관성을 강조한 명칭이다. 콜후아칸은 오래된 문화 중심지로, 멕시카는 이와의 연결을 통해 자신들의 역사적 정통성을 부각시키고자 했다. 따라서 아즈텍 제국은 실제로는 단일한 국가가 아니라, 이 삼국 동맹에 의해 형성된 정치적 연맹체였다. 동맹은 다음 세 집단으로 구성되어 있었다.

1. 멕시카 - 수도 : 테노치티틀란Tenochtitlan, 현재의 멕시코시티
2. 알콜화 - 수도 : 텍스코코Texcoco
3. 테파넥 - 수도 : 틀라코판Tlacopan

2) 우주와 종교관

멕시코 중부 고원지대에 거주했던 아즈텍인들은 우리가 살아가는 이 세계가 유일한 것이 아니라고 믿었다. 그들에 따르면, 인간을 비롯한 삼라만상은 한 태양의 시대에 살고 있으며 지금의 세상은 다섯 번째 태양의 세계이며, 그 이전에도 네 번의 세계가 생성되고 소멸되었다. 시간과 우주는 직선적으로 흘러가는 것이 아니라 거대한 순환 속에서 되풀이된다고 여겼던 아즈텍인들은, 각 시대마다 고유한 생명체들이 존재했던 '태양의 시대'라 불리는 네 개의 세계가 존재했다고 전했다. 그러나 이들 세계는 모두 격변하는 자연재해인 바람, 불, 물, 지진으로 인해 멸망했고, 지금 우리가 살아가는 세상 역시 언젠가는 그러한 재앙 속에 끝을 맞이할 것이라고 예언했다. 아즈텍의 우주관 속에서 세계는 끝나는 것이 아니라 한 시대의 파괴와 멸망은 또 다른 세상의 시작을 향해 돌고 도는 하나의 거대한 순환이었다. 이러한 우주관은 아즈텍 전사 문화의 특징인 삶과 죽음 그리고 파괴와 창조라는 굳건한 믿음을 심어 주었다

아즈텍인들은 각 태양의 시대를 관장하는 신이 서로 다르며 하나의 시대가 멸망하는 이유도 서로 다르다고 다음과 같이 생각했다.

1. 첫 번째 태양의 시대 : 재앙으로 끝남(예 : 동물에게 잡아먹힘)
2. 두 번째 태양의 시대 : 강풍으로 파괴됨
3. 세 번째 태양의 시대 : 불에 의해 파괴
4. 네 번째 태양의 시대 : 홍수로 멸망
5. 다섯 번째 태양의 시대 : 현재 우리(아즈텍인들)가 살고 있는 시대 – 지진으로 끝날 것이라고 예언

고대 중앙아메리카의 사람들은 세상을 그들만의 풍부한 상상력과 상징으로 해석했다. 그들의 세계관에 따르면, 지구는 태초의 바다 위를 떠다니는 거대한 악어 형상의 괴물로 여겨졌고, 그 가장자리는 하늘을 떠받치는 듯 위로 말려 있었다. 하늘은 피라미드처럼 여러 겹의 층으로 이루어져 있었으며, 그 수는 전승과 지역에 따라 아홉에서 열세 층으로 다양하게 나뉘었다. 흥미롭게도, 이러한 하늘의 구조와는 대칭적으로 지하 세계 또한 아홉 개의 층으로 구성되어 있었다. 이처럼 정교하고 상징적인 우주관은 아즈텍 신화에만 국한된 것이 아니다. 오히려 그 기원은 아즈텍 이전의 사회들, 특히 바다와 북부 저지대 지역과 접촉했던 문화 들에서 비롯되었을 가능성이 크다. 이는 초기 고원지대의 사람들이 바다나 악어와 같은 존재를 직접 경험할 기회가 없었다는 점에서 더욱 설득력을 갖는다. 실제로 이러한 우주에 대한 이해는 고전기와 말기 고전기의 마야 문명을 비롯해, 중앙아메리카 전역의 다양한 문화권에서 폭넓게 공유되고 있었다. 이는 우주를 바라보는 상상력이 특정 민족의 경계를 넘어, 보다 보편적인 사유 체계의 일부였음을 보여준다.

중앙아메리카 전역에서 공통적으로 나타나는 신관의 핵심은, 하나의 신이 여러 모습과 성격을 가질 수 있다는 유연한 개념에 있었다. 창조신들은 대개 짝을 이루며 존재했고, 남성과 여성이라는 양성적 속성을 동시에 지녔다. 이는 신성 자체가 이분법을 넘어서 통합적이고 다차원적인 존재임을 시사한다. 대부분의 신들은 우주의 네 방향에 대응하는 네 개의 신으로 나뉘어 숭배되었으며, 여기에 천상의 중심점 혹은 정점을 더해 다섯 방향 체계를 이루는 경우도 있었다. 네 방향은 각각 고유한 색깔과 상징적 의미를 지녔는데, 예컨대 서쪽은 붉은색, 동쪽은 흰색과 연결되었다. 이러한 방향성과 색의 상관관계는 지도적 체계보다는, 오히려 신의 정체성과 속성을 분화시키는 신화적 코드로 기능했다. 이와 같은 복합적인 상징 체계는 동일한 신이 다양한 이름과 형태로 불리는 유연한 신 개념을 낳았다. 예를 들어, 붉은 *테스카틀리포카*Tezcatlipoca는 서쪽의 신으로 간주되며, 시페Xipe와 동일시되기도 했다. 반면 흰 *테스카틀리포카*는 동쪽의 신으로서, 케찰코아틀Quetzalcoatl과 겹쳐지는 존재로 인식되었다. 케찰코아틀, 즉 깃털달린 뱀의 신은 기원전 1,500년경에 올멕문화에서 출발하여 티오테우아칸 문명에서 가장 높은 신으로 숭배되었다. 따라서 하나의 신은 방향과 색, 이름에 따라 다중적인 정체성을 가지며, 아메리카 원주민들의 세계관 속에서 유동적으로 작동했다. 이는 고대 중앙아메리카 신화의 의미가 주변의 상징성과 관계되어 아즈텍인들의 복합적인 정신세계에서 신을 이해하려 했음을 보여준다.

이처럼 변화무쌍한 존재에 대한 철학적 사고와 역사적 전통은 각 도시 국가나 장인 집단, 그리고 마을 공동체 단위와 같은 사회 조직과 특정 신들 사이에 특별한 보호자 관계를 만들었다. 특히 아즈텍 사람들이 모신 수호신은 아즈텍 제국의 부상과 함께 점점 더 중요한 존재가 되었고, 시간이 흐르면서 다른 신들이 지녔던 성격이나 역할까지 흡수하기 시작했다고 학자들은 설명한다.

아즈텍인들의 신앙에는 세 가지 주요한 종교적 주제가 담겨 있다. 그중 첫 번째는 천체의 창조와 신적인 부계 사상에 관한 내용으로, 이 주제는 철학적이고 시적이며 추상적인 성격을 띤다. 이러한 사상은 아즈텍인들이 남긴 기록뿐 아니라 초기 스페인 신부들의 관찰에서도 뚜렷이 드러난다.

하늘을 창조한 신은 밤과 어둠을 관장하는 초자연적 마법사로 묘사되며, 중앙아메리카 신들 가운데서도 유독 비관적이고 운명론적인 특성을 지닌 존재로 알려져 있다. 이 신의 이름은 *연기를 내뿜는 거울을* 뜻하며, 그 명칭이 암시하듯 아즈텍 문화의 깊은 정신성과 세계관을 반영하는 상징적 존재로 이해할 수 있다.

두 번째 종교적 주제는 비를 내리게 하고 농사의 풍요를 기원하는 의례와 관련되어 있다. 이러한 신앙은 인간 삶의 근원이 되는 식물들에게 생명을 불어넣는 비, 흙, 그리고 물의 신성한 힘을 중심으로 전개된다. 비의 신과 그를 보좌하는 여러 신적 존재들 모두가 중요한 역할을 맡고 있으며, 이 신적 체계는 특히 발효 과정을 거쳐 주스를 만드는 용설란과 깊이 연결되어 있다.

또한, 물과 비를 상징하거나 옥수수의 성장 과정을 관장하는 다양한 여신들도 이 복합적인 신앙 체계 안에 포함된다. 이 가운데 케찰코아틀 신은 특별한 존재로, 천상과 지하세계를 모두 경험한 유일한 신으로 여겨진다. 그는 전쟁에서 얻은 희생자들의 피를 바쳐 다른 신들을 창조했으며, 박애 적인 정신으로 옥수수를 비롯한 음식을 신들과 인간에게 선물하는 신으로도 숭배받는다.

세 번째 신앙 주제는 국가적 차원에서 수행된 전쟁과 희생을 통해 얻은 피를 태양과 대지에 바치는 의례적 행위에 관한 것이다. 인신공양은 오늘날의 기준으로 보면 비인도적인 행위이지만, 아즈텍인들은 이를 폭력이 아니라, 자신들이 살아가는 세계의 존재 자체를 유지하기 위한 필수적인 희생으로 인식했다. 그들은 인신공양을 통해 태양이 끊임없이 빛을 발하고, 대지가 생명을 품을 수 있다고 믿었으며, 이러한 믿음은 그들의 행위를 정당화하는 핵심 논리로 작용했다. 이와 같은 사상은 아즈텍인들의 순환적 세계관에 뿌리를 두고 있으며, 현재의 세계를 보다 지속 가능하게 유지하려는 우주적 질서의 일부로 이해되었다.

아즈텍인들은 영토의 확장을 종교와 연결시켜 전쟁을 통한 정복과 조공을 받는 목적은 그들이 숭배하는 신을 위한 공물이라고 생각하고 다양한 신을 위해 의례를 올렸다. 위의 세 가지 주제를 바탕으로 그들이 섬긴 주요 신은 다음과 같다.

1. 전쟁과 태양의 신Huitzilopochtli(휘칠로포치틀리) : 아즈텍을 수호하는 가장 강력한 신으로 지속적인 태양의 존재를 위해 전쟁 포로들의 심장과 피 그리고 진귀한 전리품을 헌납 받으며 전쟁과 파괴를 주관하는 신.
2. 비와 풍요의 신Tlaloc(틀랄록) : 비는 토양을 비옥하게 만들어 모든 식물에게 생명을 준다. 또한 비는 폭풍우와 홍수를 유발시켜 인간에 큰 피해를 준다. 따라서 비와 풍요의 신은 일상생활은 물론 풍요로운 옥수수 농사와 직결되어 있기 때문에 이를 관장하는 신에게 공물을 바치고 제례를 올린다.
3. 깃털달린 뱀의 신Quetzalcoatl(케찰코아틀) : 깃털 달린 뱀 형상을 한 중앙 아메리카에서는 가장 오래된 신으로, 지식, 바람, 창조를 관장하며 테오티우아칸 문명에서는 가장 중심이 되는 신이였다. 아즈텍 사회에서는 모든 신을 창조한 존재가 반은 신이고, 반은 문화를 관장하는 영웅으로서 인격화 된 신으로 다시 돌아온다고 전해진다.
4. 밤, 마법, 갈등의 신Tezcatlipoca(테스카틀리포카) : 강력하고 사악하며 밤을 상징하는 변화의 신으로 연기나는 거울이라는 이름도 지닌다. 케찰코아틀 신과 경쟁을 이루며 재규어를 상징하는 신이다.
5. 농업, 계절, 재생의 신Xipe Totec(시페 토텍) : 계절의 변화에 따라

새로운 생명의 탄생과 성장을 주관하며 풍요한 농사를 관장하는 신이다. 아즈텍의 제의에서 피부를 벗기고 이를 덮어쓰는 의례를 관장하는 신이다.

신들에게 올리는 제사는 연중 달력의 일정에 따라 거행되었다. 아즈텍은 마야 사회의 달력을 계승하여, 260일의 종교력과 365일의 농업 관련 생활력으로 구성된 달력을 사용하였다. 종교 의례 행사는 국가가 주관하였으며, 종교력에 따라 날짜를 정하고 중앙 신전에서 거국적으로 집행되었다.

고대 사회에서 종교는 인간이 자연과 우주의 신비로운 현상을 이해하지 못한 데서 비롯된 두려움과 경외감을 해소하려는 시도에서 탄생했다고 인류학자들은 말한다. 번개와 천둥, 해와 별의 움직임, 생명과 죽음처럼 설명할 수 없는 사건들 앞에서, 사람들은 보이지 않는 힘의 존재를 상정하고, 그 힘을 달래기 위한 제의와 신앙의 체계를 만들어 갔다. 아즈텍인들은 자신들이 살아가는 세계의 우주 질서를 유지하고 생존을 보장받기 위해, 신들에게 인신공양과 진귀한 제물을 바치는 종교 의례를 정성껏 거행했다. 다신교 사회였던 아즈텍은 각기 다른 신들에게 더욱 풍성한 제물을 바치면, 신들이 인간의 소망과 욕망을 들어준다는 강한 기복적 세계관을 공유하고 있었다. 이러한 믿음은 정신 깊숙이 뿌리내려, 제사의 정성과 제물의 가치는 곧 신의 호의와 직결된다고 여겨졌다. 이처럼 제물을 마련하는 일은 국가적 과제가 되었으며, 그 과정에서 잔혹한 전쟁과 정복은 신에게 바칠 희생을 확보하기 위한 불가피한 수단으로 정당화되었다. 결국 아즈텍의 종교는 신앙을 넘어 농경을 비롯한 일상생활의 질서를 풍요롭게 만들고, 정치적 권위와 전쟁의 명분을 부여하며, 사회 구조의 유지와 통합을 이끄는 핵심

축으로 작동하였다. 종교는 그렇게 인간의 무지와 경외가 빚어낸, 세계를 이해하고 삶을 지탱하려는 가장 원초적인 문화적 장치였다.

3) 스페인 정복자의 출현 : 전설이 역사를 만나다

1518년, 왕의 명을 받은 스페인의 정복자 에르난 코르테스Hernán Cortés(1485~1547)는 11척의 배에 500명의 병사와 16마리의 말, 그리고 몇 문門의 대포를 싣고 카리브해를 지나 멕시코 동부 베라크루스 항에 발을 내딛는다. 유럽 대륙에서는 이미 식민지 개척과 정복의 물결이 거세게 일고 있었고, 코르테스는 그 물결의 선봉이었다. 총과 대포, 말이라는 생소한 병기를 앞세운 이 작은 무리는 곧 현지 원주민들을 압도하며 내륙으로 세력을 넓혀 갔다. 그 과정에서 코르테스는 멕시코 고원에 자리한 강력한 문명, 아즈텍 제국의 존재를 알게 된다. 제국의 중심은 거대한 호수 위의 도시, 테노치티틀란이었고, 그곳을 기반으로 아즈텍은 수많은 주변 민족에게 막대한 조공을 강요하며 피라미드식 지배 체계를 유지하고 있었다. 한편, 이 낯선 침입자들의 소식은 바람처럼 빠르게 퍼져 나갔다. 유카탄 반도에서 시작된 정복자의 발걸음은 소문과 전설로 덧칠되어 아즈텍 제국의 수도 테노치티틀란에까지 도달했고, 그 이야기는 마침내 제국을 통치하던 황제 모크테수마 2세의 귀에까지 이르렀다.

모크테수마는 이방인들의 등장을 단순한 침략이 아닌, 신화적 사건으로 해석했다. 그가 떠올린 건 바로 *케찰코아틀*, 고대 전설 속에서 정의롭고 지혜로운 통치자였으나 모함을 받아 서쪽으로 떠나며, 언젠가 신이 되어 다시 돌아올 것이라 전해진 그 존재였다. 흰 피부에 수염이 있고, 바다를 건너온다는 전설과 코르테스의 모습은 기묘하게도 맞아떨어졌다. 초조함과 경외심이 뒤섞인 상태에서, 모크테수마는 신하들에게 명을 내린다. 왕실에 오랜 세월 보관해온 깃털 달린 뱀의 형상을 본뜬 의복과 진귀한 금은 보화 공물들을 준비하게 하고, 그것들을 들고 유카탄으로 향해 코르테스에게 바치게 한 것이다. 그가 보낸 것은 단지 선물이 아니라, 전설 속 신을 향한 경배와 복종의 표시였다.

두어 달이 지나, 먼 길을 떠났던 사절단이 돌아왔다. 신하들의 보고를 들은 모크테수마는, 이들이 마주친 존재가 과연 전설 속의 신 케찰코아틀 인지에 대해 여전히 의문을 거두지 못했다. 그들의 말에 따르면, 그 인물은 창백한 피부에 코와 턱에 수염이 가득히 나 있었고, 뿔 없는 거대한 사슴 같은 동물(말)을 타고 있었으며, 사나운 개들을 거느리고 있었다. 그러나 그보다도 더 충격적인 것은, 그들이 끌고 다니는 검은 물체에서 천둥 같은 폭음이 터지며 연기가 피어오르고, 쇠로 된 공처럼 생긴 물체가 날아가 모든 것을 산산이 부수었다는 사실이었다. 또 그들은 금과 은 같은 보물을 유달리 좋아한다는 점도 보고되었다.

한편, 모크테수마가 보낸 사절단에게서 '신과 같은' 환대를 받은 스페인의 정복자 에르난 코르테스는, 아즈텍 제국의 심장부인 테노치티틀란을 정복할 야망을 드러내기 시작했다. 그는 모크테수마의 가혹한 조공에 억눌려 있던 여러 부족들을 침략하여 항복을 받고 동맹을 맺으며, 천혜의 호수 위에 세워진 찬란한 도시를 향해 천천히, 그러나 단호히 진군하기 시작했다. 모크테수마는 스페인 정복자들이 폭력, 경악과 고통을 몰고 테노티트란으로 다가온다는 소식을 듣고 자신도 당황해서 아무런 결정을 내리지 못하고 조용히 기다렸다. 드디어 그들이 테노티트란에 도달했을 때, 근심이 채 가시지 않은 얼굴을 한 모크테수마와 아름다운 꽃다발을 들은 귀족과 성직자들이 정복자 일행을 열렬하게 환영해 주었다. 모크테수마는 자기 곁에 있는 이방인들을 경계하며, 위험을 무릅쓸 용단은 끝내 내리지 않았다. 그는 스페인 정복자 코르테스를 전설 속 신 *케찰코아틀*로 착각하고, 다음과 같은 경외심 어린 말로 그를 맞이했다.

"그대는 이 땅, 아즈텍 제국을 다스리기 위해 오셨기에, 내가 그동안 지켜온 이 왕좌를 늘 경외해온 그대께 영광스럽게 돌려드립니다."

정복자들은 호위를 받으며 테노치티틀란 중앙 광장에 위치한 왕궁에 도착했다. 도시의 장엄한 풍경 앞에서 그들은 말문이 막힐 정도로 압도되었다. 테노치티틀란의 규모와 화려함은 당시 스페인의 대표 도시였던 세비야나 코르도바보다도 더 크고 찬란했기 때문이다.

모크테수마는 이방인들을 환대하며 여러 신전을 포함한 도시 곳곳을 안내하며 구경시켰다. 거대한 호수 위에 떠오른 듯 솟아 있는 테노치티틀란의 하얗게 빛나는 탑들과 신전, 건물들은 정복자들에게 마치 전혀 다른 세계에 발을 들인 듯한 경이로움을 안겨주었다. 도시를 가득 메운 운하와 물자를 실은 카누들, 나란히 말을 타고 달릴 수 있을 만큼 넓은 제방 길, 사람들로 북적이는 시장의 다양한 농산물과 공예품, 그리고 중심부의 웅장한 신전과 궁전은 그들에게 신비로움 그 자체였다.

그러나 정복자들은 눈앞의 찬란한 문명 뒤에 도사린 불안과 자신들의 취약한 처지를 결코 잊지 않았다. 사방이 호수로 둘러싸인 이 섬 도시는, 그들에게 언제든지 탈출구 없는 덫이 될 수 있는 위태로운 공간이었다. 나날이 고조되는 긴장 속에서, 스페인 정복자들은 결국 아즈텍 황제 모크테수마를 인질로 삼는 대담한 전략에 나섰고, 놀랍게도 이 계획은 성공을 거두었다. 권좌에 앉은 채 사실상 포로가 된 모크테수마는 정복자들의 무력 앞에 무릎을 꿇고, 신하들에게 더 많은 금은보화를 바치라는 명령을 내렸다.

문명의 영광이 굴욕으로 바뀌는 순간이었다. 테노치티틀란을 완전히 장악한 총사령관 코르테스는 도시의 관장을 부하 지휘관에게 잠시 맡긴 채, 유카탄 지역으로 돌아갔다. 그러나 그가 자리를 비운 사이, 스페인 정복자들은 성스러운 종교 의식을 거행 중이던 아즈텍인들을 무차별적으로 학살하는 만행을 저질렀다.

스페인 정복자들의 배신과 학살은 결국 아즈텍인들의 분노를 폭발시켰다. 한때 신의 아들처럼 떠받들었던 이방인들은 이제 피의 원수였다. 분노한 아즈텍인들은 거대한 복수의 칼날을 빼 들었고, 테노치티틀란은 순식간에 전쟁터로 변했다.

수많은 스페인 병사들이 포로로 잡혀 왕궁 안에 갇혔고, 아즈텍인들은 그들을 굶주리게 하며 그간 당한 치욕을 되갚고자 했다. 거리 곳곳에서는 아즈텍 전사들과 스페인 군대가 목숨을 건 혈투를 벌였고, 이 과정에서 황제 모크테수마 역시 불운하게 목숨을 잃고 만다. 아즈텍에게는 신이었고, 스페인에게는 협상의 도구였던 인물이 허망하게 사라진 것이다.

이 참혹한 소식이 전해지자, 코르테스는 결코 물러설 수 없었다. 스페인 본대와 원주민 동맹군을 다시 모아 테노치티틀란을 향해 진군하기 시작한다. 그러나 그가 돌아왔을 때, 이미 또 다른 적이 아즈텍인들을 잠식하고 있었다.

그것은 총도 칼도 아니었다. 스페인인들이 무심코 들여온 작은 바이러스, 천연두였다. 유럽에서는 익숙한 질병이었지만, 이 땅의 사람들은 그 존재조차 몰랐기에 면역이 전혀 없었다. 눈에 보이지 않는 이 낯선 재앙은 순식간에 테노치티틀란 전역으로 퍼져 나갔고, 병들고 쓰러진 사람들은 싸워 보기도 전에 죽어갔다. 강력했던 아즈텍 제국조차 이 보이지 않는 적 앞에서는 무력할 수밖에 없었다. 그럼에도 남은 전사들은 마지막까지 싸웠다. 코르테스가 이끄는 스페인 군대와 그 동맹 원주민 병사들은 무려 3개월에 걸쳐 테노치티틀란을 포위하고, 거리 하나하나, 집 하나하나를 무너뜨리며 조금씩 도시를 잠식해 갔다. 피로 물든 거리 위에서 인간과 인간, 문명과 문명이 부딪히는 싸움은 끈질기고 처절했다.

마침내, 병들고 굶주린 생존자들은 호수를 건너 도망치기 시작했다. 그들 가운데는 아즈텍 제국의 마지막 황제, 쿠아우테목도 있었다. 그러나 그의 탈출은 끝내 성공하지 못했다. 그는 붙잡혀 1521년, 코르테스 앞에 무릎 꿇는다. 90일 넘게 울려 퍼지던 전투의 함성, 비명, 전쟁의 소음이 멈추고, 테노치티틀란은 숨죽인 폐허가 되었다. 번영과 신앙, 예술과 전통이 숨쉬던 이 거대한 도시는 이제 침묵만을 남긴 채 역사 속으로 사라졌다. 아즈텍 제국은 그렇게 종말을 맞이했다.

5
고대 안데스 문명의 전개와 잉카 문명의 출현

　고대 문명의 탄생과 존속에 있어 가장 핵심적인 조건은 대체로 농경의 발달이다. 이는 구대륙의 대부분 문명에서 공통적으로 확인되는 사실이다. 그러나 신대륙, 특히 페루 북부 해안의 안데스 계곡 노르테치코Norte Chico 지역에서는 전혀 다른 형태의 문명이 약 5,000년 전 출현하였다. 이곳에서는 집약적인 농경이 아닌, 바다와 강이 제공하는 풍부한 수산자원을 토대로 일찍이 독자적인 해양 문명이 꽃피었다. 이들은 오늘날 페루 해안에서 대량으로 채취되는 멸치, 조개류, 오징어, 해조류 등을 주된 식량 자원으로 삼았다. 물론 옥수수와 표주박 같은 작물도 재배되었지만, 식생활에 미친 비중은 제한적이었다. 문명이 쇠퇴한 이후, 안데스 고원에서는 또 다른 전환점이 찾아온다.

　기원전 900년경부터 해발 3,200m에 달하는 안데스 고원지대에서는 차빈Chavín 문화가 새롭게 등장하였다. 이 문화는 이전의 해안 중심 사회와 달리, 척박한 고산 지대에서 옥수수, 콩, 호박 등 다양한 작물을 재배하는 농경문화에 의존하였다. 차빈은 고대 안데스 문명으로 이어지는 중요한 뿌리 역할을 했으며, 그 사상과 예술은 이후의 안데스 문화 전통에 지대한 영향을 끼쳤다.

고대 안데스 문명 발생지 및 연표

중심지	현재 위치	시기	의의
카랄 Caral	페루, 수페 계곡Lima 북쪽	기원전 3000 ~1800년	미주에서 가장 오래된 도시 중 하나로, 초기 도시 계획과 피라미드형 건축물 존재.
페니코 Penico	페루, 수페 계곡 동부	기원전 1,800 ~1,500년	카랄-수페 문명을 이어서 고대 안데스 문명의 연속성을 설명.
차빈 데 우안타르 Chavín de Huántar	페루, 안데스 북부 고지Ancash	기원전 900 ~200년	종교 중심지로 안데스 전역에 예술 및 종교 양식을 확산.
티와나쿠 Tiwanaku	볼리비아, 티티카카 호수 근처	서기 300 ~1000년	강력한 안데스 국가의 수도로, 정교한 석조 건축과 관개 기술로 유명.
와리 Wari	페루, 아야쿠초 지역	서기 600 ~1000년	와리 제국의 행정 수도로, 잉카 도시 설계의 기초 제공.
치무 Chimu, Chan Chan	페루, 트루히요 근처 해안	서기 900 ~1470년	세계 최대의 흙벽 도시로, 치무 제국의 해안 수도.
잉카 Inca, Cusco	페루, 안데스 남부 고지	서기 1200 ~1532년	잉카 제국의 수도이자 정치·종교 중심지.

모체 왕국Moche(서기 100년~700년)

차빈 문화가 기원전 200년경 쇠퇴한 이후 몇 세기의 공백기를 지나, 기원후 100년경 페루 북부의 해안과 안데스 계곡을 중심으로 다시금 찬란한 문명이 태동한다. 이것이 바로 모체Moche 또는 모치카Mochica 문화이다. 이들은 비가 거의 오지 않는 척박한 사막 지대에서 안데스 산맥에서 흘러내리는 강을 이용해 관개 농업을 발전시켰고, 동시에 바다에서 얻는 수산자원을 적극 활용하여 도시 국가를 형성하였다. 모체 문화는 중앙아메리카의 테오티우아칸처럼 통합된 제국이나 대도시를 이루기보다는, 여러 계곡에 걸쳐 분산된 소규모 도시국가들이 느슨한 경제적, 정치적, 종교적 연맹을 이루며 형성되었다. 이들 도시국가의 중심에는 모체 문화의 핵심 가치와 권력이 집약되어 있었고, 이러한 점에서 모체는 북페루 해안 지역의 문화적 중심지 역할을 했다.

중심 도시에는 권력을 쥔 지배층과 성직자들의 거처가 자리 잡고 있었고, 그 외곽에는 상인, 농민과 어민들이 신분에 따라 구획된 채 거주했다. 도시 한가운데에는 두 개의 장대한 흙벽돌 피라미드가 위용을 자랑하며 서 있다. 바로 *태양의 신전Huaca del Sol*과 *달의 신전Huaca de la luna*이다. 이 가운데 태양의 신전은 원래 높이 약 40m, 밑변이 340×160m에 이르는 거대한 구조물로, 약 1억 3천만 개의 *아도비* 벽돌로 축조되었다. 놀랍게도 각 벽돌에는 서로 다른 마크가 새겨져 있는데, 이는 벽돌을 제작하거나 노동을 제공한 공동체를 구분하기 위한 표식으로 추정된다. 이를 통해 당시 사회의 조직력과 공동체의 동원 체계를 엿볼 수 있다.

태양의 신전은 그 명칭과는 달리 종교 의례의 공간은 물론, 지배 계층의 거처이자 정치·행정의 중심지로도 기능했던 것으로 보인다. 이는 곧 모체 문명의 중앙 집권적 권력 구조와 정교한 정치 체제를 상징하는 공간으로 해석된다. 반면에 달의 신전은 종교의례가 행해지던 곳으로 풍성한 제물과 인신공양을 여러 신에게 바치는 제의 역할을 했다. 그러나 안타깝게도 식민지 시기, 황금을 탐한 스페인 정복자들에 의해 소중한 문화유산인 두 구조물은 무참히 훼손되었고, 그 원형 또한 상당 부분 파괴되고 말았다.

모체Moche 문화는 토기, 직물, 돌, 나무, 금속 등 다양한 재료를 활용한 독창적이고 정교한 예술로 널리 알려져 있다. 특히 눈길을 끄는 것은 토기 작품들로, 이들은 단순한 생활용품을 넘어, 당시 사람들의 삶을 세밀하게 기록한 일종의 시각적 연대기로 기능한다. 그 표면에 정교하게 그려지고 빚어진 형상들은 농경과 어로, 의례와 전쟁, 복식과 건축, 음악과 춤에 이르기까지 모체인의 세계를 생생하게 재현하고 있다.

모체 도예가들은 자신들이 신성하거나 중요하게 여긴 동식물을 매우 사실적으로 표현했으며, 이로 인해 오늘날 연구자들은 묘사된 종류를 정확히 식별할 수 있을 정도다. 뿐만 아니라, 신분을 상징하는 표식, 출생과 죽음의 장면, 질병이나 사고, 심지어 의도적인 신체 훼손과 같은 민감한 주제까지도 이들 토기에 담겨 있다.

이렇듯 수천 점의 토기에 담긴 장면들은 당시의 미적 감각과 함께, 고대 안데스 사회의 복잡한 문화적 지층을 들여다보게 해준다. 특히 인상적인 점은, 스페인 정복자들이 16세기 페루에 도착했을 당시 목격한 원주민들의 풍습과 의례들이 이미 천 년 이상 앞선 모체 시대부터 존재해왔다는 사실이다. 신분 높은 이들을 태우는 가마, 소식을 전하는 전령, 체계적으로 조직된 군사 구조는 물론, 전쟁 중 적의 머리를 베어 전리품으로 삼는 잔혹한 관습까지—이 모든 요소들이 모체의 토기에 생생하게 남아 있다.

그중에서도 대중의 상상력을 가장 자극한 장면은 바로 뇌수술을 연상케 하는 외과 수술장면이다. 환자의 두개골을 절개하는 모습은 놀라울 만큼 구체적으로 묘사되어 있으며, 이를 본 일부 방송 프로그램에서는 모체 문화가 고도로 발달된 외과의술을 지녔거나, 심지어 외계 생명체가 이 땅을 방문해 환자들을 치료한 장면이라는 식의 해석을 내놓기도 했다. 물론 이는 흥미를 유발하기 위한 과장이지만, 실제로 이런 장면은 외상 치료 또는 주술적 행위의 일부로 보는 견해가 학계에 존재한다. 어떤 도자기에서는 환자가 깨어 있는 채 고통을 참지 못해 몸을 움직이는 모습, 그리고 이를 제지하는 사제나 주술사의 모습이 함께 등장한다. 이는 단순한 의학적 치료라기보다는, 신성한 의례와 연결된 치유 행위였음을 암시한다. 이러한 도상들을 바탕으로 일부 학자들은 모체 문화가 해부학적 지식을 어느 정도 축적하고 있었으며, 흑요석이나 구리로 만든 날카로운 도구를 이용해 특정 의료 시술을 종교적 의례와 결합하여 행했을 가능성이 있다고 본다.

모체의 토기는 일반 생활용기를 넘어, 삶과 죽음, 질병과 치유, 지배와 복종, 신앙과 권력이 얽혀 있는 고대 사회의 복합적인 구조를 정교하게 담아낸 시각적 백과사전이라 할 수 있다. 비록 당시의 사회 조직과 구조를 완벽히 재구성하기는 어렵지만, 출토된 유물과 유적은 모체 사회가 뚜렷한 계층 질서를 기반으로 한 신분 사회였음을 보여준다. 모체의 예술과 건축문화는 이러한 사회 구조 속에서 탄생했으며, 군사적 정복과 정치적 동맹을 통해 안데스 지역 전반으로 퍼져 나갔다.

시판 군주의 무덤 : 모체 문명과 안데스 장례 문화의 정수

고대 문명의 사회 조직과 종교 의례, 그리고 죽음을 대하는 태도를 가장 생생히 보여주는 유적은 단연 무덤이다. 모체Moche 문화 역시 수많은 무덤을 남겼지만, 불행히도 이들의 정교한 토기가 고가에 거래된다는 사실이 알려지며 대부분의 무덤이 도굴꾼들에 의해 무참히 훼손되었다. 그러나 1987년, 페루의 북부 시판Sipán 지역에서 기적처럼 거의 완전한 형태로 보존된 한 군주의 무덤이 발견되어 학계에 커다란 충격을 안겨주었다. 이 무덤은 피라미드 형태의 제단 속 깊은 곳에 흙벽돌을 쌓아 만든 직사각형의 묘실로 구성되어 있으며, 중앙에는 30~40세로 추정되는 남성의 시신이 나무로 만든 관에 안치되어 있었다. 관은 뚜껑이 구리 조임 쇠로 단단히 고정되어 있어 그 신성성과 봉인의 의미를 짐작케 한다.

벽면과 시신의 머리방향에는 흙 벽돌 벤치가 설치되어 있었고, 위쪽에는 통나무로 천장을 구성해 이중 구조를 형성하였다. 이처럼 견고하게 조성된 공간은 묘소이면서, 상징적이고 성스러운 구조물로 서의 역할을 수행했다. 시신은 황금 가면을 쓰고, 화려한 장신구와 의례용 복장을 착용한 채 천으로 단단히 감싸져 있었는데, 이는 그가 통치자로서 신성한 권위를 지닌 제사장을 겸한 맹렬한 전사였음을 말해준다.

무덤에서는 두 마리의 라마, 수백 점의 토기, 그리고 무기와 같은 의례 유물들이 다량 출토되었다. 특히 주목할 만한 것은 함께 묻힌 여섯 구의 시신이다. 피장자의 머리맡에는 약 9~10세로 추정되는 어린이의 시신이 있었고, 정교하게 짠 갈대 관에 안치된 다섯 구는 부인, 시녀, 그리고 경호원으로 추정되는 인물들로 구성되어 있었다. 이들은 모두 의복과 장신구를 갖추고 있었으며, 한 여성 시신은 뼈가 흩어져 있어 재매장(2차장)의 흔적도 보인다. 무덤에는 입구가 따로 없었다. 모든 관이 배치된 후, 위에서부터 흙과 나무로 천장을 덮는 방식으로 무덤을 완전히 봉인하였다. 내·외부 무덤방 사이의 공간은 성인 남성이 서 있을 수 없을 정도로 낮게 조성되었으며, 이 좁은 공간에 발목이 잘린 남성의 시신이 매장되었고 다시 그 위에 앉은 상태로 한 남성이 매장된 후 무덤 전체가 흙으로 덮였다. 이러한 의식은 죽음 이후에도 피장자를 지키고자 하는 강력한 상징 행위로 해석된다.

서기 400년경에 축조된 시판의 군주 무덤은 모체 문화의 사회 구조와 종교, 그리고 권력이 하나로 융합된 안데스 문명의 전통을 집약적으로 보여준다. 정치적 통치자이자 신의 대리인, 그리고 가장 강력한 전사였던 이 인물은, 죽은 뒤에도 여전히 영적 존재로서 세계를 다스릴 것이라는 믿음을 바탕으로 장엄하게 안치되었다. 이 무덤은 모체 사회의 권위와 신성, 미술과 기술, 믿음과 공포가 교차하는 문명의 교차로였던 것이다.

통일왕국 와리 Wari (600~900년)

모체 문명이 서기 700년경 쇠퇴의 길로 접어들 즈음, 안데스 고원지대의 아야쿠초 분지에서는 또 다른 문명이 서서히 그 모습을 드러내기 시작했다. 바로 *와리Wari* 문화다. 와리의 중심 도시는 네모난 돌 벽 건물들 사이에 광장과 거리, 석조 제단이 질서 있게 배치된 계획도시로, 그 규모와 정교함은 당시 안데스 문명에서 보기 드문 혁신이었다. 특히 고산지대의 물 부족 문제를 해결하기 위해 설계된 복잡한 지하 수로 시스템은 와리 문화가 지닌 높은 기술력과 환경 적응력을 잘 보여준다.

와리는 남쪽 해안의 나스카Nazca 문화와 볼리비아 고원지대의 신비스러운 티아우아나코Tiwanaku 석조건축 문화의 영향을 받았으나 후에 점차로 독자적인 색채를 띠기 시작했고, 이러한 문화적 융합은 인구의 증가와 세력 확장으로 이어졌다. 결국 서기 800년 무렵, 와리 문명은 해안 지역을 중심으로 그 영향력을 남쪽의 나스카 지방은 물론, 훗날 잉카 문명의 심장부가 되는 안데스 고원지대의 쿠스코Cuzco 남부 지역까지 확장시켰다. 와리는 종교 의례와 제단 축조 방식, 석조건축 기술, 그리고 독창적인 의례용 토기 양식을 통해 주변 지역에 뚜렷한 문화적 흔적을 남겼다.

하지만 이는 단순한 문화 교류나 영향력의 확산에 머물지 않았다. 새로운 지역에 출현한 도시와 마을의 형성 방식, 종교 제도의 변화, 그리고 기술 체계의 급속한 전환은, 와리가 피정복지에 자신들의 경제적·사회적·이념적 질서를 조직적이고 체계적으로 이식했음을 보여준다. 이러한 점에서 와리는 단순한 지역 강국이 아니라, 안데스 중서 북부 전역을 아우르는 하나의 문명권으로 자리매김했다고 볼 수 있다. 와리가 경제적 번영과 군사적 위세를 동시에 이룰 수 있었던 배경에는, 구리와 주석을 결합한 청동 주조 기술의 발전이 중요한 역할을 했다는 점도 주목할 만하다.

와리 문명은 전성기를 맞은 직후 곧 쇠퇴의 길로 접어들었으며, 서기 900년 후반부터는 중심 도시가 폐허로 변해버렸다. 그러나 해안 지역에서는 와리의 예술 양식이 약 200년 동안 더 지속되며 그 문화적 여운을 이어갔다. 와리 시대는 고대 안데스 역사에서 소규모 도시국가들이 하나의 보다 큰 정치체로 통합되는 중대한 전환점을 이룬 시기였다. 이러한 통합은 단순한 정복이나 강압에 의한 것만은 아니었다. 해안과 고산 지역 사람들이 공유한 종교적 상징과 의례, 예술 양식 등은 서로 다른 공동체 간 정치적 결속을 이끌어내는 강력한 매개체로 작용했다.

안데스 문명에서는 오랜 세월 동안 자연환경과 생계 방식이 뚜렷이 다른 해안 지역과 고원 지역에서 각기 독자적인 문화가 발달했으나, 시간이 흐르며 두 지역 간에는 점차 활발한 문화적 교류가 이루어졌다. 와리 문화가 몰락한 이후에도 이러한 해안과 고산 지역 간의 상호작용은 단절되지 않았고, 이는 잉카 제국의 성립 이전까지도 꾸준히 지속되었다. 이처럼 안데스 문명은 복수의 지역과 문화가 공존하면서도 서로 연결된 다층적인 통합성과 유연성을 지닌 문명이었다. 와리 제국이 몰락한 뒤 안데스 지역은 다시 여러 소규모 정치체로 분열되었고, 이로 인해 수백 년에 걸쳐 권력의 공백 상태가 이어졌다. 각지에서 크고 작은 세력들이 부상과 쇠퇴를 반복하면서, 마치 '전국시대'와 같은 혼란의 시기를 겪었다. 이러한 분열의 시대는 15세기에 접어들어 잉카 제국의 등장을 통해 비로소 하나의 통일된 질서로 재편되었다.

치무왕국 Chimú (1375~1475년)

안데스 전국시대의 여러 소국 가운데, 가장 눈부신 도시 문화를 꽃피운 국가는 *치무*였다. 치무인들은 한때 모체Moche 문명의 중심지였던 페루 북부의 모체 계곡에 거대한 도시 *찬찬*Chan Chan을 세웠고, 집약적인 농경을 기반으로 전례 없는 규모의 관개 시설을 구축했다. 반복되는 가뭄과 물 부족 문제를 해결하기 위해 수많은 댐과 계단식 경작지를 조성하고, 고지대에서 흘러내리는 물을 체계적으로 관리했다. 물과 권력, 그리고 장대한 도시 계획의 정수를 보여주는 치무 문명의 유산은 오늘날까지도 안데스 문명사 속에서 찬란히 빛난다. 특히 치무인들은 도심과 저지대 농경지를 연결하기 위해 무려 32㎞에 이르는 대형 수로를 건설해 안정적인 물 공급 체계를 구축했다. 이 거대한 토목공사로 건설된 수로는 치무 국가의 정교한 기술력과 조직력을 보여주는 상징적 사례다. 강물은 각 계곡마다 깊이 파낸 수로를 통해 해안 가까운 신개척 농경지로 유도되었고, 이로 인해 1년에 세 번 수확이 가능한 삼모작이 실현되며 전례 없는 농업 생산성과 경제적 안정이 가능해졌다.

치무의 농업 기반은 후세에 전승되어 오늘날까지도 이 지역 농부들이 사용하는 농기구와 관개 기술은 치무 문명이 남긴 지혜의 흔적을 고스란히 간직하고 있다.

치무 왕국의 수도 찬찬은 계곡에서 해안으로 이어지는 넓고 평탄한 지형 위에 세워진 정교한 계획도시로, 총 면적은 12평방 ㎞에 달한다. 네모난 성곽이 도시 전체를 감싸고 있으며, 이 안에는 약 5만 명이 거주했던 것으로 추정된다. 성곽 내부에는 서로 다른 시기에 건설된 9개의 궁전을 비롯해 공공시설, 저장소, 정교한 수로망이 질서 정연하게 배치되어 있다. 각 궁전은 높이 10m에 이르는 흙 벽돌 담장으로 둘러싸여 외부와 철저히 분리된 왕실 공간을 이루며, 그 규모는 가로 200m, 세로 600m에 이르러 권력과 위엄을 상징하는 건축물로 기능했다.

페루 치무 왕국 수도 유적 전경

궁전 내부는 국왕의 집무실, 침실, 제단, 대전 등 정치·종교·의례 공간이 복합적으로 구성되어 있었으며, 때로는 국왕의 사후 무덤으로도 활용되었다. 흥미롭게도, 왕위가 교체될 때마다 새로 즉위한 왕은 자신만의 궁전을 새롭게 건설하였고, 이는 권위의 상징이자 정치적 정통성을 드러내는 수단으로 기능했다. 외부 세계와의 단절 속에서 절대적 권력을 유지하려 했던 치무 왕권의 위용이 도시의 구조 속에 선명히 새겨져 있다. 치무 왕국의 통치자들은 비상 상황에 신속히 대응하고 군대를 효율적으로 이동시키기 위해, 수도 찬찬을 중심으로 주변 계곡들을 연결하는 정교한 도로망을 구축했다. 지방과 지방을 잇는 길은 폭이 좁은 오솔길 수준이었으나, 그 양옆에는 낮게 흙 벽돌을 쌓거나 간간이 나무 기둥을 세워 경로를 표시했다. 반면, 인구 밀집 지역을 잇는 주요 도로는 폭이 5~7m에 이르렀고, 수도인 찬찬으로 들어오는 중심 도로는 무려 25m 너비의 대로로 조성되었다. 이 넓은 대로를 따라 전국 각지에서 금은 장신구, 정교한 채색 토기, 면직물 등 다양한 공예품이 중심지 수도로 운반되었다. 물자 운반에는 라마가 간혹 활용되었지만, 대부분의 운송은 사람들이 직접 물건을 등에 지고 나르며 이루어졌다. 치무인들이 계곡과 해안 지대에 조성한 이 도로망은 훗날 잉카 제국이 고산지대에서 저지대를 통치하는 데 있어 전략적 통로로 활용되며 그 유산을 이어받게 되었다.

치무인은 고대 페루에서 가장 뛰어난 금세공 장인으로, 아름답고 정교하며 창의적인 그릇과 장식품, 공예품을 제작했다. 의복 또한 사회적 신분을 구분하는 중요한 수단이었기에, 면직물에는 다채로운 색감과 정교한 문양이 더해져 높은 예술성을 자랑했다. 비록 벽화나 토기에 남은 회화 자료는 거의 없어 모체 문화처럼 시각적으로 생생하진 않지만, 치무가 잉카 제국에 정복되기 전까지 외부의 영향 없이 독자적인 문화를 유지한 사실은 그 사회의 강한 문화적 결속력과 효율적인 정부·군사 조직을 잘 보여준다.

그러나 찬란했던 치무 문명에도 치명적인 약점이 있었다. 치무 왕국은 방대한 수로망을 바탕으로 한 집약 농경에 전적으로 의존했으며, 도로망은 잘 정비되어 있었지만 외부 침략에 대한 대비는 부족했다. 군사력은 수도 찬찬에 집중되어 있었고, 계곡 곳곳에 흩어져 있던 거점 도시들은 방어 시설이 거의 없었다. 특히 고원 지대에서 침략해 내려온 잉카 군이 수로망을 차단하자, 물 부족으로 인한 치명적인 타격을 입었고, 이는 왕국 전반에 큰 재앙으로 번졌다. 치무의 통치자는 이러한 전략적 약점을 미처 인식하지 못했던 것이다. 결국 잉카 제국은 이 취약점을 효과적으로 이용해 서기 1460년 치무 왕국을 정복했고, 왕족뿐만 아니라 뛰어난 토목·건축 기술자들까지 포로로 데려가 제국의 확장에 활용했다.

6
잉카제국
(1438~1533)

　잉카 제국은 수많은 소국이 서로 경쟁하며 패권을 다투던 안데스의 '전국시대' 속에서 등장했다. 고원, 계곡, 해안지대가 분열된 채로 각기 다른 정치 세력이 난립하던 가운데, 쿠스코Cuzco를 중심으로 한 작은 도시국가가 형성되었고, 이는 약 서기 1200년경 티티카카 호수 북서 지역에서 그 기원을 찾을 수 있다. 초기 잉카인들은 공동 조상을 중심으로 한 혈연적 유대를 중시하며 농경 마을을 이루고, 서로의 노동력을 교환하는 방식으로 협력 사회를 구축해 나갔다. 이러한 공동체들은 점차 하나의 연합체로 발전하면서 지역 소국의 형태를 갖추게 된다. 잉카인들은 자신들이 살아가고 경작하는 땅이 조상의 소유라고 믿었고, 조상이 여전히 후손을 보호한다고 여겼기에 조상들의 미라를 정성스럽게 모시고 돌보는 문화를 이어갔다.

　그러나 시간이 흐르며 잉카의 후대 통치자들은 자신들의 기원을 찬란한 영웅의 서사로 재해석하고, 신성한 조상과의 연결을 통해 영적 권위를 강화하며 왕권을 정당화하기 시작했다. 이러한 신화적 정통성을 바탕으로 잉카는 주변 지역을 정복하며 세력을 확장해 나갔다. 그리고 마침내 1438년, 파차쿠티Pachacuti 왕의 통치 아래 급속한 팽창을 이루며 쿠스코를 중심으로 한 도시국가는 안데스 전역을 아우르는 거대한 제국으로 도약하게 되었다.

전성기 잉카 제국의 영토는 오늘날 페루, 콜롬비아, 에콰도르, 볼리비아에서 부터 아르헨티나와 칠레 중부에 이르기까지 뻗어 있었으며, 남북으로 약 5,200㎞, 고도 차이는 무려 4,000m에 달하는 광대한 지역을 효과적으로 통치했다. 이처럼 고원, 수많은 계곡, 방대한 해안 지역을 하나의 국가 체제로 유지할 수 있었던 것은, 이전의 고대 안데스 문명에서 계승한 다양한 요소들을 바탕으로 정교한 행정 시스템을 구축했기 때문이다.

예컨대, 잉카 제국의 전령 시스템은 놀라운 속도를 자랑했다. 릴레이 방식으로 운영된 전령 주자들은 해안에서 갓 잡은 신선한 생선을 불과 이틀 만에, 약 600~700㎞ 떨어진 해발 3,400m 고지대의 수도 쿠스코의 황제 식탁에 올릴 수 있었다. 거친 산악 지형을 종단하며 이어진 이 경로는 제국 전역으로 뻗어 있었고, 중요한 전갈은 가장 먼 변경 지역까지도 2주 이내에 전달되었다. 이러한 통신망은, 잉카 문명의 정교한 조직력과 국토 통합 능력을 상징하는 역사적 장면이다. 잉카 제국의 전령 제도는 처음부터 새로 만든 것이 아니라, 이미 모체Moche 문화에서 시작된 전령 전통을 물려받아 더 정교하게 발전시킨 것이었다. 이와 마찬가지로, 효율적인 운송을 위해 암반을 깎아 만든 계단과 터널, 계곡과 강을 가로지르는 현수교, 그리고 공무를 수행중인 여행자들이 일정 간격으로 머무를 수 있도록 마련된 숙소들로 구성된 잉카의 정교한 도로망 또한 와리Wari 시대의 소규모 도로 체계를 기반으로 확대되고 체계화된 인프라였다.

오늘날 수많은 관광객들은 잉카 유적지를 찾아, 종이 한 장조차 끼워 넣을 수 없을 만큼 정밀하게 맞물린 거대한 석조 구조물 앞에서 감탄을 금치 못한다. 이러한 정교한 석공 기술과 건축술은 흔히 잉카 문명의 독창적인 성취로 여겨지지만, 실상은 오랜 세월에 걸쳐 축적된 안데스 고원의 문화유산 위에 세워진 결과였다. 황제의 가마나 신분을 나타내는 장신구, 종교 의식에 쓰이는 물품들조차도 잉카 이전 시대의 다양한 문화, 특히 모체, 나스카, 와리, 치무 등 으로부터 전해 내려온 전통을 계승하고 변형한 것이었다.

청동기 문화 또한 그 연장선상에 있다. 잉카는 와리와 치무 등 선행 문명으로부터 전해 받은 청동 제작 기술을 바탕으로, 석재를 다듬는 마무리 작업에 쓰이는 도구나, 전투에 사용되는 도끼와 같은 무기를 만들어 활용했다. 다만 이들이 사용한 청동은 주로 구리와 주석 또는 비소를 혼합한 것으로, 단단함의 한계로 인해 철기 문명과 비교할 때 실용성과 파괴력에서 다소 열세였다. 그럼에도 불구하고, 잉카는 제한된 재료와 기술 속에서도 놀라운 수준의 정밀함과 조직력을 발휘해 자신들만의 독창적인 건축세계를 완성해냈다. 이러한 비판적 시각 속에서도 주목할 점은, 잉카가 외래 요소들을 단순히 모방한 것이 아니라, 이를 뛰어난 행정 전략과 조직력으로 통합하고 실용화함으로써 광대한 제국을 유지했다는 점이다.

잉카는 고유한 문자 체계나 기계적 통신 수단 없이도 안데스 전역을 효율적으로 지배했으며, 그 핵심에는 피지배 지역의 저항을 사전에 차단하고 권력 구조를 고정시키는 정교한 통치 방식이 자리하고 있었다. 잉카는 새로운 정복지역을 자발적인 복속이나 무력을 통해 제국에

편입시킨 뒤, 일련의 체계적인 절차를 시행했다. 이들 통치 방법은 지배를 넘어, 정치적 통합과 문화적 흡수를 동시에 이루려는 목적 아래 정교하게 설계된 것이었다.

우선, 정복된 지역의 족장들은 자신이 다스리는 인구 수에 따라 등급이 매겨져 잉카 제국의 행정 체계에 편입되었다. 일부 귀족 자제들은 수도 쿠스코로 보내졌는데, 이는 그들에게 잉카의 문화와 정치 질서를 교육함과 동시에, 그들의 가문이 제국에 충성하도록 유도하는 정치적 담보 또는 인질의 의미도 담고 있었다. 아울러, 각 지역의 신상을 비롯해 그 신을 모시던 사제들도 쿠스코로 이주되어, 국가 종교 체계 안에 정식으로 통합되었다.

잉카의 행정 체계는 본래 단순한 개념에서 출발했지만, 이를 적용해야 했던 인구 규모가 워낙 방대했기에 실제 운영은 고도로 복잡 해졌다. 제국은 지리적으로 네 개의 주요 행정 구역으로 나뉘었고, 각 구역은 다시 점차 작은 단위로 세분되었다. 이상적으로는 1만, 5천, 1천, 5백, 1백, 50, 그리고 10가구 단위의 가족 집단으로 조직되었으며, 이러한 구조는 인력 동원과 세금 징수를 체계적으로 가능하게 했다. 또한 성별과 연령에 따라 다양한 사회 집단이 나뉘었고, 각 집단은 명확한 역할과 권한, 그리고 의무를 부여 받았다.

회계업무를 담당하는 관료들은 각 지역의 인구 변동을 끊임없이 조사하여 가장 최근 현황을 유지했다. 이 덕분에 군사 징집이나 대규모 토목공사, 광산 개발과 같은 국가적 과업이 필요할 때마다 어느 지역에서 얼마나 많은 노동력을 즉시 동원할 수 있는지 체계적으로 파악할 수 있었다. 세금은 주로 곡물이나 지역의 특산물, 또는 일정 기간의 노동으로 납부되었으며, 장기간 집을 떠나 공적 업무에 동원될 경우에는 각지의 행정 기관이 관리하는 창고에서 식량과 의복 등 필수 물자가 제공되었다.

잉카 제국은 문자가 없었음에도 불구하고 방대한 기록을 남기는 데 성공했다. 이 모든 정보의 기억과 전달은 오직 키푸*quipu*, 즉 매듭문자라고 불리는 독특한 장치에 의존했다. 중심 끈에 다양한 길이와 색깔의 실을 매달고, 그 실에 크기와 위치가 각각 다른 매듭을 지어 숫자 정보를 표현했던 것이다. 그러나 단지 숫자만으로는 어떤 물품을 가리키는지, 어느 창고나 지역과 관련된 것인지를 모두 알 수는 없었기에, 이를 정확히 기억하고 해석하는 전문 기록 관리자가 따로 존재했다. 이들의 기억력과 숙련도야 말로, 문자 없는 문명의 복잡한 행정을 지탱해준 보이지 않는 토대였다. 잉카 제국을 떠받친 방대한 식량과 물자는 지배계층, 종교 성직자, 관료, 장인, 그리고 군대를 유지하는 데 필요한 자원은 아이유*Ayllu*라 불리는 공동체로부터 일종의 세금 형식으로 거두어졌다. 아이유는 혈연을 기반으로 구성된 잉카 사회의 가장 작은 행정 단위이자, 생산과 분배의 기초 조직이었다. 아이유가 관리하던 토지와 산림은 황제와 제국의 신, 그리고 공동체 구성원들이 함께 소유하는 것으로 간주되었다. 고산 지대와 계곡에는 정교한 계단식 밭이 조성되었고, 해안 저지대에는 복잡한 관개수로가 뻗어 나가며 경작지를 넓혀 최대한의 수확을 노렸다. 이렇게 생산된 곡물은 제국의 관리들이 체계적으로 재분배하였으며, 일부는 각 지역의 창고에 저장되었다. 저장된 식량은 가뭄이나 홍수 같은 자연재해에 대비하거나, 대규모 공공사업에 동원되는 노동자들의 생계를 책임지기 위해 사용되었다. 이러한 정교한 재분배 제도와 식량 비축 방식은 중앙아메리카의 선행 문명 들로부터 계승한 것이었다.

1) 제국의 수도 쿠스코

잉카 제국의 수도 쿠스코Cuzco는 정치, 행정, 종교의 중심지로서 복합적인 사회 구조와 우주관, 제국주의 통치를 반영한 도시로 정교하게 설계되었다. 특히 도시의 전체 구조는 잉카인들이 신성시한 동물인 퓨마의 형상을 본떠 기획되었는데, 이는 도시가 힘과 질서, 그리고 우주와의 조화를 상징하는 신성한 공간임을 보여준다.

퓨마의 머리에 해당하는 북부 고지대는 중심부에서 약 1.5~2㎞ 떨어져 있으며, 해발 약 200m 정도 더 높은 지점에 위치해 있다. 이곳에 잉카인들은 거대한 성벽을 세웠는데, 총 길이 360m에 달하는 성벽은 높이 6m, 기단부 너비 4m에 이르며, 마치 퓨마의 이빨을 상징하듯 지그재그 형태로 공간을 두고 축조되었다. 석회암과 안산암으로 만들어진 이 성벽은 각각의 돌이 10톤에서 최대 300톤에 이르는 거대한 석재로, 접착제를 전혀 사용하지 않고 정밀하게 다듬어져 마치 퍼즐처럼 빈틈없이 맞물려 있다.

이 거대한 석조 구조물은 방어시설의 기능도 하였지만, 의례와 제사를 위한 신성한 공간으로도 사용되었던 것으로 밝혀졌다. 성벽 위에 올라서면 잉카 제국의 수도 쿠스코가 한눈에 내려다보이며, 장대한 풍경이 펼쳐진다. 자연의 위력과 인간의 정교한 기술, 신성함과 제국의 권위가 조화를 이루는 성벽은 방문객들에게 깊은 감동을 안겨주며, 잉카 문명의 건축미와 우주관을 강렬하게 증언하고 있다.

퓨마의 몸체에 해당하는 도시 중심부에는 잉카 제국의 핵심 권력을 상징하는 주요 건축물들이 집중되어 있었다. 중앙신전을 비롯해 황제의 궁전, 고위 귀족들의 저택, 그리고 공공 행정청사가 대광장을 중심으로 질서정연하게 배치되어 제국의 용모를 보였다. 대광장은 국가적 제례와 정치 의식이 집행되는 신성한 장소로 기능하며, 인간과 자연,

신의 세계가 조화를 이루는 잉카 우주관의 중심 무대였다. 특히 태양신 인티Inti를 모신 태양의 신전은 이 공간의 중심축을 형성했고, 그 주변에는 황제의 거처와 행정 기능을 수행하는 청사, 그리고 귀족들의 저택이 엄격한 위계에 따라 둘러싸여 있었다. 이러한 도시 설계는 잉카 제국이 추구한 질서, 신성함, 그리고 제국 통치의 위엄을 건축적으로 구현한 것이다.

고대 잉카의 수도는 제국 전체의 통합과 질서를 상징하는 하나의 우주적 구조물이었다. 도시는 북서, 북동, 남동, 남서 네 개의 구역으로 나뉘어 있었고, 각 구역은 제국을 구성하는 네 지역과 대응되었다. 제국 전역에서 온 사람들은 자신이 속한 지역과 연계된 구역에 거주했으며, 이러한 배치는 다양한 종족과 지역을 하나의 제국 안에 통합하는 상징적 장치였다. 이로 인해 쿠스코는 물리적 공간인 동시에 정치적, 문화적, 종교적 중심이 되었다.

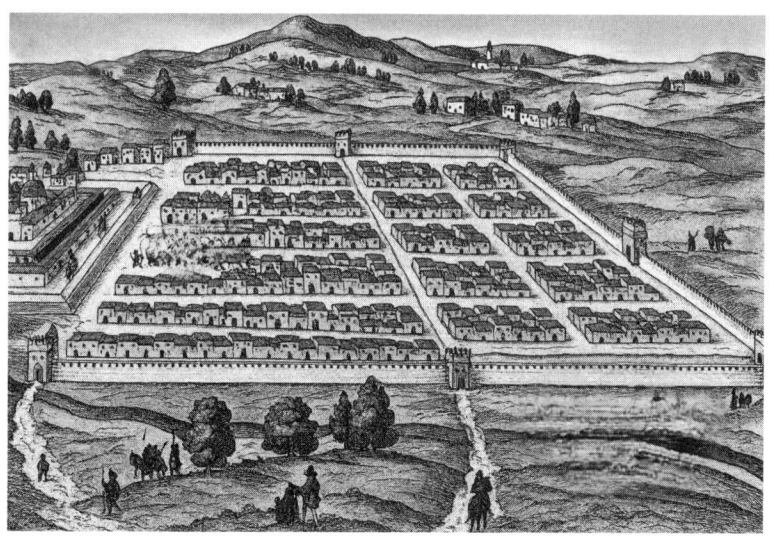

스페인 정복 직후, 16세기 페루 잉카 수도 쿠스코 전경도

그러나 찬란한 도시의 유산은 스페인 정복자들에 의해 무참히 파괴되었고, 태양의 신전이 있던 자리에 오늘날 산토 도밍고 성당이 세워졌다. 이로 인해 잉카 문명의 정수라 할 수 있는 신전 구조는 그 대부분이 지하에 묻히거나 흔적만을 남기게 되었다. 쿠스코에 전해 내려오는 기록과 전설에 따르면, 태양의 신전 지하에는 중요한 신전들을 잇는 터널들이 구축되어 있었다고 한다. 터널들은 태양의 신전을 중심으로, 제국의 종교 중심지를 지하에서 연결하는 비밀 통로 역할을 했다는 전승이 전해진다.

20세기 중 후반, 페루의 고고학자들은 태양의 신전 복합단지의 구조와 기능을 밝히기 위한 조사를 시도했다. 그러나 대부분의 유적이 도밍고 성당 건물 아래에 위치해 있어, 성당의 구조적 안정성을 해칠 우려로 인해 본격적인 지하 발굴은 사실상 불가능했다. 그럼에도 불구하고, 제한된 조사를 통해 달의 신전, 별의 신전, 금성의 신전으로 추정되는 제단과 유구들이 일부 확인되었고, 몇몇 구역에서는 태양의 신전으로 이어지는 지하 터널의 흔적도 발견되었다.

특히 2025년, 페루 조사단은 최신 지하 레이더G.P.R. 장비를 활용해 정밀 탐사를 실시한 결과, 태양의 신전에서 출발하여 도시 북쪽의 성벽까지 이어지는 총 길이 약 1,700m에 달하는 터널이 지하 1.5~2.5m 아래에 구축되어 있다는 사실을 확인하였다. 이 터널은 여러 갈래로 뻗어 나가며, 잉카 도시 구조와 의례 공간 사이의 연결성을 시사하고 있다. 현재, 조사단은 보다 구체적인 발굴을 위해 정부의 공식 허가를 기다리는 중이다.

잉카인들의 종교관과 관계되어 더욱 흥미로운 사실은, 쿠스코 도시 중심에서 방사형으로 뻗어 나간 보이지 않는 선, 즉 세케ceque 체계의 존재다. 이 선들은 도시 외곽의 작은 신전, 성스러운 바위, 샘, 언덕 등

*와카*huaca라 불리는 신성한 장소들과 연결되어 있었으며, 총 41개의 세케 선과 328개의 와카가 이 복합적인 네트워크를 형성하고 있었다. 이는 종교적 연계망은 물론 제국의 제례 일정과 행정 조직, 공동체 구조를 조율하는 신성한 질서 체계로 기능했던 것으로 보인다.

세케 체계의 존재는 16세기 중반, 스페인 정복 직후 쿠스코에 체류한 성직자들의 기록에서 처음 확인되었고, 이후 인류학자들의 현지 조사, 주민들과 면담 그리고 고고학자들의 연구를 통해 실제 지형과 유적들 속에서 그 흔적이 드러났다. 세케는 잉카인들이 세계를 바라보는 방식, 즉 우주와 인간, 자연이 하나로 연결된 질서 속에서 살아가는 방식을 도시의 구조에 새긴 상징적 표현이자, 눈에 보이지 않는 '성스러운 질서'의 실현이었다.

쿠스코의 석조 건축물들은 하나같이 정밀하게 다듬어진 돌들로 쌓아 올려져, 돌과 돌 사이에는 날카로운 칼조차 끼어들 틈이 없을 만큼

페루, 잉카 태양의 사원 기단부 위에 세워진 산토 도밍고 교회

VI. 신대륙 문명의 탄생 **327**

촘촘하게 맞물려 있었다. 이러한 외벽뿐만 아니라, 내부 구조 역시 정교하게 설계되어 지진에도 견딜 수 있도록 축조되었다. 도심으로는 생활에 필수적인 용수를 공급하는 수로가 연결되었고, 제국 전역에서 물자가 원활히 오갈 수 있도록 넓은 도로망이 도시의 사방으로 뻗어 있었다.

스페인 정복자들은 쿠스코를 점령한 뒤, 잉카 제국의 중심이었던 도시의 핵심 건축물들을 무자비하게 허물고, 그 돌기단 위에 유럽식 교회와 관공서를 세워 자신들의 지배를 상징하려 했다. 그러나 이러한 파괴에도 불구하고 잉카의 정교한 도시계획은 완전히 지워지지 않았다.

오늘날의 쿠스코에서도 당시의 흔적은 여전히 선명하게 남아 있다. 규칙적인 격자 형태의 도로, 계단식 경작지, 그리고 수 세기를 견딘 석조 기단부는 잉카 도시 문명의 정교함을 말없이 증언하고 있다. 16세기 중반, 한 스페인 신부는 아직 파괴되기 전의 장엄한 쿠스코 도시에 처음 발을 들인 순간, 숨이 멎을 듯한 경이로움을 기록으로 남겼다.

> "나는 아직도 그날, 처음으로 그 장엄한 사원을 마주했을 때의 경외심을 잊지 못한다. 도심 한가운데 우뚝 솟은 화려한 건축물들은 잉카 군주들이 왕위를 이어받으며 성대한 축제를 열던 신성한 공간이다. 그중에서도 단연 돋보였던 것은 태양신 인티 Inti에게 바쳐진 거대한 사원이다. 이 사원은 세계 어느 문명에서도 유례를 찾기 어려울 정도로 막대한 양의 눈부신 금과 은으로 장식되어 있었으며, 그 화려함과 장엄함은 보는 이로 하여금 경외심을 불러일으켰다.
> 태양의 사원은 기단부의 둘레만 해도 122m에 달했으며, 그 주

변은 단단하게 다듬어진 돌로 쌓아 올린 석벽이 둘러싸고 있었다. 건물 전체는 놀라울 만큼 정밀한 석조 기술로 쌓아 올려져 있었는데, 하나하나의 돌은 흙이나 석회를 쓰지 않고, 잉카인들이 건축에 쓰는 천연수지를 약간 바른 것만으로도 완벽하게 결합되어 있었다. 돌 사이에는 칼날 하나 들어갈 틈이 없었고, 어디가 이음새인지조차 식별할 수 없었다. 특히 외벽에 사용된 석재 중 일부는 그 크기와 아름다움에서 인간의 손으로 빚은 것이라 믿기 어려울 정도였다. 고백하건 데, 내 일생 동안 이처럼 아름다운 석조 성벽을 스페인에서는 단 한 번도 본 적이 없다. 사원을 둘러싼 성벽에는 정교하게 다듬어진 성문들이 방향에 따라 설치되어 있었으며, 그중 한 입구의 중앙에는 너비 두 뼘, 두께 네 손가락에 이르는 금띠가 둘러져 있었다. 출입구와 문에는 마치 종잇장처럼 얇은 황금판이 덮여 있어, 그 광채가 햇빛을 받아 눈이 부셨다. 사원의 정원은 더욱 놀라웠다. 흙 대신 고운 금가루가 땅을 덮고 있었고, 그 위에는 금으로 만든 옥수수 줄기들이 정교하게 심겨 있었다. 신전 내부에는 수많은 금과 은, 에메랄드로 된 통들이 즐비하게 놓여 있었으며, 잔과 항아리, 다양한 그릇들 또한 모두 순금으로 만들어져 있었다. 요컨대, 내가 본 이 사원은 세상에서 가장 찬란하고 부유한 신전 중 하나였다. 이 곳에서의 경험은 내 영혼 깊은 곳에 새겨졌고, 그 광경은 마치 지상에 내려온 천상의 궁전 같았다."

스페인 정복자들과 함께 안데스에 도착한 한 신부가 남긴 쿠스코 탐방기에 기록된 황금의 도시에 관한 소문은 마치 불길처럼 번져 나갔다. 그의 증언은 사람들의 상상력을 자극했고, 곧 쿠스코에는 황금에 눈이 먼 도굴꾼들과 약탈자들이 몰려들기 시작했다. 이들은 잉카의 보물들을 가차 없이 약탈했고, 찬란하던 태양의 신전은 무너져 내렸다. 결국 스페인 정복자들은 이 거대한 신전의 폐허가 된 기단부 위에 카톨릭 성당을 세움으로써 잉카인들의 신앙을 지우고 자신들의 종교를 강제하려 했다.

물론, 당시 기록 속 황금의 양은 과장된 인상을 줄 수도 있지만, 다른 역사 자료들 과의 비교나 후대의 고고학 조사 결과는 상당 부분 그 진실을 뒷받침해준다. 황금만이 아니었다. 잉카 제국의 사회와 문화를 구성한 수많은 요소들은 훗날의 연구를 통해 하나하나 역사적 사실로 입증되었다.

특히 국가적 규모의 건축이나 종교·정치 행사가 있을 때면, 제국 전역에서 수많은 공동체들이 징집되어 수도 쿠스코로 모여들었다. 이들은 정해진 역할에 따라 질서 있게 노동을 수행했으며, 거리에서 서로 스치는 이들의 복장과 머리에 쓴 모자만 보아도 그들이 어느 종족 출신인지 구분할 수 있었다. 잉카의 복식은 제국의 정교한 통치 체계와 종족 간의 위계질서, 그리고 각자가 속한 공동체에 대한 소속감을 표시하는 상징물인 셈이다. 잉카 사회에서 신에게 바치는 인신공양은 중앙아메리카의 마야나 아즈텍 문명처럼 일상적인 의례는 아니었다. 대신, 잉카인들은 라마나 기니피그 같은 동물, 그리고 옥수수로 빚은 술을 제물로 바치는 것이 일반적이었다. 잉카의 역법 체계는 태음력에 기반을 두어 한 해를 열두 달로 나누었고, 각 달마다 춤과 제물, 거리 행진이 어우러진 축제가 열렸다.

잉카 신앙에서 창조신 *비라코차*는 만물의 기원이자 최고신으로 숭배되었지만, 태양신은 황실의 기원과 권위를 상징하는 존재로서, 하늘의 다른 신들보다 더욱 중요한 지위를 누렸다. 이러한 이유로 잉카인들은 수도 쿠스코에 장엄한 태양신전을 세우고, 국가의 가장 중대한 종교적·정치적 행사를 이곳에서 거행했다. 태양신전은 신성한 권위와 제국의 결속을 상징하는 중심 공간이었던 셈이다.

잉카의 정치·사회 조직은 방대한 제국을 정교하게 운영하는 데 있어 탁월한 행정 효율성을 자랑했다. 그러나 그 촘촘하고 질서정연한 체계는, 아이러니하게도, 전혀 다른 세계에서 온 스페인 정복자들의 갑작스러운 침략 앞에서는 속수무책이었다. 제국을 지탱하던 질서는 외부 충격에 유연하게 대응하기보다는, 오히려 그 견고함 때문에 쉽게 무너지고 말았다. 한 세기 가까운 번영을 누리던 잉카 제국은 1525년, 마지막 황제 와이나 카팍이 유럽에서 전해진 치명적인 전염병, 천연두로 사망하면서 깊은 혼란에 빠지게 되었다. 황제의 갑작스러운 죽음은 두 왕자의 치열한 왕위 계승 싸움을 촉발했고, 이는 곧 제국 전체를 뒤흔드는 내전으로 번졌다.

잉카 왕실의 전통은 근친혼이었다. 황제는 여동생과의 결혼을 통해 첫째 아들을 두었고, 후궁 사이에서 둘째 아들이 태어났다. 잉카의 왕위 계승은 정실 부인에게서 태어난 자식에게 정통성이 부여되기에, 장자인 와스카르가 왕위를 계승했지만, 이복동생 아타우알파 역시 북부 지역에서 강력한 세력을 형성하며 정통성에 도전했다.

와스카르는 수도 쿠스코를 중심으로 남부의 병력을 집결시켰고, 아타우알파는 북부를 장악하여 맞섰다. 이들의 내전은 장장 3년에 걸쳐 제국의 국력을 소모시켰으며, 결국 1532년, 이복동생 아타우알파가 형을 사로잡아 살해하면서 종결되었다. 그러나 내전의 종식이 곧 잉카 제국의 종말을 예고하는 서막이었다. 같은 해, 180명으로 구성된 스페인 정복자들이 파나마를 거쳐 남미 페루 해안에 상륙하였다. 고원지대에서 벌어진 형제 간 내전을 전해 들은 그들은 기회의 문이 열렸음을 직감했다. 정복자들은 잉카 제국이 주변 부족들에게 강압적인 세금과 노역을 강요해온 사실을 간파했고, 이러한 내부의 불만을 교묘히 이용하여 여러 부족들을 그들 편으로 포섭했다.

스페인 정복자들은 총, 대포, 그리고 말을 앞세워 잉카 제국의 수도 쿠스코를 포위하고 정복한 뒤, 미리 병력을 광장의 건물 안에 숨겨놓고 내전에서 승리한 왕자 일행이 궁으로 돌아오기를 기다렸다. 물론 왕자는 스페인 정복자들이 쿠스코에 도착했다는 소식을 들었지만, 그들의 수가 너무 적어 전력을 과소평가하고 큰 위협으로 여기지 않았다. 왕자가 궁으로 돌아오자, 스페인 신부가 통역과 함께 나와 기독교 신과 스페인 왕에게 복종하라는 설교를 시작했다. 이에 분노한 왕자는 신부가 건넨 성경을 내던졌고, 이 행동은 스페인군의 공격 신호가 되었다. 기병과 대포의 지원을 받은 병사들은 순식간에 돌진해 수백 명의 잉카인을 살해하고 왕자를 포로로 삼았다. 왕자의 목숨은 막대한 금과 은을 대가로 인질처럼 이용되었으나, 결국 그는 잔혹하게 처형되었다. 이를 목격한 한 스페인인은 "그처럼 막강한 권력을 지닌 군주가 그렇게 짧은 시간에 사로잡힌 것은 놀라운 일이었다"고 기록했다.

그들의 목적은 신앙보다도 금과 은이었다. 대부분 하층민 출신이던 정복자들은 잉카의 보물을 보자 탐욕에 휩싸였고, 그 결과 문명 전체가 파괴되었다. 수 세대에 걸쳐 축적된 문명은 한 세대도 되지 않아 무너졌고, 지금은 그 찬란했던 흔적만이 웅장한 석조 유적 속에 남아 있다. 결국 내부의 분열과 외부의 침략이 맞물리면서, 안데스 지역을 지배해온 거대한 제국은 1533년, 왕자의 죽음과 함께 역사 속으로 사라졌다. 신대륙의 여러 원주민 문명 중에서, 잉카 제국은 가장 넓은 지역을 하나로 통치한 강한 나라였다. 하지만 잉카 제국은 신대륙문명 발전에 큰 영향을 주지 못한 채 100년도 안 되어 무너졌고, 곧바로 시작된 식민 지배로 인해 새로운 문명을 이끄는 주체로 이어지지 못했다는 평가를 받는다.

2) 마추픽추 Machu Picchu : 잃어버린 도시

페루 우루밤바 계곡 하류의 울창한 숲 깊숙한 곳, 고대 잉카 제국의 수도 쿠스코에서 북서쪽으로 80㎞ 떨어진 산악지대에 마추픽추가 숨어 있다. 이 신비로운 유적은 여행자들의 상상력을 자극해온 대표적인 고대 도시로, 지금도 많은 이들에게 경외의 대상이다. 마추픽추는 늙은 산을 뜻하는 마추픽추와 젊은 산을 의미하는 와이나픽추 사이, 구름으로 덮인 능선 위에 자리 잡고 있다. 해발 약 2430m에 달하는 이 고대 도시는, 자연의 품 안에 안긴 듯한 모습으로 웅장하게 솟아 있으며, 인간 문명이 자연과 어떻게 조화롭게 공존할 수 있는지를 보여주는 인상적인 증거다.

마추픽추 유적은 그 존재 자체만으로도 놀라움을 자아낸다. 무엇보다도 먼저 눈길을 끄는 것은 위치다. 도시 전체가 우루밤바 강이 굽이치는 깊은 계곡 위, 높이 돌출된 능선 위에 자리 잡고 있다. 능선 끝자락에는 매끄럽고 둥근 형태의 와이나픽추 봉우리가 코뿔소의 뿔처럼 우뚝 솟아 있어, 마치 하늘을 찌를 듯한 위엄을 자랑한다. 사방을 감싼 안개 낀 산들과 깊은 밀림 계곡은 마추픽추를 세속과 단절된 또 다른 세계처럼 감싸고 있다. 그 풍경 속에는 신비로움과 경외심이 자연스럽게 배어든다. 멀리서 이 고대 도시를 바라보면, 능선 정상에는 하나의 광장을 중심으로 주거지와 의례용 건축물이 둥글게 배치되어 있고, 그 주위로는 가파른 경사면을 따라 계단식 농경지가 거의 수직에 가깝게

페루, 잉카 잃어버린 도시 마추픽추 전경

펼쳐져 있다. 시선을 더 높이 두면, 먼 봉우리 위에도 몇 채의 건물과 계단식 경작지가 희미하게 드러나며, 이는 하늘 아래 흐릿한 수평선처럼 눈에 들어온다. 마치 인간의 손길과 자연이 함께 빚어낸 조용한 성역을 엿보는 듯한 느낌을 준다.

마추픽추의 전체 구조는 두 축으로 이루어져 있다. 하나는 계단식으로 조성된 농경지, 다른 하나는 정교하게 구성된 종교.주거지다. 종교주거 복합단지는 다시 상부와 하부로 나뉘는데, 이 구분은 계급과 기능의 질서를 반영한다.

상부 지역은 마추픽추의 심장부로, 종교와 권력이 교차하는 공간이다. 이곳에는 태양의 신전, 세 개의 창문이 달린 신전, 태양의 움직임을 관찰하는 신성한 돌기둥 인티우아타나Intihuatana, 제례가 이루어졌던 광장, 그리고 왕족과 귀족, 사제들이 거주하던 고급 저택들이 밀집해 있다. 반면, 하부 지역은 보다 실용적인 공간으로, 창고와 농민, 수행원들의 숙소가 자리하고 있다. 이 지역은 도시의 유지와 관리를 담당했던 농민계층의 일상이 깃든 곳이다.

전체 유적지에는 약 200여 개의 크고 작은 건물들이 13평방 km에 걸쳐있으며, 이들은 동서 방향으로 뻗은 중앙 광장을 중심으로 넓은 평행 계단식 단상 위에 배열되어 있다. 건물들은 잘 설계된 구획 안에 배치되어 가파른 산악 지형을 효율적으로 활용하여 아름다움을 자랑한다.

마추픽추의 건축물은 흰빛의 화강암으로 지어졌는데, 섬세하게 다듬어진 돌들이 틈 하나 없이 맞물려 있어 마치 정밀한 기계로 가공한 듯한 인상을 준다. 이러한 석조 기법은 잉카의 수도 쿠스코에서도 볼 수 있는 특징으로, 정교함과 기술력의 정점을 나타낸다.

마추픽추는 벽으로 구획된 여러 개의 건물 군과 거리, 광장 그리고 계단으로 이루어져 있다. 각각의 구역은 뚜렷한 경계를 이루며, 질서정연한 도시(읍락) 구조를 보여준다. 대부분의 건물은 사각형 방 하나로 구성되어 있고, 지붕은 비를 흘러 보내기 위한 경사진 구조로 되어 있으며 원래는 갈대로 덮여 있어 주변 자연환경과도 잘 어우러진다.

이러한 구조는 전형적인 잉카의 주거 양식을 그대로 반영한 것이다.

하지만 마추픽추의 건축물들 중 일부는 일상생활을 위한 용도를 넘어, 특별한 목적을 염두에 두고 지어진 것으로 보인다. 특히 주목할 점은 자연 지형, 그중에서도 암반을 건축의 일부로 정교하게 통합한 방식이다. 이는 고구려의 장군총이나 신라 불국사 기단부 축조에 사용된 그랭이 기법을 연상시킨다. 그랭이 기법은 건축가들이 제자리에서 움직이지 않은 바위를 그대로 남겨두고, 필요한 부분만 섬세하게 깎아내어 가져온 돌과 완벽하게 맞물리도록 다듬는 기술이다. 마추픽추에 적용된 석조 기술 역시 매우 정교하며, 바위의 돌출부를 감싸거나 마주 보게 구성된 건축 구조는 이곳이 신성한 장소 또는 의례용 공간이었을 가능성을 강하게 암시한다. 또한 건물이나 구역 간의 이동 통로가 경사지고 암반으로 이루어진 경우, 자연 암반을 계단처럼 깎아내어 그대로 이용함으로써 자연과 건축의 경계를 무너뜨리는 독특한 방식이 드러난다. 이와 같이 자연과 인간이 빚어낸 마추픽추의 이 놀라운 조화

페루, 잉카의 석조 문화와 그랭이 석조기법
자연 바위형태에 맞추어 돌을 다듬고 구조물을 쌓아 올렸다.

마추픽추의 계단식 논

는, 고대 문명의 미적 감각과 공학적 지혜, 그리고 자연에 대한 깊은 경외심이 하나로 어우러진 결과물이라 할 수 있다.

고고학자들의 조사에 따르면, 마추픽추에는 평소 약 300명가량의 농사 일을 겸한 관리인들이 상주했으며, 왕과 귀족, 성직자들이 중요한 종교 의식이나 정치 행사를 위해 이곳을 방문할 때는 더 많은 사람들이 모였다고 한다. 경사진 면에 단을 이루며 설계된 각 구역은 수백 개의 석조 계단 길로 정교하게 연결되어 있어, 마치 살아 숨 쉬는 유기체처럼 하나의 통합된 도시 체계를 이룬다. 이처럼 치밀하게 구성된 공간을 따라 도시 내부로 들어서면, 건축물마다 사회적 위계가 섬세하게 반영되어 있음을 확인할 수 있다. 잉카 황제와 그의 왕족들을 위한 저택은 정교하게 다듬은 귀한 석재로 지어졌고, 귀족들을 위한 구역에는 넓은 사각 안마당과 높고 견고한 지붕을 갖춘 주택이 자리잡고 있다. 반면, 일반 농민들의 주거는 흙 모르타르와 거친 돌을 쌓아 만든 단순한 직사각형 구조로 이루어져 있어, 도시 곳곳에서 계층 간의 뚜렷한 경계를 눈으로 확인할 수 있다. 이러한 건축적 배열은 잉카 사회의 위계와 질서가 도시의 물리적 공간 속에 얼마나 철저히 투영되었는지를 잘 보여준다.

태양의 신전

마추픽추의 성스러운 광장 서편에는 종교적 의례가 거행되던 신성한 공간들이 자리하고 있다. 그중에서도 가장 주목받는 건축물은 단연 '태양의 신전'이다. 이 신전은 잉카 제국의 왕궁이나 주요 사원에서만 사용되던 특별한 석재로 아름답게 축조되었으며, 외부 벽은 반원형의 우아한 형태를 띠고 있다. 신전의 곡선을 이루는 벽은 길이 약 10m, 내부 공간은 폭이 4~5m 정도로 규모는 작지만, 그 아름다움과 섬세한 마감에서 잉카 건축의 정수를 엿볼 수 있다.

신전 내부는 바닥 기단부를 중심으로 약 1.2m에서 2.7m 높이의 두 개 층으로 구성되어 있다. 상부는 태양신에게 제의를 올리는 신성한 제단 공간으로 사용되었으며, 그 아래의 지하 공간은 암반을 파내 조성된 왕의 무덤 또는 지하 제의의 장소로 여겨진다. 이러한 구조는 생명과 죽음, 천상과 현세, 그리고 지하세계를 연결한다는 잉카의 우주관을 상징적으로 구현한 것으로 해석된다.

신전 상부에 설치된 창문은 장식이라기보다는 태양의 움직임을 정밀하게 포착하는 천문학적 장치였다. 특히 6월 동지, 즉 남반구의 겨울 동지 때에는 햇빛이 특정 각도로 신전 내부를 통과하며, 이를 통해 사제들은 계절의 흐름을 읽고 태양력을 계산했다. 이는 곧 농사와 종교 의례의 주기를 정하는 핵심적 도구로 기능했으며, 잉카 사회의 질서를 유지하는 데 있어 중요한 역할을 했다.

태양의 신전은 잉카인들의 종교와 우주에 대한 믿음, 천문 지식, 그리고 정교한 건축 기술을 잘 보여주는 장소다. 신전은 자연 지형에 맞춰 반원형 구조로 지어졌으며, 지하세계와 하늘세계를 연결하려는 잉카의 삶과 죽음에 대한 생각도 담겨 있다. 또한 신전은 천체를 관측하는 중요한 장소로 사용되었으며, 정교한 석조 건축과 자연을 조화롭게 활용한 설계는 잉카가 자연과 조화를 이루며 권력을 정당화한 방식을 잘 보여준다.

태양을 관찰하는 돌기둥 : 인티와타나 Intihuatana

태양의 신전과 성스러운 광장을 지나, 마추픽추의 고지대를 향해 가파른 계단을 오르면 또 하나의 특별한 의례 공간이 모습을 드러낸다. 바로 그곳, 바람이 스치는 언덕 꼭대기에는 아담한 광장이 펼쳐지고 하나의 신비로운 돌기둥이 돌출되어 서 있는데, 이는 흔히 *태양을 묶는 기둥* Intihuatana이라 불린다. 사각형 형태로 다듬어진 구조물은 높이 약 1m이며, 너비 2m, 길이 1.5m에 이르는 사각형 형태의 기단 위에 조각되어 있다. 주목할 점은, 이 돌기둥과 기단이 별개의 돌로 구성된 것이 아니라 산의 자연 암반을 그대로 깎아 만든 일체형 조각이라는 점이다. 인티와타나는 화려한 장식 없이 매우 단순하게 만들어졌다. 특히, 암반을 깨서 분리하지 않고 그대로 깎아 만든 이 구조물은 당시 잉카 사람들이 얼마나 뛰어난 돌 다듬기 기술을 가졌는지, 그리고 자연과 조화를 이루려 했던 생각을 잘 나타낸다.

잉카인들은 신성한 돌기둥을 여러 유적지에 세워 태양의 움직임을

마추픽추의 태양을 관찰하는 돌기둥
(사진 : Colegota, CC-BY-SA-2.5-ES / Wikimedia Commons)

관찰하며, 이를 통해 시간과 계절의 흐름을 가늠하고 종교의식을 올렸다. 특히 하지와 동지, 춘분과 추분에는 태양의 위치를 정밀하게 측정하여 농경 일정과 제사의 시기를 결정했다. 돌기둥은 태양을 관측하는 구조물의 기능과 함께 신과 소통하는 매개체로 여겨졌다. 그들은 태양이 멈추지 않고 다시 떠오르기를 바라는 마음으로 "태양을 묶는다"는 상징적인 의식을 치렀다. 이러한 의식은 잉카 사람들이 세상을 어떻게 이해했는지, 그리고 생명의 순환을 어떻게 생각했는지를 잘 보여준다. 그러나 스페인 정복자들의 파괴적 침입 속에 대부분의 돌기둥은 사라지고, 오직 그들의 손이 미치지 못한 마추픽추에서만 그 흔적이 온전히 남아 오늘날까지 전해진다.

앞서 살펴보았듯이, 마추픽추는 고대 도시의 기능보다는 종교적 상징성을 지닌 장소다. 약 200여 개에 이르는 건축물과 구조물 가운데,

30여 개는 종교의례와 밀접하게 관련된 것으로 확인된다. 이 신성한 건축물들에는 자연 동굴을 활용한 무덤, 정교하게 다듬어진 제단과 사원, 의식용 석조 욕조, 제례 공간으로 사용된 바위 등이 포함된다. 특히 도시 외곽의 암벽이나 동굴 속에서는 천으로 단단히 감싸 미라화된 시신들이 다수 발견되었는데, 이는 생전의 지위나 의례적 역할을 암시한다. 이처럼 마추픽추는 전체 도시 구조가 하나의 거대한 의례 무대처럼 설계된 듯 보인다. 일반적인 행정 중심지나 왕족의 별궁이라기 보다는, 종교와 정치, 자연이 유기적으로 어우러진 복합적이고 신성한 거점이었음을 강하게 시사한다.

마추픽추는 농업적으로도 중요한 의미를 지녔을 가능성이 있다. 가파른 산비탈을 따라 조성된 계단식 농경지 테라스는, 이곳이 수도 쿠스코의 잉카 궁정을 위한 특산물을 재배하는 중심지였음을 암시한다. 그중에서도 특히 코카는 주목할 만한 작물이다. 코카 잎은 약한 마취 효과를 지닌 식물로, 잉카 귀족들만이 사용할 수 있는 귀한 자원이었으며, 의례나 제의적 용도로도 활용되었을 것으로 보인다. 물론 이 곳에서도 옥수수와 감자를 재배해 상주하는 농민들의 주식으로 삼았지만, 많은 인구를 부양하기에는 그 양이 충분하지 않았을 것이다.

마추픽추가 전 세계의 주목을 받게 된 결정적인 계기는 1911년 미국 탐험가 하이럼 빙엄Hiram Bingham의 방문이었다. 깊은 정글 속에 묻혀 있던 신비로운 고대 도시를 처음 접한 그는, 유적과 자연의 경이로운 모습을 사진과 글로 담아 세상에 알렸고, 이내 학계와 대중의 상상력을 동시에 사로잡았다.

빙엄이 안데스의 깊은 계곡에서 마추픽추를 처음 마주했을 때, 그는 고고학적 유적지를 넘어서 하나의 신화와 조우하고 있다고 느꼈다. 폐허 속에 남겨진 석조 건물과 안개 낀 산맥의 풍경은 빙엄에게 수세기 전 사라진 잉카 문명의 마지막 흔적이자, 오랫동안 전해 내려오던 전설의 무대를 떠올리게 했다. 그 전설에 따르면, 만코는 잉카 제국의 마지막 왕자 중 하나로, 이복 형들이 내분과 스페인 침략 속에서 차례로 살해된 뒤 유일하게 살아남았다. 스페인 정복자들은 그를 앞세워 꼭두각시 왕으로 세웠지만, 점차 포악해진 식민 지배에 실망한 만코는 결국 탈출을 감행했다. 그는 안데스 산맥을 넘어 아마존의 밀림 깊숙이 사라졌고, 그곳에서 스페인의 손이 닿지 않는 새로운 수도 *빌카밤바*를 세워 저항의 거점을 마련했다고 한다.

1536년, 마치 전설처럼 만코가 정복자들의 추격을 피해 숲속으로 사라졌다는 기록은, 빙엄의 상상력을 강하게 자극했다. 그는 마추픽추가 바로 그 빌카밤바 즉, 잉카 문명의 마지막 보루일 것이라 믿었다. 고요한 석조 계단과 의례의 흔적은 그 믿음을 더욱 굳게 만들었다.

그러나 오늘날 학계는 이 매혹적인 가설에 선을 긋는다. 마추픽추는 실제로는 15세기 중엽, 잉카의 정복 왕 파차쿠티에 의해 세워진 왕실의 성소이자 정치적 상징으로, 스페인의 침공보다 훨씬 앞선 시기에 번영한 도시였음이 밝혀졌기 때문이다. 전설과 현실은 달랐지만, 마추픽추가 품은 신비와 장엄함은 여전히 인류의 상상력을 자극하고 있다.

빙엄은 마추픽추를 처음 방문한 다음 해인 1912년, 자신이 강사로 재직 중이던 예일대학교와 미국 국립지리학회의 지원을 받아 발굴 조사단을 꾸렸다. 그는 다시 페루로 돌아와 마추픽추에서 본격적인 발굴 조사를 시작했다. 조사 과정에서 빙엄은 이 고대 도시의 석조 건축 양식이 두 가지로 나뉜다는 점에 주목했고, 이를 바탕으로 마추픽추가 두 시기에 걸쳐 건설되었다는 가설을 세웠다. 그의 해석에 따르면, 첫 번째 단계는 잉카 제국의 전설 속 조상들에 의해 시작되었고, 두 번째 단계는 제국이 몰락한 뒤 왕족 만코와 추종자들이 정글 깊숙한 곳으로 피신해 이곳에 정착하면서 완성되었다는 것이다. 이들은 더욱 정교한 석조 기술을 활용해 도시를 완성하고 거주했다고 본 것이다. 그러나 이후의 역사적 기록과 고고학 연구들은 빙엄의 이러한 가설이 대부분 사실과 다르다는 것을 밝혀냈다.

마추픽추는 빙엄의 탐사 이전에도 '잊힌 도시'는 아니었다. 잉카 제국의 멸망 이후에도 우루밤바 계곡 인근 주민들은 이 유적의 존재를 알고 있었고, 계단식 농지를 일구며 이곳을 일시적으로 사용하기도 했다. 심지어 식민지 시대에는 일부 스페인인들이 이 지역을 방문한 기록도 남아 있으며, 유적에 대한 소문은 간헐적으로나마 전해지고 있었다.

결과적으로 빙엄은 마추픽추의 '발견자'라기보다는, 이 놀라운 유산을 세계에 널리 알리는 데 중요한 역할을 한 '재조명자'로 보는 것이 더 적절하다. 그의 여정을 계기로 마추픽추는 정글 속에 잠든 채 묻혀 있던 유적에서, 자연과 조화를 이루며 살아 숨 쉬는 위대한 고대 문명의 상징으로 거듭나게 되었다.

마추픽추의 용도를 둘러싼 다양한 가설이 제기되어 왔지만, 많은 학자들은 이 신비로운 도시가 잉카 제국을 통일한 위대한 통치자 파차쿠티(재위 1438~1471)의 주도로 조성된 왕실 영지였다는 설에 주목한다. 이 견해에 따르면 마추픽추는 단순한 별궁이 아니라, 종교 의식과 정치적 행사가 치러지는 특별한 장소로, 왕과 왕족들이 특정 계절에 머물며 제국의 통치와 의례를 수행하던 공간이었다. 이는 다른 문화권의 *여름궁*이나 *겨울궁*처럼 일상적인 거주지라기보다는, 권위와 신성을 상징하는 종교적 거점으로 이해할 수 있다.

마추픽추의 정교한 설계와 다양한 건축양식은 잉카 왕실의 전형적인 영지 구성 요소들을 잘 보여준다. 왕족의 거처와 종교의식을 위한 신성한 공간, 계단식 농경지와 곡물 저장고, 행정 및 관리용 건물, 공공 의례가 이루어지던 광장, 그리고 이러한 시설을 유지·관리하던 사람들의 주거지까지 형성되어 있는 마추픽추는 단일 목적의 건축물이 아닌 복합적 기능을 지닌 왕실 단지였다.

이 지역이 잉카 왕의 소유였다는 사실은 1568년에 작성된 식민지 기록을 통해 공식적으로 확인된다. 당시 스페인 식민 당국은 원주민들의 토지 소유 현황, 인구, 세금 부과를 목적으로 토지 조사를 실시했으며, 해당 기록에는 이 일대가 잉카 제국의 전설적인 통치자 파차쿠티의 개인 영지로 명시되어 있다. 또한, 이 땅은 그의 왕실 가문에 상속된 토지로 분류되어 있다. 이는 잉카 왕이 마추픽추 지역을 정복한 뒤 직접 개발하여 왕실의 휴양처이자 신성한 의례 공간으로 활용했다는 학계의 가설을 지지하며, 당시 주민들의 증언 또한 이를 뒷받침해준다.

잉카 제국에서의 왕실 영지는 일반적인 거처보다는 정치적 권위, 종교적 상징성, 경제적 자원의 통합이 이루어진 복합 공간이었다. 그런 점에서 마추픽추는 파차쿠티 왕의 권력과 부, 신성함과 통치 능력을 상징하는 살아 있는 기념비이자, 안데스 문명의 정수라 할 수 있다.

하이럼 빙엄과 예일대학교 조사단은 마추픽추에서 진행한 발굴을 통해 방대한 양의 잉카 유물을 수습했고, 이를 예일대학교로 옮겨갔다. 이 유물들은 몰래 반출된 것이 아니라, 일정 기간 동안 학술 연구를 목적으로 보관하는 조건 아래 당시 페루 정부의 공식 허가를 받아 이루어진 일이었다. 그러나 시간이 흐르면서 유물의 영구 귀속 문제는 국제적인 논란으로 번졌고, 페루 정부는 수십 년에 걸쳐 끈질기게 반환을 요구해 왔다. 이러한 갈등은 마침내 2010년에 전환점을 맞았고, 2011년부터 유물의 단계적 반환이 시작되었다. 이 사건은 제국주의 시대에 유출된 문화유산이 본래의 주인에게 돌아가는 중요한 선례로 기록되었다.

그럼에도 불구하고, 빙엄이 세상에 다시 불러낸 마추픽추는 여전히 *잃어버린 도시* 혹은 *버려진 도시*라는 전설적인 이름을 간직하고 있다. 짙은 안개 속에 숨어 있던 이 고대 도시는 정교한 석조 건축물과 함께, 아직 해명되지 않은 수많은 이야기들을 품고 있다. 오늘날에도 마추픽추는 고대 미 신대륙 문명이 남긴 신비와 아름다움을 생생히 증언하고 있다.

신대륙 두 제국의 몰락 : 유사성과 차이

아즈텍 제국과 잉카 제국은 15세기와 16세기 초, 신대륙에서 번성한 강력한 문명들이었다. 이들은 막강한 군사력과 정교한 사회 조직을 갖추고 있었으나, 그들의 몰락은 단순히 전투의 승패로 설명할 수 없는 복잡한 역사적 과정이었다. 외부의 소수 세력, 특히 유럽의 침략자들과 그들이 가져온 전염병은 두 제국의 운명을 결정짓는 중요한 요인으로 작용했다. 스페인 정복자들은 병력에서 우위를 점하지 않았음에도, 토착민들의 내부 불만을 효과적으로 이용해 동맹을 맺고 제국의 중심을 집중적으로 타격하여 정복을 이끌어냈다.

하지만 두 제국의 몰락 과정은 여러 면에서 유사했음에도 불구하고 중요한 차이점들이 존재한다. 스페인 정복자들의 잉카 정복은 아즈텍 제국을 정복한 방식과 마찬가지로, 전면적인 전투보다는 기습적인 작전과 심리전을 활용한 것이었다. 이처럼 두 제국의 몰락은 모두 소수의 외부 세력에 의해 비교적 짧은 시간 안에 이루어졌지만, 그 과정에서 나타난 세부적인 차이는 두 제국의 운명을 더욱 복잡하고 흥미롭게 만든다.

첫 번째 차이점은 두 제국 지도자들의 외부 세력에 대한 인식 차이에서 드러난다. 아즈텍의 군주 모크테수마는 처음 등장한 백인들을 조상들의 신으로 오해하여 그들을 공손히 맞이했다. 이로 인해 그는 전투를 준비하기보다는 복종의 자세를 취하게 되었고, 결국 치명적인 방심을 초래했다. 반면, 잉카 제국의 마지막 군주 아타우알파는 스페인 병력의 위협을 과소평가했다. 그는 대포를 몇 발만 쏘고 끝날 무기라고 생각했으며, 스페인 병사들이 지닌 강철 대검의 위력을 나무 막대처럼 여겼다. 타고 다니는 말도 밤에는 전혀 쓸모없다고 판단했다. 이러한 판단 착오는 그를 결국 정복자들의 함정에 빠지게 만들었다.

두 제국의 정치적 구조와 지리적 환경 또한 몰락에 큰 영향을 미쳤다. 아즈텍 제국은 테노치티틀란을 수도로 삼고, 여러 도시 국가들이 느슨하게 결합된 정치 체계를 유지했다. 중앙 집권적이긴 했지만, 제국 내부의 불만과 반란을 억제하기에는 한계가 있었다. 이러한 정치 구조는 외부의 침입 앞에서 쉽게 흔들릴 수 있었으며, 유럽 정복자들은 토착 민족들의 불만을 이용해 빠르게 제국의 심장부를 타격할 수 있었다. 테노치티틀란이 호수에 자리잡고 있었기 때문에, 외부와의 교역로가 차단되면 쉽게 고립될 수밖에 없었다.

반면, 잉카 제국은 안데스 산맥을 따라 광범위하게 퍼져 있었으며, 각 지역의 통치자 가족들과 유력 가문들을 수도인 쿠스코에 거주시키는 인질 제도를 통해 지방 통제를 유지했다. 이 제도는 중세 유럽이나 일본 막부에서도 사용된 방식으로, 지방의 반항을 줄이는 데 효과적이었다. 그 결과, 아즈텍처럼 지역적 배신이나 대규모 반란은 적었으나, 정복 직전 왕위 계승을 둘러싼 형제 간 내전이 제국을 크게 약화시키는 결정적 요인이 되었다.

두 제국의 지리적 특성도 그들의 몰락 양상에 중요한 영향을 미쳤다. 아즈텍 제국의 수도 테노치티틀란은 호수 한가운데에 위치하여, 비교적 쉽게 포위될 수 있었다. 스페인 정복자들은 이점을 이용해 제국의 중심을 빠르게 제압할 수 있었다. 그러나 잉카 제국은 고산지대에 넓게 퍼져 있었기 때문에, 스페인 정복자들이 이를 정복하는 데 많은 어려움을 겪었다. 이러한 험준한 지형은 잉카 제국이 장기간에 걸쳐 물리적 저항을 이어갈 수 있는 중요한 기반이 되었다. 실제로 잉카 왕실의 일원들은 고산지대에서 수십 년 동안 게릴라전을 펼치며 끈질기게 저항을 계속했다.

결국, 두 제국의 몰락은 단순한 군사적 충돌의 결과가 아니라, 내부 분열, 정치 체계의 약점, 지리적 조건, 그리고 외부 세력에 대한 인식 차이가 복합적으로 얽힌 역사적 비극이었다. 아즈텍 제국은 급격히 붕괴했으나, 잉카 제국은 더디지만 꾸준한 저항을 이어가며 서서히 쇠락의 길을 걸었다. 이 두 문명의 몰락은 강력한 제국도 외부의 위협과 내부의 불안정이 결합되면 무너질 수 있다는 교훈을 남기며, 세계사의 중요한 전환점을 이루었다.

하지만 물리적인 제국의 몰락은 단지 정치적 조직의 붕괴에 그치지 않았다. 그것은 곧 원주민들의 삶과 공동체를 송두리째 뒤흔드는 참혹한 생존의 비극으로 이어졌다. 잉카인들은 정복자들의 총과 칼 앞에서 오랜 시간 저항하다 무수한 희생을 치렀고, 아즈텍인들은 유럽인들이 들여온 전염병, 특히 천연두에 의해 무방비로 노출되어 대규모 사망 사태를 겪었다. 이는 정복행위를 넘어선, 인류 역사상 전례 없는 대학살이자 문명의 재앙이라 할 수 있다.

유럽의 침략자들은 기술적 우위를 바탕으로 안데스와 중앙아메리카의 문명들을 짓밟았으며, 그 과정에서 도덕과 윤리의 기준마저 스스로 저버렸다. 수많은 원주민이 도륙되었으나, 그 희생자의 수는 오늘날까지도 정확히 알 수 없다. 그러나 하나 확실한 것은, 아즈텍 제국의 중심지였던 멕시코 중부에 정복 직전 약 1,100만 명에 달하는 원주민이 살고 있었다는 사실이다. 1547년, 그 수는 642만 명으로 줄어들었고, 1607년까지의 인구 감소는 더욱 참혹하여, 불과 한 세기 사이 원주민 인구는 5분의 1로 줄어들었다. 이러한 정복은 지배의 변화가 아니라, 문명이라는 이름으로 자행된 파괴였으며, 그 어두운 그림자 속에서 몇몇 양심적인 이들은 고통받는 원주민들의 현실을 기록으로 남겼다.

16세기, 아즈텍과 잉카의 땅에 머물렀던 두 스페인 선교사는 서로 다른 지역에서 참혹한 광경을 목도하며 놀라울 만큼 비슷한 탄식을 남겼다. 한 선교사는 이렇게 적었다.

> "스페인인들이 지나간 잉카의 도시는 마치 불길이 휩쓸고 간 듯 폐허가 되었다."

또 다른 선교사는 멕시코 아즈텍의 몰락을 이렇게 묘사한다.

> "이 풍요롭고 비옥한 땅, 그리고 그 중심지였던 멕시코는 수많은 재앙을 겪었고, 한때의 웅장함과 탁월함, 그리고 그 땅을 빛냈던 위대한 이들을 잃고 쇠락하고 말았다."

이러한 양심의 목소리는 과거에만 머물지 않는다. 오늘날 우리는 '정복'이라는 이름으로 새겨진 인류의 상처를 되새기며, 그 흔적이 남긴 교훈 앞에 다시 서게 된다.

7

미시시피의 선물
: 북미대륙 복합사회의 탄생

　북아메리카 대륙의 원주민들은 미시시피 강 유역을 따라 생명에 적합한 터전을 찾아 정착해 왔다. 특히 미시시피 강 중류 지역은 여러 지류가 합류하며 풍요로운 충적평야를 이뤘고, 이 비옥한 땅 위에 다양한 부족들이 모여 들었다. 이들은 옥수수를 중심으로 한 농경문화를 바탕으로 촘촘히 마을을 이루어 갔다.

　미시시피 문화의 시작은 기원후 750년경으로 거슬러 올라간다. 이후 수세기에 걸쳐 눈부시게 번성한 문화는 약 1500년까지 북미 대륙 곳곳에 영향을 미쳤다. 미시시피 문명의 마을 중심에는 흙을 다져 견고하게 사각형, 원형, 마름모 형태의 단을 쌓아 올리고 정상이 평평한 봉분이 축조되어 있다. 이 구조물은 종교적 제단의 기능을 하는 반면에 지배자들의 거주와 무덤으로도 활용되어 신성과 권위를 상징하는 공간이었다. 또한 미시시피 문화는 독특한 토기 양식과 뚜렷한 사회적 계층 구조를 특징으로 하며, 북미 원주민 문명사에서 중요한 장을 열어 갔다.

미시시피 인들은 새롭게 유입된 활을 짐승들 사냥에 능숙하게 다루었고, 풍성한 수확을 기원하며 태양과 불의 신에게 장대한 의식을 바쳤다. 생존을 넘어 번영을 꿈꾼 이들은, 물품 교환을 위해 효율적인 장거리 교역망을 구축하며 서로의 삶을 엮어 나갔다. 이 지역의 지배자들은 카호키아Cahokia와 마운드빌Moundville과 같은 중심지에 근거지를 마련하고, 장엄한 종교 의례를 통해 권위를 세우며 통치 기반을 다졌다. 신전과 마운드가 우뚝 솟은 도시들은 거주지의 기능과 더불어, 신과 인간, 자연이 맞닿는 신성한 무대였다.

지배층을 부양하기 위해 인근 지역에 흩어져 살던 농부들은 노동력을 적극적으로 제공했으며, 그들의 땀과 정성이 이들 중심지를 떠받쳤다. 미시시피 중류와 남동부 일대에 거주하던 여러 원주민 공동체들은 하나의 거대한 경제망에 참여하며 서로 유사한 문화를 형성하기 시작했다. 그 중심에는 북미 대륙 최대의 고대 도시, 카호키아가 있었다. 미주리 강과 미시시피 강이 만나는 비옥한 충적 평야 지대에 세워진 이 거대한 도시는, 자연이 선사한 풍요를 바탕으로 눈부신 번영을 이룩했다.

서기 700년경부터 원주민들이 이곳으로 모여들기 시작했으며, 초기에는 부분적으로 옥수수를 경작하고, 동시에 수렵과 채집, 강에서의 어로 활동을 병행하면서 안정적이고 풍요로운 경제 기반을 다져 나갔다. 이처럼 다양한 생존 방식이 조화를 이루며 카호키아는 미시시피 문화권을 이끄는 심장부로 성장했고, 수백 년에 걸쳐 북아메리카 대륙에 찬란한 유산을 남기게 된다.

미시시피 인들은 동부 지역의 고대 우드랜드 문화에서 발전한 집단으로, 서기 800년에서 1000년 사이, 전통적인 토착 식물 재배를 넘어 멕시코에서 들여온 옥수수 농업에 집중하기 시작했다. 머지않아 옥수수를 기반으로 한 농업은 북미 동부 전역에 퍼져 나갔고, 이는 경제적 변화를 넘어, 족장 사회를 넘어서는 복잡한 사회·정치 구조의 형성을 촉진하는 데 큰 역할을 했다.

1) 옥수수의 약속 : 미시시피 문화의 느린 혁명

미시시피 문화는 북미 대륙의 남동부 지역에서 서기 800년경부터 1600년경까지 번성했던 토착 문명으로, 옥수수 농경을 기반으로 한 정교한 사회 구조와 족장 중심의 정치 체제를 발전시켰다. 이들은 흙을 쌓아 올린 거대한 토단을 중심으로 도시를 조성하며, 공동체의 종교와 권력이 응축된 신성한 공간을 만들어냈다. 그러나 이러한 복합적인 사회 구조가 형성되기까지는 오랜 시간이 필요했다. 특히, 그 기반이 되었던 옥수수 농경의 확산은 결코 단번에 이루어진 일이 아니었다. 미시시피 문화가 복합사회로 형성되기 이전까지 가장 눈에 띄는 특징 중 하나는 옥수수가 주식으로 자리 잡기까지 오랜 시간이 걸렸다는 점이다. 멕시코에서 북상한 농업 혁신은 단번에 퍼진 것이 아니었다. 수백 년에 걸친 인내의 세월 동안, 옥수수는 천천히 그러나 끈질기게 아메리카 대륙 동남부의 공동체들 속으로 스며들었다.

미시시피 인들이 옥수수 농경을 즉각 받아들이지 않은 이유는 그들의 자연환경과 밀접한 관련이 있다. 강과 벌판, 울창한 숲이 어우러진 풍요로운 생태계는 다양한 야생 먹거리를 제공해 주었고, 이로 인해 옥수수에 대한 의존도가 낮았던 것이다. 특히 주목할 점은, 구대륙(유럽과 아시아)과 달리 미시시피 문화권의 원주민들은 밭갈이에 필수적인 가축을 사육하지 못했다는 사실이다. 소나 말과 같은 짐승의 힘을 빌릴 수 없는 상황에서, 그들은 직접 두 손으로 강변의 비옥한 토양을 일구었다. 퇴적토가 쌓인 하천가에 경작지를 마련하고, 석재와 목재 그리고 동물의 뼈로 만든 간단한 농기구인 쟁기와 괭이를 사용해 노동과 시간을 들여 고랑과 이랑을 만들었다.

이처럼 고된 수작업 농업에도 불구하고, 옥수수 재배가 본격적으로 자리 잡은 것은 미시시피 문화에 있어 하나의 대전환점을 이룬 사건이었다. 특히 카호키아Cahokia는 농업 생산성을 극대화하고 다른 지역과의 교류를 원활히 하기 위해 전략적으로 비옥한 강변을 따라 건설된 도시로 알려져 있다.

집약적 농업이 정착되고, 인근 지역과의 물품 교류가 활발해지면서 카호키아에는 점차 많은 인구가 몰려들었고, 이에 따라 도시가 형성되었다. 이 과정에서 사회 구조는 일반적인 공동체 수준을 넘어 지배계층과 피지배계층으로 분화된 계급사회로 발전했다. 계급사회란 곧 신분사회이며, 지배계층은 생산을 담당하는 피지배계층에 대해 명령할 권한을 가지는 반면, 피지배계층은 이에 복종하고 의무를 다해야 하는 구조를 의미한다.

이와 같은 사회적 변화 속에서 미시시피인들은 더욱 농업 생산에 매진하게 되었고, 지배층은 카호키아를 중심으로 노동력을 조직적으로 통제하였다. 수확된 농산물은 지배계층에 의해 집산되었고, 이를 다시 농민들에게 재분배하는 방식이 주요한 경제적 특징으로 자리 잡았다. 이처럼 노동력과 자원의 통제는 카호키아의 성장과 미시시피 문화의 정치적·경제적 기반을 더욱 공고히 다지는 데 핵심적인 역할을 했다. 자연이 선사한 비옥함 위에 인간의 끈기와 지혜가 더해져, 카호키아는 미시시피 문화의 심장으로 우뚝 설 수 있었다.

2) 태양의 도시, 카호키아Cahokia (서기 1050년~1350년)

카호키아는 북미 원주민 사회에서 가장 중요한 지역 중심지 중 하나로 성장했지만, 도시의 본래 이름은 전해지지 않는다. 오늘날 '카호키아'라는 명칭은 도시가 쇠락한 이후 이 지역에 이주해 온 "일리니 Illini" 인디언의 하위 부족 이름에서 유래했다. 이에 따라, 일부 학자들은 '카호키아' 대신 '태양의 도시City of the Sun'라는 표현을 선호하기도 한다. 이와같은 명칭은 유물에 나타난 태양 숭배의 상징성, 해시계와 같은 태양력의 사용, 그리고 카호키아 사람들이 태양을 신성시했을 것이라는 해석을 반영하고 있다.

카호키아는 전성기에는 약 2만 명의 인구를 수용했을 것으로 보인다. 그러나 일부 추정에 따르면 이 수는 거의 두 배에 이를 수도 있다고 한다. 주요 농경지는 도시 외곽에 조성되어 있었고, 도심 지역은 약 15.5제곱 ㎞에 걸쳐 펼쳐져 있었다. 도심은 여러 개의 열린 광장과 작은 정원들로 구획되어 있었다.

서기 1100년경, 카호키아는 거대한 목재 성벽으로 둘러싸이게 된다. 성벽은 높이가 3.5에서 5m에 달했고, 둘레는 약 3㎞가 조금 넘는다. 성벽을 세우기 위해 약 1만 5천 그루의 나무를 베어야 했으며, 이는 지역 생태계에 상당한 충격을 주었을 것으로 추정된다. 아마도 방대한 성벽은 카호키아의 성역 구역을 일반 거주 지역과 구분하기 위해 세워진 것으로 보인다.

카호키아 인들은 종종 거대한 토단을 축조한 사람들Moundbuilders

로 불린다. 실제로 카호키아 전역에는 흙으로 쌓아 올린 수많은 구조물들이 질서 정연하게 배열되어 있다. 바로 인접한 지역까지 포함하면, 한때 약 120기에 이르는 토단 형태의 구조물이 축조되었던 것으로 추정된다.

이들 가운데 일부는 무덤을 덮은 봉분으로 축조되었으나, 대다수는 종교적 의식을 위한 제단으로 사용된 것으로 밝혀졌다. 제단 위에는 목재로 지은 지배자들의 가옥과 사당 형태의 건물이 세워졌고, 이곳에서 귀족 계층이 미시시피 문화의 생활 방식을 규범화하는 의식을 주관했다. 비록 카호키아와 그 주변에 세워졌던 수많은 토단 구조물들은 세월 속에 대부분 훼손되어 사라졌지만, 오늘날에도 카호키아 주립역사공원Cahokia State Historic Park 안에는 65기의 토단이 여전히 남아 있어 당시 문명의 위용을 전하고 있다.

그때나 지금이나 카호키아의 풍경을 압도하는 것은 바로 몽크스 마

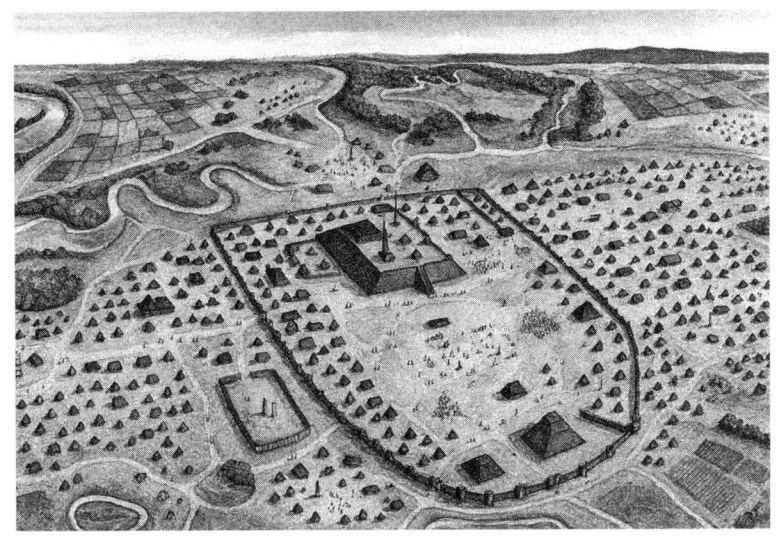

미국 카호키아 토단과 목책 전경 복원도

운드Monks Mound다. 몽크스 마운드는 미국에서 흙으로 축조된 가장 거대한 구조물이자, 세계적으로도 최대 규모를 자랑할 가능성이 있다.

웅장한 토단은 약 300년에 걸쳐 여러 단계로 축조되었으며, 총 53,000㎡의 면적을 덮고, 약 62만 ㎥에 달하는 흙이 사용되었다. 밑변은 291×236m이며 네 개의 단으로 형성되어 높이가 약 30m에 이른다. 정상에는 길이 약 32m, 너비 약 15m, 높이 약 15m에 달하는 거대한 목조 건물이 세워져 있었는데, 이곳에서 지배 계층의 통치자가 카호키아 공동체의 종교적 의식과 세속적 행정을 아울렀다.

참고로 '몽크스 마운드'라는 이름은 토단을 쌓은 이들과 직접적인 관련이 없다. 19세기 초, 트라피스트 수도사들이 이곳의 넓은 테라스에 정원과 과수원을 일군 데서 비롯된 명칭이다. 몽크스 마운드를 비롯한 여러 제단들은 사회적 계층 간의 거리를 뚜렷이 구분하기 위해 거대한 규모와 치밀한 공간 배치를 통해 조성되었다. 신분에 걸맞은 의복과 화려한 장신구를 갖춘 지배층은 전체 인구의 약 5%에 불과했으나, 말 그대로 모든 것을 압도하며 위엄을 과시했다. 일반 대중은 이러한 지배층의 사회적 위계와 정치적 권위를 인정하고 충성을 맹세해야 했다.

과거 미시시피 중부 지역에는 수많은 자율적인 족장 사회들이 흩어져 있었으나, 시간이 흐르면서 이들 공동체는 점차 카호키아를 중심으로 결집하여, 하나의 거대한 미시시피 제국으로 나아가는 듯한 인상을 남긴다. 집단 간 자원과 영토를 둘러싼 전쟁이 끊이지 않았지만, 정복된 이들은 대체로 기존 거주지에 남아 살아가는 것이 허락되었다. 몽크스 마운드에서 멀지 않은 곳에서 원주민들의 놀라운 과학적 지식과 뛰어난 토목 기술을 보여주는 흔적이 1960년대 초 우연히 발견되었다. 당시 카호키아 중심부를 관통할 예정이던 고속도로 공사를 앞두고, 고고학자들은 불도저가 들이닥치기 전에 서둘러 긴급 발굴 작업에 나섰다. 여름 발굴 작업이 막바지에 이르렀을 때, 발굴단은 둥근 원을 그리며 정교하게 배열된 여러 개의 타원형 구덩이 유구를 발견했다. 그후 추가 발굴이 지속되어 원을 그리며 배열된 기둥구멍 전체가 노출되었다. 이들은 구덩이의 용도를 추적하기 위해 각 구덩이에 나무 기둥을 세워 실험을 진행했다. 그 결과, 엄청난 면적을 차지하는 이들 구조물은 마치 영국의 스톤헨지를 연상시키는 광경을 연출했다. 발굴단은 카호키아 사람들이 나무 기둥들의 빛과 그림자를 이용해 동지와 하지를 비롯한 천문 현상을 측정하고, 종교 의식이나 농업 일정을 관리했을 것으로 추정했다. 그렇게 신비로운 구조물은 우드헨지Wood henge라는 이름으로 세상에 알려지게 되었다.

조사단은 추가 발굴을 통해 매우 흥미로운 사실을 밝혀냈다. 원형으로 세워진 나무 기둥들은 단일 구조가 아니라, 서로 다른 시기에 세

미국 카호키아 목책으로 구성된 우드헨지

겹으로 겹쳐져 있었다는 점이다. 가장 먼저 세워진 것은 24개의 기둥으로 구성된 원이었으며, 이후 시간이 흐르면서 36개의 기둥을 추가해 두 번째 원을 만들었다. 마지막으로, 기원후 1000년경에 이르러 이들은 60개의 기둥을 세워 세 번째 원을 완성한 것으로 밝혀졌다. 이어 네 번째 원을 설계하고 열세 개의 기둥까지 세웠으나, 어떤 이유에서인지 작업을 중단하여 미완성으로 남겨졌다. 만약 계획대로 네 번째 원이 완성되었다면, 총 72개의 기둥이 세워졌을 가능성이 크다.

카호키아 사람들은 분명 달력을 기반으로 하여, 원형으로 세운 기둥들을 일정한 시간적·공간적 간격을 두고 겹겹이 배치했다. 그러나 안타깝게도 오늘날 우리는 그들이 지녔던 천문학적 지식이나 달력 계산법의 구체적인 내용을 알 길이 없다. 다만 한 가지 추정할 수 있는 것은, 당시의 천문 관찰자 또는 제사장 계급에 속한 이들이 원형 구조물의 중앙에 서서 해가 뜨고 이동하는 방향을 살피며 역법을 계산했을 것이라는 점이다.

가장 단순한 방법은 동지와 하지, 즉 해가 가장 낮거나 가장 높은 고도를 이루는 날을 기준점으로 삼고, 그 사이 지점을 기준으로 춘분과 추분을 기록하는 방식이었을 것이다. 특히 태양의 움직임을 관찰하는 순간 중에서도, 춘분과 추분날 정동쪽에서 떠오르는 해는 장관이었을 것이다. 원형 기둥 사이로 바라볼 때, 태양은 마치 몽크스 마운드 정상 위에서 솟아오르는 듯 보였고, 이는 족장이 신성한 태양을 공동체에 선물하는 듯한 경외심을 불러일으켰을 것이다.

현재 카호키아 역사공원을 방문하면, 과거 원주민들이 세웠던 세 번째 원형 목재 구조물이 복원된 모습을 볼 수 있다. 지름 약 125m에 이르는 거대한 원은 48개의 기둥이 규칙적으로 배치되어 있어, 관람객들은 그 사이를 걸으며 당시의 웅장함을 직접 체감할 수 있다. 그러나 원래 계획되었던 나머지 12개의 기둥에 대해서는 아직도 베일에 싸여 있다. 과연 이 배열이 농경 주기에 따른 달력을 나타냈던 것인지, 아니면 특별한 의례를 위한 것이었는지, 여전히 뚜렷한 답은 없다. 다만 분명한 것은, 이들이 수 세대에 걸쳐 천문 관측과 종교적 의례를 위해 복합적이고 정교한 구조물을 꾸준히 발전시켜 나갔다는 사실이다. 유적지에 축조된 말이 없는 원은, 과거와 현재를 이어주는 신비로운 시간의 고리처럼, 우리에게 많은 상상을 불러일으킨다.

카호키아인들은 북미 대륙에서 가장 신비롭고도 수준 높은 문화를 꽃피웠지만, 그 영광은 영원하지 않았다. 기원후 1300년경부터 인구는 급격히 감소하기 시작했고, 1500년대에 이르러 도시는 결국 폐허가 되고 말았다. 오늘날에도 카호키아의 몰락 원인에 대해서는 명확히 밝혀지지 않았다. 다만 연구자들은 14세기 이후 미시시피 강 중류 지역에 반복적으로 찾아온 가뭄과 환경 악화를 중요한 원인으로 지목한다. 한때 비옥했던 토양은 점차 메말랐고, 풍성했던 숲은 사라져 초원으로 변했다. 그 과정에서 식량과 자원은 고갈되고, 질병은 확산되었으며, 살아남기 위한 공동체 간의 충돌도 더욱 치열 해졌던 것으로 보인다. 지금 우리가 확실히 아는 것은, 수백 년 동안 서로 연결되어 번성했던 미시시피 문화의 사람들은 결국 자취를 감추었다는 사실뿐이다. 그들의 사라진 발자취는 오늘날에도 여전히 깊은 미스터리로 남아 있다.

3) 미시시피 문화의 삶과 죽음

지난 한 세기 동안, 고고학자들은 카호키아와 마운드빌을 비롯한 미시시피 문화권에서 3,000기가 넘는 무덤을 발굴하며 수많은 유물과 인골을 찾아냈다. 그런데 누군가는 문득 이런 질문을 던질지도 모른다. 왜 남의 무덤을 파헤치는 걸까? 타인의 영혼을 방해하는 것 같아 두려움을 느끼기도 하고, 섬뜩한 상상에 사로잡히기도 한다. 고고학자들은 병적인 호기심 때문이 아니라, 오히려 사라진 세계를 이해하고 인류의 긴 역사를 복원하기 위해 조심스럽게 땅을 파 낸다. 하지만 무덤 앞에 선 이들의 마음에도, 경외와 긴장감이 깃들어 있음을 우리는 잊지 말아야 한다. 미시시피 문화권에서 발굴된 이 방대한 무덤군은 두 가지 상이한 주제를 밝히는 데 중요한 단서를 제공하고 있다. 우선, 첨단 과학기술의 힘을 빌려, 고고학자들과 생물인류학자들은 고대인들의 건강 상태와 영양 수준, 그리고 수명의 양상을 비교적 정밀하게 복원할 수 있게 되었다. 그러나 무덤들은 단순히 신체적 조건만을 보여주는 것이 아니다. 유골과 부장품에 담긴 흔적들은 고대 미시시피 사회의 복잡한 인간관계와 사회구조를 엿볼 수 있게 해준다. 이는 인간이 죽음이라는 보편적 사건을 맞이하는 방식 때문이기도 하다.

죽음은 삶의 종결인 동시에, 남겨진 이들과 떠난 이들 모두에게 깊은 변화를 요구하는 통과 의례였다. 죽은 자는 살아 있는 이들과 분리되어야 했고, 새로운 세계로 온전히 편입되어야 했다. 이 과정에서 맺어지는 생자와 사자 간의 관계는, 사회 전체의 구조와 가치관을 압축적으로 드러낸다. 따라서 고고학자들은 장례 의식과 무덤 속 흔적들을 통해, 고대인들의 최종적 사회적 지위를 읽어내고, 그 사회가 품었던 질서와 신념을 복원해낼 수 있는 것이다.

미시시피 문화의 족장사회는 철저한 계층 사회였다. 신분에 따라 구성된 사회는 마치 피라미드처럼 위계적으로 조직되어 있었으며, 정점에는 신적인 존재로 숭배받던 남성 족장이 자리했다. 그는 미시시피 사회에서 누릴 수 있는 모든 권위와 위엄을 상징하는, 절대적인 존재였다. 그 바로 아래에는 정치적 권력과 사회적 위신을 동시에 누린 고위 엘리트들이 자리하고 있었다. 이들 또한 모두 남성이었으며, 카호키아와 마운드빌의 대형 토단에 안치되었다. 흥미로운 점은 이들이 종종 유아나 성인 해골과 함께 묻혔다는 것이다. 이는 의례적 동반자들, 또는 순장된 친족이나 수행자일 가능성도 있다.

흙으로 축조된 각 토단에는 오직 뛰어난 지위를 지닌 성인들 만이 선택되어 안장되었으며, 그들의 무덤에는 위엄과 권위를 상징하는 다양한 부장품이 함께 묻혔다. 구리로 제작된 도끼와 목걸이, 정교하게 다듬어진 석제 원반, 다채로운 색을 지닌 안료들, 그리고 갈레나(납광석)와 운모와 같은 이국적인 광물들이 대표적이다. 최고 권력자의 무덤은 가장 거대한 토단에 조성되었으며, 여성과 어린이들 또한 호화로운 부장품과 함께 묻힌 흔적이 발견된다. 이는 사회적 신분이 단순히 개인의 업적에 의존한 것이 아니라, 혈연을 통한 세습에 의해 계승되었음을 시사한다.

무덤에서 출토된 많은 유물에는 이른바 남부의 종교 의례적 상징이 새겨져 있었다. 예를 들어, 의례용 도끼와 얇은 구리 장식에는 독수리 존재*eagle being*나 춤추는 사제*dancing priest*와 같은 상징적 도상이 표현되어 있다. 이러한 유물은 미시시피 사회가 신성과 권위, 그리고 죽음 이후의 세계를 어떻게 엮어냈는지를 보여주는 소중한 단서들이다 또한 발견된 유물에는 미시시피인들의 전쟁과 죽음을 상징하는 의례가 담겨있다. 부장품에 새겨진 이미지들은 전쟁, 희생, 죽음, 부활과 같은 주제를 보여준다. 이는 전쟁이 단순한 정치적 사건은 물론 우주의 질서를 유지하는 데 깊은 영적 의미를 지녔음을 시사한다. 미시시피 문화에서 표방하는 의례행사는 단일한 종교 체계라기보다는 하나의 문화적 흐름이었다. 카호키아Cahokia, 마운드빌Moundville, 에토와Etowah, 스파이로Spiro 같은 다양한 지역 집단들이 이를 각자의 문화적·정치적 필요에 맞게 해석하고 변형하여 받아들였다.

미시시피 문화권의 무덤 발굴은 농경 사회에 대한 기존의 통념에 도전장을 내민다. 흔히 농업의 도입은 인류의 삶을 향상시켰다고 여겨지지만, 유적에서 출토된 뼈와 치아의 분석 결과는 다른 이야기를 들려준다. 농업이 일부 계층에게는 안정을 제공했을지 모르나, 다수의 사람들에게는 오히려 건강 악화와 수명 단축이라는 대가를 안겨주었다.

농경의 확산은 정착 생활을 가능하게 하고 인구 증가를 이끌었지만, 그에 따른 밀집 생활은 새로운 문제를 낳았다. 집단 거주는 전염병 확산의 위험을 키웠고, 옥수수 중심의 식단은 영양 불균형과 치아 질환, 빈혈, 생물학적 스트레스의 증가로 이어졌다. 결과적으로, 농경사회는 수렵채집 사회보다 더 많은 질병과 더 짧은 삶을 가져왔다.

무덤에서 출토된 유골과 유물의 분석은 수렵 채집에서 농경생활로의 전환이 단순한 진보가 아니었음을 보여준다. 농경문화 이후, 질병 발생률은 두 배 가까이 증가했으며, 이는 삶의 방식이 바뀌면서 새로운 건강 문제가 대두되었음을 시사한다. 흥미로운 점은 건강 악화가 사회적 계층에 따라 다르게 나타났다는 것이다. 예를 들어, 지배층 남성들은 상대적으로 양호한 영양 상태와 더 나은 건강을 유지했고, 기대 수명도 평균보다 높았다.

원시 농경과 관계된 건강 문제는 현대 민족지 연구에서도 확인된다. 오늘날 존재하는 수렵 채집 집단이 이웃한 초기 농경 공동체보다 전반적으로 더 나은 건강 상태를 보인다는 연구 결과는, 농경이 반드시 인간의 삶을 개선시킨 것은 아니라는 점을 다시금 일깨워준다.

지난 한 세기 동안, 고고학자들은 미시시피 강 유역을 비롯해 오하이오, 남서부 지역 등 북미 전역에서 수많은 원주민 무덤을 발굴해왔다. 이 과정에서 고고학자들은 피장자의 유해와 함께 묻힌 다양한 부장품을 연구 대상으로 삼았고, 그 결과물을 박물관에 전시하여 대중에게 선보이곤 했다. 그러나 이러한 행위는 원주민 공동체의 시각에서 볼 때 심각한 윤리적 문제를 내포하고 있다. 그들에게 조상의 유해는 유물이 아니라, 살아 있는 기억이며 공동체의 정체성과 직결된 신성한 존재다. 이를 교육용 혹은 관람용 전시물로 삼는 문화는 오랜 세월에 걸쳐 이어온 그들의 가치와 신념에 정면으로 반하는 일이다.

지난 30여 년간, 원주민들은 '돌려달라'는 목소리를 높이며 조상의 유해 반환 운동을 펼쳐왔다. 이들의 요구는 점차 사회적 공감을 얻어냈고, 공식적인 법적 반환 노력은 1990년 제정된 *미국 원주민 무덤 보호 및 반환 법NAGPRA*을 통해 제도화되었다. 일부 박물관은 유해 반환에 긍정적으로 응답하기 시작했다. 그러나 여전히 많은 유해는 유리 진열장 안에 머물러 있으며, 고고학자들은 이러한 변화의 흐름 속에서 과연 어떤 생각에 잠겨 있을까? 과학적 탐구와 윤리적 책임 사이에서, 그들의 시선은 지금 어디를 향하고 있는지 우리 모두가 묻고 있는 시점이다.

VII.
푸에블로 족, 바람과 흙, 그리고 오래된 마을의 이야기

서양의 근대 문명이 북미 대륙에 스며들기 전, 광활한 땅에는 600여 개가 넘는 원주민 종족이 저마다의 삶을 일구며 살아가고 있었다. 그 가운데서도 가장 오랜 역사와 깊은 문화적 전통을 지니고, 지금까지도 그 문화를 지켜내고 있는 사람들이 있다. 바로 푸에블로*Pueblo*라 불리는 이들이다. 푸에블로라는 이름은 그들이 스스로 붙인 것이 아니었다. 1540년, 스페인 정복자들이 지금의 뉴멕시코 지역, 리오 그란데 강 유역에 진을 치고 주변을 살피던 중, 평화롭고 질서 정연한 마을들과 그곳에 사는 사람들을 마주치게 되었다. 스페인어로 푸에블로는 마을을 뜻한다. 이후 이 지역에서 터를 잡고 살아가던 원주민들은 자연스럽게 푸에블로 족이라 불리게 되었다. 이름 자체가 그들의 삶터, 곧 마을과 떼려고 해도 뗄 수 없는 인연을 담고 있는 셈이다. 당시 푸에블로 족은 적어도 70여 개 이상의 부락을 이루어 살아가고 있었고, 그들 사이에는 무려 네 계열에 걸친 서로 다른 언어가 사용되고 있었다. 현재까지도 그 전통은 이어져, 21개 종족이 연방 정부의 인정을 받으며 각각 자치정부를 구성하고 있다. 그중 19개 종족은 여전히 미국 남서부 뉴멕시코 땅을 삶의 터전으로 삼고 있다.

이 책의 저자 역시 반세기가 넘는 세월 동안 푸에블로 사람들과 특별한 인연을 쌓아왔다. 지난 10여 년 동안만 해도 여섯 차례 이상, 차코 캐니언Chaco Canyon과 메사 베르데Mesa Verde를 비롯해 수많은 조상들의 유적지를 답사했고, 오늘을 살아가는 푸에블로 마을 곳곳을 발길 닿는 대로 찾아 나섰다. 특히 세계에서 가장 오래되고 거대한 아파트라 불리는 차코 캐니언의 유적지나, 700년 이상 한 자리를 지켜온 타오스 푸에블로Taos Pueblo 마을을 찾았을 때는 마음 한 편이 묘하게 흔들렸다. 붉은 흙먼지가 거센 바람을 타고 얼굴을 때릴 때면 잠시 불편한 마음도 스쳤지만, 그 모든 것을 견뎌내며 자신들의 삶터를 지켜온 이들의 정교한 건축술과 따뜻한 환대는 그 무엇과도 바꿀 수 없는 감동이었다.

잊지 못할 또 하나의 순간은 이슬레타 푸에블로Isleta Pueblo 마을을 찾았을 때였다. 한참을 걷다 교회 앞에 이르자, 안에서 은은하게 울려 퍼지는 성가 소리에 저절로 걸음을 멈추었다. 믿음의 방식은 달라도, 그 평화로운 울림 속에서 나는 어쩐지 오래된 인간 공동체의 힘을 느꼈다. 마침 예배가 진행 중이었기에, 인류학도의 자세로 그 순간을 지켜볼 수 있었던 것은 참으로 뜻깊은 일이었다. 아이러니하게도, 오늘날 뉴멕시코 곳곳의 보호구역과 유적지에는 대부분 스페인 정복자들이 남긴 교회가 함께 서 있다. 그 모습은 과거 스페인 정복자들이 얼마나 집요하게 원주민들을 개종시키려 했는지를 보여주는 동시에, 마음 한 켠에 안타까움을 남기기도 했다.

지금의 푸에블로 족은 변화를 수용하면서도, 결코 그들의 뿌리를 잊지 않는다. 보호구역 내 자치법을 인증하고 뉴멕시코 주정부는 호텔이나 카지노 운영권 등을 통해 경제적 자립을 지원하고 있지만, 정작 그들의 삶을 지탱하는 힘은 여전히 오래된 마을, 오래된 공동체, 그리고 흙과 바람과 함께 살아온 기억 속에 있다. 그리고 그 기억은 오늘도, 리오 그란데 강과 붉은 대지 위, 작고 단단한 마을 안에서 조용히 숨 쉬고 있다.

푸에블로 족의 기원과 형성

미국 남서부, 현재의 뉴멕시코와 애리조나 일대는 오래전부터 다양한 원주민 공동체가 살아온 지역이다. 이곳은 건조하고 척박한 환경에도 불구하고 수천 년에 걸쳐 문화가 축적된 공간으로, 푸에블로Pueblo 족의 조상들도 바로 이 땅에서 기원을 찾을 수 있다. 이들의 뿌리는 약 13,000년 전의 클로비스Clovis 문명으로 거슬러 올라간다. 이후 폴섬Folsom 문화와 아케익Archaic 문화가 뒤를 이으며, 오랜 세월 동안 사냥과 채집을 중심으로 한 생활 방식이 이어졌다. 그러던 중 농업이 점차 도입되면서 새로운 전환이 시작되었다. 이 변화는 후에 아나사지Anasazi 문화로 이어지며 푸에블로 문화의 기초를 형성하게 된다.

남서부 지역의 자연환경은 전반적으로 건조하거나 반건조한 기후가 지배하며, 고원과 계곡, 사막과 협곡 등 다양한 지형이 공존한다. 이러한 환경은 수천 년 동안 이 지역 원주민들의 생존 방식에 결정적인 영향을 미쳤다. 물과 식량 자원이 제한된 조건에서 사람들은 각기 다른 방식으로 생활을 유지해 나갔다. 일부는 여전히 사냥과 채집을 통해 생계를 이어갔고, 일부는 농업을 시도하며 점차 정착 생활을 준비했다.

　이 지역의 원주민들이 처음부터 농업을 받아들인 것은 아니다. 농업의 확산은 수천 년에 걸쳐 반복된 실험과 적응, 실패와 재도전의 과정을 거치며 이루어졌다. 초기에는 농업이 사냥과 채집 경제와 나란히 공존했고, 점차 사람들의 일상 속에 스며들었다. 약 3,000년 전에는 뉴멕시코의 모골론 고원 지대에서 이미 옥수수와 같은 작물이 재배되기 시작했다. 이후 농작물은 식생활에서 점점 더 큰 비중을 차지하게 되었고, 전통적인 유목적 생활 방식은 서서히 변화하게 되었다.

농업의 정착과 문명의 기반

　기원후 200년에서 700년 사이, 북미 남서부 지역은 농업의 확산과 함께 새로운 전환점을 맞는다. 이 시기는 단순히 작물을 재배하는 기술이 확산된 것에 그치지 않고, 인간과 자연의 관계가 근본적으로 재구성되는 시기였다. 안정적인 농경 공동체가 형성된 지역도 있었지만, 기후 변화나 토양 문제로 인해 정착이 어려웠던 곳도 많았다. 일부 공동체는 실패를 겪고 터전을 옮기기도 했다. 시간이 지나면서 농업은 점차 지역 사회 전반에 뿌리내렸다. 농사는 여전히 환경적 위험이 큰 일이었지만, 남서부 원주민들은 이에 적응하며 다양한 생존 전략을 개발했다. 물을 저장하고 분배하는 기술, 농경에 유리한 주거지의 선택, 건조기 대비 식량 비축 등은 이 시기의 중요한 문화적 적응이었다.

　이러한 과정은 후에 푸에블로 문화로 발전하게 되는 중요한 기반이 되었다. 푸에블로 문화는 농업 기술뿐 아니라 건축, 공동체 조직, 예술과 종교에 이르기까지 다방면에서 정교하고 독창적인 문명을 이룩했다. 이들의 정착 생활은 생존을 위한 변화는 물론, 인간이 자연 환경에

능동적으로 대응하며 새로운 문화를 창출한 사례로 평가된다. 이러한 관점에서 푸에블로 족의 역사는 사냥과 채집을 넘어, 공동체와 문명이 형성되는 과정을 잘 보여주는 하나의 상징이다.

특히 농작물 재배 기술과 토기 제작 기술은 멕시코 남부 지역으로부터 점진적으로 전파되어 왔다. 하지만 이 두 문화 요소가 동시에 들어온 것은 아니다. 농경 기술과 토기 문화는 서로 다른 시기와 경로를 통해 남서부로 전달되었고, 이러한 외부 영향은 남서부 원주민들의 문화적 다양성과 풍요로움을 한층 더해주는 계기가 되었다.

고고학자들은 이 시기를 남서부 지역에 따라 세 가지 주요 문화권인 *아나사지*Anasazi, *호호캄*Hohokam, *모골론*Mogollon(경기도 박물관에 소장된 밈브레스Mimbres토기가 훗날 이 문화에서 제작됨)으로 나누어 구분한다. 이들은 각각 남서부의 다양한 자연환경에 적응하며 저마다 독특한 삶의 방식을 발전시켜온 독립적인 문화권이었다. 그 가운데 오늘날 푸에블로 족의 직계 조상들이 자리잡았던 지역이 바로 차코 캐니언Chaco Canyon과 메사 베르데Mesa Verde다. 이곳에서는 농업이 비교적 안정적으로 자리잡으면서 주변보다 풍요로운 사회가 형성되었고, 이를 기반으로 아나사지 문화가 크게 발전하기 시작했다. 흥미로운 점은 *아나사지*라는 이름은 훗날 북서부 지역에서 15세기 전후에 남서부로 이주해온 나바호Navajo족이 '적의 조상'이라는 뜻으로 부른 명칭에서 비롯된 것이다.

아나사지 인들은 초기에는 땅을 파서 만든 반지하 주거지에서 살았지만, 서기 700년에서 1000년 사이에는 거대한 다층 아파트 형태의 석조 건축물을 짓기 시작하며 독특한 건축 기술을 발전시켰다. 이 뛰어난 건축문화와 농업 기술은 후에 푸에블로 족에게 계승되면서 오늘날까지도 그 자취를 남기고 있다. 푸에블로 조상들이 걸어온 역사적 연대기는 나무 나이테 기록으로 비교적 정확하게 알 수 있다.

나무 나이테 연대측정법

아나사지 인들이 남겨놓은 유적은 나무 나이테 연대 측정법으로 나이테의 형태에 따라 약 500개의 실 연대를 측정하여 선후 관계가 잘 기록되어 있다. 나이테를 이용한 연대측정법은 고고학자가 아닌 천문학자 A.E. 더글러스A.E. Douglass에 의해 개발되었다. 원래 천문학을 전공한 그는, 나무의 나이테가 1년에 하나씩 생긴다는 사실에 주목했다. 그래서 이론적으로는 최근에 베어진 나무라면 나이테만 세어보면 그 나무가 몇 년을 살았는지 쉽게 알 수 있다.

하지만 더글러스는 여기서 한 걸음 더 나아갔다. 그는 나이테의 굵기가 해마다 일정하지 않다는 점에 주목했다. 나이테의 두께는 나무가 자란 해의 기후, 즉 환경 조건에 따라 달라지는데, 같은 지역에 자란 나무들은 대체로 비슷한 환경에서 성장했기 때문에 그들의 나이테 패턴 역시 비슷할 수밖에 없었다. 다시 말해, 나이테의 두께 변화 패턴은 일종의 당시 환경의 기록인 셈이다.

더글러스는 살아 있는 나무를 시작점으로 삼아 연대측정의 실험을 시작했다. 먼저 그가 했던 일은 나무 그루터기나 살아 있는 나무의 중심까지 구멍을 뚫어 나이테를 확인하는 것이었다. 이렇게 최근의 나이테 패턴을 확인한 후, 그보다 오래된 고목이나 죽은 나무의 나이테 패턴과 겹쳐 보며 점점 과거로 거슬러 올라갔다. 하지만 그가 처음 시도했던 방법은 약 500년 전까지만 소급할 수 있었다. 더 과거로 가기 위해서는 고대의 나무 흔적, 즉 고고학적 유적에서 발견되는 오래된 목재들을 활용할 수밖에 없었다. 마침 더글러스가 활동하던 지역은 미국 남서부, 건조한 사막 지대였기에 목재가 비교적 잘 보존되어 있었다.

더글러스는 고대 푸에블로 유적에서 발견된 건축 목재, 기둥, 들보 등을 수집하며 수백 년 전 여러 종류의 나이테 패턴을 하나하나 복원해 나갔다. 그렇게 쌓아 올린 과거의 나이테 패턴은 현대 나무의 패턴과 이어지지 않지만, 최소한 유적들 간의 상대적 건축 시기를 비교하는 데는 유용했다.

그러나 나이테 연대측정법에는 결정적인 한계가 있었다. 바로 현대의 나무 나이테 연대기와 먼 과거의 고대 나이테 패턴 사이를 연결해 줄 시간의 공백이 문제였다. 아무리 정교하게 고대 나무의 나이테 패턴을 복원해도, 이 고대 연대가 현재의 연대와 직접 연결되지 않는 이상, 정확한 절대 연대를 알아내기는 어려웠다.

하지만 고고학자들과 임업 기술자들의 끈질긴 노력은 결국 이 난관을 돌파하게 했다. 유적지와 숲, 산간 지역에서 더 오래된 목재들이 하나 둘 발견되기 시작한 것이다. 그중 일부 목재는 고대 나이테 패턴과 현대 나이테 패턴 사이를 완벽하게 연결해 주는 결정적인 열쇠가 되었다. 현재 미국의 서부 지역에는 지금으로부터 6,700년 전까지의 나무 나이테 형태를 복원하여 파일을 만들어 놓았다.

마침내 끊어졌던 과거와 현재의 시간이 하나로 이어졌고, 더글러스는 미국 남서부 지역 주요 유적들의 건축 시기를 구체적으로 밝혀낼 수 있었다. 예를 들어, 메사 베르데와 차코 캐니언의 경우, 건축물에 사용된 기둥과 들보 목재가 완전하게 보존되어 있었고, 이를 분석한 결과 메사 베르데는 서기 1073년에서 1262년 사이, 차코 캐니언은 서기 919년에서 1130년 사이, 뉴멕시코 아즈텍 유적은 서기 1110년에서 1121년 사이에 건설된 것으로 밝혀졌다. 이후 수십 곳의 고대 유적들이 정확한 연대 속에 자리를 잡게 되었다. 특히 나이테 연대측정법은 푸에블로Pueblo 유적 연구에 본격적으로 적용되면서, 이 지역 문화의 발전 과정과 역사를 '실제 연대'로 복원하는 데 결정적인 기여를 하게 된다. 나아가 이 방법은 고고학자들이 응용하는 방사성 탄소연대의 정확성을 검증하고, 그 오차를 보정하는 데에도 큰 역할을 하였다.

다만 나이테 연대측정법을 활용하기 위해서는 한 가지 필수 조건이 있다. 바로 특정 지역에서 자라난 여러 종류의 오래된 나무들의 나이테 패턴을 장기적으로 수집·축적해 데이터베이스, 즉 '연대 파일'로 만들어 놓아야 한다는 점이다. 이러한 축적된 나이테 연대기가 있어야만, 고대 목재와 현대 목재 사이의 시간적 연결고리를 찾아낼 수 있는 것이다. 현재 나이테의 데이터 베이스가 가장 잘 축적되어 있는 곳은 미국의 서부지역이다.

오늘날 나이테 연대측정법은 미국 남서부를 넘어 세계 곳곳으로 확산되었다. 미국 알래스카와 북극 지역, 대평원지대, 독일, 영국, 러시아, 일본, 한국 등에서도 각 지역 특유의 나이테 연대기 구축 작업이 활발히 이루어지고 있다. 나무가 남긴 시간의 흔적이 인류 과거의 문을 여는 열쇠가 된 것이다.

1
메사 베르데Mesa Verde
: 절벽 속에 지은 고대 연립주택

　콜로라도주 남서부에 자리한 메사 베르데Mesa Verde 유적은 푸에블로 족 조상들의 삶과 건축 문화를 가장 생생하게 보여주는 고고학적 현장이다. 발굴조사에 따르면, 푸에블로의 직계 조상으로 알려진 아나사지Anasazi인들은 기원후 600년경부터 콜로라도주 메사 베르데의 인근, 계곡과 고원 지대로 이주해와 새로운 삶의 터전을 일구기 시작했다. 이들은 네모난 반지하 바닥위에 나무 기둥을 세우고, 그 주위를 돌과 흙으로 단단히 쌓아 집을 지었다. 옥수수를 재배하며 농사를 짓기 시작한 것도 이 무렵이다. 이렇게 형성된 농경 마을에는 보통 50명에서 많게는 150명 정도가 함께 살았으며, 주거지 규모도 여러 세대가 함께 살아갈 수 있도록 넉넉하게 설계되었다. 그 가운데 일부는 다른 집들보다 훨씬 큰 규모로 지어져, 주거 공간이기보다는 종교적 의례가 이루어지는 특별한 장소였을 것으로 추정된다.

시간이 흐르면서 이들의 주거 양식에도 점차 변화의 물결이 일었다. 특히 기원후 700년에서 900년 사이에는 반지하 움막을 벗어나 지상에 집을 짓는 문화가 본격적으로 정착되기 시작했다. 초기 푸에블로 인들은 더 이상 식량을 땅을 파 만든 석재 상자에 보관하거나 움막 내부에 숨겨두지 않았다. 대신 움막 뒤편에는 여러 개의 저장 공간을 따로 마련하고, 앞쪽에는 강렬한 햇빛을 피할 수 있도록 간이 그늘막을 설치하는 등, 생활 공간을 보다 체계적이고 기능적으로 재구성해 나갔다. 이러한 변화는 단순한 건축의 진보를 넘어, 자연 환경에 대한 적응력과 공동체 생활의 진화를 보여주는 중요한 문화적 지표라 할 수 있다.

건축 기술도 발달했다. 수직 기둥 사이에 나뭇가지를 격자 형식으로 엮고, 그 위에 진흙을 발라 단단히 고정하는 전통적 진 흙벽 조성방식 wattle-and-daub이 활용되기 시작했는데, 이런 벽들이 연결되면서 지상에는 넓은 주거 공간이 펼쳐지게 되었다. 이것이 바로 오늘날 미국 남서부 지역에서 여전히 전통이 이어지고 있는 푸에블로식 건축의 기원이 된다.

하지만 이런 변화 속에서도 겨울철만큼은 여전히 움막, 즉 지하 주거지를 사용했다. 겨울 움집 바닥은 점점 깊이가 깊어지고, 어떤 곳에서는 바닥에 작은 구멍을 뚫어 두었는데, 이는 저 세상과 이 세상을 연결하는 영적인 출입구로 여겨졌다. 이렇게 반지하 집은 점차 일상적 공간을 넘어, 종교적이고 상징적인 공간으로 변화해 갔다. 훗날 *키바 Kiva*라 불리게 될 의례 공간의 원형이 이 시기에 탄생한 것이다.

마침내 서기 900년에서 1050년 사이, 아나사지 인들의 삶은 지상 건축 중심으로 완전히 전환되었다. 과거의 반 지하 움집은 대부분 의례 공간인 *키바*로 변모하고, 일상생활은 지상의 집에서 이루어지게 된다. 당시의 마을은 대부분 1층 규모의 직선형 건물이 두 줄로 나란히 늘어서 있고, 건물의 뒤쪽에는 식량 저장 공간, 앞쪽에는 생활 공간이 배치되었다. 마을 한가운데는 공동체의 종교 의례가 이루어지는 키바가 자리하고 있어, 메사 베르데 사람들의 일상과 신앙이 자연스럽게 공존하는 독특한 공간 구조를 보여준다. 특히 일부 키바는 규모가 매우 거대해, 지름이 약 12m가 넘는 것도 있었다. 이런 대형 구조는 아마도 초기 아나사지 시대의 의례용 반지하 움집에서 발전한 것으로 보인다. 원래는 소규모 공동체 내부에서 간단한 종교 의례가 이루어졌다면, 대형 키바는 그 기능이 확대되어 여러 작은 마을과 큰 공동체를 하나로 모으는 상징적 중심 공간으로 변화한 것이다. 그 대표적인 사례가 바로 메사 베르데 지역의 *파 뷰 유적Far View Ruins*에서 확인된다. 파 뷰 유적은 서기 11세기 스타일로 지어진 양식이지만, 현존하는 석조 건물이 세워지기 이전부터 오랫동안 사람들의 생활 터전으로 사용되었다.

메사 베르데 고원지대 주변에는 서기 900년경 에는 더 많은 원주민들이 여러 개 마을을 이루며 정착하기 시작했으며, 이후 서기 1100년경에는 인구가 약 500명에 그리고 어떤 마을은 1,000명에 이를 정도로 크게 성장하였다. 이들은 특히 농업 생산력을 높이기 위해 저수지를 축조하고 수로를 만들어 물 관리에 많은 노력을 기울였다. 저수지에서 흘러내린 물은 수로를 따라 계단식 경작지로 공급되어, 농사를 위한 핵심 수원 역할을 했다.

서기 1200년경, 이 지역은 또 한 번 커다란 전환점을 맞이한다. 먼 곳에서 몰려든 사람들이 늘어나면서 인구가 급격히 불어나고, 이에 따라 건축 기술 역시 한층 진화하게 된다. 특히 석조 건축은 이전 단계에 비해 놀라운 발전을 이룩한다. 사람들은 석회암 돌을 마치 벽돌처럼 정교하게 다듬어 층층이 쌓고, 그 사이사이를 흙과 짚을 섞어 만든 흙벽돌과 진흙 반죽adobe mortar으로 단단히 메웠다. 그 위에 다시 회 반죽 처리를 더해 바람과 비를 막아내는 치밀한 건축 방식이 완성되었다. 방과 방은 가로로 이어져 공간이 확장되었고, 나무 기둥과 석가래를 이용해 2층, 3층으로 건물을 올리는 수직적 구조도 등장했다. 이러한 푸에블로 식 석조 건축 덕분에 당시 지어진 주거지는 오랜 세월을 견뎌내며 오늘날까지 그 모습을 남기고 있다. 실제로 메사 베르데Mesa Verde의 메사 정상 유적지를 찾으면, 바람과 햇살 속에 우뚝 서 있는 석조 벽 일부가 그 시절 사람들의 삶을 생생하게 전해준다. 그 곁에는 오늘날까지도 원주민이 홀로 앉아 전통 수공예품을 진열한 좌판을 펼쳐놓고, 관광객을 조용히 기다리고 있는 모습을 종종 볼 수 있다.

그러나 인구의 증가는 단지 발전만을 의미하지 않았다. 식량은 항상 부족했고, 한정된 자원을 둘러싼 공동체 간의 충돌은 점점 잦아졌다. 결국 고원 지대인 파 뷰Far View에 살던 사람들은 생존을 위해 남쪽으로 약 15km 떨어진 메사 베르데의 절벽 지대로 거처를 옮기게 된다. 현재까지의 조사에 따르면, 메사 베르데 국립공원 내에는 600여 개의 절벽 주거지가 확인되어 있으며, 이는 세계 고고학계의 깊은 관심을 끌고 있다.

그들이 새로운 터전으로 선택한 곳은 해발 2,600m에 이르는 평탄한 고원지대. 그곳은 깊은 계곡을 사이에 두고 깎아지른 절벽이 이어지는 험준한 지역이었다. 이들은 절벽 바위 면에 자연적으로 형성된 움푹 들어간 공간, 일명 알코브alcove를 주거지로 삼았다. 사람들은 그 안에 돌을 쌓아 집을 짓고, 협소한 공간 속에서도 서로 연결된 마을을 만들어냈다. 절벽 아래는 깊고 가파른 계곡이 펼쳐져 있어 외부인이 쉽게 접근할 수 없었다. 당시 원주민들은 계곡 지표면에서 절벽 마을

미국 콜로라도주 메사베르데 절벽 주거지 전경

로 올라가기 위해 사다리나 밧줄 없이는 접근이 불가능했을 것이다. 오늘날 이곳을 찾는 탐방객들 역시 고원 정상부에서 설치된 나무 사다리와 좁은 통로를 따라 내려가야만 절벽 주거지를 만날 수 있다.

절묘하게 자연과 인간의 지혜가 맞닿아 탄생한 주거지는, 두 계곡 사이를 바라보며 절벽면을 따라 수평으로 늘어서 있다. 그리고 그곳에는 여러 개의 절벽 주거지 군락이 오랜 세월이 흘러도 여전히 그 자리를 지키고 있다. 마치 바위와 시간, 인간의 흔적이 어우러진 거대한 유적지가 오늘날 우리 앞에 펼쳐지고 있는 것이다.

절벽 위의 삶 : 메사 베르데

절벽 주거지의 대표적 유적은 클리프 팰리스*Cliff Palace*, 선셋 하우스*Sunset House*, 뉴 파이어 하우스*New Fire House*, 머미 하우스*Mummy House* 등이다. 당시 이 일대에는 500개가 넘는 방들이 지어졌고, 대략 600명에서 800명 정도가 좁지만 안전하게 보호받는 공간 안에서 함께 살아갔다. 그중에서도 가장 크고 오늘날 가장 널리 알려진 유적이 바로 클리프 팰리스*Cliff Palace*다. 클리프 팰리스는 클리프 캐니언*Cliff Canyon* 동쪽 절벽에 자리 잡고 있는데, 오랜 세월 자연의 풍화와 침식 작용으로 암벽이 움푹 파여 생긴 수평 공간을 이용해 지어졌다. 이 거대한 공간은 가로 길이가 약 60m, 안쪽 깊이가 27m, 높이는 무려 18m에 이른다. 자연이 만들어낸 거대한 암벽 동굴을 삶의 터전으로 바꾸어 낸 푸에블로 조상들의 지혜와 적응력을 엿볼 수 있는 대표적 건축물이다. 이곳에는 200개의 방과 24개의 키바가 축조되어 있으며, 클리프 팰리스 바로 맞은편 서쪽 절벽 위에는 *태양의 신전Sun Temple*이라 불리는 D자 형태의 종교의례 건축물이 남아 전해진다.

클리프 팰리스는 태양의 신전에서 바라볼 때 그 진면목이 더욱 뚜렷하게 드러난다. 이 신전은 클리프 캐니언과 퓨크스 캐니언이 만나는 지점의 돌출된 절벽 위에 세워졌으며, 절벽 주거지의 중심이자 푸에블로 인의 조상인 아나사지 사람들이 의식을 거행하던 성스러운 장소였다.

절벽 주거지에 살던 사람들은 생활에 필요한 농사도 인근 고원에서 지었다. 자연환경의 연구에 의하면 당시 메사 베르데 고원 지대는 토양이 비옥해 농사짓기에 적합했고 수목의 종류도 현재와는 판이한 것으로 나타났다. 퓨크스 캐니언의 유적지에는 지금도 절벽 주거지 네 곳이 도로 주변에서 관찰 가능하지만, 훼손이 심해 내부 출입은 제한되어 있다. 이 지역 가장 안쪽에는 *불의 신전Fire Temple*이라는 특별한 유적이 있다. 그 근처에는 뉴 파이어 하우스*New Fire House*라는 유적도 있는데, 이곳은 두 개의 절벽 공간(알코브)으로 이루어져 있다. 위쪽 알코브에는 사람들이 살던 공간이 있었고, 아래쪽 알코브에는 여러 개의 방과 함께 세 개의 키바가 남아 있다. 조금 더 아래쪽 협곡 깊숙한 곳에는 거대한 아치형 암벽 속에 오크 트리 하우스*Oak Tree House*가 있다. 이곳은 50개가 넘는 생활 공간과 7개의 키바로 구성된 대형 주거지다. 그리고 태양의 신전 바로 아래 절벽에는 머미 하우스 *Mummy House*가 자리하고 있다. 지금은 대부분 무너져 있지만, 절벽 위 높은 곳에 기적적으로 보존된 방 하나가 남아 있어 당시 사람들의 삶을 상상하게 해준다.

키바Kiva
: 지하에서 태어난 세계, 그리고 하늘을 향한 의례

푸에블로 조상으로 알려진 아나사지Anasazi 사람들의 삶은 하늘과 땅 사이에서 펼쳐지는 간절한 기도와 기다림의 연속이었다. 척박한 땅에 뿌린 옥수수 씨앗이 자라기 위해선 여름철의 비가 절실했다. 그들에게 풍작은 신이 내리는 하늘의 응답이기도 했다. 그래서 그들은 빗방울이 대지에 떨어지기 오래전부터, 보이지 않는 세계와의 소통을 시작해 왔다. 그 소통의 중심에 *키바Kiva*가 있었다.

키바는 지하 깊숙이 파 내려간 둥근 원형 구조물로, 그곳에서 노래하고 기도하며, 보이지 않는 세계와 대화하는 신성한 무대였다. 어둡고 조용한 공간은 지상에서의 일상과 단절된, 다른 차원의 장소였다. 공동체의 구성원들은 이 지하 세계에 몸을 맡기며 마음을 비우고, 대지의 숨결을 들으며, 다가올 의례에 정신적 준비를 갖추었다. 어떤 의례는 일주일 이상 이어지기도 했다. 키바 안에서의 시간은 태양과는

미국 뉴멕시코 차코 캐니언의 키바(성스러운 원형 지하 종교공간)

무관한 리듬으로 흘렀다. 하지만 이곳은 종교 의례의 장소는 물론, 푸에블로 사람들의 우주론이 응축된 신화적 공간이었다. 그들은 먼 옛날, 조상들이 어둠의 지하세계에서 땅 위로, 빛의 세계로 올라왔다고 믿어왔다. 성스러운 지하 공간에 내려가기 위해 사용된 사다리는, 신화 속 인류가 이 세상으로 올라올 때 사용한 길을 상징했다. 키바 중앙에는 *시파푸sipapu*라 불리는 작고 둥근 구멍이 파여 있었는데, 이 구멍은 조상이 등장한 기원의 문, 그리고 여전히 존재하는 다른 세계로의 영적 통로로 여겨졌다.

그들은 지하 공간에서 과거를 회상하는 가운데, 신화 속 탄생의 순간을 몸으로 되풀이하며 살아냈다. 키바에서 지상 광장으로 올라서는 순간은, 어둠에서 빛으로, 과거에서 현재로, 무형에서 유형으로 옮겨가는 상징적 탈출이자 재탄생의 순간이었다. 이곳을 오르는 몸짓 하나

하나가 우주의 원형 서사를 되새기는 행위였던 셈이다. 푸에블로 사회에서 키바는 나이에 따라 점차 접근할 수 있는 비밀의 공간으로 전해 내려왔다. 어른이 된다는 것은 단순한 나이의 문제가 아니라, 이 공간의 신비를 이해하고, 그 안에서 전해지는 지혜를 이어받는 정신적 성장의 이정표를 의미했다. 지하공간 안에서만 전해지는 노래와 기도, 상징과 이야기들은 세대를 잇는 비가시적 무형 유산이었다. 그래서 키바는 신성과 인간, 자연과 사회, 과거와 미래를 이어주는 정신적 관문으로 여겨졌다.

오늘날까지도 푸에블로 지역 곳곳에서 키바는 공동체의 중심 공간으로 남아 있다. 그러나 그중에서도 뉴멕시코 주 차코 캐니언Chaco Canyon에 세워진 그레이트 키바Great Kiva는 특별한 위상을 지닌다. 직경이 15m가 넘는 거대한 구조물은 마을 전체를 감싸 안는 듯한 존재감으로, 씨족의 예배 공간은 물론 사회 전체의 영적 심장부였다. 그레이트 키바의 건축에는 특별한 정성이 들어갔다. 둥글게 짜인 두꺼운 석벽 안쪽에는 의례용 장신구가 봉인되었고, 안쪽 벤치와 중앙의 화덕, 정교한 계단 입구까지 하나하나가 상징과 기능의 경계를 넘나들며 설계되었다. 특히 지붕을 떠받친 거대한 목재 구조물은 수십 km 떨어진 산악지대에서 인간의 손으로 옮겨온 것으로, 그 자체가 신성한 노동의 흔적으로 남아있다. 이 모든 설계와 노력은 크고 화려한 공간을 만들기 위한 것만이 아니었다. 그것은 인간이 우주와 조화를 이루기 위한, 신성과 직접 연결되려는 실천적 신앙의 형상화였다.

키바는 결국, 기억의 장소이자 탄생의 무대, 기도의 집이자 우주의 축소판이었다. 인간은 대지의 어둠 속에서 신성에 다가갔다가, 다시 지상의 빛 속으로 나아가는 순환을 따른다. 이 지하의 원형 공간은, 푸에블로 사람들에게 과거를 넘어 지금 이 순간에도 여전히 살아 움직이는 영적 세계의 중심으로 간주된다.

절벽 거주지의 몰락과 푸에블로 문화의 탄생

푸에블로Pueblo족의 선조인 아나사지Anasazi 인들은 북아메리카 남서부에서 집약적인 농경을 기반으로 뛰어난 건축 기술과 정교한 정신세계를 일궈낸 원주민 문명의 선구자였다. 거친 자연환경 속에서도 이들은 지형의 특성을 최대한 활용하며 살아갔고, 종교적 신념과 혈연 공동체를 중심으로 한 강한 협동 정신을 바탕으로 절벽에 정교하게 건설한 주거지 문화를 꽃피웠다. 그들의 거주지는 단순한 주거 공간을 넘어, 종교와 사회, 정치, 경제, 방어 전술이 교차하는 복합적인 삶의 장이었다. 더불어 이들은 넓은 교역망을 구축하며 주변 지역과의 교류를 통해 나름의 번영을 누렸다.

그러나 번영은 영원하지 않았다. 나무 나이테 조사에 의하면 13세기 말, 남서부 지역에 극심한 가뭄이 닥치고 인구 감소 현상이 이어지면서, 아나사지 사회는 점차 쇠퇴의 길을 걷게 된다. 1300년경, 메사 베르데Mesa Verde를 비롯한 절벽 거주지는 갑작스럽게 버려졌고, 이 지역에 살던 이들은 흔적도 없이 자취를 감췄다. 마치 마야 문명의 몰락을 떠올리게 하는 이 이탈은 오랜 시간 학계의 수수께끼로 여겨져 왔다.

그러나 아나사지의 문화는 단절된 것이 아니었다. 인류학자들과 고고학자들은 이들이 새로운 환경을 찾아 이주했을 가능성에 주목했고, 오랜 조사 끝에 흥미로운 단서를 발견했다. 뉴멕시코 지역의 리오 그란데Rio Grande 강 유역에서 오랜 세월 살아온 푸에블로 족 가운데, 테와Tewa 언어를 사용하는 공동체가 아나사지의 후예일 수 있다는 가설이 제기된 것이다. 이를 뒷받침하는 보다 과학적인 증거도 등장했다. 메사 베르데 유적지에서 발굴된 사육된 칠면조의 뼈와, 리오 그란데 지역 푸에블로 마을에서 나온 칠면조 뼈의 DNA를 비교한 결과, 두 집단이 유전적으로 완전히 일치한다는 사실이 밝혀졌다. 이로써 메사 베르데의 아나사지 인들이 새로운 삶의 터전을 찾아 뉴멕시코 지역의 리오 그란데 강 유역으로 이주했고, 오늘날 푸에블로 문화의 일부로 계승되었음을 과학적으로 입증할 수 있게 되었다.

메사 베르데 유적은 일반 고고학적 유산을 넘어, 인간이 환경적 제약 속에서 어떻게 적응하고 공동체를 조직했는지, 그리고 세대를 거치며 문화를 어떻게 변화시켜왔는지를 연구하는 데 있어 중요한 열쇠가 되고 있다. 아나사지의 절벽 거주지는, 단지 과거의 유물이 아니라, 인간 문명이 변화와 위기에 어떻게 응답해왔는지를 보여주는 살아있는 증거이기도 하다.

2
차코 캐니언 Chaco Canyon
: 사막 위에 세운 문명의 기적

서기 900년 무렵, 오늘날 뉴멕시코 북서부의 건조한 대지 위에서 푸에블로의 조상 아나사지Anasazi 사람들은 메사 베르데의 절벽 주거 문화와는 다른 한 편의 문명 서사를 시작한다. 그들이 선택한 무대는 자원이 풍부한 평야도, 물이 넘치는 계곡도 아니었다. 바로 차코 캐니언이라는, 척박하고 외딴 협곡이었다. 그러나 이 가혹한 환경은 오히려 그들의 창의성과 결속력을 자극했고, 마침내 놀라운 문명을 탄생시키고 푸에블로 조상들의 또 하나의 중심이 된다.

차코 캐니언에는 석조 기술이 극에 달한 건축물들이 숱하게 들어섰다. 수백 개의 방이 서로 연결된 대형 구조물들은 정교하게 다듬은 석재로 쌓아 올려졌으며, 그 일부는 3~4층 높이까지 솟구쳐 우아한 곡선을 그리며 광활한 풍경 속에서 장엄한 풍경을 연출했다. 약 78제곱km에 이르는 협곡에는 2,400개가 넘는 유적이 흩어져 있으며, 그중

차코 캐니언 4층 대형연립아파트

9곳은 그레이트 하우스Great House라 불리는 거대한 석조 복합단지로, 고대 차코 사회의 정치적·종교적 중심지였다. 석조 취락들은 약 14㎞에 걸쳐 분포해 있으며, 정밀하게 계획된 도시형 마을 바로 곁에는 구조나 배치가 일정하지 않은 소규모 촌락들이 무질서하게 흩어져 있다. 마치 치밀한 질서와 자율적 혼돈이 한데 어우러진 고대 도시의 풍경이 오늘날까지 고스란히 남아 있는 듯하다.

더욱 놀라운 것은, 하늘에서 내려다본 활주로처럼 황무지 위에 그어진 직선 도로들이다. 이들은 바퀴 달린 수레도, 가축도 없이 오직 사람의 손과 발로 만들어졌으며, 고대인들의 집단적 의지와 기술력을 지금도 생생히 전하고 있다. 이 책의 저자가 수년 전 이곳을 다시 찾았을 때도, 여전히 30㎞가 넘는 비포장 도로를 달려야 했다. 차코 유적으로 향하는 길은 남쪽이든 북쪽이든 흙먼지 이는 교통로뿐이다. 단순히 현

차코 캐니언 아파트 내부 전경

대적 개발이 미치지 않은 탓만은 아니다. 이는 유적을 보호하려는 의도이자, 천 년 전 차코 사람들이 실제로 지나던 길을 오늘날에도 온전히 체험할 수 있도록 남겨둔 듯한 느낌을 주었다. 자동차의 거친 흔들림 속에서, 오래전 이 황량한 평원을 걸었던 이들의 조용한 발걸음이 문득 귓가에 들려오는 듯했다.

차코의 사람들은 터키석을 비롯한 수천 점의 사치품을 수입할 만큼 부유했지만, 결국 어딘가로 떠났다. 그러나 그들이 남긴 흔적은 사라지지 않았다. 서기 1050년부터 1300년 사이, 차코는 아나사지 세계에서 특별한 문명 중심지로 자리잡게 된다. 당시 아나사지 사람들이 세운 작은 공동체 주거지들이 널리 흩어져 있었지만, 차코가 특별했던 이유는 여러 지역을 하나로 연결하는 "지역 시스템"이 처음으로 나타났다는 점이었다.

차코 캐니언도 메사 베르데 고원의 예처럼 방과 키바kiva의 수와 규모가 급격히 증가한 거대 유적들이 등장한다. 그 중심에는 푸에블로 보니토Pueblo Bonito(아름다운 마을)라 불리는 거대한 석조 건축물이 우뚝 서 있다. 네 개의 층으로 된 이 건물은 1,000명 이상의 주민을 수용할 수 있었으며, 1800년대 중반까지 미국 대륙 어디에서도 볼 수 없었던 최대 규모의 '아파트형 복합 주택'으로, 방이 800개나 되었다. 푸에블로 보니토는 메사 베르데의 중심 건축물 상징하는 가운데 주변의 작은 마을들과 연결된 하나의 공동체로 기능했으며, 이 공동체들이 서로 긴밀히 연결되면서 고도로 조직된 네트워크를 형성했다. 그렇다면 이처럼 정교하고 복잡한 사회 구조가 왜, 그리고 어떻게 물자와 식량이 부족한 차코 캐니언 한복판에서 태동할 수 있었던 것일까? 많은 연구자들은 그 배경에 환경적 위기에서 오는 식량 부족이 원인이었던 것으로 본다. 넓은 농경지를 확보하고 안정적인 수확을 유지하기 위해서는, 개별 마을들이 협력하여 물과 자원을 계획적으로 분배하고 조절하는 체계를 갖춰야 했기 때문이다. 어쩌면 결핍이야말로, 이 지역을 하나로 묶은 가장 강력한 원동력이었는지도 모른다.

차코 문명의 번영을 상징하는 핵심 요소 중 하나는 바로 *터키석 turquoise*이다. 고대 남서부에 살던 원주민들은 터키석을 하늘과 물의 상징으로 여겼으며, 이는 풍요로운 수확을 약속하고 정신과 육체를 하나로 묶어주는 신비로운 힘을 지닌 성물로 숭배되었다. 고대 푸에블로

인들은 터키석을 장신구로 몸에 지니고, 키바Kiva에서 종교 의식을 치를 때에도 사용했으며, 동시에 경제적으로는 부를 나타내는 상징물로 간주했다.

서기 1000년대 초에 이르러, 터키석은 광대한 교역 망 속에서 진귀한 물품으로 자리 잡았고, 그 가치는 장신구를 넘어 경제적 자산이자 영적 신물로 여겨졌다. 가장 가까운 산지는 지금의 뉴멕시코 주도인 산타페 동쪽, 차코에서 약 25㎞ 떨어진 지역이었다. 차코 인들은 이 귀한 자원을 통제하며 수입해 정교한 장신구와 종교적 의례 용품으로 가공했고, 다시 인접 지역으로 유통시켜 교역의 중심을 이뤘다. 그들이 손수 깎아낸 터키석 조각 하나 하나에는 차코 사회의 세계관과 신성이 고스란히 깃들어 있었다.

차코 캐니언 유적은 전 세계의 선사 유적지 가운데 실질 연대가 가장 정밀하게 밝혀진 곳이다. 그 중심에는 나이테 연대학, 즉 나무의 나이테를 통한 과학적 분석이 있다. 이 방법을 통해 밝혀진 바에 따르면, 서기 1100년 무렵에는 약 6,000여 명에 달하는 푸에블로 조상들이 차코 계곡 안에 거주하고 있었던 것으로 추정된다. 이들은 단순한 한 마을의 주민이 아니라, 미국 남서부 전역에 흩어져 있던 약 70여 개 푸에블로 집단과 문화적·경제적·종교적 관계를 맺으며, 차코를 중심지로 삼아 그 거대한 교류망을 이끌어갔다.

차코 문명에서 또 하나 주목할 만한 점은, 중심지와 주변 30여 개 지역을 연결하는 정교한 도로망이다. 그 총 길이는 무려 650㎞를 넘고, 도로 폭은 최대 12m에 이르렀다. 이러한 도로는 오솔길이 아닌, 인공적으로 표토를 걷어내 지면보다 낮게 만든 구조였다. 일부 구간에서는 도로면을 명확히 구분하기 위해 가장자리에 돌이나 흙으로 낮은 둑을 쌓았고, 또 다른 구간에서는 단순히 잡초와 자갈만을 걷어내 경계를 표시하기도 했다. 지형의 조건에 따라 다양한 방식으로 조성된 도로망은 차코 인들의 조직력과 기술력을 보여주는 인상적인 유산이다.

차코 문화의 도로는 그 직선성과 규모에서 놀라움을 자아낸다. 어떤 길은 거의 비행기 활주로처럼 곧게 뻗어 직선 길이가 무려 95km에 달하기도 했다. 그러나 높은 산과 같은 험준한 지형을 마주하면 도로는 과감히 방향을 바꾸어 우회하였고, 비교적 낮은 능선이나 계곡에 이르러서는 바위 표면을 깎아 계단을 만들며 길을 이어갔다. 이러한 도로는 지형을 따르기보다는 오히려 그것을 정복하려는 듯한 인상을 준다. 특히 수백 개의 방과 대형 키바가 밀집해 있는 차코 캐니언으로 접근할 때도, 길은 수많은 능선과 협곡을 가로지르며 흩어졌다가 다시 모이기를 반복했고, 그 과정 속에서 하나의 정교한 도로망이 형성되었다.

항공 촬영 자료에 따르면, 북쪽 도로망은 차코 캐니언으로부터 무려 80km 떨어진 콜로라도 주 경계 지역까지 이어져 있었다. 이 도로는 원거리에 떨어진 메사 베르데에 거주하던 아나사지 인들과의 장거리 교류를 염두에 둔 구조였음을 암시한다. 차코인들이 다양한 자원을 확보하고 이를 중앙에서 통제하기 위해 사방으로 도로를 확장했음을 보여주는 증거다. 그러나 여전히 풀리지 않은 의문이 하나 남아 있다. 수많은 인력과 자원을 투입하여 건설한 이 광대한 도로망은 과연 어떤 실질적 기능을 수행했을까?

차코 문명의 방대하고 정교한 도로망은 단순한 길 이상의 의미를 지닌다. 도로들은 물자의 이동을 위한 경로였을 뿐만 아니라, 각지의 푸에블로 집단들 사이의 소통을 가능하게 했다는 가설도 제기되어 왔다. 실제로 차코에서 뻗어 나가는 주요 도로를 따라 봉화대를 설치하기에 적합한 봉우리들이 곳곳에 솟아 있었으며, 계곡 입구의 일부 봉우리에서는 불을 피운 흔적이 발견되기도 했다. 이는 고대 푸에블로인들이 직접 사람을 보내지 않고도, 불꽃과 연기, 혹은 반사된 빛을 통해 언제, 어디에서 어떤 물자가 이동 중인지를 알리는 신호 체계를 운용했을 가능성을 시사한다.

이처럼 차코의 도로는 운송 경로의 기능은 물론 하나의 통치 체계와 종교 의식, 경제 교역을 연결하는 보이지 않는 실 과도 같았다. 도로 건설 또한 중앙의 명령에 의해 일방적으로 이루어진 것이 아니라, 각 지역의 협력과 자발적인 참여 속에서 감리원의 지시를 통해 진행되었을 가능성이 크다. 이로 인해, 광활한 남서부 지역에 흩어져 살던 다양한 푸에블로 공동체들은 차코라는 중심지를 향해 도로로 연결되었고, 그 길은 공동체 의식과 종교적 권위, 그리고 행정적 질서의 표현이 되었다.

흥미롭게도, 신대륙의 문명들은 중남미 전역에서 찬란한 도시국가를 이루었음에도 불구하고, 구대륙에서 일찍이 실용화된 수레바퀴 문화를 끝내 받아들이지 못했다. 마야 문명에서는 바퀴의 개념은 존재했으나, 이는 오직 장식용 토기에만 남겨졌을 뿐, 실제 교통 수단으로 사용되지는 않았다. 더군다나 미 대륙에는 수레를 끌만한 가축조차 존재하지 않았다.

그렇다면, 차코의 거대한 도로망은 무엇을 위한 것이었을까? 단지 지방에서 중앙으로 물자를 실어 나르기 위한 실용적 경로였을까? 아니면, 차코 캐니언에 세워진 장대한 키바를 향해 순례자들이 걸어가는 신성한 여정의 길이었을까? 이 물음은 지금 이 순간에도 차코 문명을 연구하는 학자들의 상상력을 자극하는 깊은 수수께끼로 남아 있다.

차코 캐니언의 복합단지는 일반 주거지 역할뿐만 아니라, 먼 지역에 흩어져 살아가던 푸에블로 공동체들이 주기적으로 모이는 성스러운 중심지였다. 아마도 이들은 미리 공지된 공식 일정에 따라, 일종의 상품 박람회처럼 계획된 교환의 장을 마련했을 것이다. 각지의 공동체는 정해진 시기에 맞춰 특산물이나 교환 가능한 물품을 준비했고, 이를 짊어지고 차코 캐니언으로 향했다. 지역은 달라도, 그들은 모두 푸에블로라는 하나의 이름 아래 모여 의례를 치르고, 가져온 물품을 헌납하거나 다른 부족과 교환하는 복합적 종교·경제 행위를 반복했다. 이처럼 반복되는 교류와 집합은 단순한 시장 경제의 기능을 넘어, 푸에블로 공동체 내부에 문화적 일체감과 종교적 신념, 결속감을 다지는 역할을 했을 것이다. 차코 캐니언은 해를 거듭할수록 이러한 상징적 결합의 중심지로 자리잡았고, 도로망과 대형 키바, 섬세하게 계획된 건축물은 그 위상을 더욱 공고히 다졌다.

그러나 기원후 1140년을 기점으로, 눈에 띄는 변화가 감지된다. 차코 캐니언 내에서 더 이상 새로운 목재 건축이 이루어지지 않았고, 사람들은 대형 거주지를 하나 둘 떠나기 시작했다. 무엇이 이 거대한 공동체의 쇠퇴를 이끌었는지 단정할 수는 없으나, 12세기 초반부터 남서부 일대에 반복적으로 닥친 가뭄이 큰 영향을 주었을 가능성이 크다. 농업 기반이 무너지며 종교 의례와 경제 교류 체계도 함께 붕괴되었고, 그 중심이던 차코 문화는 빠르게 쇠락의 길로 접어들었다.

그 후 약 백 년이 지난 시점, 북쪽의 메사 베르데에서 이주해온 또 다른 푸에블로 집단이 이곳에 잠시 정착했으나, 머지않아 떠났다. 그리고 세월이 흘러 18세기에 접어들자, 아메리카 북서부 지역에서 이동해온 나바호Navajo 족이 차코 캐니언에 뿌리를 내렸다. 이들은 오랜 시간 이 지역을 삶의 터전으로 삼았으며, 마침내 1947년, 차코 캐니언은 미국 정부에 의해 국립공원으로 지정되며 또 다른 역사적 전환점을 맞이하게 된다.

차코 캐니언은 인간이 거칠고 척박한 자연환경 속에서 공동체의 협력과 지혜를 바탕으로 문명을 일궈낸, 하나의 위대한 문화 실험장이자 신화로 남은 장소다. 오늘날 그 메마른 협곡을 걷는 이들은, 정교하게 배열된 석조 건물과 남겨진 흔적들 사이에서 과거의 숨결과 질서의 정수를 마주하며 자연스러운 경외심을 느끼게 된다. 메사 베르데와 차코 캐니언은 모두 고대 푸에블로 문명의 중추를 이루었던 장소들이며, 동일한 문화적 뿌리를 공유하고 있었다. 그러나 두 지역은 서로 다른 환경 조건과 지역적 필요에 따라 고유의 방식으로 발전해 나갔다. 이들은 경쟁자라기보다는, 하나의 넓은 문화권 안에서 상호작용하며 각자의 역할을 수행했던 협력적 공동체였다.

이러한 흐름은 정체나 단절이 아닌, 변화와 이동, 그리고 적응의 역사였다. 차코의 붕괴 이후에도 푸에블로의 후손들은 새로운 땅으로 이주하여 문화를 이어갔고, 이는 결국 더 넓은 남서부 지역으로 퍼져나가 현대까지 그 정신이 이어지고 있다. 차코 캐니언은 바로 그 끈질긴 생존과 창조의 기억을 품은 장소이며, 시간 속에서 잊히지 않을 인류 문화의 한 장면을 고요히 간직하고 있다.

푸에블로와 조상들의 암각화 : 바위에 새긴 숨결

짧은 역사 속에서도, 북미 대륙의 원주민들은 인류 문화유산의 보고라 할 만큼 방대한 양의 암각화를 남겼다. 학자들은 미국 전역에 약 25,000~30,000곳의 암각화 유적지가 존재할 것으로 추정한다. 이 중 상당수는 푸에블로 족의 조상들이 살아가던 서부와 남서부 지역에 밀집해 있으며, 이곳은 삶의 터전과 더불어 신화와 우주관, 생활의 지혜가 바위 위에 오롯이 새겨진 공간이다.

예컨대, 뉴멕시코주 리오란초 외곽의 야산에는 화산의 활동으로 형성된 수많은 바위가 있고 바위들 표면에 약 2,500점에 달하는 인물, 동물, 식물, 별자리, 그리고 복잡한 기하학 문양들이 빽빽이 새겨져 있다. 이들은 동일한 시기에 제작된 것이 아니라, 수천 년 전 초기 조상들의 손길부터 수백 년 전 푸에블로 후손들의 작품에 이르기까지 시대를 아우르며 켜켜이 중첩되어 있다. 마치 하나의 암벽이 수천 년의 시간을 품은 거대한 캔버스인 셈이다.

북미대륙 남서부에 산재한 바위그림은 크게 두 가지 형태로 나누어진다.

- 암각화petroglyph : 바위를 쪼거나 긁고, 깎거나 문질러 표현한 그림이며 세계 각 지역에서 가장 흔하게 찾아볼 수 있다. 한반도에서도 주로 영남과 호남지역에서 발견되며, 미국 원주민 암각화의 대부분이 이 유형으로, 사암, 용결 응회암, 화강암 등 다양한 암석 표면에 새겨졌다. 미시시피강 서쪽을 경계로 캘리포니아와 뉴멕시코에 집중 분포한다.
- 채색벽화pictograph : 바위 위에 직접 그림을 그린 형태다. 보통 붉은 황토(적철석)를 사용하지만, 일부 지역에서는 파랑, 초록, 노랑, 검정 등 다양한 색이 어우러진 색상도 확인된다. 특히 캘리포니아의 산타 바바라 인근, 뉴멕시코와 유타지역, 텍사스 서부 등지에서 발견되는 이들 회화는 원주민들의 감각과 상상력을 여실히 보여준다.

흥미로운 것은, 일부 지역에서는 암각화에 채색이 덧입혀진 예도

푸에블로 암각화(1,000년~1,300년)
좌측 : 주니 푸에블로, 우측 : 메사 베르데 아나사지 암각화

있다는 점이다. 이는 암각화가 일반적인 조형행위라기보다는, 다양한 기술과 의례가 결합된 복합 문화 활동이었음을 시사한다. 암각화의 세계는 그 형태만큼이나 다채로운 해석을 품고 있다. 가장 기초적인 구분은 사실적 표현과 추상적 표현으로 나뉜다. 사실적 암각화는 인간이나 동물의 형상을 단순화한 그림으로, 북미 대륙 전역에서 폭넓게 발견된다. 반면, 추상적 형태는 소용돌이, 점열, 그물무늬, 미로 같은 형상들로 미국 남서부와 캘리포니아, 그리고 그레이트 베이슨 일대에 집중적으로 분포한다. 이는 양식상의 차이를 넘어, 지역별 신앙 체계와 우주에 대한 인식의 차이를 드러내는 문화적 지표라 할 수 있다.

이 장에서는 특히 푸에블로 조상들이 남긴 암각화의 세계를 간략히 살펴보고자 한다. 메사 베르데와 차코 캐니언의 유적지에는 지금도 수많은 암각화와 채색 벽화가 남아 있다. 바위에 새겨지고 그려진 이 형상들은 단지 시각적 장식이 아니다. 그것은 푸에블로 조상들이 경험한 세계, 그들이 품었던 바람, 그리고 자연현상에 대한 경외심이 구체적 형상이나 상징적 언어로 표현된 결과다. 다시 말해, 이 그림들은 공동체 내부에서 의미를 지닌 소통의 수단이자, 신성한 천체와의 교감을 담은 상징 언어였다.

미국 뉴멕시코 리오란초 암각화 국립공원, 푸에블로 암각화(서기 1,300~1,400년 추정)

　암각화 속 주제들은 대체로 다음과 같은 범주로 분류된다.

　인간 형상, 동물 형상, 기하학적 무늬, 천체와 관련된 상징, 신화적 요소, 종족을 나타내는 상징, 그리고 영토 표시 등이다. 인간 형상은 주로 조상신이나 주술사의 모습을 표현한 것으로 여겨지며, 동물들은 풍요와 다산, 혹은 보호신적 존재로 해석된다. 특히 종족과 관련된 상징으로 자주 등장한다. 기하학적 문양 중에서도 가장 두드러지는 것은 소용돌이 모양, 즉 나선형 문양이다. 이는 인간의 이주 경로나 태양의 이동 경로를 나타내는 상징으로, 시계 방향 또는 그 반대 방향으로 새겨진 나선은 삶과 죽음의 순환을 상징한다. 원형이나 동심원 역시 자주 등장하는 도상으로, 그것은 우주의 질서와 조화를 시각적으로 드러낸다. 이러한 해석은 상상의 산물이 아니라, 오랜 시간에 걸친 전문가들의 연구와 오늘날 푸에블로 족이 여전히 전승하고 있는 구술문화에서 비롯된 것이다.

푸에블로 세계관의 핵심은 선형적 시간의 흐름에 있지 않다. 그들은 삶과 죽음을, 시작과 끝을 직선으로 이해하지 않았다. 오히려 그것은 회전과 반복을 거듭하는 하나의 고리로, 불교의 윤회사상을 떠올리게 하는 순환적 세계로 받아들여졌다. 이 같은 순환적 우주관은 암각화라는 조형 언어를 통해 세대를 넘어 오늘날까지 전해지고 있으며, 바위 위에 새겨진 그 작은 흔적들은 지금도 생명과 신성, 그리고 우주의 질서를 이야기하고 있다.

암각화의 연대를 설정하는 일은 오늘날까지도 큰 과제로 남아 있다. 그중 가장 직관적인 방법은 겹쳐진 순서이다. 나중에 새겨진 그림이 먼저 그려진 그림위에 덮여져 있을 경우, 시간의 흐름을 유추할 수 있다. 그러나 이러한 방식도 해석에 따라 달라질 수 있고 우리나라와 같이 포개진 그림이 거의 없을 경우에는 적용할 수 없다.

채색벽화의 경우, 그림을 그릴 때 사용된 유기물(기름, 동물 지방, 사람과 동물 피 등)이 남아 있다면 방사성 탄소 연대 측정법을 통해 제작 시기를 직접 측정할 수 있다. 특히 건조한 남서부 지역에서는 바위 표면에 서서히 형성되는 검은 코팅 층, 즉 먼지, 미생물, 광물질 등이 바위표면에 생기는데, 시간이 지날수록 그 색이 짙어 진다. 이를 활용한 *암반 피막 분석법patination*은 상대적인 연대 추정에 도움이 되며, 최근에는 이 피막 자체를 분석하여 절대 연대를 구하는 첨단 연구도 활발히 진행 중이다.

결국, 바위 위에 새겨진 이 이미지들은 단순한 기록이 아니다. 그것은 수천 년에 걸친 사람들의 의식, 신앙, 그리고 자연과 교감했던 감각의 총 합체이다. 우리는 암각화를 통해 그들의 발자취를 따라가고, 시간 너머 그들이 남긴 세계관을 다시 들여다보게 된다.

운이 좋을 경우, 암각화 표면 위에 고고학적인 유물이 쌓인 지층이 겹쳐 있을 때가 있다. 이럴 때 그 유물이 방사성 탄소 연대측정법 같은 방식으로 연대가 측정되면, 그 지층 아래 있는 암각화는 그보다 더 오래되었음이 확실해진다. 또 어떤 동굴 안에서는 그림이 그려진 천장이 떨어져 나와 아래의 유물 층에 포함된 경우도 있는데, 이 경우도 암각화의 최소 연대를 추정하는 데 도움이 된다. 한편, 바위그림 속 인물들이 어떤 도구를 사용하는지를 보고 연대를 추정하기도 한다. 예를 들어, 서부 지역 일부에서는 활과 화살을 사용하는 사냥꾼들이 그려져 있는데, 활은 북미 원주민 사회에 비교적 나중에 도입된 무기이므로, 활이 등장하는 그림은 대체로 늦은 시기의 것이라 볼 수 있다. 반대로 빙하시대의 대형동물을 사냥하는 장면이 그려진 그림은 물론 더 오래된 시기의 것이다. 하지만 이런 연대 측정 방식은 대체로 너무 포괄적이고 정확하지 않아서, 암각화의 제작 시기를 뚜렷하게 구분하기 어렵다. 이로 인해 바위그림을 해석하는 데에도 큰 어려움이 따른다. 이런 문제는 한국에서도 예외가 아니다.

그동안 울주군 반구대 암각화는 대부분 청동기시대의 유산으로 간주되어 왔다. 한반도에서 암각화가 본격적으로 등장한 시기가 청동기시대라는 인식과, 암각화 주변에서 청동기시대의 무문토기 조각이 발견된 사실이 이를 뒷받침해 왔다.

그러나 최근에는 새로운 시각이 제기되고 있다. 반구대 암각화에 표현된 동물 형상과 조각 기법이 신석기시대 토기의 문양과 유사하다는 연구 결과가 나오면서, 암각화의 연대를 갑자기 신석기시대 중기 5,000년 전으로 끌어올려야 한다는 주장이 설득력을 얻고 있다. 이러한 흐름에 따라 반구대 암각화는 신석기시대와 청동기시대의 문화유산으로 재평가되었으며, 2025년 7월에 세계유산으로 등재되었다.

푸에블로족과 그 조상들, 그리고 이웃한 여러 집단들이 오랜 세월에 걸쳐 창조해 온 문화의 흔적은, 한반도처럼 시대적 층위를 따라 변화가 뚜렷이 드러나는 경우와는 사뭇 다르다. 예컨대, 만일 후기 구석기 시대, 즉 고인디언 시기에 이미 신대륙 남서부의 선주민들이 별과 식물, 기하학적 도형을 바위에 새겨 남겼다고 가정해보자. 그렇다면 이들의 도상은 수천 년 동안 제작 도구나 기법이 거의 변화하지 않았기 때문에, 그림 하나만으로 그것이 수천 년 전의 것인지, 수백 년 전의 것인지 가늠하기 어렵다.

반면, 한반도에서는 외부 세계와의 지속적인 교류 덕분에 각 시대의 유물과 유적에서 문화적 변화의 흐름이 비교적 잘 나타난다. 특히 삼국시대 이후의 암각화 기법은 선사시대와는 확연하게 구별되는 특징을 지닌다. 만일 삼국시대 이후에도 청동기시대의 양식을 모방한 암각화가 발견된다면, 이는 특정 집단의 공통된 문화 표현이라기보다는 개인적인 의도나 행위로 이해해야 할 것이다. 하지만 암각화만을 근거로 시대를 판별하려 할 경우, 신석기시대와 청동기시대 사이의 명확한 구분은 여전히 어렵다. 그렇다면 우리는 바위그림을 어떻게 *읽을* 수 있을까? 가장 솔직한 대답은 이렇다. *읽을 수 없다.*

지난 수십 년 동안, 북미와 그 외 암각화 밀집 지역의 연구자들은 이 질문에 부단히 답하려 애썼다. 그러나 특정한 상징이나 도상을 두고 그 의미를 해석하는 방식은 매우 다양하고 때로는 서로 충돌하기까지 한다. 누군가는 그것이 신화를 기록한 일종의 메모라고 말하고, 또 다른 이는 별자리나 전쟁 같은 중요한 사건의 기록이라고 주장한다. 혹자는 단순한 낙서이거나 장식, 아이들의 놀이 혹은 의례의 일부였을 것이라 말한다. 이렇듯 명확한 해석이 불가능한 이유는, 대부분의 암각화가 단일한 목적을 지닌 것이 아니라 시대와 집단에 따라 다양한 용도와 의미를 지녔기 때문이다. 그리고 한 번 암벽에 새겨진 그림은 오랜 세월을 견디며 새로운 세대에 의해 다른 해석과 신화적 의미를 부여받는다. 암각화는 그 자체로 *살아 있는* 문화인 셈이다.

하지만 여기서 반드시 기억해야 할 사실이 있다. 암각화는 그 특성상 매우 쉽게 훼손되는 문화유산이라는 점이다. 미국 국립공원관리청조차도 이 유산을 보호하는 데 큰 어려움을 겪고 있다. 보도에 따르면, 도굴꾼들이 트럭으로 암각화가 새겨진 바위를 통째로 훔쳐가거나, 심지어는 폭약이나 중장비를 동원해 바위를 파괴하는 일도 있었다고 한다. 또, 부드럽고 평평한 암벽에 새겨진 그림은 시간이 지남에 따라 낙서나 훼손에 무방비로 노출되기 쉽다.

부끄러운 일이지만, 저자 역시 이와 관련된 쓸쓸한 경험을 한 적이 있다. 2010년대 중반, 뉴멕시코의 국립암각화공원을 탐방하던 중, 지역 신문과 안내소 직원의 입을 통해 놀라운 소식을 들었다. 어학 연수를 온 서울의 D대학교 학생들이 이곳을 방문한 뒤, 암각화 위에 낙서를 해 사회적 물의를 일으켰다는 것이었다. 같은 한국인으로서, 특히 이 분야의 전공학자로서 그 소식을 듣고 말 그대로 얼굴을 들 수 없었다. 이러한 사례는 우리 모두에게 중요한 교훈을 던진다. 많은 고대 암각화 유적지는 단지 역사적 장소에 머무는 것이 아니라, 지금 이 순간에도 일부 원주민 공동체에게는 살아 있는 문화경관이며 성지로 여겨진다. 그러니 유적지를 방문할 때는 마땅히 그들의 관습과 신앙, 그리고 조상의 숨결이 깃든 그 공간을 깊이 존중해야 한다. 그것이 과거와 현재, 그리고 우리와 그들 사이를 잇는 최소한의 예의이자 연대일 것이다.

3
푸에블로
: 아나사지의 뒤를 잇는 삶의 방식

1540년 겨울, 스페인 정복자들이 뉴멕시코주 리오그란데 강가에 도착해 처음으로 야영지를 세웠을 때, 그들 앞에 펼쳐진 풍경은 예상과 달랐다. 광활한 계곡엔 진흙과 돌로 지어진 집들이 모여 오랜 세월에 걸쳐 하나의 공동체를 형성하고 있었다. 이 마을들은 훗날 유럽인들이 원주민들을 통제하기 위해 강제로 이주시킨 계획된 보호구역 정착촌보다 훨씬 이전부터 존재해온 것이다. 더욱 흥미로운 점은, 오래된 마을의 구조가 30여 년 뒤인 1573년에 제정된 스페인의 *신도시 조례*에 부합했다는 사실이다. 중앙에 넓은 광장이 있고, 이를 중심으로 다층 구조의 주거지들과 원형 의식 공간인 키바가 방사형으로 배치된 형태는, 이곳 원주민들의 정교한 공간 감각과 공동체 중심적 사고를 엿보게 한다. 우리가 푸에블로 광장이나 *키바*라 부르는 명칭도 사실 스페인 정복자들이 붙인 이름이다. 이 단어들은 당시 유럽인의 시각에서 본 마을 구조와 의식 공간에 대한 묘사일 뿐이며, 원래의 문화적 의미를 온전히 담고 있지는 않다. 그러나 그 이름 속에는 두 문명이 처음 마주한 순간의 시선 차이와, 그럼에도 불구하고 여전히 이어지는 구조적 전통이 고스란히 담겨 있다.

17세기에 접어들어, 스페인 정복자들은 무장한 군대를 이끌고 푸에블로 지역에 주둔하기 시작했다. 선교사들은 뒤따라 들어와 마을 곳곳에 교회를 세우고, 오랜 전통을 지닌 원주민들에게 새로운 신앙과 문명을 강요했다. 이 과정에서 원주민과 정복자 사이에는 크고 작은 갈등이 끊이지 않았다. 스페인 정복자들이 원주민 사회를 침략했을 당시, 그들과 함께 들어온 것은 단순한 군대만이 아니었다. 이들 원주민에게는 전혀 낯선 신세계의 문명이었다. 말과 소, 양 같은 가축들, 번쩍이는 금속 도구, 그리고 천둥소리처럼 울리는 총기가 그들 손에 들려 있었다. 정복자들은 원주민의 언어, 신앙, 전통문화를 억압하고, 기독교로의 개종을 강요하며 정체성을 지우려 했다. 뿐만 아니라, 이 낯선 이방인들은 원주민들 사회에 존재하지 않았던 전염병까지 퍼뜨려 마을 곳곳에 죽음의 그림자를 드리웠다. 거기에 더해, 그들은 식량을 약탈하고 원주민들을 강제노역에 동원함으로써, 몸과 마음 모두를 짓누르는 참혹한 고통을 남겼다.

1680년, 오랜 억압과 강제 개종, 노동 착취에 시달려온 원주민들은 마침내 분연히 일어나 대규모 반란을 일으켰다. 역사상 푸에블로 반란 *Pueblo Revolt*이라 불리는 이 사건은 북미 대륙에서 원주민이 식민 세력을 몰아낸 극히 드문 승리로 기록된다. 반란을 통해 스페인 세력을 몰아내고 잠시나마 자신들의 땅과 삶, 그리고 고유한 신앙과 문화에 대한 자율을 되찾았다. 그러나 그 평화는 오래가지 못했다. 불과 10여 년 후, 다시 들이닥친 스페인 정복자들의 무력 앞에서 푸에블로 사회

헤메스 푸에블로의 파괴된 정복자들의 교회
스페인 정복자들이 JEMES 푸에블로 마을에 설립한 교회를 1680년 푸에블로족 반란으로 교회가 파괴되고 현재 자리만 남아있다.

는 또 한 번 굴복해야 했다. 하지만 이번에는 과거와는 다른 형태의 지배가 시작되었다. 재정복에 나선 스페인 당국은 원주민들의 강한 저항을 의식해, 일정 수준의 자치권을 인정하고 전통 제례와 문화적 관습의 지속을 용인하였다. 더불어 스페인 왕실은 각 원주민 공동체에 광대한 토지를 하사하였고, 이는 이후 멕시코가 스페인으로부터 독립한 1821년 이후에도 멕시코 법률에 따라 보호받았다.

멕시코 통치기 동안 이들의 삶은 겉보기에 크게 달라지지 않았다. 멕시코 중앙정부는 국내 정치 불안과 내전에 휘말려 있었고, 국경 너머 먼 뉴멕시코 지방은 그 관심의 바깥에 있었다. 그러나 진정한 전환점은 곧 찾아왔다. 1846년, 미국 군대가 산타페를 점령하면서 멕시코는 뉴멕시코 지역을 미국에 넘겨주었다. 이로써 푸에블로 사회는 또 한 번 역사적 격랑 속으로 던져졌다.

미국은 멕시코 시절 원주민들에게 부여되었던 시민권과 토지 권리를 존중하지 않았다. 오히려 히스패닉 이주민들과 백인 정착자들이 토지를 부당하게 빼앗고, 이들의 시민적 권리마저 부정하며 억압을 강화했다. 그리하여 푸에블로 인들은 다시금 땅을 지키기 위한 법적 투쟁과 권리 회복의 여정을 시작하게 되었다. 이 투쟁은 20세기까지 이어졌고, 오늘날에도 여전히 그 흔적은 현재 진행형으로 남아 있다.

이들의 전통 영토 중 상당수는 현재 미국 연방정부의 신탁형식으로 관리되고 있으며, 일부 부족들은 오랜 법적 투쟁 끝에 토지를 다시 돌려받기도 했다. 그러나 이른바 반환은 진정한 의미의 복권이라기보다는 복잡한 법적 조건 속에서 제한된 자치권을 부여 받는데 그치는 경우가 많다.

예컨대 2025년, 트럼프 행정부는 애리조나주에 위치한 푸에블로 계열 원주민의 영토를 대규모 구리광산 개발지로 삼기 위한 토지 교환 계획을 본격적으로 추진했다. 연방정부는 해당 부족에게 대체 토지를 제공하겠다는 입장이지만, 문제의 지역은 단순히 지하자원이 매장된 땅이 아니다. 이곳은 수세대에 걸쳐 종교 의식이 집행되고 공동체의 영적 정체성이 형성되어 온, 말 그대로 '성스러운 땅'이다. 원주민들에게 이 땅은 교회나 *모스크*, 혹은 *시나고그*에 비견될 만큼 깊은 종교적 의미를 지니며, 자연과 조상의 영혼, 공동체의 삶이 하나로 연결된 살아 있는 성지로 여겨진다.

따라서 이들의 반대는 단지 환경을 보존하려는 차원을 넘어, 정체성과 존엄성을 수호하기 위한 근본적인 저항이라 할 수 있다. 산업 문명이 요구하는 구리라는 필수 자원과, 생명력과 영성이 깃든 성지를 지키려는 원주민의 세계관이 충돌하는 이 사건은, 오늘날 미국 사회가 원주민의 권리와 문화유산을 어디까지 존중하고 보호할 준비가 되어 있는지를 묻는 상징적인 시험대가 되고 있다.

푸에블로 사회의 풍경
: 타오스 푸에블로 빌리지를 중심으로

오늘날 푸에블로로 알려진 이들은 고대 아나사지 문명의 직계 후손으로, 현재 약 21개의 종족 집단으로 나뉘어 살아가고 있다. 이들 대부분은 뉴멕시코주 리오 그란데 강 상류 지역에 정착해 있으며, 일부는 애리조나와 텍사스 지역까지 걸쳐 분포해 있다. 호피Hopi족을 포함한 각 집단은 서로 다른 언어와 전통을 지니고 있음에도 불구하고, 푸에블로라는 이름 아래 공통된 문화적 기반과 정체성을 공유하며 살아간다.

푸에블로 족은 북미 원주민 가운데서도 가장 보수적인 공동체로 꼽힌다. 수백 년간 외부 세계와의 접촉 속에서도, 조상으로부터 이어온 의례와 사회 질서를 굳건히 지켜왔다. 현대 문명이 그들의 삶 속에 일부 스며들었지만, 전통은 여전히 살아 숨 쉬고 있으며, 그러한 문화적 유산에 깊은 자부심을 품고 있다.

이들의 삶터는 건조하고 혹독한 자연환경이지만, 강물의 흐름을 끌어와 옥수수를 주식으로 삼고, 콩과 호박을 재배하며, 칠면조를 기르는 농경 공동체를 형성해왔다. 농사일은 주로 남성의 몫이었지만, 파종과 추수 시기에는 여성들이 함께 들에 나서 공동의 노동을 나눴다. 16세기 중엽, 스페인 정복자들의 기록에 따르면, 강가에서 멀리 떨어져 있던 일부 집단은 여전히 수렵과 채집에 의존하는 생활을 이어가고 있었다.

마을은 대체로 외부의 침입에 대비할 수 있도록 고지대에 지어졌으며, 다층 구조의 아파트식 주거 형태를 갖춘 것이 특징이다. 그 대표적인 예가 지금도 남아 있는 적어도 7백년 이전에 축조된 타오스 푸에블로 마을Taos Pueblo Village이다. 이들의 주거는 다듬은 돌과 흙벽돌을 쌓아 만든 견고한 벽체와, 목재로 만든 기둥과 서까래로 구성되며, 4~5층 높이로 계단식 구조를 이루고 있다. 가장 아래층은 넓고 위로 올라갈수록 점차 좁아지는 이 독특한 구조는 방어와 계절의 적응에 효

미국 뉴멕시코주 타오스 푸에블로 빌리지 전경
타오스 푸에블로 빌리지는 700년 전통의 원주민 마을이다.

과적인 설계였다. 상층에 거주하는 가족은 아래층의 지붕이 그들의 마당이며 그곳에 놓인 사다리를 통해 집에 출입해야 했는데, 이는 외부의 접근을 어렵게 하여 방어 기능을 강화한 측면도 있다.

마을 중심에는 원형 지하 구조물인 키바가 세워졌는데, 이는 종교 의식뿐만 아니라 사람들이 모여 교류하거나 남성들이 함께 일하던 공간이었다. 또한 하늘과 땅, 인간과 신의 세계를 잇는 상징적 장소로, 수백 년 동안 공동체의 정신문화가 응축된 중심이기도 하다.

푸에블로의 각 마을은 하나의 작은 자치 공동체이다. 이곳에서는 공동체의 화합과 단결을 무엇보다 중요하게 여기기 때문에, 개인의 선택이나 자유보다 집단의 질서를 우선시하는 문화가 뿌리내렸다. 마을을 이끄는 지도체계도 독특한데, 대부분이 제사장이 중심이 된 평의회를 통해 운영된다. 평의회는 종교 지도자들로 구성되며, 마을의 중요한 결정들을 내린다. 예를 들어 호피 푸에블로에서는 평위원 중 한 명이 외부와 소통하는 마을 대표 역할을 맡기도 한다. 과거에는 *전쟁 추장*이 따로 있었지만, 전쟁은 거의 대부분 마을을 지키기 위한 방어전이었다.

푸에블로 사회는 가족 구조에서도 뚜렷한 특징을 보인다. 이들은 모계 중심의 사회가 주를 이루는데, 결혼한 신혼부부는 아내의 친정 가족과 함께 살며, 모계 씨족이 중요한 사회 단위로 작동한다. 집과 농작물, 생활 도구 같은 재산도 대부분 여성의 소유이며, 공동체의 중심은 여성들의 손에 달려 있다고 볼 수 있다. 반면, 타노아 언어 계열 푸에블로에서는 이러한 씨족 체계가 약하거나 거의 없고, 결혼 후 신부 또는 신랑 쪽 가족과 함께 살지를 선택하는 양쪽 거주 형태를 따르며, 대가족 중심의 삶이 기본이 된다.

이들 사회에서 종교는 믿음을 넘어 삶의 중심 그 자체이며, 계절의 변화에 맞춰 이어지는 수많은 의례와 축제는 일상을 구성하는 핵심 요소다. 특히 서부 지역에서는 일 년 내내 비를 기원하고 농작물의 풍요를 바라는 의례가 끊임없이 이어진다. 이러한 행사들은 노래, 춤, 시, 신화가 어우러진 장대한 종교적 공연처럼 펼쳐지며, 아름다운 복장과 상징적인 도구들이 보는 이의 시선을 사로잡는다.

푸에블로의 제례의식에는 해와 비를 상징하는 마법적 행위도 자주 등장한다. 이 중 일부 제의는 9일간 이어질 정도로 긴 시간 동안 진행되며, 하나의 의식이 끝나자마자 다음 의식이 곧 시작된다. 의식의 준비는 지하 의례 공간에서 시작되는데, 여기서 종교 집단의 구성원들은 단식을 하거나 몸과 마음을 정화하고, 제단을 꾸미며, 깃털이 달린 기도봉을 바치는 의식을 진행한다. 일부 의식에서는 비의 조상신 가면을 쓴 무용수들이 등장해 비를 부르는 신령의 존재를 연기하기도 한다. 이 퍼포먼스는 이들이 신의 힘과 과 조상의 뜻을 현세에 불러오는 신성한 행위다. 이들은 이러한 종교 생활에서 깊은 만족감과 정체성을 느끼며, 이것이 수백 년간 그들의 전통을 고수하게 만든 힘이기도 하다. 그래서일까? 푸에블로 사람들은 백인 사회의 문화에 쉽게 동요하지 않았다. 일부 실용적인 기술은 받아들였지만, 삶의 방식 전반에 대해서는 자신들의 방식이 더 낫다고 느껴왔다. 오늘날까지도 그들은 고유한 삶의 철학과 방식을 지켜가며 살아가고 있다.

푸에블로의 세계관

푸에블로 사람들에게 세상은 생활을 위한 공간이자, 거룩하고 살아있는 종교적 장소이다. 숨결, 곧 생명의 에너지는 인간이나 동물 같은 생명체에만 깃든 것이 아니다. 전통적인 세계관에서는 집, 돌, 나무, 마을의 건축물처럼 무생물로 여겨지는 것들에도 그 숨결이 흐른다고 여겨진다. 이러한 사물들은 생명 있는 존재처럼 존중받으며, 이는 곧 만물에 영혼이 깃들어 있다는 정령精靈 사상과 맞닿아 있다. 특정사물에 영혼과 신이 깃들어 있다는 세계관은 원주민들 문화에 국한되지 않고, 우리 전통사회에서도 깊이 자리해온 신념이기도 하다.

신화나 이야기, 노래, 기도에는 그들의 독특한 우주관이 담겨 있다. 세상을 시작과 끝이 있는 직선으로 보기보다는, 둥글고 감싸 안는 하나의 전체로 이해한다. 예를 들어, 테와 푸에블로 족의 노래에서는 하

푸에블로 종교의식 행위
(사진 : Carptrash, CC-BY-3.0 / Wikimedia Commons)

늘을 바구니에, 땅을 그에 맞서는 그릇에 비유한다. 이처럼 하늘과 땅, 가벼움과 무거움, 남성과 여성, 따뜻함과 차가움처럼 반대되는 것들이 하나의 통합된 세계 안에서 함께 존재한다고 생각한다. 이러한 생각은 세계관의 핵심인 동시성이라는 개념과 이어진다. 동시성이란 여러 가지 서로 다른 존재들이 같은 공간에서 동시에 함께 살아간다는 믿음이다. 이로 인해 푸에블로 사람들의 세계관은 자연을 바라보는 시각이나 실용적인 생각과는 다른 깊이를 갖는다.

이들의 문화에서 집이나 건축물은 사람이 사는 공간 이상의 뜻을 지닌다. 그것들은 여러 의미와 흐름을 담은, 우주와 연결된 사고방식의 일부로 여겨진다. 이 세계는 고정되어 있거나 단단한 것보다는, 부드럽고 유연하게 변화하는 성질을 중요하게 여긴다. 시간은 일직선이 아니라 반복되고 순환하는 흐름이며, 움직임도 밖으로 퍼지기보다는 안쪽으로 감겨 들어가는 나선형을 닮았다. 색과 모양 같은 감각적인 아름다움도 중요하게 생각한다. 푸에블로 사람들에게 세상은 *사는 곳* 이상을 뜻하며, 존재와 감각, 신성함이 함께 살아 숨 쉬는 하나의 살아 있는 세계이다.

유럽인들이 수백 년에 걸쳐 문화를 말살하려는 수많은 시도를 해왔음에도 불구하고, 푸에블로 사람들은 여전히 자신들만의 언어로 *마을*, *마음의 중심지*, 그리고 *신성한 건물*들을 부르며 고유한 전통을 지켜가고 있다.

이들은 오늘날에도 조상으로부터 전해 내려온 가치와 삶의 방식을 유지하며, 이를 현대 사회와 조화롭게 연결해 나가고 있다. 이들의 문화는 지금도 일상 속에서 실천되고 전승되는 살아 있는 유산이다.

기록되지 않은 대학살 그러나, 꺼지지 않은 생명

　유럽인들이 아메리카 대륙을 식민지화하기 시작했을 때, 이 땅에서 얼마나 많은 원주민이 목숨을 잃었는지를 정확히 아는 것은 거의 불가능에 가깝다. 그 피해의 규모는 너무도 거대해서 감히 상상조차 하기 어렵다. 이토록 막대한 죽음이 숫자로 명확히 드러나지 않는 데는 근본적인 이유가 있다. 바로, 콜럼버스가 대서양을 건너오기 이전인 *선사시대 아메리카*에 얼마나 많은 사람들이 살고 있었는지에 대한 합의가 없기 때문이다.

　20세기 초, 미국의 인류학자와 역사학자들은 이 문제를 본격적으로 탐구하기 시작했다. 그들은 유럽인들의 무자비한 정복과 전염병의 확산으로 북미 대륙의 대다수 원주민이 사망했다는 사실에 근거해, 잃어버린 인구의 실체를 밝히려 했다. 그러나 학자들 사이의 추정치는 충격적일 만큼 차이를 보였다. 예컨대, 1900년에 미국 대학에서 인류학 박사학위를 최초로 받고 서부와 남서부 지역 원주민을 가장 오래동안 연구한 인류학자 알프레드 클로바Alfred Kroeber는 북미대륙(미국, 캐나다) 원주민의 초기 인구를 약 90만 명으로 보았고, 같은 시대의 역사학자는 그 수치를 1,800만 명까지 추정했다. 또 어떤 사회학자는 700만 명, 최근 들어서는 200만 명에도 못 미치는 수치를 제시한 연구도 있다. 이처럼 같은 주제를 두고도 견해가 극명하게 엇갈리는 것은, 그만큼 자료의 부족과 해석의 다양성이 크다는 점을 반증한다.

　그러나 수치에 대한 논쟁에도 불구하고, 하나의 분명한 사실만큼은 이견이 없다. 근대 유럽 문명의 도래 이후, 원주민 사회는 급격한 인구 감소를 겪었다는 점이다. 그리고 비교적 정확한 인구조사가 가능했던 1900년, 북미 원주민 인구는 단 50만 명으로 역사상 최저치로 떨어졌다. 이 대륙을 2만여 년간 지켜온 수많은 공동체와 언어, 신앙, 생활양식이 불과 몇 세기 만에 급속히 사라져간 것이다. 그렇다면, 그토록 많은 이들이 어떻게 짧은 시간 동안에 사라진 것일까? 그 해답은 단순한 병이나 충돌 이상의, 식민주의가 남긴 깊은 상처와 문명의 일방적 침투가 만들어낸 비극의 구조 안에서 찾아야 한다.

　유럽인들이 종교 박해를 피해 북미 대륙 동부 연안으로 이주해 왔을 때, 낯선 자연환경 속에서 생필품을 구하기 어려워 생존 자체가 위태로웠다. 이때 원주민들의 따뜻한 도움은 그들에게 결정적인 생존의 발판이 되었다. 그러나 시간이 흐르며 유럽에서 이주해 오는 인구가 늘고 식민지 정책이 본격화되자, 그들은 정복자로 변모했고 원주민과의 갈등이 시작되었다. 무력 충돌뿐만 아니라 더 치명적인 위협은 유럽에서 함께 건너온 전염병이었다. 1493년경부터 아메리카 원주민들은 유럽인들과 본격적으로 접촉하기 시작했으며, 그와 동시에 천연두, 홍역, 발진티푸스, 성홍열 등 유럽에서 유래한 전염병이 대륙 전역으로 확산되었다. 특히 천연두가 창궐하기 전부터 카리브해 섬의 많은 원주민 인구가 사라졌는데, 이는 콜럼버스의 두 번째 항해 때 유입된 돼지를 통해 '돼지 인플루엔자'가 전파된 결과일 가능성도 있다. 일부 학자들은 이러한 현상을 면역력이 없는 원주민을 상대로 한 세균전이라고도 평가한다.

　하지만 신대륙이 그 이전까지 전염병이 없는 청정 지역이었던 것은 아니다. 아메리카 대륙도 결핵, 매독, 이질, 독감, 폐렴 등 고유한 질병 생태계를 갖고 있었고, 원주민들은 자원 고갈, 과밀한 거주, 만성 감염, 식량 부족과 같은 복합적 문제에 직면해 있었다. 특히 농업 중심의 대규모 정착지일수록 그 피해는 더 컸다. 그럼에도 유럽 그리고 뒤따라 아프리카에서 유입된 질병은 원주민 사회가 경험한 적 없는 전혀 다른 차원의 재난이었다. 오랜 기간 다른 대륙과 단절된 채 살아온 아메리카 원주민들은 유럽에서 흔한 질병에도 면역력이 거의 없었고, 그로 인해 병은 지역 간 경계 없이 빠르게 확산되었다. 밀집된 마을에서는 한 사람의 감염이 곧 공동체 전체의 붕괴로 이어졌고, 이는 인구 감소는 물론 문명의 기반 자체를 뒤흔들었다. 이러한 파급력은 캘리포니아 원주민, 푸에블로, 나바호 원주민 사회에서도 확인된다. 18세기 중반 약 30만 명이었던 캘리포니아 원주민 인구는 19세기에 절반 이하로 줄었고, 푸에블로와 나바호 지역에서도 마을의 절반 이상이 사라졌다. 특히 어린이들의 사망률은 참혹한 수준이었다.

전염병 확산의 중심에는 유럽과의 교역이 있었다. 유럽은 북미 원주민에게서 모피와 자원을 얻는 대가로 금속제품, 직물, 담요, 총기 등을 제공했는데, 이 물건들 속에 병원체가 숨어 있었다. 면역력이 없던 원주민들에게 이러한 교환은 병의 확산 통로가 되었고, 이는 단지 육체의 고통만이 아니라 공동체의 기억과 문화를 송두리째 파괴했다. 전염병은 조용히 침투하여 세대 간 지식의 전승을 단절시키고, 공동체의 정체성과 역사, 그리고 시간을 앗아간 또 하나의 침략자였다.

현재 북미 본토와 알래스카에는 원주민 보호구역이 설정되어 있으며, 연방정부의 승인 아래 574개 부족이 각각 자치 정부를 운영하고 있다. 이들은 주정부 및 연방정부와 협력하며, 내부 행정과 치안 등 공동체의 사무를 스스로 처리한다.

연방정부가 인정한 부족들은 미국 영토 내에 거주하지만, 자치권을 지닌 독립적 공동체로서 자신들의 규칙을 만들고 내부 문제를 해결할 수 있는 권리를 갖고 있다. 다만, 이 자치권은 미국 연방법의 적용을 받으며, 연방 의회가 이를 제한하거나 조정할 수 있다는 점은 여전히 논쟁의 대상이다. 예를 들면, 푸에블로인들이 과거 멕시코 정부로부터 법적으로 부여 받은 일부 농지에 대한 소유권 반환 문제는 여전히 해

미국 원주민 부족 지도

결되지 않은 채 갈등이 지속되고 있다. 형사 관할권과 세금 부과와 같은 사안은 연방, 주, 부족 정부 간의 협약에 따라 달리 적용되며, 관련 사항은 각 정부 간의 협의를 통해 조정된다. 부족 구성원들 또한 미국 시민으로서 선거권과 피선거권을 포함한 정치적 권한을 지닌다.

이처럼 푸에블로를 비롯한 미국 원주민 공동체는 단지 문화와 전통을 보존하는 데 그치지 않고, 정치적 권리와 자치를 회복하기 위한 실질적인 노력을 지속해왔다. 주권과 정의를 향한 이들의 긴 여정은 오늘날에도 멈추지 않고 이어지고 있다. 연방정부의 승인을 받은 북미 원주민 자치정부의 구조와 사회 제도는 하나의 획일적인 틀에 갇히지 않는다. 각 부족 고유의 문화와 역사에 따라, 그 모습은 매우 다양하게 나타난다. 예컨대, 남서부 지역의 원주민들은 독자적인 문화를 형성해왔으며, 그들의 생활 방식에 적합한 경제 체계를 발전시켜왔다. 이들이 구축한 자치정부의 구조 또한 간단한 공동체의 형태로 보이지만 유

미국 뉴멕시코주 이슬레타 푸에블로 보호구역

럽인들이 '국가'로 간주할 만큼 정교하고 조직화된 사회·정치 체계에 이르기까지 폭넓은 스펙트럼을 나타내고 있다.

그러나 이러한 현상은 남서부 지역에만 국한되지 않는다. 북미 대륙 전역의 원주민 사회는 그들의 역사적 전통과 문화적 특수성에 따라 자치 행정부와 사회 제도의 구조에서도 뚜렷한 차이를 보인다. 예를 들어, 중북부의 일로코이스Iroquois 연맹은 남서부의 푸에블로Pueblo족이나 나바호Navajo족과는 전혀 다른 정부 구조를 갖추고 있으며, 캘리포니아 지역의 원주민, 동남부의 체로키Cherokee족, 알래스카의 이누이트Inuit 또한 각기 상이한 문화 전통에 따라 고유한 자치 체계를 발전시켜왔다.

이처럼 문화와 사회제도의 다양성에도 불구하고, 북미 원주민들은 공통적으로 수준 높고 조직화된 사회 질서를 유지해왔으며, 미국이라는 연방국가 안에서 또 하나의 국가nation를 이루며 다양한 형태의 민주주의를 실현해온 경험을 공유하고 있다. 실제로 많은 인디언들은 자신들을 독립된 국가로 인식하고 있으며, 자결권과 자치정부를 향한 요구는 이러한 자기 인식에서 비롯된 자연스러운 움직임으로 오늘날까지도 지속되고 있다. 결국, 각 부족이 구성한 자치 구조의 차이는 고유한 문화적 배경을 반영하는 것이며, 이러한 제도적 다양성은 북미 원주민 사회의 복합성과 역사적 깊이를 이해하는 데 중요한 통찰을 제공한다.

▌책을 끝맺으며

　마지막 빙하기의 혹독한 자연환경 속에서, 동북 아시아인들은 생존을 위한 지혜와 끈기로 삶에 적응해 나갔다. 그리고 마침내 그들은 신대륙을 향해 인류 역사상 가장 길고 험난한 여정을 시작하였다. 눈보라가 휘몰아치는 대지와 얼어붙은 동토지대를 건넌 이 대장정은, 인류 문화의 새로운 장을 열었으며 인간의 무한한 적응력과 가능성을 입증한 위대한 징표였다.
　동북아시아에서 출발한 여러 소규모 집단들이 서로 다른 시기에 신대륙으로 이주해오면서, 최초의 아메리카 원주민의 역사가 시작되었다. 이들은 양면이 정교하게 다듬어진 찌르개, 돌 칼날, 좀돌날, 끌개 그리고 아직 형식을 갖추지 못한 석제 도구들을 지니고 있었으며, 최소한 2만 년 전에는 알래스카에 도달한 것으로 보인다. 이후 이들은 캐나다를 거쳐 남쪽으로 계속 이동하는 가운데 서부 해안과 중동부 내륙의 통로로 분산된 것으로 추정된다.

   그러나 그 여정은 결코 평탄하지 않았다. 캐나다 땅에 발을 들인 그들은 상상조차 하지 못했던 거대한 얼음 장벽에 가로막혀 길을 잃고 방황해야 했다. 하지만 원주민들은 희망의 끈을 놓지 않고 마침내 두 개의 생명의 통로를 찾아냈다. 하나는 빙하와 빙하 사이에 간신히 형성된 식생 지대였고, 다른 하나는 태평양을 따라 남쪽으로 이어진 해안 경로였다. 이 두 갈래 길은 인류가 새로운 대륙에서 뿌리내릴 수 있도록 인도한, 말 그대로 문명의 통로였다.

   아프리카에서 출발한 현생 인류의 디아스포라를 역사적인 관점에서 살펴보면, 신대륙의 원주민들처럼 단기간에 다양한 생태계에 적응하면서 각기 다른 환경에 특화된 문화를 창출한 예는 드물다. 원주민들은 한대, 온대, 열대는 물론 우림과 건조한 사막과 같은 극단적인 자연 환경에서도 놀라운 적응력을 보이며, 그 속에서 조화롭게 살아왔다.

인간의 신대륙 이주 시기에 대한 논란은 시간과 지역이 방대해 정확하게 입증하기가 쉽지 않다. 지금까지의 연구를 보면, 한 집단은 동쪽으로 이주해, 적어도 약 19,000년 전쯤에는 펜실베니아 메도우크로프트 지역에서 특유의 밀러 창촉문화를 형성했다. 또 다른 집단은 해안을 따라 동쪽 집단과 비슷한 시기에 남서부로 이동하였고, 약 1만 3천 년 전에는 클로비스 문화를 만들어 홈이 파여진 긴 창촉을 제작했다. 그리고 처음부터 태평양 해안을 따라 계속 남하한 집단은, 최소한 1만 4,500년 전에는 남미 칠레까지 이르렀다.

신대륙으로의 이주는 오랜 시간에 걸쳐 크게 세 차례에 걸쳐 이루어진 것으로 보인다. 첫 번째 이주는 약 2만 년에서 1만 3천 년 전 사이에 대형 동물의 이동 경로를 따라 여러 차례 발생했으며, 이 시기에 원주민들은 신대륙 남부로까지 퍼져 나갔다. 두 번째 이주는 약 7,000년에서 9,000년 전 사이에 이루어졌으며, 이들은 아서바스칸Athabas-can 어족에 속하는 집단으로 추정된다. 이들은 주로 북미 서북부 해안 지역에 분포하며, 초기 원주민들보다 다소 후대에 도착한 것으로 보인다. 이 계열의 일부는 현재 북미 남서부 지역에 거주하는 나바호족으로 그 흔적을 이어가고 있다. 세 번째 이주는 에스키모Aleut-Eskimo 집단으로, 이들의 기원은 매우 복잡하며, 언어적으로도 원주민들과 다른 계보를 이루고 있다. 이들은 베링 해를 건너며, 3천~5천 년 전부터 신대륙으로 이주를 시작했고, 기원후 9세기경에는 이누이트와 유픽크 등 다양한 에스키모 집단들이 독특한 문화를 발전시켰다.

초기 원주민들은 수렵과 채집을 통해 신대륙 곳곳으로 퍼져 나갔고, 기원전 5,000년쯤에는 멕시코와 페루에서 점차 농업을 시작했다.

옥수수, 고구마, 감자, 호박, 땅콩, 고추 등을 재배하며 작은 농경 마을을 만들었고, 이를 바탕으로 기원전 3100년 이전에는 페루 안데스 수페 계곡에 도시국가를 세웠다. 그 후, 기원전 1,500년쯤에는 차빈 문화(페루), 기원전 후쯤에는 마야와 테오티우아칸 문화가 번성하면서, 원주민 문명은 절정을 맞이했다. 15세기에는 아즈텍 제국과 잉카 제국이 큰 힘을 떨쳤지만, 결국 유럽인들의 침략으로 그 역사적 장이 막을 내렸다.

흥미로운 점은 중남미에서 독자적으로 발전한 문명이 북미 대륙에서는 전혀 나타나지 않는다는 것이다. 북미 대륙의 원주민들은 초기에는 농업과 도시 문화를 발전시키지 않았고, 대신 수렵과 채집을 지속해 왔다. 이 점에서 북미와 중남미 문명은 확연한 차이를 보인다.

신대륙의 문화는 구대륙과 여러 면에서 달랐다. 예를 들어, 동물 사육이 매우 제한적이었고, 금속을 일상적으로 사용하는 문화도 발달하지 않았다. 또한, 수레바퀴의 발명도 없었고, 문자를 사용한 문화는 마야 문명에서만 발견된다. 그럼에도 불구하고, 메소포타미아, 나일강, 황하, 인더스 강 문명과 함께, 페루의 카랄 수페 문명은 인류 문화사의 중요한 한 축으로 다뤄져야 마땅하다.

한편 소규모 집단으로 동북아시아를 떠나 신대륙으로 건너간 원주민들이 무려 2만 년 이상 구대륙과 완전히 단절된 채 살아왔음에도, 그들의 문화 발전 과정이 놀라울 만큼 유사한 경로를 밟았다는 사실이다. 농경의 도입, 정착생활의 시작, 토기문화의 발명, 복잡한 사회 조직의 형성, 그리고 궁극적으로 도시국가로의 발전 단계는 구대륙 문명의 흐름과 마치 거울을 비춘 듯 닮아 있다.

신대륙은 어쩌면 인류 문화 진화의 또 하나의 실험장이었을지도 모른다. 만약 콜럼버스와 유럽의 정복자들이 신대륙에 발을 들이지 않았다면, 아즈텍과 잉카 제국을 비롯한 원주민 사회는 이후 수세기 동안 어떤 방향으로 발전했을까? 철과 석유 같은 천연자원이 풍부한 그 땅에서 그들은 자신만의 방식으로 철기 시대를 열고, 전기를 만들어 내며, 마침내 자동차와 비행기, 나아가 첨단 과학기술까지 창조해냈을지도 모른다. 혹은 서구사회의 중세시대처럼 신이 세계를 지배하는 질서 속에서 살아갔을 수도 있다. 아니면, 자연과 깊은 교감을 이루며 조화롭게 살아갔던 조상들의 전통을 이어받아, 욕망과 경쟁이 아닌 평화와 공존의 철학 속에서, 마치 에덴 동산처럼 풍요롭고 평화로운 삶을 누렸을 가능성도 있다. 인간은 과연 어떤 길을 택했을까? 문명의 진보만이 유일한 해답일까, 아니면 본래의 순수한 인간성을 간직한 채 살아가는 또 다른 길도 존재했을까? 물론, 이는 단지 상상의 영역에 불과하지만, 그 가능성을 되짚어 보는 것만으로도 역사는 더욱 풍부하고 입체적으로 다가온다.

우리는 유럽인들이 아메리카 대륙에 도착한 초기, 그들이 자행한 비인간적인 학살과 퍼뜨린 세균으로 인해 얼마나 많은 원주민들이 희생되었는지를 정확히 알 수 없다. 남겨진 기록이 부족하고, 피해 규모가 상상하기조차 어려울 정도이기 때문이다. 그럼에도 불구하고, 단 하나의 사실은 누구도 부정할 수 없다. 그것은 미국을 비롯한 신대륙에서 원주민 인구가 유럽인 들과의 접촉 이후 19세기까지 급격히 감소했다는 점이다. 이 사실은 충격적일 뿐만 아니라, 유럽의 정복자 역사 속에서 결코 지워지지 않을 부끄러운 장면으로 남아 있다. 그럼에도 불구하고 놀라운 사실이 있다. 생물학적, 문화적 파괴 속에서도 원주민들은 살아남았다는 점이다. 그들의 생존 그 자체가 강인함의 증거이며, 역사 속에서 결코 간과되어서는 안 될 위대한 이야기다.

2023년 미국에서 발표된 통계에 따르면, 자신을 북미 원주민이라고 밝힌 사람은 약 679만 명으로, 전체 미국 인구의 2%를 조금 넘는 수치다. 물론 이 수치는 스스로의 정체성에 기반한 것이기 때문에, 유전적 배경이나 문화적 전통까지 고려한다면 실제로는 더 많은 이들이 원주민의 후손일 수도 있다.

이처럼 절멸의 위기를 넘어 생존과 재생의 길을 걸어온 원주민 공동체의 문화는 단지 비극의 역사로만 남아 있지 않다. 그것은 회복과 저항, 그리고 기억의 서사로 이어지는 살아 있는 이야기다.

참고 및 추천도서

국립중앙박물관. (2009). 태양의 아들, 잉카: 서울: 국립중앙박물관.

국립중앙박물관. (2012). 마야 2012 특별전: 과테말라 편. 서울: 국립중앙박물관.

국립중앙박물관. (2022). *아스테카, 태양을 움직인 사람들*. 서울: 국립중앙박물관.

국립중앙박물관. (2024). *우리가 인디언으로 알던 사람들*. 서울: 국립중앙박물관.

이청규 옮김. 페이건, 스라레 원저 (2015). 고대문명의 이해. 사회평론.

최정필. (1990). American Indian의 기원: 최근 발굴된 유적지를 중심으로. *역사학보, 125*, 1-28.

최정필. (2024). 신대륙 원주민의 문화와 토기. *세계의 도자문화(강의문집)*. 경기도: 경기도도자박물관.

Adams, R. E. W. (2005). *Prehistoric Mesoamerica* (3rd ed.). Norman, OK: University of Oklahoma Press.

Adovasio, J. M. (2002). *The First Americans: In Pursuit of Archaeology's Greatest Mystery*. New York, NY: Random House.

Bingham, H. (2011). *Lost City of the Incas* (H. Thomson, Intro.). Weidenfeld & Nicolson. (Original work published 1948)

Bruhns, K. O. (2024). *Ancient South America* (2nd ed.). Cambridge, UK: Cambridge University Press.

Culbert, T. P. (Ed.). (1973). *The Classic Maya Collapse*. Santa Fe, NM: School of American Research.

Evans, S. T. (2013). *Ancient Mexico and Central America: Archaeology and Culture History* (3rd ed.). London, UK: Thames & Hudson.

Fagan, B. M. (1987). *The Great Journey*. New York, NY: Thames & Hudson.

Fagan, B. M. (2019). *Ancient North America: The Archaeology of a Continent* (5th ed.). New York, NY: Thames & Hudson.

Haas, J. (2004). Dating the late Archaic occupation of the Norte Chico region. *Nature, 432*, 1020-1023.

Hendon, J. A., Overholtzer, L., & Joyce, R. A. (Eds.). (2021). *Mesoamerican Archaeology: Theory and Practice* (2nd ed.). Hoboken, NJ: Wiley-Blackwell.

Hulsey, F. (2025). *The Norte Chico Civilization: The Forgotten Cradle of Peru's First Cities*. Austin, TX: University of Texas

Press.

Jones, D. M. (2021). *The Inca Empire: An Illustrated History*. New York, NY: Barnes & Noble.

Knapp, G. (2024). *The Monumental Andes: Geology, Geography, and Ancient Cultures in the Peruvian Andes*. Salt Lake City, UT: University of Utah Press.

Moore, J. D. (2005). *Cultural Landscapes in the Ancient Andes: Archaeologies of Place*. Gainesville, FL: University Press of Florida.

Moseley, M. E. (2001). *The Incas and Their Ancestors: The Archaeology of Peru* (Rev. ed.). London, UK: Thames & Hudson.

Neusius, S. W., & Gross, G. T. (2013). *Seeking Our Past: An Introduction to North American Archaeology*. New York, NY: Oxford University Press.

Ortloff, C. (2022). Caral South America's Oldest City (2600-1600 BC): ENSO environmental changes influencing the Late Archaic period site on the North Central Coast of Peru. *Water, 14*(6).

Pino, M., & Dillehay, T. D. (2023). Monte Verde II: An assessment of new radiocarbon dates and their sedimentological context. *Antiquity, 97*(393), 524-540.

Quilter, J. (2013). *The Ancient Central Andes*. New York, NY: Routledge.

Sando, J. (1992). *The Pueblo Indians: History of a People*. Albuquerque, NM: Clear Light Publishers.

Scherer, A. K., & Garrison, T. G. (Eds.). (2024). *Substance of the Ancient Maya: Kingdoms and Communities, Objects and Beings*. Albuquerque, NM: University of New Mexico Press.

Snow, D. R. (2017). *The Archaeology of Native North America*. New York, NY: Taylor & Francis.

Willey, G. R., & Sabloff, J. A. (1980). *A History of American Archaeology*. San Francisco, CA: Freeman & Company.

▋사진·그림 목록

Ⅱ. 인류의 대장정과 베링지아
- 동북아시아와 알래스카 사이에 위치한 베링해협과 베링육교
- 빙하기 베링해협 이주 장면
  (그림 제작 : 비디오앤스로프 주식회사(Videoanthrop Inc., 몬트리올) / M. 프랑수아 지라르. 소장처 : 캐나다역사박물관, I-A-40,S95-23503)
- 빙하기에 동북아시아와 베링지아에 서식했던 대형동물
- 동북아시아와 신대륙 원주민 소녀들과 젊은 여성들의 눈에 형성된 몽고주름Epicanthic fold
- 치아 구조
  (출처 : The Great Journey, Brian M. Fagan, 93p 재편집)

Ⅲ. 초기 원주민들의 흔적
- 메도우크로프트 락쉘터Meadowcroft Rockshelter 발굴 장면
  (출처 : University of Pittsburgh, The Department of Anthropology)

- 메도우크로프트 락셀터 출토 유물 : 밀러 창촉, 돌 칼날blades
  (출처 : University of Pittsburgh, The Department of Anthropology)
- 화이트 샌즈 국립공원에 남겨진 초기 원주민 발자국
  (출처 : NPR)
- 화이트 샌즈 호수가 원주민과 대형동물
  (Davide Bonadonna ⓒ Bournemouth University)
- 몬테 베르데 유적지 발굴에서 노출된 집자리
  (사진 : Tom Dillehay / Vanderbilt University)
- 복원된 몬테 베르데 연립주택
- 아틀라틀(투창기)

IV. 초기 원주민과 수렵-채집 사회
- 1900년대 초반까지 몬테 베르데 구석기인들과 유사한 생활을 하며 존재했던 칠레의 수렵-채집 야간족Yaghan의 모습
  (사진 : marco antonio cortes valencia, CC-BY-2.0 / Wikimedia Commons)
  https://commons.wikimedia.org/wiki/File:Mujeres_Yamanas.jpg
- 초기 원주민들이 신대륙 북미에서 남미의 남단 칠레까지 이동한 경로 추정도
- 콜로라도 올센추북Olsen Chubbuk 유적지(11,200년~8,000년전)
  (사진 : SkybirdForever, CC-BY-SA-3.0/ Wikimedia Commons)
  https://commons.wikimedia.org/wiki/File:Hudson-Meng_Bison_Bonebed_-_Part_of_Excavated_Bonebed.JPG

V. 농경 문화의 탄생
- 초기 재배 옥수수에서 현재까지의 형태 진화 과정
  (사진 : Elgueta 외 (2019), PLoS ONE 14(1): e0210369 / CC-BY-SA-4.0)
- 멕시코 유카탄지역 원주민들의 화전 농경 장면
  (출처 : Todd Shapera)
- 푸에블로 여성들의 토기 제작

- 미국 뉴멕시코 지역 밈브레스 토기(서기. 1,000~1,150)
- 미국 뉴멕시코 지역 푸에블로 전통 토기

VI. 신대륙 문명의 탄생
- 카랄-수페 유적 피라미드와 지하원형 구조물 전경
  (출처 : 페루 문화부)
- 2015년 페루 해안지역 아스페로 유적에서 발견된 여성 미라
  (출처 : 페루 문화부)
- 카랄-수페 의례용 부장품인 흙과 갈대로 제작된 인형
  (출처 : 페루 문화부)
- 최근 조사된 페루 페니코 도시유적(2017년~2025년 발굴조사)
  (출처 : 페루 문화부)
- 페루 페니코 도시유적 반지하 원형 광장
  (출처 : 페루 문화부)
- 멕시코 테오티우아칸의 흑요석. 오른편 몸체에서 원하는 모양으로 제작되는 과정
- 테오티우아칸 태양의 피라미드
- 테오티우아칸 달의 피라미드 부근 제단과 죽음의 거리
- 테오티우아칸 시타델 성채의 이중 성벽과 광장
  (출처 : Sergio Gómez / BBC Mundo, 2017년 5월 5일자 기사에서 발췌)
- 테오티우아칸 성채내의 깃털 달린 뱀의 신전
- 테오티우아칸 깃털 달린 뱀의 신전에 조각된 깃털 달린 뱀의 신상
- 테오티우아칸 도시 구조 복원도
- 과테말라 티칼 마야의 피라미드, 위대한 재규어 신전 전경
  (사진 : Dave Jimison, CC-BY-SA-2.0 / Wikimedia Commons)
  https://commons.wikimedia.org/wiki/File:Tikal_Temple_I.jpg
- 멕시코 팔렌케 마야 명문의 신전 전경
  (사진 : Dennis Jarvis, CC-BY-SA-2.0 / Wikimedia Commons)
  https://commons.wikimedia.org/wiki/File:Mexico-2669_-_Palenque_%282213894589%29.jpg

- 멕시코 보남팍 마야 신전의 벽화
- 마야의 달력

  (출처 : Archives Monthly Archive for: "luty, 2024")
- 기념비에 새겨진 마야의 문자

  (사진 : Richard Weil, CC-BY-SA 2.0)

  https://www.flickr.com/photos/super_lapin/2070891607/in/photostream
- 멕시코 치첸 이트자 신성한 우물 세노테cenote
- 말기 고전기 또는 고전기 후기 멕시코 마야 치첸 이트자 피라미드. 깃털 달린 뱀의 신전Temple of Kukulcan 전경(서기 800년~1,150년)
- 말기 고전기 또는 고전기 후기 마야, 치첸 이트자 마야의 공놀이 경기장 Great Ball Court(서기 900년~1,200년)

  (사진 : Brian Snelson, CC-BY-2.0 / Wikimedia Commons)

  https://commons.wikimedia.org/wiki/File:GreatBallCourt-interior.jpg
- 말기 고전기 또는 고전기 후기 마야 치첸 이트자 천문대El Caracol(서기 1,000년~1,200년)

  (사진 : John Romkey, CC-BY-2.0 / Wikimedia Commons)

  https://commons.wikimedia.org/wiki/File:Chichen_Itza_ruins_in_Mexico_--_by_John_Romkey.jpg
- 멕시코 아즈텍의 수도 테노치티틀란의 복원도
- 멕시코 시티 도심에서 발굴된 아즈텍 대성전 구조물과 기단부Temple of Mayor

  (사진 : Ana Paola Cervantes Gallardo, CC-BY-SA-4.0 / Wikimedia Commons)

  https://commons.wikimedia.org/wiki/File:Templo_Mayor_exterior.jpg?uselang=es
- 아즈텍의 상징인 독수리, 뱀, 선인장(현재 멕시코 국기의 기초안)
- 페루 치무 왕국 수도 유적 전경
- 스페인 정복 직후, 16세기 페루 잉카 수도 쿠스코 전경도
- 페루, 잉카 태양의 사원 기단부 위에 세워진 산토 도밍고 교회
- 페루, 잉카 잃어버린 도시 마추픽추 전경
- 페루, 잉카의 석조 문화와 그랭이 석조기법
- 마추픽추의 계단식 논

- 마추픽추의 태양을 관찰하는 돌기둥
  (사진 : Colegota, CC-BY-SA-2.5-ES / Wikimedia Commons)
  https://commons.wikimedia.org/wiki/File:Machu-picchu-c16.jpg
- 미국 카호키아 토단과 목책 전경 복원도
- 미국 카호키아 목책으로 구성된 우드헨지

VII. 푸에블로 족, 바람과 흙, 그리고 오래된 마을의 이야기
- 미국 콜로라도주 메사베르데 절벽 주거지 전경
- 미국 뉴멕시코 차코 캐니언의 키바(성스러운 원형 지하 종교공간)
- 차코 캐니언 4층 대형연립아파트
- 차코 캐니언 아파트 내부 전경
- 푸에블로 암각화(1,000년~1,300년)
- 미국 뉴멕시코 리오란초 암각화 국립공원, 푸에블로 암각화(서기 1,300~1,400년 추정)
- 헤메스 푸에블로의 파괴된 정복자들의 교회
- 미국 뉴멕시코주 타오스 푸에블로 빌리지 전경
- 푸에블로 종교의식 행위
  (사진 : Carptrash, CC-BY-3.0 / Wikimedia Commons)
  https://commons.wikimedia.org/wiki/File:Ohkay_Owingeh0.jpg
- 미국 원주민 부족 지도
- 미국 뉴멕시코주 이슬레타 푸에블로 보호구역